辽宁省教育厅审定教材

新编
大学生健康教育

XINBIAN DAXUESHENG JIANKANG JIAOYU

（第2版）

主编　刘懿卿

东北大学出版社
·沈　阳·

图书在版编目（CIP）数据

新编大学生健康教育 / 刘懿卿主编. — 2 版. — 沈阳：东北大学出版社，2020. 7（2024. 7 重印）
ISBN 978-7-5517-2433-3

Ⅰ. ①新… Ⅱ. ①刘… Ⅲ. ①大学生—健康教育 Ⅳ. ①G647. 9

中国版本图书馆 CIP 数据核字（2020）第 116347 号

出 版 者：东北大学出版社
地址：沈阳市和平区文化路三号巷 11 号
邮编：110819
电话：024-83687331（市场部） 83680267（社务部）
传真：024-83680180（市场部） 83687332（社务部）
E-mail: neuph@ neupress. com
http: //www. neupress. com
印 刷 者：辽宁一诺广告印务有限公司
发 行 者：东北大学出版社
幅面尺寸：185mm×260mm
印 张：18
字 数：517 千字
出版时间：2016 年 6 月第 1 版
2020 年 8 月第 2 版
印刷时间：2024 年 7 月第 5 次印刷
责任编辑：郭爱民 孙 锋　　责任校对：图 图
封面设计：刘江旸　　责任出版：唐敏志

ISBN 978-7-5517-2433-3　　定 价：40. 00 元

《新编大学生健康教育》编写委员会

方　硕（辽宁石油化工大学）
杨春梅（辽东学院）
肖景东（辽宁中医药大学杏林学院）
邵　敏（辽宁中医药大学）
陈　冰（东北财经大学）
范小兰（鞍山师范学院）
裴昌禄（沈阳建筑大学）
唐秀玲（阜新高等专科学校）
贾勇慧（沈阳航空航天大学）
顾凯彦（大连外国语大学）
常永涛（大连海事大学）
常　铮（辽宁大学）
董明钢（辽宁工程技术大学）
董淑梅（沈阳师范大学）
韩宝兰（辽宁工业大学）

主　编： 刘懿卿
副主编： 李英华　韩宝兰　田　丹
编　者： 李英华（中国健康教育中心）
刘懿卿（辽宁省疾病预防控制中心）
田　丹（辽宁省卫生健康服务中心）
吴　明（辽宁省疾病预防控制中心）
陈　冰（东北财经大学）
张湘玉（辽宁警察学院）
韩宝兰（辽宁工业大学）
周青梅（辽宁科技大学）
潘　岩（沈阳药科大学）
李风权（大连大学）
滑利民（大连大学）

第 2 版前言

读书，是人生的乐趣；读好书，是人生成长的阶梯；读健康好书，是人生平安幸福的保障。《新编大学生健康教育》面世 4 年来，受到广大师生的认可与喜爱，为大学生普及健康知识、提升健康素养，形成健康生活方式，发挥了积极作用。

进入新时代，卫生健康工作的重点和医学模式发生了转变。习近平总书记强调，要把人民健康和生命安全放在第一位；坚持预防为主，将健康融入所有政策；为全人群全生命周期的健康服务。而大学生是社会未来的管理者和建设者，是国家和民族的希望，因此大学生的健康体魄、健康心理、健康素养尤其值得关注。

2020 年春季，一场突如其来的新冠肺炎疫情，打乱了正常的社会生活秩序，也影响了正常的教学秩序，公共卫生安全受到广泛关注。为此，本书于再版之时，除了对部分章节进行修改和完善，重点增加了新冠肺炎防控和应激反应干预等方面的内容，以期为大学生全面了解公共卫生安全知识，提高应对重大突发公共卫生事件技能，维护正常的教学秩序服务。

在再版的过程中，中国健康教育中心、辽宁省疾病预防控制中心、辽宁省职业病防治院、辽宁省卫生健康服务中心和东北大学出版社，以及部分高等院校的专家、学者认真负责，积极参与，为顺利再版作出了贡献。同时为了便于学习和教学，还组织专家学者制作了课件，供教师和相关人员使用。这里谨向他们致以衷心的感谢和崇高的敬意。

编者

2020 年 7 月

前言

百年大计，教育为本。健康之计，健康教育为本。当我们迈入21世纪第二个十年时，随着经济社会的快速发展，健康已为越来越多的人所重视。而大学生健康及健康教育，更是人生最关键时期应该关注的问题。大学生树立正确的健康观，学习受益终身的健康知识，养成良好的健康生活方式，将是高等院校教育工作者和大学生学习的重要内容之一。

1990年，国家教委、卫生部联合颁布了《学校卫生工作条例》，要求在大学生中开展健康教育；1993年，国家教委印发了《大学生健康教育基本要求》，要求将健康教育纳入高等院校教学计划之中；2014年，国务院在《关于进一步加强新时期爱国卫生工作的意见》中强调指出，将健康教育纳入国民教育体系。这些法规和政策进一步明确了做好大学生健康教育的重要性和必要性。

为了进一步搞好大学生健康教育工作，为当代大学生提供与时俱进的健康知识和预防措施，促进大学生积极主动建立健康的生活方式，提高大学生健康素养水平，在综合原有的大学生健康教育教材的基础上，我们组织了国家和地方健康教育专业机构中长期从事健康教育的理论和实践工作者、高等院校长期负责大学生健康保健的专业人员共同编写了这本教材。在编写中，编者们坚持丰富、系统、凝炼、实用及吸收最新知识和方法的原则，坚持大学生健康教育与自学健康知识和技能相结合的要求，坚持采取篇章节分类和查阅文献编写的方法，坚持精益求精和健康科普的方式。历时近两年，这本《新编大学生健康教育》终于面世了。这本书既是大学生的健康教育教材，又是每个青年和家庭必备的工具性自我保健书籍，值得珍惜和长期翻阅。

在编写过程中，辽宁省教育厅和省高校保健协会给予了高度重视和大力支持；中国健康教育中心、辽宁省健康教育中心、辽宁省职业病防治院和省内部分高等院校等单位的专家和学者积极参与；编委会和编写组人员协同努力，为本书编写贡献了知识和智慧，奉献了时间和精力。这里，谨向他们一并表示由衷的感谢和敬意！

由于编者水平所限，书中肯定有疏漏和不足之处，敬请广大读者批评指正。

编　者

2016 年 5 月

目 录

第五篇　大学生常见病预防

第七篇 急救知识与技能

第一篇

大学生健康教育绪论

健康需要教育，健康教育覆盖人的整个生命周期，健康素养与思想道德素养、科学文化素养并重，是人的综合素质的体现。大学生健康素养水平对全民族健康素养水平的提升尤为重要。

第一章　健康概论

第一节　健康的概念

一、健康的定义

1948 年，世界卫生组织（WHO）在《组织法》中提出，健康不仅仅是没有疾病或不虚弱，而是身体、心理和社会适应的完好状态。

1990 年，WHO 提出“道德健康”的概念，并把“道德健康”作为健康的构成要素，纳入健康的定义中。因此，完整的健康定义是，“健康不仅仅是没有疾病或不虚弱，而是指身体健康、心理健康、社会适应良好和道德健康。”

身体健康，表现为体格健壮，人体各器官功能良好。

心理健康，是指一种良好的心理状态，能够恰当地认识和评价自己及周围的人和事，有和谐的人际关系（包括与家庭成员、朋友、同事等的关系），情绪稳定，行为有目的性，不放纵，能够应对生活中的压力，能够正常学习、工作和生活，对家庭和社会有所贡献。

社会适应良好，是指通过自我调节保持个人与环境、个人与社会、个人与他人的均衡和协调。

道德健康，是指不能损害他人的利益来满足自己的需要，能按照社会认可的行为道德来约束自己及支配自己的思维和行动，具有辨别真伪、善恶、荣辱的是非观念和能力。

因此，大学生应从多方面锻炼自己，使自己具备健康的体魄、健全的心智、良好的社会适应能力和高尚的道德情操，真正担负起建设富强、民主、文明的社会主义国家的历史使命，实现自己的人生价值。

二、健康的评价标准

世界卫生组织在提出健康定义的同时，还列出了 10 条具体的健康评价标准：

1. 精力充沛，能从容不迫地应付日常生活和工作的压力而不感到过分紧张和疲劳；
2. 处事乐观，态度积极，乐于承担责任，事无巨细不挑剔，工作有效率；
3. 善于休息，睡眠良好；
4. 应变能力强，能适应环境的各种变化；
5. 具有抗病能力，能够抵抗一般性感冒和传染病；
6. 体重得当，身材均匀，站立时头、肩、臂位置协调；
7. 眼睛明亮，反应敏锐，眼睑不发炎；
8. 牙齿清洁，无空洞，无龋齿，无痛感；齿龈颜色正常，不出血；
9. 头发有光泽，无头屑；

10. 肌肉、皮肤富有弹性，走路轻松有力。

第二节　健康的影响因素

影响健康的因素很多，归纳起来主要有四大类：遗传与生物学因素、环境因素、行为与生活方式因素、医疗卫生服务因素。

一、遗传与生物学因素

健康与个体的遗传基因有着密切的关系，很多疾病与遗传有关。已知人类的遗传性缺陷和遗传性疾病近3000种，如色盲症、白化病、血友病等。此外，我们日常生活中常见的单纯性肥胖、原发性高血压、糖尿病等，都有遗传倾向。例如双亲均为肥胖者，子女中有70%～80%的人表现为肥胖；双亲之一（特别是母亲）为肥胖者，子女中有40%的人会发胖。

外界环境中很多病原微生物都可导致人体感染疾病，如：破伤风杆菌可引起新生儿破伤风，鼠疫杆菌可引起鼠疫流行，结核杆菌可引起结核病流行，流感病毒可引起流感流行或大暴发等。这些病原微生物都是生物学致病因素。

二、环境因素

环境因素包括自然环境与社会环境。自然环境是人类赖以生存和发展的物质基础，与人们的健康息息相关。例如阳光、水、空气、土地等，都是人类赖以生存的基本要素。社会环境对健康的影响更是复杂多样，政治、经济、文化、风俗习惯等都会对人类的健康造成直接或间接的影响。以风俗习惯为例，有些地区喜欢吃腌制食品和熏制食品，有些地区饮食高盐。这些饮食习惯都会对健康造成危害，因为腌制食品或熏制食品容易导致胃癌、肝癌，而过咸的饮食容易导致高血压等。

三、行为与生活方式因素

良好的行为和生活方式有利于健康，而不良的行为和生活方式会直接或间接损害健康。例如：吸烟可显著增加吸烟者患肺癌、心血管疾病的风险，如果妇女孕期吸烟，还会导致胎儿发育不良、畸形，甚至出现死胎的危险；沉溺于网络，可引起网络成瘾、孤僻症和强迫症等多种疾病；生活、作息没有规律，过度疲劳容易导致猝死；过度节食可引起营养不良、厌食症等。

四、医疗卫生服务因素

医疗卫生政策、医疗卫生保障、社会卫生资源、卫生服务质量、卫生服务公平性和可及性等，都是健康的重要影响因素。例如，一个国家医疗卫生服务水平越高，意味着这个国家预防和治疗疾病的能力就越强，国民的健康水平也往往较好；相反的，一个缺医少药的国家，其国民的健康水平一定不会太好。2009年以来，我国实施的国家基本公共卫生服务项目、新型农村合作医疗制度等，都是我国政府推动卫生服务的公平性和可及性的重大举措。

不同的健康影响因素对健康的影响是不一样的。世界卫生组织研究表明，个人的健康和寿命60%取决于自己的行为与生活方式，15%取决于遗传，10%取决于社会因素，8%取决于医疗条件，7%取决于气候影响。遗传、社会因素、医疗条件、气候因素都不是个人力量能够改变的，个人能够改变的只有行为与生活方式。在健康影响因素中，行为与生活方式对健康的影响最大。因此，在很大程度上，健康取决于我们自己——“我的健康我做主”。

我们每一个人都应有意识地改变自己不健康的行为与生活方式，养成健康的行为与生活方式，并使之固化下来成为一种生活习惯，终身持有，最终获得健康收益。

第三节　树立正确的健康观

一、健康是人全面发展的基础

每一个人都应该关注健康、热爱生命，把追求健康、拥有健康作为一种生活时尚。对于一个国家来说，健康是社会文明进步的表现，是经济社会发展水平的综合体现。对于个人而言，健康是人全面发展的基础，是家庭幸福、个人发展、实现自我价值和社会价值的基础和保障。曾有人用数字“10000000000”来比喻人一生拥有的财富，这里的“1”代表健康，而“1”后边的“0”分别代表生命中的事业、金钱、地位、成就、权力、家庭、爱情、孩子，等等。假如有一天丢了其中的一个“0”或两个“0”，这个人只是失去了生活中的一部分；但如果没有了健康这个“1”，后面的“0”即使再多也没有意义了。由此可见，健康对于人生的意义是何等重要。

二、健康是有效学习和工作的保障

健康状况良好的大学生，有更高的学习效率，在学习中更加积极主动，更有想象力和创造力。将来走向社会后，健康状况良好的人也会有更高的工作效率，有更强的创新能力，有更好的协作精神和解决实际问题的能力，有更加积极乐观的心态、更高的幸福指数，为经济社会的发展会做出更大的贡献。

三、健康的心理品质是大学生全面发展的基本要求

健康的心理有利于大学生培养健康的个性心理，有利于大学生克服依赖心理和增强独立性，有利于大学生理性思维的形成，有利于大学生创造能力的形成和发挥，也是大学生将来走向社会，在工作岗位上发挥聪明才智、积极从事社会活动和不断向更高层次发展的重要条件。心理健康状况良好的学生，情绪稳定，面对客观现实冷静沉着，积极向上；能够与同学和睦相处，懂得克制和自律，有更强的包容心和利他心；能够把目标锁定在自己的能力范围之内，既能够仰望星空，不失理想信念，又能够脚踏实地，为实现心中的目标而不懈努力。

四、每个人都有维护和促进自身和他人健康的权利和义务

每个人都有追求和维护自身健康的权利，同时还要尊重他人的健康权利，承担起个人对自身健康和他人健康的责任，不能为了满足自己的愿望或私利而忽视或侵害他人的健康。例如，不在公共场所吸烟，能在咳嗽、打喷嚏时遮掩口鼻，不随地吐痰，等等。这些

有益于健康的行为，既是对他人健康权利的尊重，也是懂文明、有素质的表现。每个大学生都应从自身做起，带动周围更多人一起行动，养成健康文明的行为举止，有效地维护全社会的健康与和谐。需要强调的是，恶意传播疾病是一种违法行为。

五、珍惜生命，促进健康

生命是神圣的，它不仅属于你，也属于家庭和国家。培养一个大学生，家庭、国家都付出了很多。因此，要坚决反对大学生自杀、自残、自我伤害、自暴自弃等行为，因为这些行为既是懦夫、自私的表现，更是对自己、家人和社会不负责任的表现。人的生命是宝贵的，也是脆弱的。生命只有一次，每一个人都应珍爱自己的生命。每一个大学生都应树立正确的理想信念，养成合理膳食、适量运动、戒烟限酒、心理平衡等健康的生活方式，拒绝吸毒、性行为混乱等违法、违反人类道德规范的行为，远离低级趣味，维护和促进自身健康。

（李英华）

【思考题】

1. 什么是健康？健康的影响因素有哪些？
2. 大学生应该树立怎样的健康观？

第二章　健康教育与健康促进

第一节　健康教育

一、健康教育的定义

健康教育是指通过信息传播和行为干预，帮助个体和群体树立科学的健康观念，掌握健康知识和技能，自觉采纳健康行为和生活方式的教育活动与过程。

健康教育的对象既可以是个体，也可以是群体；既包括健康人，也包括高危人群、重点人群和患者。健康教育的目的就是通过健康知识的传播，提高人民群众的健康知识和自我保健技能，提高人民群众维护健康和应对疾病的能力，使人们不得病、少得病，提高整体健康水平和生活质量。

健康教育的内容覆盖人的整个生命周期。一个新生命诞生后，要经历新生儿、婴幼儿、儿童、少年、青年、中年、老年乃至生命终结等生命阶段。这些不同的生命阶段构成一个完整的生命周期。在生命周期的每一个阶段，都有需要关注的重点人群和健康问题，都需要有针对性地开展健康教育。

二、在大学生中开展健康教育的重要性和必要性

（一）健康教育是提升大学生健康水平的重要策略和措施

开展健康教育，让大学生树立科学的健康观，掌握基本的健康知识与技能，养成健康的行为与生活方式，具备维护和促进自身健康的基本能力，是提升大学生健康水平的重要策略和措施。

（二）健康教育是预防慢性非传染性疾病的首选策略

近年来，我国慢性非传染性疾病呈“井喷”态势，成人高血压患者超过2亿，糖尿病患者将近1亿。慢性非传染性疾病不仅给个人、家庭和社会造成了沉重的经济负担，而且已经成为影响经济社会快速发展和人民群众生活质量持续提升的一个重要因素。慢性非传染性疾病防治的主要措施就是，改变不健康的行为与生活方式，做到“平衡膳食、适量运动、戒烟限酒、心理平衡”，控制超重肥胖，养成良好的生活行为习惯。

（三）健康教育是预防传染性疾病的有效疫苗

艾滋病、结核病、病毒性肝炎等传染病，严重威胁着大学生的健康和生命安全。尤其是艾滋病，近年来发病率呈持续上升趋势。经手传染病、粪口传染病，仍然是大学生的常见病、多发病。具有良好的卫生意识，养成良好的卫生习惯，做到洁身自好，就可以有效避免这些疾病的发生。

（四）健康教育可有效预防过早死亡

伤害、猝死和自杀是大学生死亡的主要原因。针对这些原因开展有针对性的健康教育，可有效防止不幸事件发生，避免过早死亡。例如：大学生缺乏科学运动常识，导致剧

烈运动时猝死；连续长时间上网、玩游戏，导致疲劳猝死等。近年来，大学生自杀率持续升高，开展预防自杀教育和有针对性的自杀干预可有效降低自杀的发生。

（五）健康教育可以有效提升健康期望寿命

通过健康教育，让大学生掌握更多的健康知识和技能，养成健康的行为习惯和生活方式，可有效避免多种疾病的发生。年轻时养成的健康行为习惯与生活方式，可以使一个人受益终生。大量研究证实，有健康行为与生活方式的人，常常会有更好的健康状况和生命质量，有更长的健康期望寿命，不仅能够为社会做出更大的贡献，还会增加自身的幸福感。

第二节　健康促进

一、健康促进的定义

1986 年，第一届国际健康促进大会在加拿大渥太华召开。会议发表了《渥太华宪章》，明确指出："健康促进是促使人们维护和提高他们自身健康的过程，是协调人类与环境之间的战略，规定个人与社会对健康各自所负的责任。" 1995 年，世界卫生组织西太平洋区办事处发表《健康新视野》，指出："健康促进需要个人、家庭、社区和国家一起采取措施，鼓励健康的行为，增强人们改进和处理自身健康问题的能力。"

健康促进就是要建立一种政府主导、多部门合作、全社会参与的工作理念和工作模式，充分动员全社会力量参与健康教育和健康促进工作，为提高公众健康水平而共同奋斗。健康促进既强调个人对健康的责任，又强调社会、政府对健康的责任；既强调个人能力的发展，又强调支持性环境的创建。

2013 年 6 月，第八届全球健康促进大会在芬兰召开。本届大会的主题是"将健康融入所有政策"，强调社会各成员部门在决策时，首先要评估决策对公众健康的影响并承担健康责任；社会各成员部门要各司其职、各尽其力，共同为全社会营造一个健康的环境，共同推动全社会健康水平的提高。由此可见，健康促进的工作主体不仅仅是卫生计生部门，还包括各级政府和各个社会成员部门。

2016 年 11 月，第九届全球健康促进大会在中国上海召开。本届大会的主题是"可持续发展中的健康促进：人人享有健康，一切为了健康"。大会批准了《2030 可持续发展中的健康促进上海宣言》。只有在实现所有可持续发展过程中开展健康促进，让全社会参与健康的发展进程，才能实现所在年龄段人群的健康生活，增加健康福祉。

二、健康促进的三大策略

健康促进是一项社会系统工作，涉及社会的方方面面，需要多部门的支持与配合。倡导、赋权、协调是健康促进的三大基本策略。通过倡导，达成社会共识，凝聚各方力量；通过赋权，增强个人和社区处理健康问题的能力；通过协调，推进健康促进目标的实现。

（一）倡导

健康促进的目的是：动员全社会参与，改善支持性环境，促进个体和群体健康水平的提高。通过倡导，让各级政府决策者牢固树立"健康是最大民生"的执政理念，出台有利于公众健康的政策；通过倡导，让社会各成员部门牢固树立"促进公众健康，社会各部门有责"的社会责任感，做好环境保护、食品安全、生产安全等重大民生工作；通过倡导，引导广大人民群众关注健康，自觉地保护环境和资源，积极维护和促进自身健康和他人健康。

（二）赋权

赋权就是增强个人和社区应对健康问题的能力，即个人和社区的能力建设。能力建设主要包括：一是向广大人民群众传播健康理念、知识和技能，促使他们能够明智地、有效地预防疾病，解决个人和群体的健康问题；二是增强个人和群体对健康政策、卫生资源的利用能力；三是增强社区和个人自主地发现健康问题、解决健康问题、提升个人和群体健康状况的能力。

（三）协调

健康问题绝不只是卫生健康部门的事情，而是全社会共同参与的事情。健康促进需要协调所有相关部门共同行动，包括政府、卫生、教育、环保和其他经济社会部门、非政府与志愿者组织等。卫生部门的重要职责之一就是协调社会不同部门共同参与卫生工作，发展强大的联盟和社会支持体系，以保证更广泛、更平等地实现健康目标。

由此可见，健康促进是通过倡导、赋权、协调和多部门共同行动促进人们提高自身健康水平的过程。

三、健康促进的五个优先活动领域

（一）制定健康的公共政策

健康的公共政策就是决策者为了公众的健康而制定的奋斗目标，以及为了实现奋斗目标而应采取的策略和措施，是健康促进事业发展的保障。

健康的公共政策涉及方方面面，如：政治、经济、文化等。健康的公共政策是多层次的，高层次的如国家的法律、条例、法规等，低层次的如村规民约、一个单位的规章制度等。因此，从广义上来讲，只要是有利于促进公众健康的政策，均可称为“健康的公共政策”。

（二）创造支持性环境

大力开展健康传播，营造全社会关注健康的氛围。引导公众树立科学的健康理念，促进公众健康行为的形成，提高公众应对健康问题的能力。保护环境和自然资源，为公众创造安全、舒适的学习、工作和生活条件。提高医疗卫生服务质量，增强医疗卫生服务的便捷性和可及性。

（三）强化社区行动

明确社区健康问题和健康需求，发动社区各方面力量，动员社区群众参与，充分利用社区资源，通过具体、有效的社区行动，提高社区解决自身健康问题的能力。

（四）发展个人技能

通过健康教育、健康技能培训和生活技能培训，支持个人发展，提高个人解决自身健康问题的能力，使个人有能力维护自身健康及其生存环境，做出有利于健康的决策。

（五）调整卫生服务方向

坚持预防为主，加大公共卫生投入，健全医疗保障体系，改变重治疗、轻预防的错误观念，大力发展健康服务业。新一轮深化医药卫生体制改革、国家基本公共卫生服务项目、新型农村合作医疗等，都是我国卫生服务方向调整的重大举措。

（李英华）

【思考题】

1. 为什么要在大学生中开展健康教育？
2. 什么是健康促进？健康促进的五大优先领域是什么？

第三章 健康的自我评价

第一节 大学生常见健康问题

一、体质健康状况下降

从整体来看，我国大学生普遍缺乏体育锻炼，每周参加体育锻炼的次数和时间不断减少。从公开发布的大学生体质健康测试报告可以看出，近年来，大学生的体力、爆发力、耐力和柔韧度等体质指标一直呈下降趋势。

二、体重异常

体重异常包括两种情况：一种是高于正常体重范围，即超重和肥胖；一种是低于正常体重范围，即体重过低。不良的饮食习惯、缺乏运动、学业压力、精神压力等，是造成大学生超重和肥胖的主要原因。遗传体质、患有胃肠道疾病、节食、减肥等，是造成大学生尤其是女大学生体重过低的主要原因。肥胖既是一种独立的疾病，又是高血压、2 型糖尿病、心血管疾病和多种癌症的独立危险因素，被世界卫生组织列为导致疾病负担的十大危险因素之一。体重过低同样不利于健康，体重过低的人往往耐力、适应力和抵抗力较差，容易出现骨质疏松、贫血、抑郁等病症，女生还可能出现月经不调或闭经。

三、近 视

2015 年，北京大学中国健康发展研究中心发布了《国民健康视觉报告》。报告表明，我国大学生近视的发病率超过 70%，近视已经成为大学生的主要健康问题之一；长时间学习和使用电子设备，是近视发生的主要原因。电子设备包括：手机、电脑、平板电脑、游戏机等。据统计，近视是仅次于白内障、青光眼而成为导致眼盲的第三位致病因素。

四、心理问题与疾病

大学生群体承受着学业、就业、生活、情感等多重压力。由于普遍缺乏生活历练和挫折教育，导致一些大学生心理状态比较脆弱，表现为：缺乏理想、信念；缺乏责任心和奉献精神；缺乏团结友爱、助人为乐的集体主义精神；过度以自我为中心，狭隘自私，甚至为了达到目的不择手段；缺乏基本的人际交往技能，不能与同学和睦相处；缺乏基本的应对挫折能力，不能承受任何挫折。这些问题如果不能及时解决，极易产生诸多心理问题，严重时可发展为心理疾病，如人格障碍、抑郁症、焦虑症、强迫症等。

五、消化系统疾病

消化系统疾病是大学生常见病之一，多数由作息不规律、饮食不规律、饮酒等原因造成，如浅表性胃炎、胃溃疡、胆囊炎等。吃了不洁、腐败变质的食物，也会导致消化系统疾病（如腹痛、腹泻等）。细菌、病毒感染也会导致消化系统疾病，如甲型病毒性肝炎、痢疾等。

六、呼吸系统疾病

大学生是群体居住，容易造成传染病（尤其是呼吸系统疾病，如流感、肺结核等）的传播和流行。换季时节不注意天气变化、体育锻炼不足导致体质下降、室内空气污浊不流通等，都容易让大学生患上呼吸系统疾病。吸烟也是导致呼吸系统疾病的一个主要原因，吸烟者患咽炎、气管炎、支气管炎的风险比不吸烟者显著增加。

七、伤　害

运动受伤、打架斗殴、失恋后自伤或伤他、自杀，都是常见的伤害。自杀在大学生伤害死因中居于首位。此外，近年来因自选出游或探险而迷路、丧生的情况也时有发生。大学生必须树立安全防护意识，不要尝试无保护的冒险行为；正确处理同学之间的矛盾，控制情绪冲动，有问题及时向班主任或辅导员反映，杜绝自伤或伤他行为的发生。

八、性传播疾病

近年来，受社会上非主流价值观的影响，个别大学生不辨是非、本末倒置，把追求低级趣味、感官刺激作为时尚，屡屡发生吸毒、“一夜情”、“多性伴”等现象，做出反社会、反道德甚至违法行为，令人痛心。这与大学生知性修养、遵纪守法、蓬勃向上的社会期望相差甚远，背道而驰。由于缺乏基本的健康知识和自我保护技能，无保护性行为大大增加了感染性传播疾病的风险。近年来，大学生中淋病、尖锐湿疣、艾滋病等性传播疾病发病率持续升高，就是这些行为的代价。

此外，由于婚前性行为引起的女性堕胎现象也日益突出。有些女孩子怕留下就诊记录，不敢去正规大医院做人流，而选择去不规范的私人诊所堕胎，常常留下健康隐患，如出现医源性感染、引发妇科炎症、导致不孕等。

第二节　常见健康指标和检查方法

健康评价指标有两类：一类是群体健康评价指标，一类是个体健康评价指标。群体健康评价指标是对一个国家或地区的群体健康水平的评价，反映一个国家或地区经济社会发展的总体水平，如：平均期望寿命、婴幼儿死亡率、孕产妇死亡率、居民健康素养水平等。个体健康评价指标主要是对个体身体机能、心理状态、社会功能状态的评价，如：器官功能状况、体质状况、心理健康状况、社会支持情况等。本节主要介绍个体健康评价指标。

一、体质健康测试指标

2014 年，教育部印发了《国家学生体质健康标准（2014 年修订）》，对大学生体质测试内容及评分标准提出了明确要求。体质指数（BMI）、肺活量、50 米跑、坐位体前屈、立定跳远、男生引体向上、女生 1 分钟仰卧起坐、男生 1000 米跑、女生 800 米跑等项目，是规定的大学生体质测试内容。这些测试指标主要用来反映心血管系统功能、肌肉的力量和耐力、关节和肌肉的柔韧性等状况。总分由标准分与附加分构成，满分为120分。评价等级分为4级：90.0分及以上为优秀，80.0～89.9分为良好，60.0～79.9分为及格，59.9分及以下为不及格。

本标准从身体形态、身体机能和身体素质等方面综合评定学生的体质健康水平，是促进学生体质健康发展、激励学生积极进行体育锻炼的重要手段，是国家学生发展核心素养体系和学业质量标准的重要组成部分。

二、常见临床检查指标

（一）生理指标

1. 呼吸。人体通过呼吸，吸进氧气，呼出二氧化碳，是维持生命的重要活动。正常呼吸节律均匀，深浅适宜。成年人安静状态下正常呼吸频次为16～20次/分钟，老年人略慢；呼吸频次超过24次/分钟为呼吸过速，见于发热、疼痛、贫血、甲亢及心衰等；呼吸频次低于12次/分钟为呼吸过缓。

2. 脉搏。心脏的收缩和舒张引起动脉血管壁周期性起伏，即为脉搏。成年人安静状态下正常心率为60～100次/分钟，超过100次/分钟为心动过速，低于60次/分钟为心动过缓。心率的快慢受年龄、性别、运动和情绪等因素的影响。

3. 血压。血液在血管内流动对血管壁产生的压力称为血压。心室收缩时，动脉内最高的压力称为收缩压；心室舒张时，动脉内最低的压力称为舒张压。正常成年人血压收缩压大于等于90 mmHg且小于140 mmHg，舒张压大于等于60 mmHg且小于90 mmHg。白天略高，晚上略低，冬季略高于夏季。运动、紧张等因素也会使血压暂时升高。脉压是收缩压与舒张压的差值，正常为30～40 mmHg。收缩压达到130～139 mmHg或舒张压达到85～89 mmHg时，称为血压正常高值，应当向医生咨询。血压会随着内外环境的变化在一定范围内波动。如果在不同日测量3次，收缩压均大于等于140mmHg和/或舒张压均大于等于90mmHg，即为高血压。

4. 体温。人的正常体温相对恒定，成年人正常腋下体温为36～37℃，早晨略低，下午略高，1天内波动不超过1℃，运动或进食后体温会略微增高。体温高于37℃称为发热，多见于感染、结缔组织病、恶性肿瘤等；体温高于41℃或低于25℃时，将严重影响人体各系统（特别是神经系统）的机能活动，甚至危及生命。

（二）体质指数和腰围

1. 体质指数。体质指数即BMI（Body Mass Index），是目前国际上常用的衡量人体胖瘦程度以及是否健康的一个标准，体重过高和过低都是不健康的表现。计算方法是以体重（千克，kg）除以身高（米，m）的平方，即BMI＝体重/身高^2（kg/㎡）。对于中国成年人来说，BMI＜18.5为体重过低，18.5≤BMI＜24为体重正常，24≤BMI＜28为超重，BMI≥28为肥胖。

2. 腰围。腰围反映身体的肥胖程度和脂肪的分布情况。成年男性正常腰围的警戒线为85厘米，女性为80厘米；男性超标线为大于等于90厘米，女性为大于等于85厘米。腰围超标的人，患心脑血管疾病、糖尿病等慢性疾病的风险和过早死亡的风险也大大增加。

（三）常规生化指标

1. 血生化。血液生化检查，是通过检测血液中的各种离子、糖类、脂类、蛋白质和机体代谢产物的含量，反映机体主要脏器的功能。血生化指标包括的内容很多，如肝功能检查、肾功能检查、血脂检测等。当脏器功能受损时，相关指标值会偏离正常范围。

2. 血常规。血液中的主要有形成分是红细胞、白细胞和血小板。其中，红细胞内含有血红蛋白，可以将人体吸入的氧气运送到各个组织器官；白细胞是人体的免疫细胞，当病菌侵入体内时，白细胞可以将其包围、吞噬；血小板在止血、伤口愈合、炎症反应等生理和病理过程中起重要作用。血常规化验是对血液中的主要成分——红细胞、白细胞、血小板——的数量和形态进行的检查，是临床最常用的辅助检查手段，可及早发现和诊断某些疾病。例如：贫血时，血红蛋白值就会降低；体内有细菌感染时，白细胞数量会高于正常值。

3. 尿常规。尿常规化验是对尿液的理化性质及主要细胞和成分进行检查，包括颜色、透明度、酸碱度、红细胞数、白细胞数、尿蛋白、尿糖、尿胆原等。它用来发现和诊断泌尿系统疾病，如肾小球肾炎、泌尿道感染、膀胱炎等。

4. 便常规。便常规检查主要包括排便量以及粪便的颜色和性状、气味、寄生虫卵等，是临床最常用的检验之一。通过这项检查，可初步了解消化系统有无炎症、出血、寄生虫感染，以及间接判定胃肠、胰腺、肝胆的功能状况。

(四) 影像学检查

医学影像学检查，是借助于某种介质（如：X 射线、电磁场、超声波等）与人体相互作用，把人体内部的组织器官结构、密度以影像方式表现出来。医师根据影像提供的信息进行判断，从而对人体健康状况进行评价。

1. X 光透视。X 光即 X 射线，其波长短，穿透力强，且具有感光作用。当 X 射线通过人体时，因人体各组织的密度不同，对 X 射线的吸收量不同，在胶片上所获得的感光度也不同，从而获得 X 射线的影像。当机体发生病变时，病变部位对 X 射线的吸收发生改变，因而得到与周围组织不同的影像，从而诊断疾病。胸部 X 射线透视主要检查心、肝、肺有无异常。例如：对肺结核患者胸片检查，可以发现病灶部位密度增高，呈现高亮区域。

2. CT。CT 是英文 Computed Tomography 的缩写，意为电子计算机断层扫描。它利用精准的 X 线束、γ 射线、超声波等，通过灵敏度极高的探测器围绕人体某一部位进行连续断面扫描。由于人体组织对射线的吸收程度不同，因此在胶片上呈现由黑到白不同灰度的图像。与 X 光透视相比，CT 图像更加清晰，特别适用于对由软组织构成的器官进行扫描，如颅内肿瘤与脓肿、脑梗塞、脑出血等。

3. 磁共振。当人体进入强大均匀的磁场后，体内原来杂乱无章的氢质子会按照外磁场方向排列并运动；当外加磁场消失后，人体内的氢质子将回到原状态。这个过程称为弛豫。病理状态下的人体组织弛豫时间不同，通过计算机系统采集这些信号，经数字重建技术转换成图像，就是磁共振成像原理。磁共振检查几乎适用于全身各系统的不同疾病，且具有高度的软组织分辨能力，对脑颅病变、肌肉和骨骼系统疾病的诊断效果尤其突出。

4. 超声波。超声波波长短，穿透力强。超声波在人体内传播时，不同组织声学特征不同。应用超声诊断仪，接收不同组织（包括病理组织）的反射、散射信号，显示不同组织及其病变的形态。超声检查可以清晰地显示各脏器及其周围器官的各种断面像，图像富于实体感，接近于解剖的真实结构，所以应用超声可以早期明确诊断。例如：做腹部 B 超，可以观察肝、胆等重要脏器的形态、大小，以及是否有占位性病变。

5. 核医学。核医学检查，是利用非天然同位素（包括放射性同位素和稳定性同位素）及核射线进行生物医学研究和疾病诊疗的一项技术。它具有灵敏、简便、安全、无损伤等优点，用途非常广泛，几乎所有组织器官或系统的功能检查都可应用。最常用的方法有：体外脏器显像、脏器功能测定、体外放射分析等。例如：肝、脑、心、肾、肺等部位的脏器显像，可以判断其大小、形态、位置，有无肿块等。核医学检查在临床诊断中被广泛应用。

（五）其他辅助检查

在体格检查或诊疗过程中，医生还会根据主要检查结果或患者个人的特殊情况进行一些辅助检查，收集相关资料，用于最终疾病诊断。

三、健康自评量表

自评量表主要用于心理健康状态和社会功能状态的评价。依据一定的心理学理论，使用一定的操作程序，把人的心理特性和行为以量化的形式表现出来，通过与界值比较，评价一个人的健康状态。下面介绍几种常用的心理自评量表，有兴趣的同学还可以查阅更多的心理量表。

（一）症状自评量表（SCL－90）

症状自评量表（Self－reporting Inventory），又称 90 项症状清单（SCL－90），是世界上最著名的心理健康测试量表之一，是当前使用最为广泛的精神障碍和心理疾病门诊检查量表。该量表共有 90 个项目，分 9 个分量表，测验的 9 个因子分别为：躯体化、强迫症状、人际关系敏感、抑郁、焦虑、敌对、恐怖、偏执及精神病性。症状自评量表适用于 16 岁以上人群。

（二）自测健康评定量表（SRHMS）

自测健康是个体对自身健康状况的主观评价和期望，最早是由 Suchman 等人在 1958 年提出的，此后许多学者进行了充实和完善，是目前国际上比较通用的健康评定方法之一。

SRHMS 为自评量表，由 10 个维度 48 个条目组成，涉及生理、心理和社会适应三个方面，适用于 14 岁以上各类人群的健康测量。自评量表提供个人日常生活信息，其结果相对可靠、稳定，能综合反映整体健康状况。健康自评虽然是自报结果，但其并不完全是主观指标。国内外研究表明，自评健康是一项有特殊意义的重要的健康指标，与客观健康状况和健康结局之间有密切相关关系。

（三）抑郁自评量表和焦虑自评量表

抑郁自评量表和焦虑自评量表均由华裔教授 Zung 编制，二者从量表结构到具体评定方法都十分相似，均采用 4 级评分，均由 20 个条目组成，直观评价测试者的主观感受。目前广泛用于门诊病人的粗筛、情绪状态评定，不能用于诊断。

（四）人格测量量表

人格是指个体在行为上的内部倾向，是能力、兴趣、态度、气质、思维、情感等方面的综合反映。人格具有整体性、稳定性、独特性、社会性的特点。常用的人格测量量表有卡特尔 16 种人格因素测验（16PF）、艾森克人格问卷（EPQ）、明尼苏达多相人格调查表（MMPI）等。人格测量量表被广泛用于心理咨询、人员选拔、学校教育和职业指导工作中。在人事管理中，人格测量量表能够预测应试者的工作稳定性、工作效率和压力承受能力等，为人事决策和人事诊断提供个人心理素质的参考依据。

（李英华）

【思考题】

1. 临床上常用的生理和生化指标有哪些？
2. 怎样判断是否具有健康体重？

第四章　健康素养的提升

第一节　健康素养的概念

一、健康素养的概念

健康素养是由英文词组“Health literacy”翻译而来的，原意是指“对健康信息的认知、理解能力”。

国际上关于健康素养的定义有多种描述。目前，引用最为广泛的是美国《健康国民2010》中的健康素养定义：“健康素养是指个人获取、理解、处理基本的健康信息和服务，并利用这些信息和服务，做出有利于维护和促进自身健康决策的能力。”

我国也引入了这一概念，在翻译“Health literacy”时，将其译为“健康素养”。在中国文化中，“素养”是指个体通过后天的学习、训练和实践而培养的能力，是将长期以来累积的知识、经验、技能等内化为一种价值观、一种生活方式、一种态度、一种近乎于本能的应对问题的方式和方法。因此，通俗地讲，健康素养就是指个体通过后天的学习、训练和实践而获得的应对健康问题的能力。

二、健康素养的评价

我国主要从以下三方面来考察一个人是否具备健康素养：（1）是否具有基本的健康知识和理念；（2）是否具有健康的生活方式与行为；（3）是否具有维护和促进健康的基本技能。

2012 年，我国已开发了成人健康素养标准化问卷及题库，并被应用于全国城乡居民健康素养监测。通过健康素养标准化问卷的测试，可以从 3 个角度系统、深入地分析个体或群体的健康素养水平：一是从总体角度，综合分析个体或群体的健康素养水平；二是以知识、行为、技能为导向，从基本健康知识和理念素养、健康生活方式与行为素养、基本技能素养 3 个方面，分析个体或群体的健康素养水平；三是以公共卫生问题为导向，从科学健康观素养、传染病防治素养、慢性病防治素养、安全与急救素养、基本医疗素养和健康信息素养 6 类问题，分析个体或群体的健康素养水平。

三、健康素养提升对于促进大学生健康的意义

提升大学生健康素养，就是引导大学生树立科学的健康理念，掌握更多的健康知识和自我保健技能，养成有利于健康的行为与生活方式，充分利用已有的医疗卫生资源，积极解决自身健康问题，最终目的是让大学生具备维护和促进自身健康的能力，不得病、少得病，拥有健康，有效率地学习、工作和生活，乐享美好人生。

第二节　健康素养知识与技能

2008 年 1 月，卫生部发布第 3 号公告《中国公民健康素养——基本知识与技能（试行）》（简称《健康素养 66 条》），首次提出了我国城乡居民应具备的 66 条基本健康知识和健康技能，其中包括：基本知识和理念 25 条、健康生活方式与行为 34 条和基本技能 7 条。2015 年，国家卫生和计划生育委员会组织专家对《健康素养 66 条》进行了重新修订（详见附录二）。作为大学生，应主动学习这些健康知识和技能，并将其应用到日常生活中去，转化为维护和促进自身健康的行为和能力。

一、树立科学健康理念

科学健康理念，是指个人对健康的正确理解、态度和观念。对于大学生来说，科学健康理念主要包括以下内容：一是完整的健康概念，即健康是指身体、心理、社会适应和道德等方面均处于良好状态，而不是仅仅指身体健康，一旦出现身体或心理不适，要及时就医；二是个人对自身和他人的健康负责任，珍惜生命，拒绝自杀，远离毒品；三是强调人与环境的和谐发展，环境与健康息息相关，保护环境，就会促进健康；四是提倡疾病的早发现、早诊断、早治疗，做到定期进行健康体检；五是倡导关爱和社会责任，不歧视病残人员，积极参加无偿献血；六是树立正确恋爱观，正确面对失恋问题，不去伤害自己和他人。

科学健康理念就是从个人的健康责任、个人与他人、个人与社会、个人与环境等方面，提出了维护和促进自身及他人健康应该具备的基本健康理念。

二、慢性病防治知识与技能

慢性病防治知识与技能，是指为了预防和控制慢性病的发生，个人应该具备的基本慢性病防治知识、技能，以及应该养成的健康生活方式和行为。高血压、糖尿病、慢性阻塞性肺病和癌症是我国人民的四大慢性疾病，患病率高，致死致残率高，严重威胁人民群众的健康安全。

高血压、糖尿病等慢性非传染性疾病又称生活方式疾病，主要与不健康的行为和生活方式有关，肥胖、家族病史、静坐生活方式、身体活动不足、吸烟、过量饮酒、精神长期紧张等都是其危险因素。因此，预防慢性病的关键措施是养成健康行为与生活方式，定期体检，早防早治。

三、传染病防治知识与技能

传染病防治知识与技能，是指为了预防和控制传染病的发生和流行，个人应该具备的基本传染病防治知识、技能，以及应该养成的健康生活方式和行为。乙肝、结核、艾滋病、血吸虫是我国四种重大传染病。流感、痢疾、麻疹、水痘等都是常见的传染病。蚊子、苍蝇、老鼠、蟑螂均能传播多种传染病。

传染病的流行必须具备三个环节：传染源、传播途径和易感人群。传染源是指携带病原微生物、具有传染性的人或动物。传播途径是指病原微生物感染人的途径，包括经空气、水、食物传播，接触传播，血液或血制品传播，性传播，母婴传播，虫媒传播等。易感人群是指对某种传染病缺乏免疫力，易感染该病的人群。

怀疑自己得了某种传染病，要及时就医。确诊已患某种传染病的，要配合医生规范治疗，不要隐瞒病情，不要有病耻感，更不可进行恶意传播。恶意传播疾病不仅是一种极不道德的行为，更是一种违法行为。

预防传染病的主要措施包括：接种疫苗；搞好环境卫生，讲究个人卫生，养成良好的卫生习惯；做好自我防护，勤开窗通风；自尊自爱、洁身自好，不性乱；规律作息；加强锻炼，增加营养，提高抵抗力等。

四、安全急救知识与技能

安全急救知识与技能，是指个人在保护生命安全和应对突发事件方面应具备的基本知识、行为和技能，如用药安全、食品安全、道路交通安全，以及溺水、煤气中毒、猝死急救、地震、火灾等突发事件的应对能力。这些基本的安全急救知识和技能，是每个人都应该掌握的。

近年来，我国突发公共卫生事件频发，如非典、甲型 H1N1 流感、H7N9 禽流感、新型冠状病毒肺炎、食品安全、职业伤害、地震、洪涝灾害、泥石流、极端气候等。每当有类似事件发生时，政府在处置突发公共卫生事件的同时会加强对相关知识的宣传和教育，媒体也会传播相关的知识与技能。作为大学生，一定要不断增强安全与急救意识，关注安全与急救事件，主动获取安全与急救知识，掌握安全与急救技能，以备不时之需。

五、基本医疗知识与技能

基本医疗知识与技能，是指个人在就医及卫生服务利用过程中应具备的医学常识、医患沟通能力及疾病自我管理与康复能力。它包括：利用卫生政策、卫生服务的能力，科学就医、合理用药行为及自我健康管理等。

科学就医旨在向广大城乡居民普及科学就医知识，培养科学就医行为，引导公众合理利用医疗资源，推动落实分级诊疗制度，形成尊重科学、尊重医学和医务人员的社会风尚，建立和谐的医患关系。就医时能够向医生如实讲述病情，配合医生进行检查，遵医嘱用药，定期复查，在医生的指导下做好自我监测。此外，医学是有局限性的，很多疾病是目前医疗水平所不能治愈的，应该理性对待诊疗结果，不要盲目地把疾病引发的不良后果简单归咎于医护人员的责任心和技术水平，这也是每个人应该具备的基本医疗素养。

六、培养健康信息素养

健康信息素养是健康素养的重要组成部分，是指个体获取、理解、甄别和应用健康信息的能力。

日常生活中，每一个人都应该有意识地关注健康信息。遇到健康问题时，能够积极主动地利用现有资源获取相关信息。对于各种途径传播的健康信息，能够判断其科学性和准确性，不轻信、不盲从，优先选择政府、卫生健康行政部门、卫生健康专业机构、官方媒体等正规途径获取健康信息。自觉将正确信息应用于日常生活，维护和促进自身及家人健康。

第三节 健康素养促进

一、与健康素养促进有关的重大政策

党和政府高度重视人民群众的健康问题，出台了一系列旨在提升公众健康素养的重大政策。

2008 年 1 月，卫生部发布了《中国公民健康素养——基本知识与技能（试行）》。9 月，制定下发了《中国公民健康素养促进行动工作方案（2008—2010 年）》，在全国范围内启动健康素养促进行动。

2009 年 3 月，国务院出台了《中共中央国务院关于深化医药卫生体制改革的意见》，明确提出："加强健康促进与教育。医疗卫生机构及机关、学校、社区、企业等要大力开展健康教育，充分利用各种媒体，加强健康、医药卫生知识传播，倡导健康文明的行为方式，促进公众合理营养，提高群众的健康意识和自我保健能力。"

2009 年，国家实施了《国家基本公共卫生服务项目》，健康教育是其中一项独立的服务内容，由基层医疗卫生机构免费向辖区居民提供。

2011 年 3 月，我国政府颁布了《我国国民经济和社会发展"十二五"规划纲要》，明确指出，"普及健康教育，实施国民健康行动计划"。

2012 年 7 月，国务院发布《国家基本公共服务体系"十二五"规划》，把 2015 年"城乡居民具备健康素养的人数达到总人数 10%"作为"十二五"时期基本医疗卫生服务国家基本标准。

2012 年 10 月，国务院出台了《卫生事业发展"十二五"规划》，明确提出"广泛开展健康教育。到 2015 年，城乡居民健康素养水平提高到 10%"的工作目标。

2014 年 4 月，国家卫生计生委制定了《全民健康素养促进行动规划（2014—2020 年）》，明确提出，"到 2015 年，全国居民健康素养水平提高到 10%；到 2020 年，全国居民健康素养水平提高到 20%"。

2015 年 10 月，党的十八届五中全会通过的《中共中央关于制定国民经济和社会发展第十三个五年规划的建议》提出推进建设健康中国的新目标，标志着健康中国建设已上升为国家战略。

2016 年 10 月，中共中央、国务院发布《"健康中国 2030"规划纲要》（以下简称《纲要》）。《纲要》明确了今后 15 年健康中国建设的总体战略。居民健康素养水平被纳入健康中国建设主要指标，提出到 2020 年居民健康素养水平达到 20%，到 2030 年达到 30% 的目标。

二、大学生健康素养促进

（一）将健康教育纳入大学基础教育课程

将健康教育纳入国民教育体系，是提升公众健康素养的根本途径和策略。同样地，在大学开设健康教育课，是提升大学生健康素养的首选措施和策略。在我国基础教育中，关于健康与自我保健、疾病防治、健康行为养成等基本知识及技能教育缺失，导致我国公众普遍缺乏基本的健康知识和自我保健技能，健康素养水平普遍偏低，与经济社会快速发展极不协调。绝大多数疾病和伤害，都可以通过学习必要的健康知识和技能而有效避免。通过健康教育课，让大学生系统学习健康知识，掌握基本的健康技能，养成健康的生活方式，具有非常重要的现实意义。

（二）发挥学校的行政主导作用

学校要高度重视大学生的健康问题，把提升大学生的健康素养作为一项重要工作来抓，在政策、经费、人员、场地等方面提供支持。鼓励大学生开展各种形式的健康教育活动，做好引导、组织和协调工作。协调卫生计生部门，为大学生开展健康教育活动提供专业支持。开展健康食堂建设，为学生提供健康、营养的膳食。开展学校环境卫生建设，保证校园环境整洁。加强个人卫生教育，保证寝室干净卫生。加强学生作息时间管理，养成规律作息的好习惯。鼓励学生参加体育锻炼，减少上网时间。倡导洁身自好、自尊自爱，避免婚前性行为，禁止多性伴行为。

（三）开展多种形式健康教育活动

根据卫生日主题或大学生常见的健康问题，结合大学生自身特点，开展形式多样的健康教育活动，宣传普及相关健康知识与技能。例如：在国家爱牙日前后，开展爱护牙齿、口腔保健的宣传活动；在世界精神卫生日前后，开展抑郁症防治宣传活动；在世界艾滋病日前后，开展预防艾滋病宣传活动；等等。常见的健康教育活动形式有：健康知识讲座、健康咨询活动、健康主题演讲、辩论赛、绘画比赛、海报设计、微电影拍摄等。

（四）充分发挥学生社团的作用

充分发挥学生会、兴趣小组、社团等学生组织的作用，在学生中培养健康教育骨干和宣传员，通过同伴教育的形式，在学生中开展健康知识传播。鼓励学生社团结合自身特点，开展健康教育活动。

（五）激发学生内在动力

个人是自身健康的第一责任人，本着对自身健康负责的原则，大学生应该主动学习健康知识和技能，内化为维护和促进自身健康的能力。

在人的一生中，不同生命阶段面临的健康问题不同。大学生应该具备基本的健康素养，掌握应对常见健康问题的方法和技能。在遇到新的健康问题时，知道如何去获取相关知识、如何得到专业人员的帮助，这也是大学生应该具备的健康素养。

（李英华）

【思考题】

1. 什么是健康素养？健康素养包括哪几个方面？
2. 大学生应该如何提高健康素养？

第二篇

大学生行为与健康

大学生的健康行为决定着大学生的健康水平，甚至决定一个人的终身健康状况。随着经济发展和社会进步，我们对行为与健康之间的认识越来越深入，因此倡导健康的生活方式，摒弃不健康的嗜好，是大学生健康观的体现，更是人生观和价值观的体现。而健康生活方式是指有益于健康的习惯化的行为方式，主要包括：合理膳食、适量运动、戒烟限酒、合理用药等。本篇着重讲述膳食、运动、吸烟、饮酒、用药与健康之间的关系。

第五章　膳食与健康

第一节　营养与健康

每个人生活、学习和工作，保持充沛的精力和正常的体力，都离不开营养的供给。俗话说，"人是铁，饭是钢，一顿不吃饿得慌"。而营养素是用以促进人体生长发育、保持生理平衡和维持人体健康的物质。人体所需要的营养素有糖类（碳水化合物）、脂类、蛋白质、维生素、矿物质、微量元素和水等，是人体生命活动的物质基础。

一、糖类

糖又称碳水化合物，是人体能量最主要的来源，人体所需热量的60%～70%来自食物中的糖。糖在人体内消化后，主要以葡萄糖的形式被人体吸收，葡萄糖能够迅速被氧化并提供（释放）能量。糖也是构成人体细胞和组织的重要成分，在生理过程中起着至关重要的作用。

（一）糖的类型

根据形式及数量的差别，糖可以分为三种类型：单糖、二糖、多糖。单糖是最常见、最简单的碳水化合物，主要有葡萄糖、果糖、半乳糖和甘露糖等；单糖易溶于水，不经过消化液的作用就可以直接被机体吸收利用。二糖由两分子的单糖组合而成，主要有蔗糖、麦芽糖和乳糖等；二糖易溶于水，需分解为单糖后才能被机体吸收和利用。多糖由成百上千个葡萄糖分子组合而成，主要有淀粉、糖原等；多糖不溶于水，需经消化酶的作用，才能分解成单糖而被机体吸收。

（二）糖对人体的生理作用

1. 构成人体组织。糖是构成人体组织的重要原材料，在人体所有的神经组织和细胞核中都含有糖类物质。

2. 供给人体热能。人体进行各种生命活动都需要消耗一定的能量，糖是供给人体热能的最主要也是最直接的来源。

3. 辅助脂肪氧化。人体内脂肪氧化需要糖供给能量，如果糖供给不足，脂肪不能完全氧化，就会产生过多的酸性物质，引起酸中毒。

4. 帮助肝脏代谢。肝糖原是由许多葡萄糖分子聚合而成的物质。葡萄糖聚合物以糖原的形式储存于肝脏中，当机体需要时，便可分解成葡萄糖，转化为能量。肝糖原能促进肝脏代谢，提高肝脏再生能力，增强肝脏的解毒功能。

（三）糖的食物来源

在食物中，糖的主要来源是谷类、豆类和薯类食物。其中，谷类一般含有糖60%～80%，豆类一般含有糖40%～60%，薯类一般含有糖15%～30%。此外，其来源还有蔗糖、糖果、水果、蔬菜、含糖饮品等。

二、脂类

脂类是人体必需的重要营养素之一，是人体能量供给的重要来源。

（一）脂类的类型

脂类包括脂肪和类脂两类。脂肪是甘油和各种不同的脂肪酸所形成的甘油三酯的混合物，主要分布在皮下、腹腔、脏器周围及肌肉间隙中。人体内的脂肪含量与营养状况及活动量有关，正常体重的人其体内脂肪含量约为体重的13%～14%。类脂是在某些理化性质上与脂肪很相似的物质，包括磷脂、糖脂、固醇等，它是构成人体组织细胞的重要成分。类脂可以在人体内合成，受营养状况及活动量等因素影响小。正常体重人的体内，其类脂含量约占5%左右。

（二）脂类对人体的生理作用

1. 脂肪是人体含热量最高的能源物质，其主要功能是储存能量和供给能量。

2. 脂肪是脏器的支撑和保护者，它作为隔离层和填充衬垫，既可以保护和固定脏器，又可以避免脏器的机械摩擦和发生移位，确保人体正常活动的进行。

3. 脂肪有保温作用，皮下脂肪可减少体内热量的散失，为保持体温发挥作用。

4. 脂肪能促进脂溶性维生素（如维生素 A 等）的吸收。如果膳食中缺乏脂肪，脂溶性维生素的吸收将受到影响，易引起脂溶性维生素缺乏症等。

5. 类脂是构成人体组织细胞的重要成分，是组成细胞膜和原生质的成分，对生长发育很重要。

（三）脂类的食物来源

在食物中，脂类的主要来源是肉类、蛋类、奶类、豆类及食用油类。

三、蛋白质

蛋白质是构成人体细胞的基本物质，是人类及所有生物赖以生存的营养要素。

（一）蛋白质的种类

蛋白质是由氨基酸组成的高分子有机化合物。目前为人所知的氨基酸有 22 种，其中有 8 种为必需的氨基酸，它们是：甲硫氨酸、缬氨酸、赖氨酸、异亮氨酸、苯丙氨酸、亮氨酸、色氨酸、苏氨酸。这些氨基酸都广泛存在于我们的膳食之中。

（二）蛋白质对人体的生理作用

1. 构成组织与修复组织。人体的各种组织，如大脑、神经、皮肤、肌肉等，其主要成分都是蛋白质。人体的新陈代谢、损伤后组织的修复，都需要大量的蛋白质。

2. 构成酶、激素和抗体。人体代谢过程具有催化和调节作用的各种酶与激素等物质，都是以蛋白质为主要组成成分或由蛋白质提供必需的原料构成。

3. 维持正常的渗透压。血浆蛋白的浓度影响着血浆与组织之间的物质交换平衡。如果膳食中长期缺乏蛋白质，血浆蛋白的含量便会降低，血液内的水分便会过多地渗入周围组织，从而造成营养不良性浮肿。

4. 维持正常的酸碱平衡。人体内组织细胞必须处于合适的酸碱度范围内，才能完成其正常的生理活动，而蛋白质缓冲系统在维持酸碱平衡过程中起着重要的作用。

5. 供给机体热能。当碳水化合物和脂肪供给不足，体内缺乏热量时，机体会消耗一部分蛋白质来提供热量。

6. 运输氧气和营养物质。血红蛋白可以携带氧气到身体的各个部分，供给组织细胞进行正常的生命活动。

7. 蛋白质的互补作用。当两种或两种以上的食物蛋白质混合食用时，其所含有的氨基酸之间可以取长补短、相互补充，使混合后蛋白质的必需氨基酸组成比例更加符合人体的需要，以提高食物蛋白质的营养价值。这就是蛋白质的互补作用。

（三）蛋白质的食物来源

在食物中，蛋白质的主要来源是豆类、肉类、蛋类、谷类、坚果类、奶类。其中，豆类蛋白质含量高，大豆含蛋白质35%～40%，且豆类蛋白质所含的赖氨酸较丰富；肉类含蛋白质10%～20%，所含的必需氨基酸种类齐全，易被人体吸收和利用；蛋类含蛋白质10%～15%，主要为卵白蛋白和卵磷蛋白，易被人体吸收和利用；谷类是我国人民膳食蛋白质的主要来源，一般含蛋白质6%～10%，但谷类蛋白质中普遍缺乏赖氨酸，营养价值较低。

四、维生素

维生素是一些有机化合物，是人体组织正常发育和健康生长所必需的营养物质。它们与糖类、脂肪、蛋白质、矿物质和水分等营养元素不同的是，当人体内缺乏维生素或维生素摄取、利用不当时，会导致人体各种缺乏症和综合征。

（一）维生素的种类

维生素种类繁多，目前为人所知的已达20多种。维生素依照其溶解性可以分为两大类，即水溶性维生素和脂溶性维生素。水溶性维生素主要有维生素B族和维生素C。其中，维生素B族主要包括：维生素B_1、维生素B_2、维生素B_6、维生素B_{12}、烟酸、叶酸、泛酸、生物素、芦丁等。脂溶性维生素包括维生素A、维生素D、维生素E和维生素K四种，它们都能溶于脂肪、乙醇、氯仿等脂溶剂。

（二）维生素对人体的生理作用

几种主要维生素的功能及缺乏症状见表5－1。

表5－1　几种主要维生素的功能及缺乏后的症状

名　称	生理功能	缺乏与不足后的症状
维生素A	促进生长，维护上皮组织健康，促进骨骼发育，保护视力	发育迟缓，干眼症、夜盲症
维生素B_1	维持心脏、神经、肌肉等组织功能，增强食欲	下肢无力、肌肉疼痛、脚气病、神经炎、心脏损伤等
维生素B_2	为黄酶、辅酶成分，参与抗体新陈代谢，增强抵抗力	口角炎、舌炎、口腔黏膜溃烂、角膜炎、皮炎等

续表 5-1

名 称	生理功能	缺乏与不足后的症状
维生素 C	增加人体防御疾病的能力，有解毒作用，促进铁的吸收，促进伤口愈合等	坏血病、各类贫血、感冒等
维生素 D	促进钙与磷的吸收，促进牙齿生长、骨骼钙化	儿童佝偻症以及成人软骨症
维生素 E	保护心血管，促进性激素分泌，美化肌肤，抗氧化作用等	动脉粥样硬化、流产等

（三）几种维生素的食物来源

1. 维生素 A。主要来源于动物肝脏、鱼肝油、奶油和蛋黄等。虽然动物性食物含有丰富的维生素 A，但通常人们每日所需维生素 A 的60%都是由胡萝卜素提供的。胡萝卜素广泛存在于各种蔬菜和水果中，它能够在人体内转化成维生素 A，其中 β 胡萝卜素具有最高的维生素 A 原活性。

2. 维生素 B 族。绝大多数食物中都含有维生素 B 族。维生素 B_1，主要存在于动物的内脏，大米、玉米、面粉及蔬菜等食物中；维生素 B_2，主要存在于杏仁、黑豆、绿豆、红豆及深绿色蔬菜等食物中；维生素 B_6，主要存在于豆类、蛋类、动物肝脏、啤酒酵母、麦芽、燕麦等食物中；维生素 B_{12}，主要存在于肉类、豆类、鱼等食物中。

3. 维生素 C。主要存在于常见的蔬菜、瓜果中，如樱桃、石榴、辣椒、柿子、草莓、柚子、橙子、猕猴桃等的含量尤为丰富，花生、玉米等食物中维生素 C 的含量也十分丰富。

4. 维生素 D。主要存在于动物性食物中，如海鱼、动物肝脏和瘦肉。蛋黄、脱脂牛奶、鱼肝油、坚果等食品中也含有丰富的维生素 D。另外，人们经常在室外晒太阳，可促使人体自身合成维生素 D。

5. 维生素 E。主要存在于谷类种子的胚芽及绿叶蔬菜中，如粮食、蔬菜、坚果，以及葵花籽油、花生油等各种植物油。

五、矿物质

矿物质又称无机盐，是人体极为重要的营养元素。虽然存在的方式不同，但地壳表层已经被发现的90 多种元素，几乎都能在人体内检测到。人体中的矿物质主要储存在骨髓和肌肉里。当体内矿物质缺乏时，容易导致多种疾病。

（一）矿物质的分类

根据人体每天需要量的多少，矿物质可分为两类：一类是常量元素，主要包括钙、磷、钾、钠、镁、氯、硫等元素；一类是微量元素，主要包括铁、锌、锰、铜、碘、硒、铬、锡、钼、钒、硅等十几种元素。

（二）矿物质对人体的生理作用

几种常见矿物质的作用见表 5-2。

表 5－2　　几种常见矿物质的生理作用及缺乏症状

名　称	生理作用	缺乏与不足后的症状
钙	促进和维持骨骼、牙齿的生长与发育，维持情绪稳定，保持皮肤弹性和肌肉功能，增强机体免疫力，协助肝脏排毒，改善消化功能，调节血压	发育迟缓，皮肤瘙痒，骨质疏松，肌肉痉挛，免疫力低下等
钾	保护神经系统，调节体液酸碱平衡和血压	心律不齐，低钾血症等
钠	促进机体新陈代谢，调节体液的渗透压，保持肌肉和神经的兴奋性，协助矿物质的溶解	发育缓慢，食欲不振，肌肉痉挛，呕吐、腹泻等
铁	维持血液携氧功能，增强机体免疫力，提高智力发育水平	缺铁性贫血，疲劳气促，发育不良等
锌	促进胶原蛋白形成，加速伤口愈合，维持男性性机能，增强机体免疫力	食欲不振，前列腺肥大，发育不良等
碘	维持机体能量代谢，促进机体和智力发育	甲状腺肿大，发育不良等

需要说明的是，矿物质无论是常量元素，还是微量元素，摄入不足或缺乏，都会影响机体健康；但是，如果摄入过量，同样会影响机体健康。因此，要保持适量摄入矿物质，才是大学生应把握的膳食原则。

（三）几种矿物质的食物来源

1. 钙。在膳食中，富含钙的食物主要有：奶类及奶制品类、海产品类、豆类及豆制品类、绿叶蔬菜类等。

2. 钾。钾广泛分布于各类食物中，含钾较为丰富的食物有：各种水果、肉类、蔬菜、米糠、海草、香料等。

3. 钠。在膳食中，钠的主要来源有：食盐、熏腌制品、酱油、味精、鸡精、海带、海藻等。

4. 铁。在膳食中，动物的肝（肾）脏及血制品、黑木耳、大枣、牡蛎、海藻、豆类、干果、桃、瘦肉、菠菜、燕麦、蜂蜜等食物中均含有较丰富的铁质。

5. 锌。在膳食中，动物肝脏、羊肉、禽肉、鱼类、鲜虾、牡蛎、全麦食品、豆类、坚果等，都是含锌较为丰富的食品。

6. 碘。在膳食中，最为有效的是加碘食盐。另外，如海鱼、虾、贝类、海带、紫菜、海盐等海产品也含有丰富的碘。

六、水

水是生命之源，没有水就没有生命。水占人体体重的三分之二以上，是人体必不可少的组成成分，也是人体必需的营养素之一。人体失去6%的水分时，会出现口渴、尿少和发烧的现象；失水20%后，人将出现昏厥甚至死亡。人在不进食的情况下，若能摄取充足的水分，生命仍可维持十几天；但如果不饮水，几天便会死亡。

(一) 水的生理作用

1. 体液的主要成分。人体内的水分统称为体液，它集中分布在细胞内、组织间和各种管道中，是构成细胞、组织液、血浆等的重要物质。

2. 营养成分的溶剂。各种营养物质，如脂肪和蛋白质等，只有处在悬浮于水中的胶体状态时，才能被人体吸收和利用。

3. 物质运输的载体。水在血管、细胞之间循环运转，把氧气和营养物质运送到各组织细胞，再把代谢废物排出体外，在人体的各种生理活动中起着重要的作用。

4. 调节机体温度。当环境温度高于体温时，人体就会排汗，使水分蒸发，带走一部分热量，降低体温，使人免于中暑。当环境温度较低或人处于静态时，由于水储备热量的潜力很大，人体才不会因外界温度低而使体温发生明显的波动。

5. 器官的润滑剂。皮肤缺乏水分，就会变得干燥而失去弹性，显得憔悴苍老。体内一些关节囊液、浆膜液、眼泪、唾液可使器官之间免于摩擦受损，且能灵活转动，是相应器官的润滑剂。

6. 协助机体排毒。当人感冒、发热时，多喝开水能帮助机体发汗、退热，并冲淡血液里细菌所产生的毒素。同时，尿量增多，有利于毒素的排出。

(二) 饮水量与选择饮用水

每个人每天需要摄入 1500 ~ 1700 毫升的水。饮水量的多少，还受气候、流汗量、身体状况以及气温、湿度等的影响。运动量大或夏季时，饮水量也要相应增加，有时还要根据实际情况适当喝点淡盐水，以补充体内流失的盐分。

关于选择饮用水，在我国，最好的饮品就是凉白开水。因此，建议大学生尽可能减少碳酸饮料的摄入，减少桶装水、瓶装水的饮用，不喝生水，不喝未经消毒处理的水。

七、纤维素

纤维素也叫膳食纤维，是食物经由胃肠消化道的酵素分解作用后，不被消化、吸收，而在结肠内所残留下来的纤维。

(一) 纤维素对人体的生理作用

1. 有利于食物的正常消化。富含膳食纤维的食物在口腔中咀嚼的时间较长，因此可使食物与消化液充分接触，有利于食物的消化。

2. 有利于通便排毒。膳食纤维具有很强的吸水能力，可以增加肠道内粪便的体积，促进肠道蠕动，使粪便很快排出体外，缩短各种废物和毒素在肠道内的滞留时间，减少肠道对毒素的吸收。

3. 有利于降低血脂浓度。膳食纤维进入人体后，可以减少肠道对胆固醇的吸收，从而降低血液中胆固醇的含量，对预防冠心病和胆结石等疾病有一定的积极意义。

4. 有利于降低血糖浓度。膳食纤维进入胃肠吸水后，会在小肠的黏膜表面形成一层“隔离层”，阻碍肠道对葡萄糖的吸收，使多余的葡萄糖被排出体外，对预防 2 型糖尿病有意义。

(二) 纤维素的食物来源

膳食纤维主要来自植物的细胞壁，包括纤维素、半纤维素、树脂、果胶及木质素等物质。在膳食中，膳食纤维的主要来源是植物性食品。其中，谷类、豆类的皮中含有大量的纤维素、半纤维素和木质素；卷心菜、苜蓿等蔬菜和柑橘、菠萝、香蕉等水果中含有较多的果胶。某些动物类食品中也含有较多的纤维，如牛肉等。

第二节　合理膳食

合理膳食也称之为平衡膳食，是指人们在日常饮食中，对食物中所含营养素的科学组合，即热量供给适量、营养素种类齐全、数量充足、比例合理，能满足人体正常生理需要的一种膳食结构。

一、合理膳食“宝塔”

所谓合理膳食，目的是为了保持人体的生理活动，同时保证人体体重在正常范围之内，既不超重和肥胖，也不过于消瘦。在经济发展和食物比较丰富的时代，我们重点应当学会把握出入平衡，做到量出为入，即以日常的实际消耗确定每天进食的量。

为了做到量出为入，我们要贯彻合理膳食的“宝塔”原则。中国营养学会1989年、1997年、2007年和2016年相继颁布了《中国居民营养膳食指南》。2016年5月颁布的最新《中国居民营养膳食指南》，向我国居民推介了合理膳食“宝塔”，原则性或指导性地推荐了每天的进食合理量。这个“宝塔”的具体内容见图5－1。

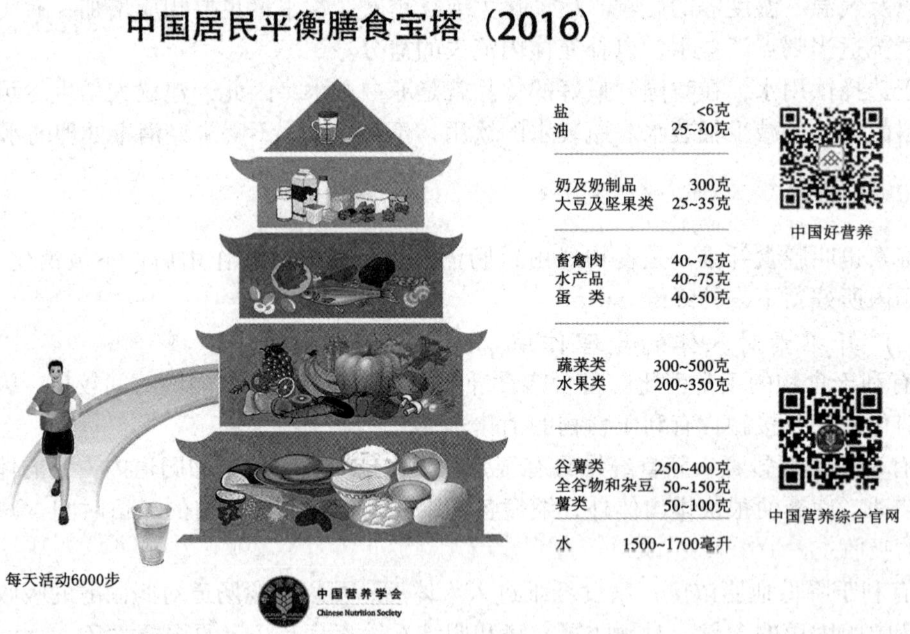

图5－1　中国国民平衡膳食宝塔（2016）

从下往上数，“宝塔”的最底层是最重要的食物，也就是我们每天都吃的如米饭、面包、馒头、面条等主食，在每天的食物之中应该吃得最多，占饮食中能量供应的比重较大。这些食物对于我们中国人而言，更是传统饮食的代表，其来源为谷类、薯类及杂豆等，全天可食用量为250～400克。当然，这类食物在食用过程中也要粗细搭配为好。同时在这一层，与以前推荐的膳食宝塔相比有新的变化，就是给我们标注了每天最基本的饮用水量，要达到1500～1700毫升，这是非常重要的推荐和提示。

“宝塔”的第二层是蔬菜和水果类，每天要吃得多一些，因此在“宝塔”中占据了相当的地位。理想的摄入量，每人每天至少食用各类蔬菜300～500克，蔬菜种类要多些，其中最好有深色带叶蔬菜，如油菜、菠菜、小白菜等；每天食用各类水果200～350克，水果品种以不少于两种为宜，如苹果、橘子、香蕉、葡萄、西瓜等。

“宝塔”的第三层为畜禽肉、水产品和蛋类食物，主要为人体提供蛋白质、脂肪、B族维生素和矿物质等营养素。其中，每人每天食用畜禽肉40～75克、水产品40～75克、蛋类40～50克。如果我们每天保证吃一个鸡蛋，配以猪肉或牛羊肉及鱼虾类食物，就会比较充分地做到蛋白质、脂肪和矿物质等的摄入。

“宝塔”的第四层是奶类及奶制品、大豆类及坚果，用以补充优质蛋白和钙等。每人每天可食用奶和奶制品300克，如鲜奶、酸奶或奶制品等；每天食用大豆类及各类坚果25～35克，大豆类如各种豆腐、豆浆等，坚果如核桃、榛子、松子、莲子、花生、葵花籽等。

“宝塔”的最高层为适量的油和盐，每天应吃的量最少。每天的食用油量为25～30克，食用油以植物油为佳，最好少用动物油（如猪油、羊油等）；每天食盐用量控制在6克以内，最好为5克以内。

“宝塔”的旁边有一个人在跑步，且在步道上标注了“活动量6000步”。这是本次推荐的膳食“宝塔”新增加的内容，是希望我们每天的活动量以步为单位，达到每天6000步以上，就基本上做到热量摄入与消耗持平。如果达到10000步左右，还能起到健身的效果。

必须指出，这个膳食“宝塔”给我们所标注和提示的内容与建议，绝对不是要求我们每个人每天都要严格遵循这一摄入食物的量，它是给我们建立一个合理膳食的理念，希望或指导每个人要长期坚持，真正做到日常生活中：食物多样，谷类为主；吃动平衡，健康体重；多吃蔬果、奶类、大豆；适量吃鱼、禽、瘦肉；少盐少油，控糖限酒；杜绝浪费。

二、合理膳食制度

合理膳食制度主要包括每天用餐次数、用餐时间、热量摄入等要求。

（一）一日三餐制的形成

我国人民在长期的实践和传承传统的过程中，绝大多数人建立了一日三餐制，并形成了“早吃饱、午吃好、晚吃少”的传统习惯。这种用餐制是较为合理和科学的。因为在一般的工作、学习、生活中，两餐之间相隔5～6小时，符合人体的消化特点，即符合一般食物在胃内停留4～5小时的规律。同时，我们的工作习惯和起居习惯，为我们每天用餐三次也提供了时间和人体需要的可能与条件。因此，对每个人特别是大学生人群来说，坚持一日三餐制并形成良好的用餐行为，对于健康和健康生活是有积极意义的。

（二）一日三餐的热量分配

正常状态下，一日三餐制的热能分配比例应是：早餐以吃些比较开胃、营养全面、干稀搭配、操作简便的食物为主，早餐摄入食物的热量应占全天人体摄入热量的30%左右；午餐可吃些热量较高、烹制精美、花样较多的食物，午餐摄入食物的热量应占全天人体摄入热量的40%左右；晚餐一般要提供十多个小时的热量与营养素，最好供给一些高热量、高营养、制作精细、含脂肪稍高的食物，晚餐摄入食物的热量应占全天人体摄入热量的30%左右。

如果大学生在学习、活动过程中消耗热量较多，可适量选择部分零食，为机体进行能量补充，但是一定不能以零食替代正餐。

（三）大学生用餐存在的问题

我国大学生群体数量较大，全国有普通高等院校2800多所，在校大学生约3000万人。大学生健康饮食，是关乎大学生健康学习、健康成长的大事。而当前大学生在一日三餐上还存在知识、理念和行为等方面的问题，具体有以下几个方面。

1. 合理膳食知识缺乏。中国健康教育中心2011年对全国10余个城市15所大学2800多名大学生的调查数据显示，有近50%的大学生不了解中国居民平衡膳食“宝塔”。也就是说，大学生对合理膳食的知识相对缺乏，尚不能建立合理膳食的健康理念。

2. 不吃早餐人数较多。早餐作为一天的第一餐，对于合理膳食的营养摄入、健康状况、学习效率至关重要。但在本次调查中，大学生每天吃早餐的比例仅为65%。大学生不吃早餐带来的营养不足、抵抗力下降、胆结石等疾病风险持续增高。

3. 每日的饮水量不够。本次调查发现，有13%男同学、23%女同学日饮用水量达不到1200毫升，甚至有17.2%大学生每天饮水量不足1000毫升。这与前述人体对水的需求差距较大，不利于大学生的身体健康。

4. 靠节食盲目减肥。本次调查数据显示，有三成大学生曾经采取过减肥措施，在采取过减肥措施的大学生中，29.5%大学生主要靠节食来减肥。这对于大学生而言，无异于高知识人群的无知表现。因为盲目节食减肥，对身体发育、骨骼健康、营养平衡，以及以后的生育都有一定的影响。

第三节　食品安全

一、食物中毒

（一）食物中毒的概念

食物中毒是指食用了被生物性、化学性有毒有害物质污染的食品或者食用了含有毒有害物质的食品后出现的急性、亚急性食源性疾患。

（二）食物中毒的种类

食物中毒按致病的病原分类，主要分为细菌性食物中毒、真菌毒素性食物中毒、化学性食物中毒和有毒动植物食物中毒。

1. 细菌性食物中毒。有害细菌污染食物后，在食物里大量繁殖，有些产生毒素。人们吃了这类含大量有害细菌或细菌毒素的食物所造成的中毒，叫作细菌性食物中毒。这类食物中毒大多发生在夏秋季节。

2. 真菌毒素性食物中毒。真菌毒素是真菌代谢的一种产物，致病的真菌污染食物后，使食物霉变并含有真菌毒素。人们食用了含有真菌毒素的食物导致的中毒，即为真菌毒素性食物中毒。

3. 化学性食物中毒。人们食用被化学毒物污染的食物后引起的中毒，即为化学性食物中毒。

4. 有毒动植物食物中毒。这类食物中毒分两种情况：一种是由于加工、烹调方法不当，没有把生食物中含有的有毒成分除去，如发芽的马铃薯、未煮熟的豆浆、未煮熟烧透的四季豆等；另一种是误食有毒动植物，如河豚鱼、毒蘑菇、蓖麻籽等。

（三）食物中毒的特点

1. 中毒者在相近的时间内均食用过某种共同的中毒食物，未食用者不会中毒。停止食用中毒食物后，发病很快停止。

2. 潜伏期短，发病急剧，病程也比较短。

3. 所有中毒者的临床症状基本相似。

4. 食物中毒的患者一般没有传染性。

（四）食物中毒的预防

1. 细菌性食物中毒的预防。细菌性食物中毒的发生与饮食习惯有密切关系。细菌性食物中毒发病率高，涉及面广，影响大，后果严重，应当引起高度重视。

（1）针对沙门氏菌食物中毒的预防：一是防止食物被沙门氏菌污染，不食用病死的牲畜肉，防止食物的生熟交叉污染和从业人员带菌操作对食物的污染；二是控制沙门氏菌繁殖，低温（5℃以下）储存食物；三是杀灭沙门氏菌，在70℃条件下，5分钟内可杀死全部沙门氏菌，因此在炖煮畜、禽类食品时，要尽量将肉块切得小些，便于煮熟、煮透；在吃烧烤食物时，要把肉烤熟再吃。

（2）针对副溶血性弧菌食物中毒的预防：一是防止食物被副溶血性弧菌污染；二是低温储藏，控制副溶血性弧菌繁殖；三是杀灭病原菌，鱼、虾、蟹、贝类等海产品应烧熟煮透，需加热至100℃，并持续30分钟左右才能有效杀灭此菌。

（3）针对葡萄球菌食物中毒的预防：一是切断传播途径，防止带菌人员对各种食物的污染，不要购买不新鲜的或有局部化脓性感染的畜、禽肉类；二是在低温、通风良好条件下储藏食物，防止葡萄球菌生长繁殖；三是食用前彻底加热。

（4）针对肉毒梭菌毒素食物中毒的预防：一是在食品加工前，应对食物原料进行彻底清洁处理，自制发酵酱类时盐量要达到14%以上；二是加工后的食物应避免被再次污染；三是对可疑食物彻底加热，以破坏细菌毒素，预防中毒的发生。

（5）针对蜡样芽孢杆菌食物中毒的预防：一是食堂、食品企业必须严格遵守卫生管理制度，注意食品的储藏卫生和个人卫生，防止尘土、昆虫及其他不洁物污染食物；二是针对蜡样芽孢杆菌在16～50℃均可生长繁殖并产生毒素的情况，要求食品只能在低温条件下短时间存放；三是剩饭及其他熟食品在食用前必须彻底加热。

另外，其他细菌性食物中毒的预防措施，主要是加强从业人员的卫生管理，建立食物储存卫生制度，确保食物不被污染，食用前要彻底加热等。

2. 真菌性食物中毒的预防。常见的真菌性食物中毒，主要是食用了变质甘蔗而导致的中毒。预防措施就是坚决不食用霉变甘蔗。

3. 化学性食物中毒的预防。

（1）针对亚硝酸盐食物中毒的预防：亚硝酸盐俗称工业用盐，是一种化工产品，除应用于染料生产、有机合成等工业外，在食品工业中应用于食品添加剂中的着色剂和防腐剂，摄入亚硝酸盐0.2～0.5克即可引起中毒甚至死亡。预防亚硝酸盐中毒，一是要加强宣传教育，严格亚硝酸盐的生产、经营、使用和管理；二是保持蔬菜的新鲜，勿食存放过久的变质蔬菜；三是吃剩下的熟蔬菜，不可在高温下长时间存放后食用；四是勿食用未腌熟腌透的菜；五是采购肉制品时，要查看硝酸盐和亚硝酸盐的用量是否严格按照国家卫生标准的规定；六是严格存放亚硝酸盐，防止错把亚硝酸盐当成食盐或面碱而误食等。

（2）针对有机磷食物中毒的预防：一是要专人保管有机磷农药，有单独储存地点和器皿；二是喷洒农药必须遵守安全间隔期；三是配药、使用等操作地点应远离食品加工点、饮用水源和蔬菜基地，以防污染；四是喷洒农药时必须进行防护，如穿工作服，戴手套、口罩等，喷洒完毕后要及时进行清洗；五是从市场上购买的蔬菜，要用清水进行短时间浸泡并反复冲洗。

砷化物食物中毒的预防措施与上述要求基本相同。

4. 有毒动植物食物中毒的预防。

（1）针对四季豆中毒的预防：要充分加热、炒熟，破坏其毒素；四季豆宜炖食或炒食，不宜水焯后拌做凉菜食用。

（2）针对发芽马铃薯中毒的预防：一是马铃薯应储藏在低温、无直射阳光的地方，或用沙土埋起来，防止发芽；二是不吃已发芽或黑绿色皮的马铃薯；三是加工发芽的马铃薯时，应彻底挖去芽、芽眼及芽周部分；四是在烹制时，可加少量食醋，有利于马铃薯毒素的分解。

（3）针对豆浆中毒的预防：将豆浆彻底煮开后饮用。当豆浆出现泡沫时，说明还没有煮开，应继续加热至泡沫消失，豆浆沸腾后再继续加热几分钟。

另外，还有毒蘑菇引起的食物中毒，预防措施是不采摘有毒的蘑菇，一旦误食要及时送医院抢救治疗。

二、食品安全

（一）食品安全的概念

2009 年 2 月，全国人民代表大会通过了《中华人民共和国食品安全法》。2015 年 4 月修订，自 2015 年 10 月 1 日执行新修订的《中华人民共和国食品安全法》。所谓食品，是指各种供人食用或者饮用的成品和原料，以及按照传统既是食品又是中药材的物品，但是不包括以治疗为目的的物品。而所谓食品安全，是指食品无毒无害，符合应当有的营养要求，对人体健康不造成任何急性、亚急性或者慢性危害。

食品安全的概念包括以下几点：一是食品；二是该食品无毒无害；三是该食品符合人体相关营养或营养素的基本要求；四是该食品对人体健康不会造成任何的急性危害、亚急性危害或者慢性危害。同时，我们要理解食品安全的相对性，我们之所以研究或监管食品安全，而不谈或少谈安全食品的概念，原因就在于此。

食品安全事故，是指食源性疾病、食品污染等源于食品，对人体健康有危害或者可能有危害的事故。近年来食品安全事故时有发生，而且很多食品安全事故的发生都与食品添加剂有关，如三聚氰胺、苏丹红等。所谓食品添加剂，是指为改善食品品质和色、香、味以及为防腐、保鲜和加工工艺的需要而加入食品中的人工合成或者天然物质，包括营养强化剂。

（二）食品安全制度

近年来，我国高度重视食品安全工作，国务院成立了食品安全委员会，组建了国家食品药品监督管理局。地方各级政府进一步加强了食品安全的监管工作。自 1983 年试行食品卫生法到 1995 年正式实施，到 2009 年制定食品安全法，再到 2015 年的修订和执行，我们可以看出食品安全法律体系在不断建立和完善，监管力度和重视程度在不断提升，关注食品安全的社会氛围不断浓厚。目前，我国正在逐步建立和完善食品安全的相关制度。食品安全监督管理制度实行“预防为主、风险管理、全程控制、社会共治”的原则，要求从食品的生产、加工、流通、储存、销售等环节，都要建立科学、严格的监督管理制度。

1. 食品安全风险监测和评估制度。国家建立食品安全风险监测和评估制度，要求对食源性疾病、食品污染和食品中的有害因素进行监测；要运用科学方法，根据食品安全风险监测信息、科学数据和有关信息，对食品、食品添加剂、食品相关产品中生物性、化学性和物理性危害因素进行风险评估。

2. 食品安全许可制度。国家对食品生产经营和食品添加剂生产实行许可制度，要求凡是从事食品生产、食品销售、餐饮服务的，应当依法取得许可；但是，从事销售食用农产品的，不需要取得许可。从事食品添加剂生产，应当具有与所生产食品添加剂品种相适应的场所、生产设备或者设施、专业技术人员和管理制度，取得食品添加剂生产许可。

3. 食品安全全程追溯制度。国家鼓励食品生产经营者采用信息化手段采集、留存生产经营信息，建立食品安全追溯体系。食品生产经营者应当依照法规的要求，建立食品安全追溯体系，保证食品安全全程可追溯。

4. 从业人员健康体检制度。食品生产经营者应当建立并执行从业人员健康管理制度。患有国务院卫生行政部门规定的有碍食品安全疾病的人员（如：患有痢疾、伤寒、甲型病毒性肝炎、戊型病毒性肝炎等消化道传染病的人员，以及患有活动性肺结核、化脓性或者渗出性皮肤病等疾病的人员），不得从事接触直接入口食品的工作。从事接触直接入口食品工作的食品生产经营人员，应当每年进行健康检查，取得健康证明后方可上岗工作。

5. 食品安全自查制度。食品生产经营者应当建立食品安全自查制度。食品生产经营者要定期对食品安全状况进行自我检查评价。生产经营条件发生变化，不再符合食品安全要求的，食品生产经营者应当立即采取整改措施；有发生食品安全事故潜在风险的，应当立即停止食品生产经营活动，并向所在地县级人民政府食品药品监督管理部门报告相关情况。

6. 食品安全记录查验制度。

（1）食品生产企业应当建立食品原料、食品添加剂、食品相关产品进货查验记录制度，如实记录食品原料、食品添加剂、食品相关产品的名称、规格、数量、生产日期或者生产批号、保质期、进货日期，以及供货者名称、地址、联系方式等内容，并保存相关凭证。

（2）食品生产企业应当建立食品出厂检验记录制度，查验出厂食品的检验合格证和安全状况，如实记录食品的名称、规格、数量、生产日期或者生产批号、保质期、检验合格证号、销售日期，以及购货者名称、地址、联系方式等内容，并保存相关凭证。

（3）食品经营企业应当建立食品进货查验记录制度，如实记录食品的名称、规格、数量、生产日期或者生产批号、保质期、进货日期，以及供货者名称、地址、联系方式等内容，并保存相关凭证。

（4）实行统一配送经营方式的食品经营企业，可以由企业总部统一查验供货者的许可证和食品合格证明文件，进行食品进货查验记录。

（5）从事食品批发业务的经营企业应当建立食品销售记录制度，如实记录批发食品的名称、规格、数量、生产日期或者生产批号、保质期、销售日期，以及购货者名称、地址、联系方式等内容，并保存相关凭证。

上述记录制度要求：记录和凭证保存期限，不得少于产品保质期满后六个月；没有明确保质期的，保存期限不得少于二年。

7. 食品安全召回制度。食品生产者发现其生产的食品不符合食品安全标准或者有证据证明可能危害人体健康的，应当立即停止生产，召回已经上市销售的食品，通知相关生产经营者和消费者，并记录召回和通知情况。食品经营者发现其经营的食品有不符合食品安全标准或者有证据证明可能危害人体健康的，应当立即停止经营，通知相关生产经营者和消费者，并记录停止经营和通知情况。食品生产者认为应当召回的，应当立即召回。由于食品经营者的原因造成其经营的食品有不符合食品安全标准或者有证据证明可能危害人体健康的，食品经营者应当召回。

8. 食品安全信息统一发布制度。国家建立统一的食品安全信息平台，国家食品安全总体情况、食品安全风险警示信息、重大食品安全事故及其调查处理信息和国务院确定需要统一公布的其他信息，由国务院食品药品监督管理部门统一公布。食品安全风险警示信息和重大食品安全事故及其调查处理信息的影响限于特定区域的，也可以由有关省、自治区、直辖市人民政府食品药品监督管理部门公布。县级以上人民政府食品药品监督管理、质量监督、农业行政部门，依据各自职责公布食品安全日常监督管理信息。公布食品安全信息，应当做到准确、及时，并进行必要的解释说明，避免误导消费者和社会舆论。任何单位和个人不得编造、散布虚假食品安全信息。

（刘懿卿）

【思考题】

1. 什么是合理膳食？合理膳食的基本原则是什么？
2. 怎样预防食物中毒？
3. 什么是食品安全？我国有哪些食品安全制度？

第六章　运动与健康

第一节　运动方式选择

一、运动概述

（一）运动的概念

运动是指人们为了增进或维持自身健康而进行的有计划有组织的重复性身体活动。这个概念包括以下几个方面：一是目的性，运动的目的就是为了增进或维持自身的健康，是个体的需求，也是个性化的体现；二是计划性，进行任何形式的运动，都要给自己制定符合时间和适合身体的计划，要坚持经常；三是组织性，要达到运动的目的，靠自身的计划或毅力有时不能坚持下来，需要有组织地进行；四是重复性，选择一项或几项运动形式，形成长期坚持并习惯化，不断重复锻炼，有益于身体健康。因此，大学生要全面理解运动的内涵，在日常生活和学习的过程中要坚持锻炼身体，形成良好的运动健身习惯，为走向社会和服务社会储备良好的身体素质。

体力运动与体力活动是有区别的。体力活动是指由骨骼肌的运动引起的导致能量消耗的身体活动。也就是说，体力运动是体力活动的一部分；体力活动包括的范围更广泛，如职业工作、交通行程、家务劳动、休闲养生等。

（二）运动的种类

运动一般分为三种类型：有氧运动、无氧运动和混合运动。

1. 有氧运动。有氧运动也叫有氧代谢运动，是指人体在氧气供应充分的情况下进行的耐力运动。在整个运动过程中，人体吸入的氧气量大体与需求量相等，即达到了平衡。有氧运动的特点是：强度低，有节奏，不中断，持续时间较长。一般来说，有氧运动对运动技巧要求不太高，简便易行。在有氧运动过程中，体内在氧气供应充分的情况下，糖分氧化分解产生二氧化碳和水，释放能量。由于糖分能充分氧化分解，体内没有乳酸蓄积，时间长些还能消耗体内脂肪。例如：散步、慢跑、游泳、骑自行车、打网球、滑冰、滑雪、跳舞、练健美操、打太极拳等均为有氧运动。运动时，机体能量的供应主要来源于脂肪的有氧代谢。以脂肪的有氧代谢为主要供应能量的运动，就是有氧运动。有氧运动是健身和减肥的主要运动方法。

2. 无氧运动。无氧运动也叫无氧代谢运动，是指肌肉在“缺氧”状态下的高速剧烈运动。无氧运动大部分是负荷强度高、瞬间性强的运动，所以很难持续长时间，而且疲劳消除的时间也长。

无氧运动是相对于有氧运动而言的。在运动过程中，身体的新陈代谢是加速的，加速的代谢需要消耗更多的能量。人体的能量是通过身体内的糖、蛋白质和脂肪分解代谢得来的。当我们从事的运动非常剧烈，或者是急速爆发的，例如举重、百米冲刺、摔跤等，此时机体在瞬间需要大量的能量，此时糖就进行无氧代谢，以迅速产生大量能量，这种状态下的运动就是无氧运动。由于运动速度过快，体内的糖分来不及氧化分解，而不得不依靠“无氧供能”。无氧运动在体内产生许多乳酸蓄积，导致肌肉酸痛，运动时还需大口喘气，对人体影响很大，所以不宜用来强身保健。

3. 混合运动。在运动中，有氧运动与无氧运动混合存在的运动形式叫混合运动。而且有的运动项目由于运动方法不同，可成为有氧运动或无氧运动。例如长跑时，轻松慢跑是有氧运动，而全力奔跑时就是无氧运动。

这里需要说明的是，什么是竞技运动。竞技运动是指为最大限度地发挥个人和集体在体力、智力和运动能力等方面的潜力、创造优异运动成绩而进行的训练和竞赛。竞技运动具有竞赛和较高技术要求的特点，如奥运会、亚运会、全运会、大学生运动会等的比赛项目，有严格的竞赛规则，运动员（队）须经过系统的身体训练和技战术训练。

（三）运动的好处

运动是人体维持健康、增强体质、预防疾病、延迟衰老的基本方法。经常参加运动，能改善人的心脏功能，增加肺活量，促进肠胃消化功能；能改善新陈代谢，提高机体免疫力；能调节情绪，改善心理；能使人的肌肉结实、有力，骨质密度增加，反应速度加快，增强毅力；能使人精神愉快，朝气蓬勃。科学的运动对于人体的健康非常有益。具体有以下几个方面。

1. 主动参与运动的人，在体力、生活态度和生活方式上强于被动的人。
2. 运动可改善心血管功能，降低动脉血管压力，稳定心律，增强心脏功能，增加肺活量，促进新陈代谢和血液循环。
3. 运动可减少体内的脂肪，让脂肪变为肌肉，并提高肌肉的紧张状态，有助于塑造体形，进而改善人的精神面貌。
4. 运动产生热量，通过流汗排出体内的毒素，增强皮肤的弹性和关节的柔韧性。
5. 运动可消除忧虑、烦躁、郁闷和失眠等不良情绪，增强骨骼健康状况，缓解工作、学习和生活压力。
6. 运动可预防疾病，缓解疼痛，避免超重和肥胖，减少患病的风险。
7. 运动可增强人体消化功能，促进机体新陈代谢，增加食欲，减少疾病。
8. 运动可增强机体免疫力，减少体内自由基，延长健康的寿命。

二、运动方式的选择

（一）慢跑与步行

跑步是最好的运动方式，也是大学生最能坚持且最方便易行的运动。在奥林匹克运动的故乡古希腊山的岩石上，刻有这样的话：“你想变得健康吗？你就跑步吧。你想变得聪明吗？你就跑步吧。你想变得美丽吗？你就跑步吧。”可见，跑步自古至今就是人们普遍选择的运动方式。当然，如果不是为了出竞技运动成绩，我们提倡的跑步运动方式，以慢跑和步行为主。每天坚持慢跑或步行 30 分钟以上，每周坚持 5 次以上。跑步的基本要求如下。

1. 落地。正确的跑步动作应该是脚后跟先落地，之后再整个脚掌全落地。这是对脚踝、膝盖的一种保护，防止骨膜炎发生。

2. 摆臂。摆臂是在跑步过程中，保持身体的平衡性和协调性，使身体更自然地摆动，更符合人体运动的韵律。摆臂时，前不漏手，后不漏肘，随着脚步自然摆动。

3. 挺胸。跑步时要保持抬头挺胸的姿势，有助于改善体形，改善驼背状况。

4. 呼吸。跑步时一般采用“鼻吸嘴呼”方式，体力下降较为严重时可以采用“嘴吸嘴呼”方式。

5. 心率。慢跑作为一种养生的有氧运动，就要和快速跑区分开来。一般来说，最适合身体锻炼的心率是（220－年龄）×60%左右。大学生跑步的时候，可以适当地测量一下。

（二）游泳

游泳是常见的运动方式之一，是适合大学生选择的运动形式。无论是自由泳、仰泳、蛙泳、蝶泳，还是混合泳，只要选择一种适合自身的游泳方式，并坚持形成习惯，那么就会对身体健康有益。

1. 有利于心肺功能的改善和提高，增加肺活量。

2. 有利于身体增高，这是因为水的浮力作用，减少自身重力影响，利于身体生长。

3. 有利于塑造体形，这对于大学生而言是非常重要的。游泳既可以消耗脂肪，又可以强健肌肉，使身材更匀称、体形更好看。

4. 有利于身体伤势的恢复和保健，因为水的浮力和压力作用对运动损伤的恢复有利。

（三）骑车

自行车在我国是一种很普通又十分便利的交通工具，人们在上下班和郊游时都经常用它。骑车和跑步、游泳一样，是一种最能改善人们心肺功能的耐力性运动。常骑自行车有如下益处。

1. 有利于提高神经系统的敏捷性。现代运动医学研究结果表明，骑车是异侧支配运动，两腿交替蹬踏可使左、右侧大脑功能同时得以开发。

2. 有利于增强心肺功能，锻炼下肢肌力和增强全身耐力。骑车运动对内脏器官的耐力锻炼效果，与游泳和跑步相同。

3. 有利于控制体重。骑车是有氧运动，能使锻炼者消耗较多的热量，可收到显著的控制体重效果。

4. 有利于预防和控制相关疾病。骑车时的骑行姿势对腰椎和颈椎病患者有一定的辅助治疗作用。

5. 有利于延年益寿。据调查统计，在世界上各种不同职业人群中，邮递员的寿命较长，这与他们在传递信件时常骑车的原因有关。

6. 有利于环保。骑车简单易行，是绿色运动方式；同时，骑车相对于其他运动而言更安全，更经济。

（四）球类运动

球类运动方式较多，足、篮、排三大球运动，网球、羽毛球、乒乓球、台球、毽球等运动，都是大学生可选择的比较好的运动方式。球类运动既可以是健身的有氧运动，也可以是竞技运动。

（五）做操及其他

大学校园运动方式还有很多：如坚持出早操，既可以锻炼人的意志和品质，又可以形成良好的起居习惯，还可以促进进食早餐；如坚持做课间操，既可以舒缓学习的压力和紧张的情绪，又可以保持旺盛的学习精力。

1. 改善机体调节功能，提高学习效率。大学生每天都要进行较长时间的紧张学习，进行脑力劳动。长时间的用脑，会使大脑产生疲劳，学习效率下降。如果做早操和课间操，在音乐节奏下，肢体和肌肉的活动刺激大脑皮质，使大脑皮质的活动处于适宜的兴奋状态，进而提高神经系统的功能。因此，坚持做操会使大学生每天精神饱满，增强听课效果，提高反应速度，增强记忆力，提高学习效率。

2. 改善新陈代谢，提高供氧水平。人无时无刻离不开新陈代谢，新陈代谢需要营养物质和氧气。人在比较安静状态下获取的氧气是有限的。坚持做操，使肢体和肌肉活动充分，将促使血液循环和呼吸频率加快，获取氧气的水平提高。

3. 预防疾病，保持良好体形。大学生长时间伏案书写、读书，使用电脑和手机等，如不注意身体姿势，将影响脊柱、胸部和背部等部位，而坚持做广播操或韵律操等，则有利于躯体的伸展、扩胸、头部等运动，对于锻炼背部、胸部及颈部肌肉有良好作用，从而促进改善和保持身体形态。

第二节　运动损伤与安全

一、运动损伤

（一）运动损伤的概念

大学生在运动过程中，经常发生运动性损伤。所谓运动损伤，是指人在运动过程中及之后发生的各种伤害及其并发症。我们运动的目的是为了维护和促进机体和身心健康。如果为了运动，经常发生运动损伤，那么，就与运动的初衷背道而驰。因此大学生要了解运动损伤的种类，了解运动损伤的预防方法，理解运动损伤的简单处置，进而减少或不发生运动损伤。

（二）常见运动损伤及处理原则

1. 擦伤。擦伤是指皮肤表面受到摩擦后的损伤。

处理原则：对于轻度擦伤，一般只要清洗后涂上红药水或紫药水即可自愈。对于重度擦伤，一般需要先行止血，可采取抬高肢体、绷带包扎等方法止血，也可以用冷敷方法使血管收缩，减少局部充血，降低局部组织温度，从而达到止血止痛和防肿的效果。

2. 扭伤。扭伤是指关节活动超过正常限度而造成的对韧带、肌腱或肌肉的损伤。

处理原则：如有出血，则先行止血；可把受伤肢体抬高，用冷毛巾进行冷敷或用冷水淋洗伤部，使血管收缩，减轻出血程度和疼痛。不要当时揉动受伤部位，可在受伤 48 小时后改用热敷，促进淤血吸收。

3. 挫伤。挫伤是指在外力直接作用下使皮下组织、肌肉、韧带的损伤。

处理原则与扭伤相同。

4. 脱臼。脱臼是指直接或间接的力的作用而使关节面脱离正常位置造成的损伤。

处理原则：一是动作要轻；二是不要随意动；三是及时到正规医疗机构诊治。

5. 鼻出血。鼻出血是指鼻部受外力撞击而出血。

处理原则：一般情况下要让鼻出血者坐下，头向后仰，暂时用口呼吸，鼻孔用纱布塞住，辅以用冷毛巾敷在前额和鼻梁上，即可达到止血的效果。

6. 脑震荡。脑震荡是指头部受外力打击或碰撞到坚硬物体上，致使脑神经细胞和纤维受到过度震动的损伤。

处理原则：轻度脑震荡者，安静卧床休息一两天即可恢复好；中度、重度脑震荡者，要保持绝对安静，仰卧在平坦的地方，头部要冷敷，身体要保暖，拨打“120”急救电话或报告校医院，及时就近送医疗机构诊治。

7. 骨折。骨折是指机体某部位骨骼出现裂隙或断裂的损伤，是常见和较重的一类运动损伤。

处理原则：一般要止血止痛，防止休克，包扎固定，拨打“120”急救电话或报告校医院，及时送医院诊治。

（三）运动损伤的预防

预防为主，是减少或不发生运动损伤的根本措施。大学生参加各种运动，首先要了解自己的身体状况；其次要遵循运动原则或规律，掌握运动方法和技巧。具体应做到以下几点。

1. 学习运动损伤的预防知识，克服盲目和麻痹思想。

2. 遵守运动原则，听从教练或运动指导员的指挥和建议，采取必要的防护措施，如：选择合适的服装与鞋帽，检查运动场地和运动器材的安全状况等。

3. 做好准备活动。无论是激烈运动、各种比赛或健身运动，都要做好提前的准备活动，如慢跑、活动关节、适应场地、了解天气等。

4. 选择运动方式，适当控制运动量和运动时间。

5. 掌握运动要领和运动技巧。

6. 了解急救技能和简单急救方法，增强自我运动安全意识。

二、运动原则

运动健身是有目的地通过多次重复的身体练习，给人体各器官系统以一定的负荷刺激，使人体在生理功能、机体形态等方面发生一系列适应性变化。这些变化与运动的方式、强度、时间、负荷等密切相关。因此，在运动健身过程中，应遵循运动原则。

（一）渐进性原则

在进行运动健身时，要贯彻循序渐进原则。循序渐进主要体现在运动过程中，动作由易到难、技术由简到繁、负荷由小到大的要求。生理学研究表明，弱的刺激对机体引起的反应不大，运动效果也不明显；反之，过强的刺激能使机体产生副作用。所以，刺激强度应控制在机体能承受的范围内，使之产生良好的效果，达到健康的目的。如果不遵循渐进性原则，骤然从事未熟悉的复杂运动，或刚刚开始就参加激烈运动，那么机体会承受很大的负荷，神经系统和其他器官易因过分紧张而发生运动损伤，失去运动健身的初衷和目的，得不偿失甚至适得其反。因此，大学生以及各类人群在运动中都要遵循渐进性原则。这一原则也是普适原则。

（二）坚持性原则

运动健身，贵在坚持，贵在经常。因此，坚持性原则也称为经常性原则。在运动健身过程中，强调动作从逐步适应，到基本掌握，再到熟练运用，必须通过多次重复锻炼，使大脑皮层中已建立起该动作的条件反射，或肌肉性记忆，则对运动健身有非常大的意义。如果在运动健身过程中“三天打鱼，两天晒网”，动作的条件反射或肌肉性记忆是建立不起来的，或者即使基本建立了，如不经常复习（强化）也会消退。同时，运动健身对机体生理功能的影响并不是短时间内能见效的。例如，运动使心肺功能、神经系统功能提高，使运动系统适应性增强等，并非偶一为之即可奏效，而是经常运动和锻炼并逐渐积累的结果。另外，坚持经常运动，不仅能增强机体的相关功能，还能培养人不怕苦、不怕难，敢于拼搏的顽强精神和坚强毅力。

（三）全面性原则

人体是一个统一的有机整体，各器官各系统是相互联系和相互影响的，运动健身对机体的影响是全面和系统的。而我们选择的运动健身方式，对机体的影响一般都有所侧重。要想达到有利于机体的整体效应，就要在运动健身过程中有意识地选择或强化运动方式，使局部运动与全身其他部位的运动相互交替，各类运动相互穿插，如力量、耐力、速度、灵敏及柔韧等素质均得到发展。只有如此，才能使机体得到全面的、协调的发展，才能为未来走向社会、服务社会奠定良好的身体基础条件。

（四）安全性原则

没有安全，一切就无从谈起。运动健身的第一要务就是安全，因此运动健身必须遵循安全性原则。具体要做到以下几个方面。

1. 每次运动或锻炼之前，做好充分的准备活动，克服机体的生理惰性，预防发生运动损伤。

2. 运动或锻炼过程中，要适当交替运动和休息，把控运动量，掌控运动负荷，避免运动过度疲劳的发生。

3. 根据自己的身体状况、年龄和运动喜好，有区别地选择适合自身的运动项目和锻炼方式，切莫千人一面。

4. 在饭后或饥饿、疲劳时，暂缓运动或锻炼；在疾病初愈时，不可进行较大强度的运动或锻炼；在雾霾天气时，不应选择室外运动或锻炼；在不熟悉的野外环境和水域等，不要随便运动健身或入水活动等，避免运动损伤或意外发生。

5. 慢性疾病患者选择运动或锻炼的方式，宜在医生指导下，制定运动处方，并定期与医生进行有效沟通，避免出现运动影响疾病康复的现象。

6. 每次运动或锻炼后，要注重整理放松；在天气寒冷的环境中运动，要注意防寒保暖；在剧烈运动或锻炼后，要注重洗浴水温，不宜即刻冲冷水浴。避免出现乳酸大量堆积、感冒或其他疾病的发生。

（刘懿卿）

【思考题】

1. 运动对大学生有哪些益处？怎样选择合适的运动方式？
2. 常见的运动损伤有哪些？怎样处理这些运动损伤？
3. 怎样预防运动损伤？

第七章　吸烟与健康

吸烟是导致慢性病最主要的危险因素，是健康的第一杀手，也是最严重的公共卫生问题之一。烟雾中所含的有害物质，可在短期或几年甚至几十年里破坏机体组织，引起慢性支气管炎、肺气肿、肺癌和心脑血管疾病等，导致千百万人因此而丧生。因此，控制吸烟是维护人类健康的重要举措，也是人类健康生活的标志之一。

第一节　吸烟的危害

一、烟草的流行

烟草最早由美洲印第安人种植和使用。1492 年 10 月哥伦布发现新大陆后，他将印第安人的烟草带入了欧洲。在之后的数百年中，烟草传遍了整个世界。随着英国工业革命，特别是卷烟机的问世，极大地推动了人群吸烟率的上升。至 20 世纪 60 年代，欧洲吸烟率达到了高峰。迄今，世界上有超过 10 亿人吸烟，占全世界 15 岁以上人口的 1/3 左右，其中 8 亿人生活在发展中国家。全球有 47% 的男性和 12% 的女性吸烟，在发达国家有 42% 的男性和 24% 的女性吸烟，在发展中国家有 48% 的男性和 7% 的女性吸烟。世界卫生组织预测，如果对吸烟行为不采取包括立法在内的强有力措施加以控制，到 2020 年，每年将有 840 万人死于与烟草相关的疾病。

烟草于 16 世纪传入我国，至今约有 400 年的历史。但我国当前是世界上最大的烟草生产国和消费国。据国家相关部门统计，2010 年我国卷烟产量达 23752.7 亿支，销量达 23527 亿支，且 95% 以上为国内自销。同时，我国也是受烟草危害健康最严重的国家之一。2014 年国家卫生部门发布的相关数据显示，我国吸烟人数超过 3 亿，15 岁以上人群吸烟率为 28.1%，另外有 7.4 亿非吸烟者遭受“二手烟”的危害。烟草消费带来了沉重的疾病负担，每年死于吸烟相关疾病的人数达到 130 多万，约 10 万人死于“二手烟”的“暴露”导致的相关疾病。

2018 年中国成人烟草调查结果显示，15 岁以上人群吸烟率为 26.6%，非吸烟者“二手烟”暴露率为 68.1%。

二、烟雾中的有害物质

烟草燃烧产生烟雾。烟雾中可检测出 7000 多种化学成分，其中几百种是有害的，至少 70 种致癌。主要的有害物质有：尼古丁、一氧化碳、烟焦油和其他有害物质等。

（一）尼古丁

尼古丁又称烟碱，具有刺激的烟臭味，是一种神经毒素和剧毒物质。尼古丁对人体中枢神经系统和植物神经系统都会产生作用，能够使人兴奋并有抗焦虑的作用；但吸入量大时，对人体产生抑制和麻痹作用，是世界公认的成瘾物质之一。尼古丁随着吸入的烟雾进入人体，90%经肺吸收，很快进入血液，并可在血中停留数小时。当血液中的尼古丁浓度下降时，人体便会渴望要求尼古丁浓度恢复至原来的水平，吸烟者就会再吸一支烟。如此循环便形成了对烟的依赖，从而增加了对机体组织的危害。也就是说，尼古丁最大的危害在于它的成瘾性，其作用相当于鸦片中的吗啡和可卡因，更说明了吸烟的危害程度。

（二）一氧化碳

烟雾中的一氧化碳是一种无色无味的气体，是烟草不完全燃烧的产物。一氧化碳与血红蛋白的结合能力是氧与血红蛋白结合能力的200～250倍。当烟雾中的一氧化碳被吸入肺内时，便与血液中的血红蛋白迅速结合，形成碳氧血红蛋白，进而削弱了血红蛋白与氧的结合，降低了血液携氧能力，造成机体缺氧，使血小板的黏滞性增加，肾上腺素分泌加强，可诱发心律失常甚至猝死等疾病的发生。同时，一氧化碳与尼古丁还有协同作用，危害吸烟者的心血管系统，对冠心病、心绞痛、心肌梗死、缺血性心脑血管疾病等都有直接的影响。

（三）烟焦油

烟焦油的主要成分有稠环芳烃化合物、酚及芳香类化合物，是一种棕黄色的黏性物质。烟焦油中的物质有的是致癌物，有的是促癌物。当烟焦油黏附在咽部和支气管等组织表面并积蓄多年时，可诱发异常细胞的生成。这些异常细胞快速增殖并扩散，即形成了癌。因此，吸烟者易患癌症就不奇怪了。

（四）其他有害物质

烟雾中除了尼古丁、一氧化碳和烟焦油这些有害物质外，还有：放射性物质如钋（Po），是重要的致癌物；刺激性化合物，如甲醛、丙烯醛、氰化钾等有害物质；有害金属，如镉、镍、砷、汞等；氨化氢、砷化物等有害物质。这些有害物质的长期吸入，对吸烟者的健康有重大危害。

三、吸烟的危害

（一）吸烟对健康的危害

1. 对呼吸系统的危害。慢性阻塞性肺病，是我国重点防治的慢性病之一，而吸烟是导致慢性阻塞性肺病的主要原因。因为吸烟可使人的支气管壁上的纤毛发生结构和功能障碍，降低了机体消除包括灰尘、细菌、病毒等吸入异物的能力而引发感染。长期、深度吸烟可加重危害后果。开始吸烟的年龄、每日吸烟的支数、每次吸烟的间隔和频率及深度，都与肺癌的发生呈正比关系。及时停止吸烟的慢性支气管炎患者，可大大减轻其慢性咳喘的症状。如果吸烟者停止吸烟15年以上，肺癌的发生率可降低。

2. 对循环系统的危害。心脑血管疾病，同样是我国慢性病中发病率高、致残率高、病死率高和经济负担重的疾病。而吸烟是导致缺血性心脏病的最大风险因素之一，吸烟者发生心肌梗死的危险度是不吸烟者的2.9倍，发生脑卒中的危险度是不吸烟者的1.5倍，发生动脉破裂而死亡的危险度是不吸烟者的2～3倍，吸烟还可加速动脉硬化的进程。

3. 对消化系统的危害。吸烟可以使人食欲不振，造成胃的损害。因为烟中的有毒物质可使胃黏膜的血管收缩，引起胃肠功能紊乱；餐后吸烟可促使胆汁分泌增多，出现胆汁性胃炎，妨碍食物的消化和吸收；烟雾中的尼古丁还可使胃及十二指肠血管收缩。这些都可诱发或促发相关疾病。另外，吸烟者在吸烟时由于距离近，热量大，受燃烧热力的作用和烟雾中毒物的长期反复刺激，致使口腔黏膜发生充血、水肿等炎症，易患口腔炎、牙龈炎、咽炎等疾病。

4. 对生殖系统的危害。男性吸烟，由于烟雾中的尼古丁、烟焦油等有害物质通过血液进入体内，会杀灭男性体内正常的精子，进而减少精子数量；同时，尼古丁会使男性精子的活性大大降低，阻碍精子正常生长、发育，造成精子质量下降，甚至造成精子畸形，严重影响男性的生育能力和水平。

女性吸烟或被动吸烟，易出现早产儿、畸形儿。吸烟易引起子宫收缩，增加流产的发生率。同时，吸烟对胎盘也有影响，因吸烟者易发生低氧血症，临床可见到胎盘早期剥离、胎盘梗塞和前置胎盘发生率增高等状况。

5. 对其他器官的危害。吸烟可致耳聋。烟雾中的一氧化碳、尼古丁等有害物质刺激交感神经，使听觉末梢神经受损害而导致耳聋。吸烟者中妊娠并发症和骨质疏松症、白内障的发生率均高于不吸烟者。

（二）吸烟对青少年的危害

青少年时期是身体发育的最关键时期之一。因为青少年时期人的各种组织和器官比较娇嫩，机体的神经系统和内分泌功能、免疫机能等都还不十分稳定，对外来有害因素的抵抗能力较差，如果染上吸烟的不良行为，将会影响身心健康。研究表明，开始吸烟的年龄在25岁以后者，患肺癌的发病率为不吸烟者的4倍；在20~24岁开始吸烟者，为不吸烟者的10倍；15~19岁开始吸烟者，为15倍；15岁以前开始吸烟者，为17倍。这说明，开始吸烟的年龄越小，危害就越大。另外，青少年时期正是学习的阶段，非常需要有一个思维敏捷、记忆力强的大脑。吸烟后，由于尼古丁对心脑血管的影响，再加上一氧化碳使血红蛋白携氧能力降低，从而导致大脑缺氧、思维迟钝、记忆力下降，学习成绩自然达不到预期效果。

（三）吸烟对环境的危害

吸烟除了对个人的健康造成危害外，对环境的危害也很严重：一是吸烟者吐出的烟雾会造成周围空气中有害物质的增加，污染空气，使家人、同事“被动吸烟”；二是烟盒、烟灰和烟蒂乱弹乱扔，影响环境卫生，增加保洁人员和环卫人员的工作量；三是烟雾与环境中的雾霾等有害物质有协同作用，对空气质量有不利影响，有些公共场所因吸烟引起的空气污染远远超过了工业、交通等对空气的污染。

（四）吸烟对经济的危害

烟草生产和销售为经济社会的发展做出了一定的努力，但是随着烟草危害的进一步研究证实，在耕地资源有限的情况下，种植给人类带来疾病、劳动力丧失、生产力下降、使人过早死亡的植物是不明智的，支撑经济发展而增加的税收已经被烟草给社会和人的健康带来的损失所抵消，甚至烟草危害所消耗的资源和人的健康损失远远超出了所谓的效益。

（五）吸烟对安全的危害

在城市、乡村，在工厂、企业，在森林、草原等，因吸烟所造成的火灾时有发生。如：大兴安岭的森林大火使人至今后怕；有的因吸烟造成的火灾，使人类的自然和文化遗产付之一炬，不可再生，教训十分惨痛。

（六）被动吸烟的危害

“被动吸烟”是指不吸烟者吸入吸烟者呼出的烟雾及卷烟燃烧产生的烟雾，也称为

“吸二手烟”或“非自愿吸烟”。被动吸烟的量一般确定为每周至少有一天以上，每天至少15分钟被动地吸入别人吐出来的烟雾。有关研究证明，从纸烟头上冒出的烟比直接吸入的烟所含成分更多，其中一氧化碳是直接吸烟的5倍；焦油和尼古丁是直接吸烟的3倍；尤其在通风不良的室内被动吸烟，其对健康的危害更大。另外，吸附在衣服、家具、地毯、墙壁及皮肤和毛发表面上的烟雾残留物，通常被叫作“三手烟”，其危害也不可低估，尤其是对儿童的危害更大。

（七）吸电子烟的危害

有的人吸电子烟，其实电子烟同样有害于健康。因为电子烟是通过雾化等手段，将尼古丁等物质变成蒸汽后令人吸食的一种产品。尼古丁等物质对健康的危害已被循证医学所证实。

四、对吸烟的认识误区

吸烟对健康、环境、经济、安全等有害已是公论，成为越来越多有识之士的共识；但对吸烟的认知和态度，仍有许多误区需要澄清。

（一）吸烟可以控制体重

吸烟有助于控制体重或有助于减肥，根本没有科学依据。人体超重或肥胖的主要原因是摄入的热量过多又缺乏运动消耗而造成的。吸烟者吸入的烟雾中并没有分解脂肪作用的物质，而且吸烟会破坏人体内的维生素，让脂肪无法分解。吸烟不仅不能减肥，甚至还可能会增肥。

（二）吸烟可以提神敏思

吸烟的人为了给自己找吸烟的理由，经常说吸烟能够提神，吸烟能够增加大脑的思维敏捷。实际上，烟雾中的尼古丁对中枢神经系统和植物神经系统均产生作用，低剂量时有兴奋作用，高剂量时则产生抑制和麻醉作用。

（三）吸烟可以交友沟通

传统认为，烟被用作客人接待、朋友沟通、礼尚往来的一种媒介或沟通方式。俗话说，“烟卷一递，说话和气”。实际上，文明的场合、正式的沟通、真挚的友谊都不需要烟的出现。现实社会崇尚的是无烟婚礼、无烟奥运、无烟世博、无烟影视等。

（四）吸烟可以纳税利民

吸烟者常挂在嘴边的一句话，就是吸烟可以为国家纳税。实际上，吸烟不仅危害自身的健康，还消耗金钱；因吸烟造成的各种危害而给社会带来的经济损失，已经超出了其所交纳的税金。

（五）吸烟者成熟帅气

有的青少年认为，吸烟是人成熟的标志。有的为了追求所谓时髦或模仿他人，有的为了融入所谓朋友圈子，便以吸烟为行为之一，自认为吸烟很帅很酷。实际上，吸烟是世界公认的不良生活方式，而且烟草依赖已经于1998年就被世界卫生组织作为一种疾病列入《国际疾病分类（ICD－10）》，属于精神神经障碍，与糖尿病、高血压等一样，是慢性病的一种。

（六）低焦油等于低危害

降低卷烟的焦油含量，不等于降低了吸烟的危害：一是烟草含有7000多种化学成分，只降低烟焦油的含量，不足以减少吸烟对健康的危害程度；二是低焦油卷烟所采用的测试卷烟焦油的方法已被废弃；三是大量的研究和实验证明，降焦不能减害，这是因为低焦油的卷烟因味淡而需要多吸或深吸，导致吸烟量的增加，是推销烟草的一种手段。

第二节　戒烟方法

一、控烟运动方兴未艾

（一）全球控烟运动的兴起

20 世纪 50 年代初，美国率先开展烟草与肺癌关系研究，于 1957 年公布了两者间的因果关系。1964 年，首次以官方的名义宣布“吸烟是健康的重要危害因素，急需采取相应行动”后，引起美国社会巨大反响，促使联邦政府一系列控烟政策和举措出台。例如：在烟盒上印有“吸烟有害于健康”的警示语，禁止刊登烟草广告，设立反吸烟宣传基金的电视节目，通过了禁止在各交通工具、餐馆、俱乐部、酒吧、办公室和一切工作场所吸烟的法案。美国在 1972—1992 年的 20 年间逐渐将烟税提高到零售烟价的一半；1993 年，通过了严禁向 18 岁以下未成年人出售烟草的法案。在涉及烟草的民事诉讼中，裁定烟草公司对肺癌死者予以赔偿的案例屡见不鲜。美国反吸烟运动的初步成效，鼓舞和促进了世界的反吸烟运动。欧盟颁布了各种禁烟法规，运用烟草价格机制和广泛深入的健康教育，使人均烟草消费量逐渐减少。20 世纪 70 年代至 80 年代，英国、加拿大、瑞典、挪威、澳大利亚等国的成年男性吸烟率以年均 1% 的速度递减，分别降至 35%、32.5%、24%、41.4%、32.9%。而新加坡仅用 10 年时间，就使吸烟率从 42% 降至 25%。世界卫生组织为实现无烟社会的目标，于 1987 年 11 月将该组织的成立纪念日——每年 4 月 7 日——定为“世界无烟日”，从 1988 年开始执行；1989 年起，世界无烟日被确定为每年 5 月 31 日，迄今已经走过了 33 年历程。2020 年 5 月 31 日是第 33 个世界无烟日，主题是“保护青少年远离传统烟草和电子烟。”

（二）我国的控烟工作

自 20 世纪 50 年代科学证明吸烟对健康的危害后，我国开始重视和关注此项工作。1979 年以来，我国政府和相关部门陆续颁布了许多与控烟有关的法律法规，如《中华人民共和国预防未成年人犯罪法》《中华人民共和国未成年人保护法》《中华人民共和国广告法》《中华人民共和国烟草专卖法》《公共场所卫生管理条例实施细则》等。1993 年，我国开始推进公共场所禁止吸烟的地方立法工作。截至 2015 年 6 月，我国已有上海市、广州市、杭州市、哈尔滨市、北京市等先后颁布了相关的法律法规。2000 年，我国参与和促成世界卫生组织《烟草控制框架公约》（以下简称《公约》）的谈判。2003 年 5 月 21 日，第五十六届世界卫生大会一致通过了《公约》；同年 11 月 10 日，经我国全国人大常委会批准，我国政府代表在联合国总部签署了《公约》。2006 年 1 月 9 日起，《公约》在我国正式生效。2011 年 3 月，将“全面推行公共场所禁烟”纳入国民经济和社会发展“十二五”规划。目前，国家层面的控烟立法工作正在积极推进中。

（三）开展创建无烟场所活动

2001 年，卫生部门开始创建“无烟医院”活动。2009 年 5 月，卫生部、国家中医药管理局、总后卫生部和武警部队后勤部联合印发《关于 2011 年全国医疗卫生系统全面禁烟的决定》，积极开展卫生行政部门和医疗卫生机构全面禁烟工作。教育部门积极倡导开展创建无烟学校活动。全国爱国卫生运动委员会在创建国家卫生城市和建设健康城市过程中，大力开展无烟场所的创建活动。目前，“无烟医院”、“无烟学校”、“无烟机关”、无烟场所等活动得到了各行各业的积极响应，并取得了较好的社会效果。特别是我国2008年实现了北京“无烟奥运”，2010年实现了上海“无烟世博”，赢得了全世界的广泛赞誉。

（四）控烟运动展望

进入21世纪，全球控烟运动风起云涌。随着人们对吸烟有害健康认识的加深，以及控烟立法的进行，我们有理由期待，不吸烟和拒绝“二手烟”将成为共识。因此各国和地区，在政府和部门及非政府组织的努力下，在大量的控烟志愿者的参与下，一定会出现一个吸烟者不断戒烟、新烟民越来越少、烟草生产和销售呈现双下降的趋势。由此而带来的慢性病危险因素减少、健康期望寿命增加、安全隐患减少、文明行为增加的社会新风尚逐步形成。预期到2050年，成人吸烟率将大幅下降，最终形成一个无烟社会。

二、戒烟的好处

（一）对健康的好处

2015年12月，国家卫生计生委继2008年5月卫生部发布第3号公告之后，发布了《中国公民健康素养——基本知识与技能》，强调“戒烟越早越好”。我们知道，吸烟是没有安全量的，吸入的每一支烟对健康都是有害的。同时，戒烟的益处是逐渐显现的：35岁以前戒烟，能避免90%的吸烟引起的心脏病；59岁以前戒烟，15年内死亡的可能性仅为吸烟者的50%；人年过60岁戒烟，其患肺癌的病死率仍大大低于继续吸烟者。戒烟对于健康和生命而言，就是找回健康、延长生命。戒烟与健康之间的关系，从图7－1中可以更直接地展现出来。

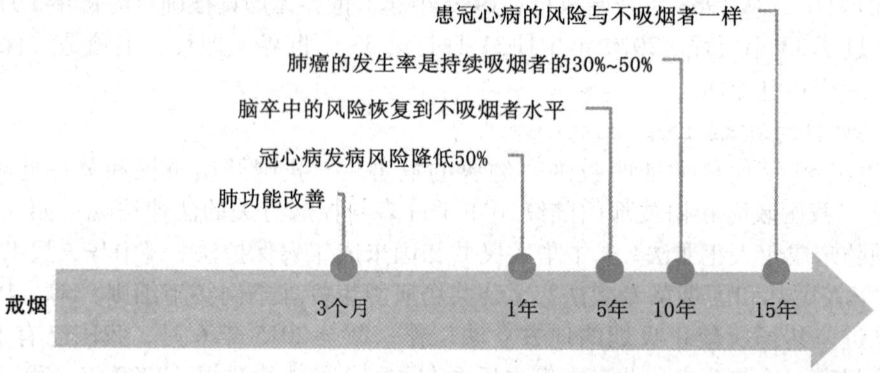

图7－1　戒烟时间与健康的关系

（二）对学习的好处

大学生正处于人生观、价值观和健康观形成的关键时期。大学生是知识群体，良好的校园环境和控烟约束，不仅对大学生身体健康有益，其实也对大学生的学习有益。因为，吸烟影响人的大脑，降低记忆力，不利于知识的积累和成绩的提升。

（三）对文明和安全的好处

我们知道，初高中生的吸烟率是较低的；但是，到了大学期间，吸烟率较初高中生大幅度提高。目前，大学生中的男性吸烟率已经高达50%以上。尽管大学生中烟草成瘾率低于社会青年，但较高的尝试性吸烟率可转化为成人期高成瘾率和疾病发生率。因此，高校的控烟工作，对于保护未来知识分子的健康，提高知识群体的健康素养水平，保护未来劳动生产力，具有重要性和紧迫性。同时，控烟工作对于未来社会形成文明的生活方式，减少因吸烟导致的火灾等都有巨大的和潜在的社会效益和经济效益。

（四）对家庭和后代的好处

大学生不仅处于学习知识、增长见识的关键时期，更是婚恋的最佳时期。组建家庭、繁衍后代，是人类社会持续健康发展不可回避的问题。大学生要做到自己不吸烟，劝说他人戒烟，还应将吸烟有害于健康的知识传播到家庭和社会，从而减少被动吸烟人群，使未来的家庭更和谐，后代更健康，生活更幸福。

三、戒烟的方法

（一）毅力戒烟法

1. 认识吸烟的各种危害，坚定戒烟的决心和信心，坚决把烟及烟具全部处理掉。

2. 要有恒心有毅力，不买烟不吸烟，拒绝他人递来的烟。

3. 空闲无事或犯烟瘾时，应找一些事情去做或吃戒烟糖、喝戒烟茶，进而分散自己的注意力。

4. 向周围人宣布自己从即日即刻起不再吸烟，并请同学、朋友、老师、辅导员等协助监督。

（二）辅助戒烟法

1. 可利用身体健康有问题的时候选择戒烟。如感冒、发热、咽喉痛、咳嗽等，此时人的味觉受到疾病的影响，对吸烟的愿望降低。这时正是戒烟的好时机，坚持下去就会收到好效果。

2. 可利用谈恋爱的时候选择戒烟。一是谈恋爱时如果自身衣物和口腔有烟味，会引起对方的反感，不利于情感的交流和发展；二是谈恋爱时双方有互相监督和考验的过程，如果连吸烟的习惯都不能戒掉，容易引起对方的不信任等；三是谈恋爱时大学生的支出较平时要多，如果再吸烟的话，将会增加经济负担。因此，一旦选择谈恋爱，就坚决戒烟并坚持下去，最终达到彻底戒烟的目的。

3. 药物辅助法。我们知道，烟草依赖是一种慢性病。既然是病，就要找医生诊治，就需要药物治疗。现在，许多医疗机构开设了戒烟门诊，如果有戒烟的愿望，而烟瘾较大一时无法戒掉，可以到戒烟门诊寻求帮助，在医生的指导下，配合戒烟药物的使用达到戒烟的目的。

4. 五日戒烟法。

第一日，准备戒烟。充分认识吸烟的多种危害，增加戒烟的决心。当日尽可能不与吸烟者共处。一日三餐要少吃肉、鱼、鸡类等油腻或辛辣食物，多吃水果、蔬菜等；不要喝咖啡和酒精类饮料。睡前散散步并做一次深呼吸，比平时提早一点时间上床休息。

第二日，开始戒烟。早晨醒来第一件事，就是用意志力对自己再次强调“我今天选择不吸烟”。在早餐前喝一大杯水并洗一个澡，用湿毛巾擦拭皮肤，以促进血液循环，保持头脑清醒。一日三餐仍以水果、蔬菜为主，不吃油炸和肉类食品，餐后立即离开饭桌，主动做一些运动，或到严禁吸烟的场所（如图书馆等）去读书。

第三日，应对症状。两天没有吸烟了，吸烟者可能会出现头痛、口干、咳嗽，或焦虑、抑郁，或腹泻、便秘等各种不适的症状。此时，除需要有坚强的毅力外，还要有正确的方法来应对症状。一般状况下可以选择自己喜欢的运动项目，或洗热水澡、多喝水等。同时，为了让自己的精神放松，可以去公园、绿地等室外赏景。

第四日，应对尼古丁。因为尼古丁是导致成瘾的主要物质，为了清除体内的成瘾物，可以选择菊花茶或茉莉花茶做饮品来替代。同时要进行适当的锻炼，可选择慢跑或散步、骑自行车等方式，以放松自己并增加能量消耗。当吸烟的欲望较强时，要多做几次深呼吸，并坚持做到坚决不吸烟。

第五日，防止反复。戒烟者之所以戒烟失败，是因为反复吸烟。大学生要为自己选择戒烟而感到骄傲，并证明自己是一个意志坚强的人。为了防止复吸的发生，大学生戒烟者要有意识地远离吸烟人群，对他人递过来的烟要坚决说“不!”并可以骄傲地告诉他人，“我已经戒烟了!”同时，大学生应以此为契机，为自己选择健康的生活方式，培养积极向上的生活态度而努力学习、奋斗，争取为社会做出自己的贡献。

（刘懿卿）

【思考题】

1. 吸烟对大学生有哪些危害?
2. 戒烟有什么好处?

第八章　饮酒与健康

饮酒是一种习俗，在世界各地，饮酒都是社交聚会的一项重要内容。国家卫生计生委发布的《中国居民营养与慢性病报告（2015 年）》数据显示，2012 年我国 18 岁及以上的成人年均酒精摄入量为 3 升；饮酒者中有害饮酒率为 9.3%。常年饮酒的人，可能会罹患多种慢性病。此外，饮酒还相应增加了突发健康状况风险，例如包括交通事故在内造成的伤害。世界卫生组织《2014 年酒精与健康全球状况报告》显示，全世界每年因有害使用酒精导致 330 万例死亡，占所有死亡人数的 5.9%。

第一节　限量饮酒

一、酒精饮料

（一）概念

酒精饮料是一种含有乙醇（通常称作酒精）的液体，用于饮用。在大多数国家，酒精饮料的法定定义将饮料中乙醇含量的阈值定为 0.5% 或 1.0%。我国居民常饮酒的主要类型为白酒、啤酒、葡萄酒和其他酒精饮料。酒精饮料包括各种发酵酒、蒸馏酒、配制酒及预调酒。

1. 发酵酒，又称作酿造酒，是指以粮谷、水果或允许使用的野生植物为原料，经发酵法酿制而成的酒。它包括：啤酒、葡萄酒、起泡葡萄酒、果酒、黄酒等。

2. 配制酒，是以发酵酒、蒸馏酒或食用酒精为主要酒基，经加工（包括串蒸或浸泡食用动物、植物、中草药），添加或不添加果汁、食品添加剂调配而成的酒。它包括：植物类配制酒、动物类配制酒、动植物类配制酒等。

3. 蒸馏酒，是指以粮谷、薯类、水果或糖蜜为原料，经发酵法酿造、蒸馏（包括串蒸、浸蒸、提馏）、贮存、勾兑调配而成的酒。其酒精浓度在 18% ~60%，包括：白酒、白兰地、威士忌、伏特加、朗姆酒等。

（二）不同酒精饮料的酒精含量

酒的度数是指酒精饮料中的酒精含量，一般是指每 100 毫升酒中含有纯酒精的毫升数，或每 100 克酒中含纯酒精的克数。人们按酒精含量的不同，习惯将酒分为高度酒、中度酒和低度酒三类。

1. 高度酒。是指 40 度以上的酒，如：高度白酒、白兰地和伏特加等。

2. 中度酒。是指 20 ~40 度之间的酒，如：38 度的白酒和马提尼等。

3. 低度酒。是指酒精含量在 20°以下的酒，如：啤酒、黄酒、葡萄酒、日本清酒等。一般的啤酒，其酒精含量在 3.5% ~5% 之间。通常把酒精含量为 2.5% ~3.5% 的啤酒称为淡啤酒；1%～2.5%含量的，称为低醇啤酒；1%以下的酒精含量，则称为无醇啤酒。

（三）酒精饮料的营养价值

酒精饮料可提供较多的能量，特别是高度白酒。每100mL浓度为50%的白酒，可产生1465kJ的能量。酒精饮料除水及酒精外，还含有数量不定的其他化合物：白酒中可检出微量氨基酸，葡萄酒和啤酒中则可能有一些蛋白质、肽类、氨基酸、糖类和碳水化合物。除此之外，有时酒精饮料中还会有一些铁、铬或铜，但这些成分都不具有太多营养价值。

二、限量饮酒

（一）限适量饮酒的限量值

综合考虑过量饮酒对健康的损害作用和适量饮酒的可能健康效益，以及其他国家对成年人饮酒的限量值，中国营养学会建议的成年人适量饮酒的限量值是，成年男性一天饮酒的酒精量不超过25g，相当于啤酒750mL，或葡萄酒250mL，或38度白酒75g，或高度白酒50g；成年女性一天饮用酒的酒精量不超过15g，相当于啤酒450mL，或葡萄酒150mL，或38度白酒50g。对于一些喜欢饮酒的人，特别是喜欢饮用高度白酒的人来说，可能会感到不够尽兴，但应该从保护健康的角度做出明智的选择，自觉限量饮酒。

尽管有研究表明，葡萄酒中含有多种活性物质（如白藜芦醇、原花青素等黄酮类物质以及鞣酸等具有抗氧化作用），多酚能抑制血小板的凝集，防止血栓形成，适量饮用对延缓衰老和预防心血管疾病有一定作用，但是，到目前为止，适量饮酒对心血管系统的保护作用还需要得到进一步证实。考虑到过量饮酒所带来的各种副作用，因此，不建议任何人出于预防心脏病的考虑开始饮酒或频繁饮酒。

（二）限量饮酒的原则

饮酒一定要有节制。这种节制不能以醉酒为界，而是要以不损害健康为限。从保护健康的角度来说，适量饮酒要做到：饮酒时最好选用低度酒，如啤酒、葡萄酒或黄酒等；如果饮酒，也要尽量少喝；不空腹饮酒，摄入一定量食物可减少酒精的吸收；不劝酒；饮酒时不同时饮碳酸饮料，因其能加速酒精的吸收；高血脂、高血压、冠心病等患者应戒酒；不养成一醉方休或借酒浇愁的不良饮酒习惯。

此外，孕妇、乳母及儿童、青少年应忌酒。妇女在怀孕和哺乳期间，即使是正常成人限量的饮酒，也可能会对胎儿发育、婴幼儿成长带来不良后果。实验表明，酒精会影响胎儿大脑各个阶段的发育，酗酒更会导致胎儿畸形及智力迟钝。儿童正处于生长发育阶段，其各脏器功能还不完善，即使饮少量的酒，其注意力、记忆力也会下降，思维速度将变迟缓。况且儿童对酒精的解毒能力低，饮酒过量轻则头痛，重则昏迷甚至死亡。

血尿酸过高的人不宜大量喝啤酒，以减少痛风症发作的危险。正在服用可能会与酒精产生作用的药物的人，患有某些疾病及对酒精敏感的人，都不应饮酒。

第二节 饮酒与安全

一、有害饮酒的相关概念

（一）有害饮酒

有害饮酒既包括可能给饮酒者、饮酒者身边的人及整个社会造成有害健康和社会后果的饮酒行为，也包括可能使有害健康后果风险增加的饮酒模式。

根据中国慢性病及其危险因素监测，我国人群危险饮酒率从2004年的7.3%上升到了2010年的8.1%；有害饮酒率则从5.6%上升至9.3%，增幅达66%。国家卫生计生委发布的《中国居民营养与慢性病报告（2015年）》数据显示，2012年我国18岁及以上成人的人均年酒精摄入量为3升，饮酒者中有害饮酒率为9.3%。

（二）酒精中毒

酒精中毒是一种以对酒精产生依赖性为特征的，以神经、精神障碍为主，并伴有机体其他脏器损害的渐进性、中毒性疾病。

1. 急性酒精中毒，即醉酒，是指一次饮用大量酒精饮料后对中枢神经系统产生先兴奋后抑制的作用。重度酒精中毒可使饮酒者因呼吸、心跳抑制而死亡。

2. 慢性酒精中毒，即酒瘾，是一种非要饮酒不可的强迫心理状态，可以连续或周期性出现。慢性酒精中毒者一旦停饮，会出现极不舒服的反应，如：出汗、脉搏跳动明显增加至100次/分钟或更高、手震、失眠、呕吐和暂时的幻觉，或感觉到有很多蚂蚁在身上爬动，发抖甚至抽搐等一系列戒断症状。

（三）酗酒

医学界将酗酒定义为：一次喝5瓶或5瓶以上啤酒，或者，血液中的酒精含量达到或高于80mg/100mL。由于大量酒精会杀死大脑神经细胞，长期酗酒，会导致记忆力减退，还可能引起脂肪肝、肝硬化等肝脏疾病，情况严重者必须进行肝脏移植才能保全性命。

酗酒涵盖了“酒精滥用”及“酒精依赖”。一般而言，如果一个人过度使用酒精而无法自我节制，导致认知上、行为上、身体上、社会功能或人际关系上的障碍或影响，且明知故犯、无法克制，就达到“酒精滥用”的程度。若进一步恶化，把饮酒看成比任何其他事都重要，必须花许多时间或精力去喝酒或戒酒，或必须喝酒才感到舒服（心理依赖），或必须增加酒精摄取才能达到预期效果（耐受性），或产生酒精戒断综合征，就达到“酒精依赖”的程度。

二、饮酒的危害

饮酒后的酒精约20%在胃内被吸收，80%在十二指肠及小肠被吸收。酒精的中毒量和致死量因人而异，中毒量一般为70～80克，致死量为250～500克。是否发生中毒与下述因素有关：胃内有无食物（空腹饮酒者吸收快）、是否摄入了脂肪性食物（脂肪性食物可减慢酒精的吸收）、胃肠功能好坏（胃肠功能好的吸收迅速）、人体转化剂处理酒精的能力（能迅速将乙醇转化为乙酸的，不易中毒）。

有害使用酒精与一系列精神和行为障碍、其他非传染性疾病和损伤之间存在因果关系。当血液中的酒精含量达到0.1%时，人的动作协调、视觉、言谈及平衡会受损，出现中毒现象；当血液中的酒精含量达到0.5%时，神经生理平衡会严重受损并失去意识。长期过量饮酒，会使人对碳水化合物、蛋白质及脂肪的摄入量减少，维生素和矿物质的摄入量也不能满足要求；过量饮酒可造成肠黏膜的损伤及对肝脏功能的损害，从而影响几乎所有营养物质的消化、吸收和运转。急性酒精中毒可能引起胰腺炎，造成胰腺分泌不足，影响蛋白质、脂肪和脂溶性维生素吸收和利用，严重时还可导致酒精性营养不良；酒精对肝脏有直接的毒性作用，干扰脂类、糖类和蛋白质等营养物质的正常代谢，同时也影响肝脏的正常解毒功能；长期过量饮酒与脂肪肝、肝静脉周围纤维化、酒精性肝炎及肝硬化之间密切相关，肝硬化死亡中有40%由酒精中毒引起。过量饮酒会增加患高血压、中风等疾病风险；过量饮酒会导致交通等事故及暴力行为的增加，对个人健康和社会安定都是有害的；饮酒还会增加患消化道癌症和女性患乳腺癌的风险。长期过量饮酒，还可导致酒精依赖症、成瘾及其他严重的健康问题。

最新研究表明，有害饮酒与结核病等传染病发病率有关，与艾滋病毒、艾滋病病程之间也确立了因果关系。

（田丹）

【思考题】

1. 酗酒有哪些危害？
2. 怎样做到限量饮酒？

第九章　用药与健康

药品是一把“双刃剑”。药品用得合理，可以防治疾病；反之，不但不能治病，还会影响身体健康，轻则增加患者痛苦、增加医疗费用，重则可能使患者致残甚至死亡。只有正确合理地使用药品，才能避免和减少这些情况的发生。随着药品的可及性不断提高，我国城乡居民自我用药的比例逐步上升，用药行为不规范的现象普遍存在，导致用药安全问题日益凸显。

第一节　合理用药

一、基本概念

（一）药品

药品是用于预防、治疗、诊断人的疾病，或者有目的地调节人的生理机能，并规定有适应征或者功能主治、用法和用量的物质。药品包括：中药材、中药饮片、中成药、化学原料药及其制剂、抗生素、生化药品、放射性药品、血清、疫苗、血液制品和诊断药品等。

（二）基本药物

基本药物是能满足大部分人口卫生保健需要的药物。基本药物的概念是世界卫生组织（WHO）1977 年提出的。

在我国，基本药物是从我国目前临床应用的各类药物中遴选出的适应基本医疗卫生需求，剂型适宜，价格合理，能保障供应，公众可公平获得的药品。具体地说，“适应基本医疗卫生需求”，是指优先满足群众基本医疗卫生需求，避免贪新求贵；“剂型适宜”，是指药品剂型易于生产和保存，适合大多数患者临床使用；“价格合理”，是指个人承受得起，国家负担得起，同时生产企业有合理的利润空间；“能够保障供应”，是指生产和配送企业有足够的数量满足群众用药需要；“公众可公平获得”，是指人人都有平等获得的权利。1982 年，我国首次发布《国家基本药物目录》，并且每两年修订一次。

（三）劣药

劣药是指药品成分的含量不符合国家药品标准的药品。《中华人民共和国药品管理法》规定，有下列情形之一的药品即为劣药：① 未标明有效期或者更改有效期的；② 不注明或者更改生产批号的；③ 超过有效期的；④ 直接接触药品的包装材料和容器未经批准的；⑤ 擅自添加着色剂、防腐剂、香料、矫味剂及辅料的；⑥ 其他不符合药品标准规定的。

（四）假药

假药是指药品所含成分与国家药品标准规定的成分不符的，如：中药中擅自加入西药成分；或者以非药品冒充药品；或者以他种药品冒充此种药品的，如用淀粉做的片剂冒充治疗感冒的药品，用兽用药冒充人用药。

二、合理用药

（一）合理用药的概念

合理用药是指安全、有效、经济地使用药物。世界卫生组织把合理用药定义为："合理用药，要求患者接受的药物适合他们的临床需要，药物的剂量符合他们个体需要，疗程足够，药价对患者及其社区最为低廉。"

合理用药的标准是：① 处方的药应为适宜的药物；② 在适宜的时间，以公众能支付的价格保证药物供应；③ 正确地调剂处方；④ 以准确的剂量、正确的用法和疗程服用药物；⑤ 确保药物质量安全有效。

绝对合理的用药也是难以达到的，一般所指的合理用药只是相对的。

（二）合理用药的原则

合理用药包括安全、有效、经济三个方面。用药首先要安全，安全的意义在于使患者承受最小的治疗风险，获得最大的治疗效果。其次是有效，这是合理用药的关键。药物的有效性表现在不同的方面，如根除病源治愈疾病、延缓疾病进程、缓解临床症状、预防疾病发生、调节人体生理机能等。再次是经济，是指以尽可能低的医疗费用达到尽可能大的治疗效益，降低社保和病人的经济支出，但不能简单地理解为价格越低的药品越经济。

简单地说，合理用药要做到5个"正确"，即：正确的药品、正确的剂量、正确的给药时间、正确的给药途径、给予正确的病人。

（三）正确选择用药方法与途径

1. 用药遵循的原则。用药要遵循能不用就不用、能少用就不多用的原则。任何药物都有不良反应，所以要谨慎用药。有些疾病并不需要服用药物，例如普通感冒，只要注意休息，戒烟，多饮开水，保持口腔和鼻腔清洁，进食易消化的食物，同时经常开窗，保持室内空气清新，一般5～7天即可自愈。服药时应避免同时服用多种药物，因为药物的不同成分之间有可能会发生相互作用，有些药物也许会因此而失效，不仅影响原有的疗效，而且可能会危害身体健康。

2. 选择给药途径遵循的原则。根据病情，能口服的，就不注射；可以皮下或肌肉注射的，就不静脉注射或输液。输液对于危重病人或特殊病人的治疗见效快；缺点在于将药物直接输入血液，不良反应的发生率和严重程度要高于其他给药途径，严重者可导致休克，甚至危及生命。肌肉注射，其药物吸收比输液慢，比口服快，缺点是引起局部疼痛等损害。口服是最常用的，也是最安全、最方便、最经济的给药方法；缺点在于起效相对较慢，有些药品还可能会引起胃肠道不适等症状。

第二节　用药的误区

一、静脉输液的误区

（一）输液能提高吸收速度，病好得快

认为输液"来得快"而盲目输液者，其"得"不一定就比"失"多。因为，输液除

了微粒损害外，尚有较高的风险。如：静脉输液的无菌要求极高，无论是药物、溶液、药瓶，还是消毒皮管和操作过程，都要求无菌。即使是无菌要求极高的大型医院，也有1%以上的输液者会发生输液反应。有心、肺、肾等重要脏器功能不全的患者及老年人，不适当的输液会带来生命危险。静脉输液可伤害血管，引起血管纤维化。

（二）输液效果好，无论大病小病都选择输液

临床上需要输液的情况，一般为：① 危重病抢救以及抗严重感染，或病情发展迅速，需要很高的组织药物浓度紧急治疗时；② 存在吞咽困难、严重呕吐、腹泻或胃肠道病变严重，有明显的吸收障碍或潜在的吸收障碍时；③ 胃肠不易吸收的药物，口服会明显降低生物利用度时。

患者使用何种剂型的药物，是由其具体疾病和病情所决定的。像感冒这类疾病，一般不需要静脉输液。

二、抗菌药物使用的误区

（一）抗菌药即消炎药

多数人认为，抗菌药物可以治疗一切炎症，抗菌药即是消炎药。事实上，抗菌药物不直接针对炎症发挥作用，而是针对引起炎症的微生物起到杀灭作用。而医学意义上的炎症，是指各种因素导致机体的一种防护性反应，表现为红肿热痛等。消炎药是针对炎症的，比如常用的消炎痛、芬必得、扶他林、消炎镇痛药等。所以，抗菌药物不是消炎药，仅适用于由于细菌引起的炎症，而对其他原因引起的炎症无效。相当多的人认为，抗菌药物能够包治百病，对于普通的一些炎症，如一些过敏引起的接触性皮炎，或药物性皮炎或病毒引起的炎症，或局部软组织的一些淤血、红肿、疼痛，就要求医生开抗菌药物，或自己自服家里的抗菌药物。

（二）感冒就用抗菌药

很多人把抗菌药物用来治疗感冒。感冒分为病毒性的和细菌性的。实际上，很多感冒都是病毒性感冒，没有特效药，只是对症治疗，并且病毒性感冒有自愈性，一般一周左右可以自愈。如果是病毒性感冒，抗菌药对它不但没有作用，还可能诱发二重感染。所以，如果只是感冒打喷嚏、流清鼻涕，没有必要用抗菌药物，最好的方法就是休息和喝水。有些患者一感冒了就赶紧吃抗菌药物，或者在服用针对症状的中西药的同时联合抗菌药物，这是不对的。

（三）发热就用抗菌药物

有些人一发热就用抗菌药。因为有些人就是单纯的一个发热，无法查明原因，检查血常规这些指标都是正常的，也没有咳嗽、咳痰、肺炎或者是一些泌尿系统感染的症状，所以这时候发热即使到了38.5℃以上，也一样没有抗菌药的应用指征。抗菌药物仅适用于细菌或其他微生物引起的严重性发热，对于病毒引起的感冒发热或者其他疾病引起的发热是没有效果的。所以，如果有这种时间比较长的发烧，还是要去医院详细诊断一下。如系风湿热、药物热、肿瘤、流感等引起的发烧，服用抗菌药物就有害无益。

（四）广谱优于窄谱

有些患者甚至是有些医生，习惯选用广谱抗菌药物，认为这样能覆盖所有的感染。事实上，应该根据不同部位可能的致病菌有针对性地选用抗菌药物，在没有明确病原微生物的复杂感染时，可以经验性使用广谱抗菌药物；一旦明确了致病菌，可以根据药敏结果选择抗菌药物。

（五）新的抗菌药物比老的好，贵的比便宜的好

很多患者或家属一旦感染就问医生，有没有新的消炎药或者更贵的消炎药。很多人迷信高价药、新药、特效药，似乎治病非它不可。每种抗生素都有自身的特性，优势劣势各不相同，应因病、因人、因致病菌加以选择，坚持个体化。药品并不是“便宜没好货，好货不便宜”的普通商品，只要用之得当，几元钱的药物也可能达到药到病除的疗效。况且有的老的抗菌药物，药效稳定、价格便宜、不良反应较明确。红霉素是老牌抗菌药物，它对于军团菌和支原体感染的肺炎具有相当好的疗效，而价格非常高的碳青酶烯类的抗菌药物和三代头孢菌素对付这种病就不如红霉素。

（六）使用抗菌药物的种类越多，越能有效地控制感染

有的患者担心一种药不管用，结果就几种抗菌药一起吃。例如：一个单纯的细菌性上呼吸道感染，就同时服用头孢菌素（如头孢呋辛）和喹诺酮类（例如左氧氟沙星）抗菌药物。须知，只有在严重感染、多部位感染和混合感染时，才考虑使用两种以上的抗菌药物。一般情况下，能用一种时，不用两种。

（七）频繁更换抗菌药物

有的患者急性子，总嫌吃药不起效，频繁更换药物。有些患者甚至有些医生，在患者服用抗菌药物一天后发现体温降低不明显，就立即更换其他药物。其实，抗生素在人体内起效需要有一个过程，如果频繁更换抗生素的话，就没法去观察这个疗效到底怎么样。所以要沉住气，用药 2～3 天之后再看病情有没有改善。

（八）一见效就停药

有些患者知道用药用得过多不好，所以看见病情有好转了，一下子就停药了。要知道，抗菌药物把细菌彻底杀灭或打败需要时间，一般是等各项指标正常之后两至三天才能停药。就是说，需要有个周期和疗效显现的时间。所以，一定要按照医生交代的去吃药，不能随便停药。很多家长都认为，是药三分毒，所以在小儿细菌性感染治疗时一旦体温降下来就立即停药，最后导致细菌再次复发感染。

三、口服药的误区

（一）一日三餐前后服药

因为药品说明书上印着“一日 3 次”“饭前服用”的字样，一些患者便每日准时在三餐前服药。其实，这种做法是错误的。“一日 3 次”并不等于每隔 8 小时服药一次。为了不影响患者休息，可以将服药时间都安排在白天，例如上午 8 时、中午 12 时、下午 4 时服。如果某些药物必须严格按照每 8 小时服一次，则应每隔 8 小时服药一次。“饭前服用”则是指药物需要空腹（餐前一小时或餐后两小时）服用，以利于吸收。因此，如果患者在饭前吃了一大堆零食，那么此时的“饭前”便不等于“空腹”。反之，“饭后服用”则是指饱腹（餐后半小时）时服药，以利用食物减少药物对胃肠的刺激或促进胃肠对药物的吸收。同样，如果患者已经吃了不少零食，也不必非要等到饭后才服药。

（二）躺着服药

躺着服药，药物容易粘附于食道壁，不仅影响疗效，还可能刺激食道，引起咳嗽或局部炎症，严重的甚至会损伤食道壁。所以，最好是站着或坐着服药。

（三）将药片掰碎或以水溶解后服用

将药片掰碎或以水溶解后服用，不仅影响疗效，还会加大药物引起的胃肠道反应。以阿司匹林肠溶片为例，将药片掰碎后，由于没有肠溶衣的保护，药物无法安全抵达肠道，

在胃里就被溶解，不仅无法发挥疗效，还易对胃黏膜造成刺激。将药物用水溶解后再服用，也有同样的不良影响。不过，服用一些中成药则有所不同。例如，对于常见的大粒丸剂，就应该用清洁的小刀或用手将药丸分成小粒后，再用温水送服。为了加速产生药效，还可以用少许温水将药丸调成稀糊状后，用温开水送服。

（四）用饮料送服

牛奶、果汁、茶水、可乐等各种饮料会与药物发生化学反应，可能影响疗效，甚至导致危险。例如：用果汁或酸性饮料送服复方阿司匹林等解热镇痛药和乙酰螺旋霉素等糖衣抗菌药，会加速药物的溶解，损伤胃黏膜，重者可导致胃黏膜出血。正确的方法是，用温度适中的白开水送服。

（五）多药同服

多药同服，药物之间的相互作用就很难避免，甚至还会引起一些意想不到的麻烦。例如：意外怀孕也许不是因漏服避孕药，而是在服用避孕药的同时还服用了抗结核药物或防止脑溢血的药物，导致避孕药失效；导致治疗心脏病药物失效的原因，可能是因为同时服用了用于治疗咳嗽的甘草片。因此，在需要同时服用几种药物时，最好能咨询医师，以免药物相互作用产生不良反应。

（六）服药期间不注意饮食禁忌

服药期间不合理的饮食会降低药效，严重的还可能危及生命。例如：服用治疗头痛的药物期间就要忌酒，因为酒精进入人体后需要被氧化成乙醛，乙醛再被氧化成乙酸在体内代谢。而治疗头痛类的药物会妨碍乙醛氧化成乙酸，导致体内乙醛蓄积，从而加重头痛的症状。

四、止痛药服用的误区

（一）不同的止痛药叠加服用

很多人服药（尤其是非处方药）往往不看说明书，或不按说明书去做，这很容易导致过量用药。叠加服用不同的止痛药，就等于服药剂量加倍，很容易导致危险。

（二）酒后头痛时服用止痛药

止痛药与酒精通常会有相互促进的作用，酒后服用止痛药，不但更容易醉酒，而且会导致更严重的危险。饮酒后，肝脏的降解功能降低，使镇痛药有害作用增加；服用镇痛药后，影响肝脏对酒精的降解功能，从而更容易醉酒，加重现有的疾病。

（三）止痛药可与其他药物混服

服用止痛药之前，应该考虑一下目前是否服用其他药物或补品。有些药物或补品可能会与止痛药的成分发生交叉反应，增加副作用危险。比如，可待因等会影响抗抑郁药的药效。同时服用其他药物或补品，影响肝脏对其他药物和镇痛药的降解功能。同时，增加了其他药物和镇痛药的副作用。

（四）服止痛药之后开车

不同的人对不同药物会产生不同的反应。有些人服用止痛药之后容易昏昏欲睡。此外，有些镇痛药含有镇静剂，易使人昏睡，影响行车安全。为了安全起见，服用止痛药之后最好别开车。

第三节　自我用药安全

一、区分处方药与非处方药

根据药品使用安全性的高低，我国把药品分为处方药和非处方药两大类。处方药是必须凭执业医师处方才可调配、购买和使用的药品。目前，大部分药品都属于处方药，如所有的注射剂、抗菌药物、毒麻药品等。非处方药是指不需要凭执业医师处方即可自行判断、购买和使用的药品。这些药物在临床应用时间较长，药效明确，不良反应较少。

非处方药根据其安全性，又分为甲类和乙类两种。甲类非处方药包装盒上“OTC”标识的底色为红色，只能在具有药品经营许可证，并配有执业药师或药师以上药学专业人员的社会药店、医疗机构药房购买。乙类非处方药包装盒上“OTC”标识的底色为绿色，除社会药店和医疗机构药房外，还可以在经过批准的普通商业企业零售。

非处方药虽然具有较高的安全性，严重不良反应发生率比较低，但长期、大量使用也可能会引起不良反应。人与人之间存在个体差异，不同的人对同一种药的不良反应可能有很大差别。所以，非处方药也要严格按照说明书的规定使用，并需密切观察用药后的反应。一旦在用药过程中出现不适症状，都要引起高度重视，应立即停药并及时咨询医生或药师。

二、遵医嘱用药

不经医生诊断，盲目自行用药，结果往往是钱花了不少，药也吃了不少，病情却不见好，甚至日益加重。更重要的是，延误了治疗的最佳时机。不同的药物有不同的功能、适应征、用法用量，还有不同的禁忌症和副作用。不同人的体质、病情、对药物的耐受也各不相同。所以要想用药合理，用最少的药得到最佳疗效，最简单也是最可靠的方法就是按医生的要求用药。特别是抗菌药物和激素类药物，不能自行调整用量或停用。

使用抗菌药物，一定要在医生的指导下，严格按医嘱用药。首先，必须按时、按量使用。因为抗菌药物在体内达到稳定浓度时才能杀菌、抑菌，不规律的服药不仅达不到治疗效果，还会给细菌带来喘息和繁殖的机会。其次，一定要按照处方规定的疗程服用。因为抗菌药物完全杀灭或抑制细菌需要一定的时间，如果没有按疗程服用，易导致细菌产生耐药性，疾病难以治愈。

激素类药物具有多重药理作用，可治疗多种疾病。激素类药物应在医生指导下合理使用，如使用不当，有可能导致多种不良反应。长期用药的患者要严格遵医嘱控制用药剂量，并在门诊定期复诊。当病情稳定后，在医生的指导下有计划地调整剂量，有些病人可改用其他药物和治疗方法。

三、正确阅读药品说明书

（一）药品说明书和标签

药品说明书和标签是由国家食品药品监督管理总局核准，指导医生和患者选择、使用药品的重要参考，也是保障用药安全的重要依据，是具有医学和法律意义的文书。

说明书上必须注明药品的通用名称、成分、规格、生产企业、批准文号、产品批号、生产日期、有效期、适应征或者功能主治、用法、用量、禁忌、不良反应和注意事项。药品的标签应当以说明书为依据，其内容不得超出说明书的范围，不得印有暗示疗效、误导使用和不适当宣传产品的文字和标识。

麻醉药品、精神药品、医疗用毒性药品、放射性药品、外用药品和非处方药品等国家规定有专用标识的，其说明书和标签必须印有规定的标识。

（二）读懂药品说明书或标签

在用药前都应该认真阅读。阅读药品说明书是正确用药的前提，否则，就会给安全用药带来隐患。对于其中不明白的内容，应该及时咨询药师或医师。

1. 批准文号。生产新药或者已有国家标准的药品的，须经国务院药品监督管理部门批准，并发给药品批准文号；药品生产企业在取得药品批准文号后，方可生产该药品。

药品批准文号格式：国药准字 +1 位字母 +8 位数字；试生产药品批准文号格式：国药试字 +1 位字母 +8 位数字。化学药品，使用字母“H”；中药，使用字母“Z”；通过国家药品监督管理局整顿的保健药品，使用字母“B”；生物制品，使用字母“S”；体外化学诊断试剂，使用字母“T”；药用辅料，使用字母“F”；进口分包装药品，使用字母“J”。数字第 1、2 位为原批准文号的来源代码，其中，“10”，代表原卫生部批准的药品；“19”“20”，代表 2002 年 1 月 1 日以前国家药品监督管理局批准的药品；其他使用各省行政区划代码前两位的，为原各省级卫生行政部门批准的药品。第 3、4 位为换发批准文号之年公元纪年的后两位数字；但来源于卫生部和国家药品监督管理局的批准文号的，仍使用原文号纪年的后两位数字。数字第 5 至 8 位为顺序号。

2. 产品批号、生产日期和有效期。了解产品批号、生产日期、有效期的标示方法及具体含义，可以避免服用过期失效的药品，从而保证用药的安全有效。

产品批号是用于识别某一批产品的一组数字或数字加字母。但要特别注意，这组数字与该产品的生产日期没有直接联系，如某产品批号可标示为 20020215、20031245、200507AD 等形式，从批号上不能确定生产日期。

生产日期是指某种药品完成所有生产工序的最后日期，如某产品生产日期是 20030201，说明这批产品是 2003 年 2 月 1 日生产的。

有效期是指药品在规定的储存条件下，保证质量的最长使用期限，超过这个期限则不能继续销售、使用，否则将按劣药查处。药品有效期的计算是从生产日期开始的，如某种药品生产日期是 20040213，有效期是三年，那么有效期的合法标示就是 20070212 或 2007 年 1 月。

3. “禁用”与“慎用”。“禁用”即禁止使用。因为使用后会发生严重不良反应或中毒，如阿司匹林，有消化性溃疡的患者应禁用；又如马来酸氯苯那敏（扑尔敏），正在从事机械操纵、驾车船或高空作业者应禁用。说明书中列出的禁止使用该药品的人群、生理状态、疾病状态、伴随的其他治疗、合并用药等提示，均应严格遵守。

“慎用”即谨慎使用，并非绝对不能使用。这种药可能不引起不良反应，但是小儿、老人、孕妇、哺乳期妇女，以及心、肝、肾功能不全的患者应慎用。因为这些人由于生理上的特点或病理上的原因，机体代谢辐射能低下，或者某些重要脏器功能低下，在使用某种药物时容易出现不良反应，因此应该在权衡利弊后谨慎使用。患者用药后应注意对其密切观察，一旦出现不良反应，要立即停药、及时就医。

4. 用药要遵说明书规定的剂量。药品使用说明书规定的剂量，一般是指 18 ~ 60 岁成年人一次用药平均用量或用量范围，低于这个量可能没有疗效，超过这个量就可能引起毒性反应。在这个合理的量的范围内，适当提高剂量可能会提高疗效，但不是绝对的。有些对药物作用敏感的人，在这个剂量范围内也可能出现毒性反应，应该引起注意。

四、妥善保管家中的药品

药品存放要科学、妥善，防止因存放不当导致药物变质或失效；谨防儿童及精神异常者接触，一旦误服、误用，应及时携带药品及其包装就医。

药品保管不当会导致变质失效，甚至增加毒性，故应严格按照药品说明书的要求妥善存放。一般应注意，在空气中易变质的药品，应装在干燥密闭容器中保存；易氧化的药品，应密闭在棕色玻璃瓶中并置于阴凉避光处；易吸潮的药品，应装在密封容器中储存于干燥处；易风化的药品，应装在封口的容器内并置于阴凉处；外用药与内服药应分开储存。家中的药品要防止儿童及精神异常者接触，以免发生误服中毒事故。一旦发生误服或过量服用药物，突然出现不同寻常的症状，都应携带药品及其包装第一时间就医。凡是过了有效期、变了质、标签脱落的药品，要及时清除并更新。药品是特殊商品，使用得当可防治疾病，使用不当会危害健康，用前一定要与说明书对照一下。

第四节　药品不良反应与药物滥用

一、药品不良反应

（一）概念

药品不良反应是指合格药品在正常的用法用量下，出现的与用药目的无关的有害反应。药品不良反应是药品固有特性所引起的，任何药品都有可能引起不良反应。药品不良反应既不是药品质量问题，也不属于医疗事故。

药品严重不良反应，是指因使用药品引起以下损害情形之一的反应：① 导致死亡；② 危及生命；③ 致癌、致畸、致出生缺陷；④ 导致显著的或者永久的人体伤残或者器官功能损伤；⑤ 导致住院或住院时间延长；⑥ 导致其他重要医学事件，如不进行治疗可能出现上述所列情况。

（二）容易发生药品不良反应的人群

一般认为，老年人、妇女、儿童，以及有肝脏、肾脏、神经系统、心血管系统等疾病的人，容易发生药品不良反应。孕妇、哺乳期妇女服用某些药物，还可能影响胎儿、乳儿的健康。

（三）常见的药品不良反应

药品不良反应一般可分为副作用、毒性反应、过敏反应和继发感染（也称二重感染）四大类。

1. 副作用。它是指药品按正常剂量服用时所出现的与药品的药理学活性相关，但与用药目的无关的作用。出现这类反应的药品具有两种以上的药理学作用。例如，阿托品具有解除胃肠道肌肉组织痉挛的作用，同时也具有扩大瞳孔的作用。当患者服用阿托品治疗胃肠道疼痛时，容易产生视物不清的副作用。

2. 毒性反应。它是指药品引起身体的严重功能紊乱和组织病理变化。药理作用较强，治疗剂量与中毒量较为接近的药品，容易引起毒性反应。肝、肾功能不全者，老人、儿童易发生毒性反应。少数人对药物的作用过于敏感，或者自身肝、肾功能等不正常，在常规治疗剂量范围就可能出现别人过量用药时才出现的症状。

3. 过敏反应。药品对于人是一种“外来异物”，人的身体生来就有一种对“外来异物”做出反应的能力，这本来是身体的一种自我保护能力；但是，这种反应如果超出了一定的限度，反而会对身体造成伤害。过敏反应是人体对药物一种超出限度的反应，它本质上属于一类免疫反应。药物过敏反应属于药品不良反应。

4. 继发感染。它是指抗菌药物特别是广谱抗菌药物的应用，往往使体内的敏感细菌受到抑制，而使耐药菌乘机在体内繁殖生长，导致二重感染。也就是说，本来抗菌药物想杀死致病菌，结果反导致更严重的细菌感染。

二、药物滥用

（一）定义

药物滥用是指长期使用过量的、具有依赖性潜力的药物（这种用药与医疗需要无关），导致了成瘾性以及出现精神错乱和其他异常行为。它违背了社会风俗和文化，是以取得快感或避免不快为特点的一种精神和躯体性病理状态。常见的滥用药物，按其药理作用可分为：

1. 麻醉性镇痛药。具有强烈的镇痛作用，如：吗啡、阿片、海洛因、可卡因、美沙酮、二氢埃托啡（DHE，俗称“口含片”）、强痛定、头痛粉、去痛片。

2. 镇静催眠药。可以有效地帮助人们入眠和缓解焦虑。如：巴比妥类（苯巴比妥等）、苯二氮类药物（安定、利眠宁、硝基安定、三唑仑）等。

3. 中枢神经兴奋剂。服后常常有一种亢奋的感受，心理依赖突出。如：苯丙胺、甲基苯丙胺（冰毒）、可卡因、亚甲二氧基甲基苯丙胺（摇头丸）等。

4. 大麻类。吸入后可引起一系列的生理和心理效应，包括对感知、思维、情绪、记忆和精神运动协调能力的影响。

5. 致幻剂。可引起异常的感觉改变，产生幻觉等相应的精神运动改变，如：麦角酰二乙胺（LSD）。甲基苯丙胺（冰毒）也具有致幻作用。

6. 挥发性有机溶剂。吸入后能使人产生依赖的挥发性气体。类别很多，最常见的是工业上用的原料中的一些挥发性气体，如：汽油、打火机燃料、香蕉水等。

7. 精神活性药物。如氯丙嗪、氯氮平等。

（二）药物依赖

世界卫生组织将药物依赖性分为精神依赖性和身体依赖性。精神依赖性又称心理依赖性。凡能引起令人愉快意识状态的任何药物即可引起精神依赖，精神依赖者为得到欣快感而不得不定期或连续使用某些药物。身体依赖性也称生理依赖性。用药者反复地应用某种药物造成一种适应状态，停药后产生戒断症状，使人非常痛苦，甚至危及生命。能引起依赖性的药物常兼有精神依赖性和身体依赖性，阿片类和催眠镇痛药在反复用药过程中，先产生精神依赖性，后产生身体依赖性。可卡因、苯丙胺类中枢兴奋药主要引起精神依赖性，但大剂量使用也会产生身体依赖性。少数药物如致幻剂，只产生精神依赖性而无身体依赖性。

吸毒成瘾是指吸毒人员因反复使用毒品［我国相关文件规定，毒品是指鸦片、海洛因、甲基苯丙胺（冰毒）、吗啡、大麻、可卡因和摇头丸、氯胺酮（K 粉），以及国家规定管理的其他能够使人形成瘾癖的麻醉药品和精神药品］而导致的慢性复发性脑病，表现为不顾不良后果、强迫性寻求及使用毒品的行为，同时伴有不同程度的个人健康及社会功能损害。

（三）药物滥用的危害

当前，成瘾物质的滥用已成为世界性的公害。全球毒品持续泛滥，毒品产量居高不下，毒品制造、走私、滥用依然活跃，国际毒情的发展变化对我国的影响不断加大。同时，国内滋生、诱发毒品违法犯罪的消极因素仍然不少，整体禁毒形势不容乐观。《2011年中国禁毒报告》显示，青少年成为我国毒品消费的主要群体，占整体吸毒人群的87%。冰毒、摇头丸、K粉等新型化学合成毒品大量出现。在很多大中城市，吸食新型毒品的人占吸毒者总数的60%以上，有的城市甚至超过90%。截至2011年11月7日，我国经公安机关查获并登记在册的吸毒青少年人数已达178万人。

药物滥用的危害非常大，从近期影响来说，成瘾物质可影响青少年的躯体和心理状态。以在青少年中滥用最多的苯丙胺类兴奋剂（MDMA，摇头丸）为例，在心理上，滥用MDMA后产生亲近感和界限性自我意识降低，因而社会交往随便，情感沟通轻浮，降低了心理防御能力。此外，在视觉感知和时间感知上也有所改变，产生幻觉。在生理上，MDMA滥用者可出现食欲下降、睡眠减少、性欲降低等问题，从事学习和劳动的意愿淡漠，学习和劳动能力下降。过量滥用还可致急性中毒，通常开始时出现焦虑不安和激动，继而产生高血压危象，并伴有感觉异常、眼球震颤、共济失调、高热惊厥等症状。严重者出现肾衰竭、弥漫性血管内溶血、横纹肌溶解，甚至导致死亡。

药物滥用的长期危害：① 成瘾行为。依赖综合征和戒断症状对意志力较薄弱的青少年来说是主要危害。有的烦躁不安，抑郁，运动迟缓，精神萎靡；阿片类成瘾者，表现为流泪流涕、恶心或呕吐、疼痛、心慌、呼吸困难。有的心境恶劣，易激怒、不安，甚至惊恐发作，冲动伤人或自伤、自残。其共同特点是对成瘾物质产生异常强烈的渴求感而不择手段地获取药物。② 精神障碍。药物滥用可导致心境障碍、注意力缺陷、多动障碍和品德障碍。药物滥用还与青少年抑郁和自杀明显相关。③ 智能障碍和人格变态。临床发现，酒和药物滥用的青少年智力受损明显，学习困难突出，严重者出现遗忘综合征。长期依赖成瘾物质的青少年，多表现为社交退缩，缺少同情心和进取心，自私、凶残，品行败坏。④ 导致疾病。共用注射器吸毒，会增加感染和传播艾滋病及其他性病的危险性。毒品不仅严重损害人体健康，而且导致吸毒者个人经济崩溃、家庭解体；不可避免地衍生盗窃、抢劫、卖淫、暴力、凶杀等恶性犯罪，给个人、家庭及社会带来了不可估量的危害。

三、抗生素滥用

（一）抗生素的作用

抗生素是某些生物在其生命活动过程中产生的（或并用化学、生物或生物化学方法衍生的）在低微浓度时即能选择性地抑制其他生物功能的化学物质。有的抗生素（如青霉素、红霉素等）主要用于治疗各种致病微生物感染，有的抗生素有抗肿瘤作用（如丝裂霉素、阿霉素等）或免疫抑制作用（如环孢素等）。抗生素一度被误称为抗菌素，但因为这类药物不仅能杀灭细菌，而且对霉菌、支原体等其他致病微生物乃至肿瘤也有良好的抑制和杀灭作用，所以应称为抗生素。

（二）抗生素的不良反应

抗生素是当今控制各种感染的有效药物，是最常用的药物类别之一，已经使用的有近百种。它们与其他药物一样，也具有一定的不良反应。主要有以下几种。

1. 过敏反应。抗生素引起的过敏反应常见的有：药疹、皮炎和药热等。如青霉素、链霉素、先锋霉素等可使人产生过敏反应，严重时可危及生命。

2. 毒性反应。抗生素引起的常见的毒性反应包括：听觉神经损害、造血系统障碍、肾损害、肝损害及胃肠道反应。毒性反应的性质和程度，因药物种类及患者个体差异而有所不同。

3. 二重感染。老年人、婴幼儿、体弱者、腹部手术者及滥用抗生素者，较易发生二重感染。二重感染一般较难控制，且具有很大的危险性。

4. 耐药性。大多数细菌对抗生素可产生耐药性。随着抗生素的广泛应用及不合理用药导致的抗生素滥用，致使耐药菌株日益增多，从而影响疾病的治疗，甚至会因无敏感抗生素控制感染而产生严重后果。

5. 局部刺激。抗生素肌肉注射，多数可引起局部疼痛，静脉注射也可能引起血栓性静脉炎。

（三）抗生素滥用

抗生素滥用，是指不对症使用或不规范地使用抗生素、使用不必要使用的抗生素、超时或超量使用抗生素、使用抗生素不足量或不足疗程等。

滥用抗生素会促进细菌耐药性的发生，甚至使耐药菌发展成为超级耐药菌；能引起药物不良反应、药源性疾病；导致体内正常菌群失调，等等。

（四）合理使用抗生素

1. 治疗病毒性疾病时不要使用抗生素，因为抗生素对病毒没有抑制或杀灭效果。例如：治疗感冒的主要方法是休息、多饮水、补充维生素；必要时使用对症治疗的药物，如发热过高时使用退热药，咳嗽剧烈时使用止咳药，头痛剧烈时使用止痛药等。

2. 因为没有一种抗生素能对付所有的细菌，所以必须使用抗生素时，最好根据细菌培养和药物敏感试验的结果选用，并且做到能用窄谱的就不要用广谱抗生素，能用口服治疗的就不要打针，能用肌肉注射治疗的就不要用静脉滴注，能用一种抗生素治疗的就不要用两种，能用普通抗生素治疗的就不要用高级的抗生素。

3. 使用抗生素治疗时，要严格按照规范使用，不能为了病好得快些就擅自加大剂量，也不能在症状减轻后擅自减少剂量或停止使用。

4. 新生儿、老年人和肝肾功能不全的人，应避免使用或慎用主要经肝脏代谢和肾脏排泄的毒性较大的抗生素。

5. 尽量避免在皮肤、黏膜等局部使用抗生素，以免导致过敏反应或引起耐药菌株的产生。

（田丹）

【思考题】

1. 什么是合理用药？合理用药的基本原则有哪些？
2. 什么是药物滥用？滥用药物有哪些危害？
3. 怎样避免滥用抗生素？

第 三 篇

大学生性健康

男女性健康是男女双方身心健康的重要组成部分，也是双方幸福和维系婚姻、家庭和谐的重要条件，进而促进社会的稳定和文明的进步。

第十章　生殖系统及保健

第一节　生殖系统概述

一、生殖系统的组成

生殖系统是与生殖有关的各器官的总称。

生殖器官是指产生生殖细胞并用来繁殖后代和完成生殖过程的所有器官，包含生殖腺和一系列附属器官。

生殖腺是产生生殖细胞、性激素及分辨性别的器官，称主性器官。男性有一对睾丸，女性有一对卵巢。

附属器官有输送生殖细胞的管道及附属性腺等，称附性器官。男性包括附睾、输精管、射精管、前列腺、尿道球腺、阴茎和阴囊；女性包括输卵管、子宫、阴道和外阴。

外生殖器是指生殖器外露的部分。内生殖器是指位于真骨盆内的生殖器。

二、男性生殖系统

（一）男性的外生殖器及功能

男性外生殖器包括阴囊、阴茎。阴囊是装有睾丸的皮肤囊袋，居于阴茎根部与外阴之间，内藏睾丸、附睾和精索的一部分。阴茎是男性将精子传送到女性生殖道中的器官（见图 10－1）。

（二）男性的内生殖器及功能

男性内生殖器包括睾丸、附睾、输精管、射精管、前列腺、精囊和尿道球腺。

1. 睾丸。制造精子和雄激素。

2. 附睾。附着于每颗睾丸的紧紧缠绕的管道，供给精子营养，促进精子成熟和流动。

3. 输精管。精索的一部分，精子通过它来射精。输精管切除术是男性绝育的一种方法。

4. 射精管。由输精管与精囊一起构成，从前列腺中的射精腺体末端，通向尿道。

5. 前列腺。产生富含蛋白的、含碱的液体，用来中和女性阴道中的酸性分泌物，延长精子的寿命并增强精子的活力，构成精液的组成成分。

6. 精囊。位于膀胱表面的两侧，这个腺体分泌精液，将精子凝固成凝胶的物质。

7. 尿道球腺（库伯氏腺）。是豌豆粒大小的腺体，当男性性兴奋时会产生透明黏液，称作预射精液，能够润滑尿道，利于精液射出，中和女性阴道中的酸性分泌物，保证精子的寿命。

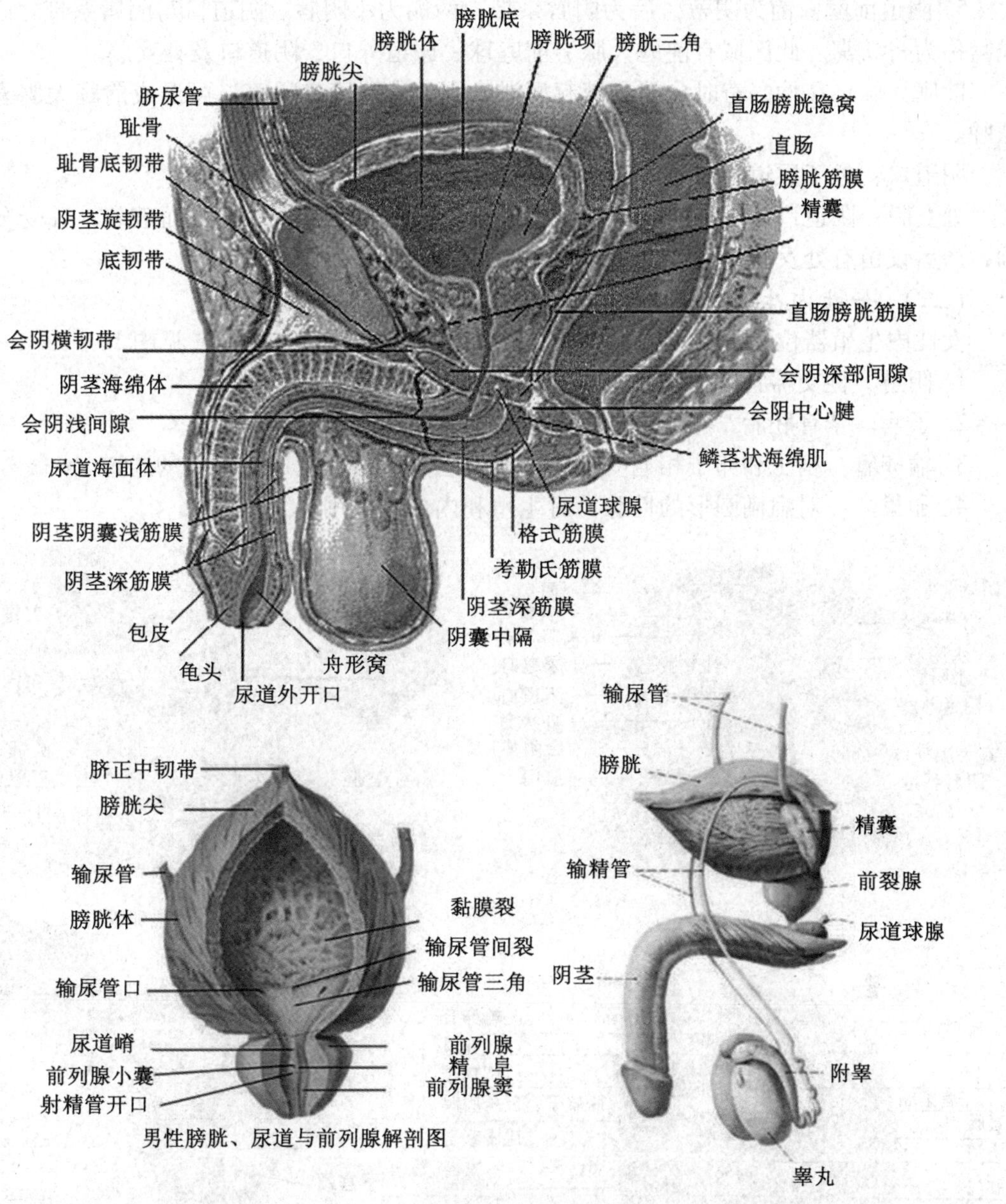

图 10－1　男性生殖系统解剖图

三、女性生殖系统

（一）女性的外生殖器及功能

女性外生殖器包括阴阜、大阴唇、小阴唇、阴蒂和阴道前庭，统称为外阴（见图 10－2）。

1. 阴阜。覆盖和保护耻骨的柔软的丰满的圆形区域。
2. 大阴唇。从阴阜延伸到肛门部位，两片较厚的、丰满的皮肤皱褶。
3. 小阴唇。位于内部的阴唇，是薄薄的、光滑的、无毛的皮肤皱褶，含有汗腺和油腺。
4. 阴蒂。引起性快感的部位。

5. 阴道前庭。前为阴蒂，后为阴唇系带，两侧为小阴唇。阴道口与阴唇系带之间有一浅窝称为舟状窝。此区域有前庭大腺、前庭球、尿道外口、阴道口及处女膜。

前庭大腺：在性兴奋时分泌黏液起润滑作用。若腺管口闭塞，可形成前庭大腺囊肿或脓肿。

阴道口：位于尿道外口后方的前庭后部。

处女膜：阴道口周缘一层较薄的黏膜皱襞。可因性交或剧烈运动而破裂，并受分娩影响，产后仅留有处女膜痕。

（二）女性内生殖器及功能

女性内生殖器位于真骨盆内，包括阴道、子宫、输卵管和卵巢（见图 10－2）。

1. 阴道。性交器官，也是月经血排除及胎儿娩出的通道。
2. 子宫。孕育胚胎、胎儿和产生月经的器官。
3. 输卵管。精子和卵子相遇受精的场所，也是向宫腔运送受精卵的通道。
4. 卵巢。一对扁椭圆形的性腺，有生殖和内分泌作用。

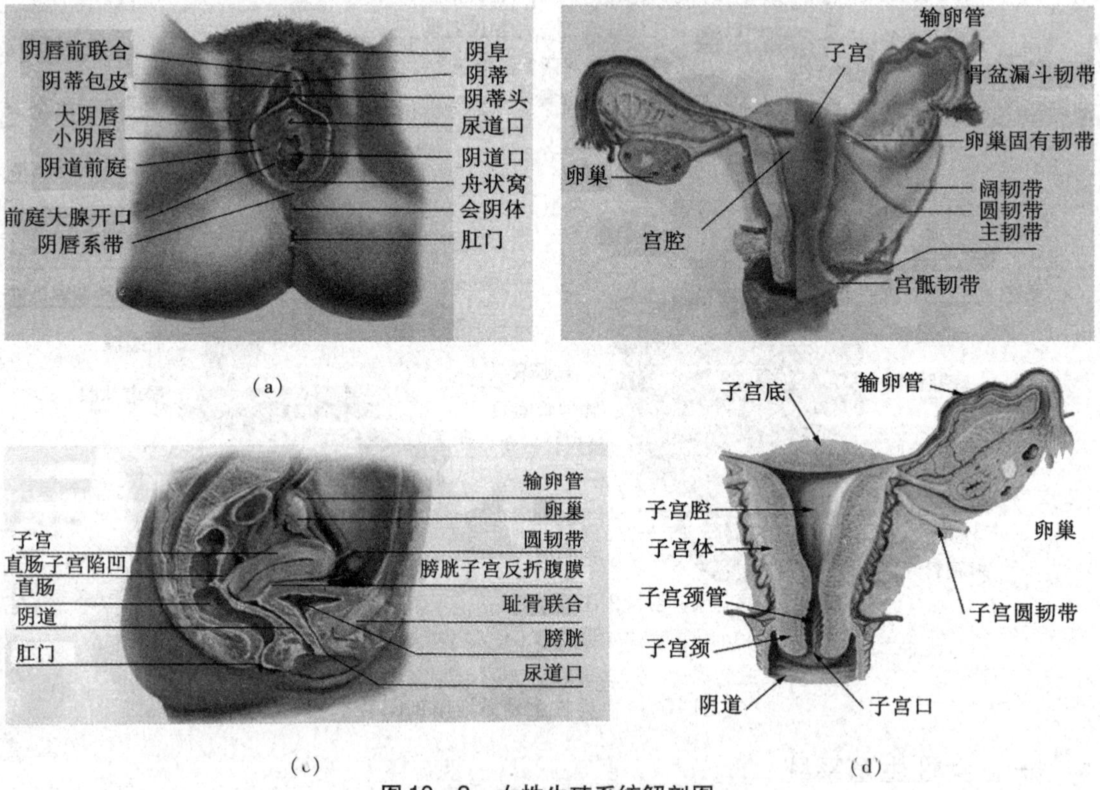

图 10－2　女性生殖系统解剖图

第二节　青春期生理卫生与保健

一、女性泌尿生殖系统卫生

1. 每天用清洁水清洗外阴。先洗前部，后洗肛门，所用的毛巾和盆要专用，不可用于洗脚。

2. 勤换内裤。内裤最好质地为纯棉且宽松，尽量做到每天换洗。

3. 非月经期不用卫生护垫。如长期使用，易引起外阴瘙痒。

4. 一般情况不冲洗阴道。阴道本身有自洁作用，保持阴道的酸碱度（pH）在4~5之间，就可抑制病原体的繁殖，减少阴道炎的发生。

二、女性月经期个人卫生

月经是生理现象。有些女青少年在月经快来时或在月经期间，往往会感到一些不适，如腰酸、下腹坠痛、乳房发胀、轻微头痛、头晕、轻度腹泻、疲倦、嗜睡和情绪改变（易怒或易忧郁），这些均属正常现象。如果在月经前或月经来潮时出现明显下腹部痉挛性疼痛，或经量很多甚至淋漓不尽时，需及时去医院进行诊治。

女性来月经时，子宫内膜脱落，血管破裂未愈，形成一个创面，子宫口微开，阴道酸性分泌物被经血冲淡，阴道抵抗力下降，且经血本身是一个很好的病原体培养基，所以，这期间很容易感染各种致病菌，一定要注意经期卫生。

1. 保持外阴部清洁。注意每天晚上用温水清洗外阴，清洗时不要让下身泡在水中。经期洗澡时只洗淋浴，而不能坐浴，以免脏水进入阴道。

2. 用消毒卫生巾和保持卫生带清洁。使用消毒卫生巾、消毒卫生纸，并注意及时更换，一般2~3小时更换一次；被经血污染的卫生带应及时更换、清洗干净，并在阳光下晒干。青春期最好不使用阴道棉塞，以免发生中毒性休克综合征（虽然此病发生率很低，但一旦发生都很严重，甚至会危及生命）。

3. 避免受凉，注意下身保暖。经期适当忌吃冷饮食物，特别需注意下肢和下腹部保暖，避免冷水洗澡、洗头、洗脚；因为突然的寒冷刺激，可使子宫和盆腔内的血管过度收缩，引发痛经、月经减少、突然停止及其他月经不调症状。

4. 劳逸结合，适量活动。避免过度劳累，注意适当休息，保证充足的睡眠，以增强机体抵抗力。同时，适当进行体育活动，如做广播体操、打乒乓球、散步、做一般性家务劳动等，以利于促进血液循环，使经血保持通畅，减轻盆腔充血和下腹坠胀感觉。切忌进行剧烈的体育活动和体力劳动。

5. 保持心情舒畅和加强营养。有些少女在经期可能会因身体的某些不适（如腰酸、下腹部坠胀）而出现易怒或情绪低落。要自我调节情绪，保持精神愉快，这样可减轻月经期的不适感。月经期应多吃易消化食品，多吃蛋白质、蔬菜、水果，少吃辛辣刺激性食物，以保证足够的营养，并防止便秘。

三、乳房保健

（一）少女不应束胸

正值青春期发育阶段的少女束胸（穿紧身内衣），不利于少女的发育和健康。束胸可压迫心脏、肺和大血管，使身体内脏器官的正常发育受到影响。束胸使胸部不能充分扩张，胸式呼吸减弱，进而影响全身氧气的供应。束胸压迫乳房，使血液循环不畅，乳房下部血液淤滞而引起疼痛、乳房胀而不适，致使乳房发育不良，影响美观，甚至乳头内陷，造成将来哺乳困难。

（二）佩戴合适的胸罩

16~18岁的女孩子，一般胸廓和乳房的发育已接近成熟，乳房发育基本定型后，要指导少女及时选戴合适的胸罩。女孩子用软尺从乳房的上底部经过乳头到乳房的下底部测量，上下距离大于16cm时应佩戴胸罩。可以根据自己的体态、季节和乳房发育情况科学地选戴胸罩，最好选择柔软、透气、吸湿性强的棉布制品。胸罩要勤洗勤换，保持清洁。晚上睡觉时取下胸罩，利于胸部的血液循环和呼吸通畅。要养成全年佩戴胸罩的习惯，坚持到老年。

（三）自查乳房

女孩应该每月自查一次乳房，时间选择在月经刚结束。自查乳房时应当全身放松，一是要查看乳房外观有无变化，二是触摸乳房是否有包块。挤压乳头看有无溢液。若发现乳房过小或过大、双侧乳房发育不均、乳房畸形、乳房包块等现象，不必恐慌，应及早到医院诊治（见图10－3）。黄种人的乳房普遍较小，这与种族、家族等后天因素有关。确定少女乳房是否发育不良，要到性完全成熟时才能确定。

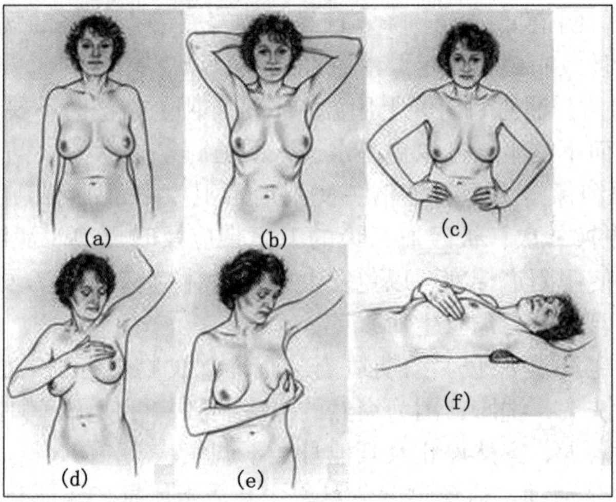

图10－3 乳房自查方法

四、男性泌尿生殖系统卫生

（一）男性外生殖器卫生

1. 每天晚上应清洗阴茎，并将包皮翻转，清除包皮垢。男性阴茎在不勃起状态下，阴茎被覆的部分皮肤在冠状沟处复叠并遮盖阴茎头的后半部，这部分复叠的皮肤称为包皮。包皮内面和阴茎头部的小腺体会不断产生分泌物，它与少量尿液和脱落的上皮细胞及一些污垢混合形成乳酪状的包皮垢。这些包皮垢长期附着在阴茎头表面或冠状沟内，易引起炎症。

2. 在男性中经常存在包皮过长和包茎现象。包茎严重时可以影响排尿，甚至造成整个泌尿系统的功能障碍。青春期结束后仍包皮过长或包茎者，应手术治疗。包皮过长，是指包皮覆盖于全部阴茎头及尿道外口，但包皮可翻转使阴茎头外露。包茎，是指包皮口狭窄或包皮口与阴茎头黏连，使遮盖阴茎头的包皮不能上翻露出阴茎头。

3. 注意保护阴囊的皮肤。因阴囊的皮肤薄、柔弱，故应避免搽碘酒及一些刺激性较大的药物，以免造成疼痛和损伤。

（二）遗精恐惧和频繁遗精

遗精，又称梦遗，是正常的生理现象。它是指不因性交而精液自行泄出，有生理性和病理性的区别。生理性遗精多见于青壮年、未婚者或婚后分居者。病理性遗精见于中老年人或身体先天不足者。部分缺乏性卫生知识的青少年，对正常遗精的生理现象不知所措，误认为是病理现象，久而久之会出现继发性的神经衰弱症状（如头痛、失眠、记忆力下降、无力等）。一旦他们懂得遗精完全是生理现象，一切惊恐、疑虑就消失了。

每月遗精 2 ~ 3 次，属于正常现象。频繁遗精（每 1 ~ 2 天 1 次），会对健康有不利影响。青少年频发遗精，一般与学习生活过度紧张、自慰，以及对与性有关的语言、文字和声像等刺激反应敏感有关。

防止遗精恐惧和频繁遗精的主要措施：正确认识遗精现象；合理安排学习生活，劳逸适度；临睡前不宜过度兴奋，不宜看有言情刺激的小说；内裤应穿宽松些，床铺不宜过暖过软，被盖不宜太厚太重。

（三）自查睾丸

规律的睾丸自检可能帮助男性及时、有效地发现生殖系统的疾病。但值得提醒的是，睾丸自检并不能代替医生的体格检查。

挑选一个合适的环境，建议在冲完一个热水澡后，周围的环境温暖，这时心情比较放松，阴囊肌肉也会放松，这样比较容易检查。

站在镜子前，观察下垂的阴囊，是否有皮肤肿大、局部不对称。值得提醒的是：男性的睾丸位置不是对称的，往往是一边高一边低，左侧的睾丸在上，右侧的睾丸偏低。将食指、中指置于睾丸下，而拇指放在睾丸上。检查睾丸是否光滑，是否有肿块。睾丸的正常状态应为表面光滑，质地饱满，没有触痛，与附睾分界清楚。两侧的睾丸大小也有一些差别，往往一侧会大于对侧。

五、大学生生殖健康基本技能

（一）了解不同避孕方法的有效性，正确选择和使用适宜的避孕方法，避免非意愿妊娠

育龄男女如果短期内没有生育意愿，可选择口服避孕药、避孕套避孕。安全期避孕和体外排精等方法避孕效果不可靠，不建议作为常规避孕方法。

（二）学会正确使用安全套，减少艾滋病和其他性传播疾病的危险，防止意外怀孕

正确使用安全套。一方面，可以避免接触感染病原体的体液，减少艾滋病、乙肝、丙肝和大多数性传播疾病的风险；另一方面，可以阻断精子与卵子的结合，防止意外怀孕。

要选择有效期内、无破损、大小合适的安全套，掌握安全套的正确使用方法，每一次性生活全程正确使用，性生活后要检查安全套有无破裂或脱落，若有破裂或脱落，要立即采取紧急避孕措施。不要重复使用安全套，每次使用后应打结丢弃。

（三）了解获得紧急救助途径，一旦发生妊娠或其他意外，及时救助，在专业医生指导下进行妊娠终止或继续

一旦避孕失败或发生无保护性行为，应该采取紧急避孕措施。紧急避孕不能替代常规避孕，一般一个月经周期使用一次，多次使用避孕效果降低，还会增加药物反应。

发生意外妊娠，需要人工流产时，应到有资质的医疗机构。自行堕胎、非法人工流产，会造成严重并发症甚至威胁生命。

第十一章　性心理与性道德

第一节　性健康概述

一、性健康的概念

性健康是指具有性欲的男女双方在躯体上、感情上、知识上、信念上、行为上和社会交往上健康的总和，它表现为积极健全的人格、丰富和成熟的人际交往、坦诚与坚贞的爱情和夫妻关系。性健康是性的生理、心理、伦理等方面健康的总和。

二、性健康的内容

性健康主要包括以下三方面内容：

1. 生殖健康。根据社会道德和个人道德观念享受性行为和控制生殖行为的能力。

2. 性心理健康。消除抑制性反应、削弱性能力和损害性关系的诸如恐惧、焦虑、羞愧、罪恶感以及虚伪的信仰等不良心理因素。

3. 性生理健康。没有器质性障碍、各种生殖系统疾病及妨碍性行为与生殖功能的躯体缺陷。

三、性健康教育

性健康教育应包括性德育、性智育、性体育和性美育的教育。其中，性德育是培养正确的性认同、性取向和性角色，要遵守一定的行为规范和伦理道德，而良好的性道德是性健康的根本保证；性智育是要普及性科学知识，它是性德育的基础；性体育是指在身体发育和能力方面得到健康教育和训练；性美育是指塑造形体、性格、仪态等，使之都接近完美。

第二节　性心理健康

性心理是指围绕性特征、性欲望和性行为而展开的所有心理活动，是由性意识、性感情、性知识、性经验、性观念等构成的。性心理是人格的重要构成部分，也是心理健康的重要标志。性心理健康表现为：主体具有良好的性伦理道德观；性阈限水平适度；面对各种不良刺激和诱惑，有较好的自制力；在工作和生活的各个方面，能够与异性建立起积极有效的关系；自身性行为和节律符合健康要求。

一、男性性心理特点

青春期来临，标志着男性发育至成年时期的开始，最显著的变化是具备了有别于女性的特征。而且，男性在性格、心理、行为与举止方面，与女性的表现有明显差别。

（一）追求性知识的方式

由于男性性发育晚于同龄女性，故性意识的产生也较女性晚。当首次遗精及反映在体态方面的两性特征出现时，在其心理上会产生一系列复杂而微妙的变化。他们对自身这种变化缺乏足够的思想准备，一时较难适应，进而产生一种惊惶不安的情绪。这时，他们非常渴望了解性知识，尤其留心来自异性的眼光。他们大多从报刊和医学书籍中满足自己对性知识的需求。这与青春期男性内心闭锁倾向有关。

（二）对异性的爱慕

男性在青春期到来伊始，追求异性的表现并不十分明显，甚至厌恶和疏远。他们很重视同性伙伴的友谊。进入异性接近期后，他们产生了接近异性的情感需要。他们对女性普遍好奇，希望了解她们，包括生理和心理，对漂亮的女性更是喜欢。他们要在女性面前展示自己的才能，以吸引对方注意自己，在自己喜欢的女性面前做事特别卖力，希望自己在异性心目中成为英雄和崇拜的对象。男性在异性面前的情感是外露和热烈的，但有时对自己的表现期望值很高，自信心不足，常常在异性面前心理紧张。有的男性虽然钟情某一女性，却不敢表露出来，只能单相思。

（三）性欲望

由于男性性意识的发展与女性不同，一旦有了接近异性的欲望，并对具体的、特定的目标发生兴趣和有一定交往之后，往往就有性的欲望出现。因此，男性在两性关系上表现比较主动。一般由彼此接近到发展成为爱情，由男性首先明确表示出来。男性的性成熟比女性晚，但发展比较迅速，很快进入性欲望亢进期，表现为性兴奋的产生和性欲望的增强。作为青少年，能否用理智克服其性欲望，也是其性心理成熟与否的标志。

二、女性性心理特点

由于女性的生理成熟一般要比男性早两年左右，故她们的性意识的产生和发展也较早。随着女性月经来潮和体态女性化发育，她们意识到自己已不是一个孩子了，感到自己与男性的差别越来越明显。

（一）追求性知识的方式

因性成熟而出现对性知识的兴趣，是青少年性心理的必然产物。女性在对性知识方面的追求较男性开放性强些。她们的性知识多数来自课堂上，她们常与朋友和母亲谈论有关性的问题。在刚进入青春期时，对母亲的依赖性较大。随着年龄的增长，她们更愿意自己去阅读有关书刊，以便了解性知识。

（二）对异性的爱慕

青少年男女之间彼此向往与追求，是其性生理发展的正常阶段。女性进入青春期后，一开始常会产生一种惶恐不安的情绪，并且在人前表现得羞涩、腼腆，极富内心体验。随着性意识的进一步发展，由异性间的疏远期进入异性接近期，她们开始感到被异性吸引，产生了接近异性的感情需要。这时，女性的友谊圈子开始从同性朋友扩大到异性朋友。她们喜欢有特点（如学习好、潇洒、具幽默感、有头脑、有能力）的异性。她们在选择异性朋友时有一定的理性。在与异性朋友的交往中，女性的情感体验相当丰富，表现得极为细腻。她们开始注意修饰自己的外表，用“美”来塑造自己，在异性面前表现出文静、端庄、大方的样子。这期间，男女的交往并不一定就是真正的恋爱。她们与异性的交往多半件下的性道德的制约。违背了性道德，即违反性道德的性行为和性关系，就会受到道德的谴责和惩罚，要承担一定的道德风险。性道德应遵循以下原则。

一、婚姻性爱原则

婚姻是两性关系的合法前提。现代性爱是一对男女之间具有对等性、专一性、排他性和强烈持久性的爱情关系和性关系，是权利和义务统一的双向过程。婚前性行为、婚外性行为、性滥交等行为，要受到道德谴责惩罚，即要承担一定的道德风险。而情节恶劣，造成严重不良后果的，还要受到法律的追究和严惩。

二、无伤原则

在处理两性关系时，无伤原则是尊重对方、爱护对方和不伤害对方的道德原则，尤指性生活中的互相尊重和互不伤害。

（一）对身体器官的无伤害

不能损害对方的身体健康。违背本人意愿的强迫性、粗暴性、虐待性的性行为，或不顾及对方身体健康状况，不合时宜或过度频繁地过性生活，或本人患有传染病（特别是性病和艾滋病等）却隐瞒病情而发生的性行为，都直接损害对方的身体健康，或造成对方性器官的损伤，是违反无伤原则的。

（二）对精神和心理无伤害

性生活必须出于双方自愿。强迫性、粗暴性、虐待性的性行为和以性交为侮辱、欺压、征服对方的手段，或以拒绝性交作为报复、泄愤、惩罚的手段，都会给对方造成精神上和心理上的伤害，都是不道德的。

三、性禁规原则

表现为对某些性关系的禁止和否定。当代性伦理学中人们公认的禁规原则主要包括：禁止有血亲关系的人结婚（性交），禁止患有某些疾病的人结婚（性交）。各国法律都有禁止直系血亲间结婚的规定，对于旁系血亲禁止结婚的规定则不尽相同。我国法律禁止三代以内的旁系血亲结婚。

在文明社会中，一般来说，存在着一些普遍公认的性道德原则。如果违反了这些普遍公认的性道德原则，就要受到道德的谴责与惩罚，从而形成性的道德风险。

（周青梅　孟庆娜）

【思考题】

1. 性健康的标准包括哪几方面？
2. 性道德健康应遵循哪几条原则？

第四篇

大学生心理健康

从心理健康到精神障碍并不是事物的两个极端，而是从正常到异常的一个连续过程。在生活中，每个人都可能经历过中间的灰色地带。精神健康和躯体健康同等重要，世界卫生组织关于健康的概念也逐渐扩展为“健康不仅是免于疾病和虚弱，也包括生理的、心理的和社会适应的完好状态”。心理健康越来越受到重视。心理健康关乎每个人的家庭幸福与事业成败，是健康社会关系的基石。

第十二章　心理概述

第一节　心　理

一、心理的概念

心理是脑的机能，是人对客观世界的现实反映。大脑只是从事心理活动的器官，有反映外界事物产生主观反映的机能，心理并不是大脑本身所固有的。心理现象是客观事物作用于人的感觉器官，通过大脑活动而产生的。心理的反映不是镜像的反映，是能动的反映。因为通过心理活动不仅能认识事物的外部现象，还能认识到事物的本质和事物之间的内在联系。大脑中产生的客观事物的映像，是客观现实的反映。健全的人脑为心理现象提供了生理基础，客观世界是心理的源泉和内容。

心理支配人的行为活动，又通过行为活动表现出来。因此，可以通过观察和分析人的行为活动，客观地研究人的心理。

二、心理现象

我们的任何行为，都伴随着感觉、记忆、思维、想象、情绪、意志和个性特征等心理现象。心理现象是心理活动及其表现形式。心理活动的基本形式包括心理过程和个性心理两个方面。

1. 心理过程。它是指人脑对客观事物不同方面及其相互关系的反应过程，是心理现象的动态形式，包括认识过程、情感过程和意志过程。认识过程是指人们获得知识和应用知识的过程，或是信息加工过程，这是人的最基本的心理过程。它包括感觉、知觉、记忆、想象、思维和语言。情感过程是在加工外界信息时，产生对事物的态度，如满意、不满意、喜爱、厌恶、憎恨等主观体验。意志是引发行为的动机，在后面专门讲述。

2. 个性心理。它是指一个人在活动中表现出来的比较稳定的带有倾向性的各种心理特征的总和，是人的心理现象的静态形式，包括自我意识、个性倾向和个性心理特征。个性倾向包括需要、动机、兴趣、爱好、理想、信念和世界观等。个性心理是指特征、气质、性格、能力等。自我意识将在专门章节进行讲述。

第二节　意　志

一、意志的概念

意志是有意识地确立目标，支配和调节行为，通过克服困难和挫折，以实现预定目标的心理过程。意志通过行为表现出来，受意志支配的行为称为意志行动。

二、意志行动中的冲突

在意志行动中人们常常有两个以上目标，这些目标不可能同时实现，因而产生了意志行动中的目标冲突和动机斗争。勒温和米勒按冲突的形式分为四类：

1. 双趋冲突。两个以上目标同时吸引人们，但只能选择其中一个目标，所谓鱼和熊掌不可兼得。例如，即将毕业的大学生既想就业，又想考研。

2. 双避冲突。两个以上目标都是人们力图回避的事物，而他们只能回避其中一个目标时，就会产生双避型冲突。例如牙痛和就医，患者既不想忍受疼痛也不想看医生，所谓左右为难，但是必须选其中之一。这时，人们较高层次的目标就对双避冲突发挥了调节作用。

3. 趋避冲突。同一事物对人们既有吸引力又有排斥力时所产生的冲突。例如：节日小长假想外出旅游欣赏美景、放松心情，可是又担心高速公路堵车、景点人满为患；如果不去旅游，又感到无聊。所谓进退两难。

4. 双重趋避冲突。人们面对两个或两个以上目标时，每个目标又分别具有吸引和排斥两方面的作用，人们无法简单地选择一个目标而回避、拒绝另一个目标，必须进行多重选择。例如就业选择工作，一份工作在大城市，但是专业平台很小，早期生活也会很艰辛；另一份工作在家乡小县城，家乡人脉广，可以有好的专业发展平台。是留在大城市，还是回家乡呢？所谓左右为难。

生活中的心理冲突在所难免，动机与目标越多的个体，所受到冲突的困扰就越多。人有不同层面，有家庭层面、社会层面和职业层面等。无论哪个层面出现冲突，都需要个人进行判断抉择。

三、意志行动中的挫折

挫折是个体的意志行为受到无法克服的干扰和阻碍，预定目标不能实现时所产生的一种紧张状态和情绪反应。挫折包括挫折情境、挫折认知和挫折反应。挫折情境是指使目标不能实现的各种阻碍和干扰因素，是挫折产生的原因。挫折情境可分为主观因素和客观因素两类。挫折认知是指对挫折情境的知觉、认识和评价。挫折反应，是指主体伴随挫折认知，对自己的需要不能得到满足而产生的情绪和行为反应。

个体对挫折的反应表现在三方面：① 情绪性反应。是指个体遭受挫折时伴随的紧张、烦恼和焦虑等情绪反应，一般表现为攻击（内攻击和外攻击、直接攻击和间接攻击）、退缩（幻想、冷漠、依赖）、退化（埋怨、举棋不定、拖拉）、固执、逃避等。② 理智性反应。个体遭遇挫折后能以积极的态度面对挫折，通过坚持目标、调整目标、转移升华等方式应对挫折。③ 个性的变化。挫折会影响个性的形成和发展。挫折会使某些个体缺乏主动性，冷漠无情，或是一些个体粗暴凶残、好攻击等。

增强挫折承受力，是培养良好意志行为的重要方面。挫折承受力是指个体在遭遇挫折情境时，能否经得起打击与压力，有无摆脱和排除困境而使自己避免心理与行为失常的一种耐受能力。对待挫折，首先我们要勇于面对，正确认识挫折是客观存在的；其次，掌握应付挫折的行为方法，学会调节情绪，建立和谐的人际关系，积极利用周边资源，主动寻求帮助，走出自我挫折误区；树立科学的人生观与价值观，培养良好的意志品质，提高抗挫折能力。

四、意志的品质

人的意志力的强弱是不同的。构成人的意志行动某些比较稳定的方面，就是人的意志品质。优良的意志品质有：① 独立性。具有自己的认识与信念，能够独立、理智地采取决定，执行决定。② 果断性。有能力及时采取有充分根据的决定，并在深思熟虑的基础上去实现这些决定。③ 坚定性。长时间坚信自己决定的合理性，并坚持不懈地为执行决定而努力。④ 自制力。善于掌握和支配自己行动的能力。

第三节　自我意识

一、自我意识的概念

国内的研究者一般认为，自我意识是指对个体自身及其与周围关系的意识，包括个体对自身的意识和对自身与周围世界关系的意识两大部分。

一些研究认为，自我的分化使得个体具有较多的自我认同，从而能够灵活应对不断变化的环境和多重角色的要求。自我意识是一个多侧面的认知结构。从形式上可以表现为认识、情感、意志三种形式，即包括自我认识、自我体验、自我控制三个部分。自我认识主要涉及“我是谁”或“我是怎样的一个人”的问题，它包括自我感知、自我观察、自我分析、自我评价等心理成分。其中，自我评价代表自我认识的发展水平，是自我认识的核心。自我体验主要涉及对自己的接纳程度，主要包括自爱、自尊、自信、自卑、羞耻感、责任感、义务感和优越感等。自我控制主要涉及“我怎样才能成为我理想中的那种人”，主要包括自主、自强、自我监督、自我激励等心理成分。

自我，从内容上可以分为生理自我、心理自我和社会自我，从自我观念方面分为现实自我、投射自我和理想自我。

二、自我意识的形成

一个发展良好的自我，意味着个体形成整合与分化相统一的自我。自我意识的发展是一个渐进的过程。个体刚刚出生时没有自我意识，他认为自己和外界是一体的。自身识别在1岁左右逐渐出现。到2~3岁时，自我意识有了初步的发展，这时幼儿会以自己的想法解释外部世界，将自己的情感投射到外部事物上。3岁到青春期，是自我意识的发展时期，个体在家庭、幼儿园、学校的人际互动中逐渐形成各种角色观念。童年晚期，多数孩子形成了自我概念。青春期之后，自我意识趋于成熟。艾里克森认为，青春期面临的主要矛盾是自我同一性的形成。这时的青年人经常思索的主要问题是：作为一个人，我是谁？我的人生是什么？我应以一种什么样的价值观生活？我的信仰是什么？他们开始思考自己的信念、价值和目标，有些青少年在父母的期望和价值观的影响下很早就形成了自我认同，有些人似乎从未找到过自己。对于大多数人而言，有关自我认同的问题“我是谁？”在青春期后仍然持续，并在进入成年期的人生转折点上再次出现。许多心理学家认为，我们的人格特点是在童年期形成的。今天的发展心理学家认为，发展是长达一生的过程，成熟和经验不仅能够塑造我们的童年，还影响到青春期与未来。

理的人，是精神病科临床医生的主要工作对象。

二、心理疾病

（一）心理疾病的概念

心理疾病，是指一个人由于精神上的紧张和干扰，而使自己在思想上、情感上和行为上发生了偏离社会生活规范的现象。心理和行为上偏离社会生活规范程度越厉害，心理疾病也就愈严重。

（二）常见心理疾病类型

1. 神经症性障碍，包括神经衰弱、惊恐障碍、广泛性焦虑障碍、强迫障碍和恐惧症等。

2. 心境障碍，包括抑郁障碍、双向障碍、持续心境障碍等。

3. 精神病性障碍，包括精神分裂症、妄想性障碍、急性短暂性精神病性障碍等。

4. 应激相关障碍，包括急性应激障碍、创伤后应激障碍、适应障碍等。

5. 人格障碍，包括偏执型人格障碍、分裂型人格障碍、冲动型人格障碍、表演型人格障碍、强迫型人格障碍、焦虑型人格障碍、依赖型人格障碍、社交紊乱型人格障碍等。

第二节　焦虑情绪

一、焦虑情绪的概念

焦虑是一种情绪状态。它是每个人都会遇到的一种普遍的情绪心理，是介于正常心理（没有任何焦虑情绪）和已达医学中的焦虑症之间的一段并没有明显界限的灰色地带。它是人们生活中不可避免的一部分，因此每个人都应该去认识它，从而更好地解决或避免它。焦虑情绪作为一个普遍的心理问题，它是一把“双刃剑”，对人的影响也是双重的：适度的焦虑情绪有动机作用，它能帮助人们更好地完成任务并保持适当的警惕；但过度的焦虑情绪则会使人高度敏感、精神不振、记忆力下降、暴躁易怒等，从而对人的心理和生理造成不同程度的危害，影响人的正常生活、工作和学习，而且长期的焦虑情绪还会导致心理疾病。

二、焦虑情绪的表现

斯皮尔伯格提出了状态—特质焦虑理论，将焦虑分为特质焦虑和状态焦虑。表现在人格中的焦虑是特质焦虑，在特定环境中产生的焦虑就称为状态焦虑。状态焦虑是人类有机体暂时的一种情绪状态，其特点表现为对忧烦和紧张的主观的有意识的情感，常常表现为不安、担心、烦恼、害怕、期待、烦躁、易怒，失眠、思维受阻、注意力不集中、行为不灵活、动作不敏捷等，并伴有心慌、胸闷、呼吸急促、头晕、胃部不适、腹痛、腹泻、呼吸浅而快、皮肤出汗、紧张等自主神经症状。特质焦虑则是一种稳定的个体差异，即把一个外界环境知觉为危险的或有威胁的倾向，以及对该威胁可能产生状态焦虑反应的倾向性差异。

焦虑情绪作为一种情绪心理问题，在日常生活中有一定的表现。焦虑情绪与期待有一定的关系。一般来说，期待愈高，则焦虑情绪愈甚，如：登台演讲、重大考试前等焦虑情绪较高。

三、正常焦虑和病理性焦虑识别

德国精神病学家 Gebsattel 说："没有焦虑的生活和没有恐惧的生活一样，并不是我们真正需要的。"焦虑是让我们从沉溺现状中挣脱出来，避免停滞不前。焦虑情绪是我们生活中不可避免的一部分，我们必须学会认识它、面对它，并学会与之共处。存在主义心理学家罗洛·梅把焦虑分为正常焦虑和神经病焦虑。正常焦虑是人直接面对某种超过一定程度的威胁时产生的，是人的本性。神经病焦虑与正常焦虑不同。在神经病焦虑中，个人不仅体验到正常焦虑，而且面对大量威胁时，有显著的绝望感。

正常的焦虑情绪反应有以下特点：

（1）焦虑情绪与客观的威胁成比例；

（2）不涉及压抑或其他内在心理冲突；

（3）不需要启动神经性防御机制来管理焦虑情绪；

（4）能够在意识层次上建设性地对待。

非正常的焦虑情绪则常常是反应与客观事件的威胁不成比例，常常引起神经性的防御机制来反应，并引起某些心理冲突。

正常的焦虑情绪是每个人都会产生的，不管个体是否意识到，它都随着我们的个体而来，并与我们如影随形，相伴一生。所以，如果我们的焦虑情绪属于正常的范围，我们无需太多的关注。而非正常的焦虑情绪，由于它对我们的消极影响更多一些，所以我们就应该学会认识它、面对它、改善它，从而使我们的心理和生活更加和谐健康。

四、大学生常见的焦虑源及其应对方式

学习考试焦虑、情感焦虑、就业焦虑、社交焦虑和存在焦虑，是大学生常见的焦虑情绪。这些焦虑情绪主要来源于家庭、学校、社会和大学生自身。在大学生中常出现的各种焦虑情绪，绝不是单一因素——刺激情境——所造成的，而是生物因素、环境因素、社会文化因素、刺激情境等因素共同作用的结果。下面我们来探讨这些因素在焦虑情绪中产生的作用，并提出有针对性的干预措施。

焦虑的产生与人的自我意识的形成和发展有关。父母的个性特点和养育风格影响个体的焦虑水平。个体一出生就会有个性上的差异：有的婴儿好动，有的婴儿安静。他们的生物唤醒水平是不同的；但是这种唤醒水平并不是一成不变的，它会受环境和社会文化的影响。社会学习学派认为，焦虑是通过学习获得的反应，父母面对挫折所表现出的情绪反应，对子女会产生潜移默化的影响。焦虑的父母对处于焦虑状态的孩子，也很难给予鼓励和安慰。儿童会从父母身上习得焦虑，父母的期望也是孩子产生焦虑的原因。人本主义心理学家认为，焦虑是人的内在冲突引发的情绪反应，父母的高期望会使孩子处于理想与现实的冲突之中，产生焦虑反应。考试焦虑往往是因为过高的期望和过分担心失败所产生的。

事件可以引起我们的焦虑和不安，但是更多的时候是我们对事件的看法与处理方式会引发我们更多的情绪反应。有研究表明，焦虑与个体的归因方式和应对风格密切相关。将消极事件归因于内部的、稳定的和不可控的因素的个体，焦虑水平较高；应对方式上以消极应对为主的个体，会经历很多失败的结果，这种失败的结果会引发个体的挫折感。挫折—攻击假说认为，挫折不仅会引起攻击，还可以引起退缩、冷漠和焦虑等。归因风格和应对方式的训练，可以改变个体消极的归因风格与消极的应对方式，积极对待生活中的挫折，从而缓解大学生的焦虑情绪。

社会支持能够降低焦虑水平。社会支持通常是指来自社会各方面（包括父母、亲戚、朋友等）给予个体的精神上或物质上的帮助和支持的系统。总的来说，社会支持分为客观的（物质、实际可见）支持和主观的（精神上的关注、安慰等）支持。社会支持扮演着不良情绪的缓冲器，良好的社会支持能够保护和维护个体的心理健康，相反的就会产生焦虑和抑郁等不良情绪。社会支持从性质上可以分为两类：一类为客观的、可见的或实际的支持；另一类是主观的、体验到的情感上的支持。社会支持的利用度区分了个体对社会支持的差异，有的人虽然可获得支持，但却拒绝别人的帮助。大学生要学会充分利用同学、老师和心理咨询机构等社会资源，主动寻求帮助，缓解焦虑情绪。

在大学期间，各种技能训练是不可或缺的。放松训练可以缓冲压力带来的紧张感，人际交往技能、情绪管理和认知调整对焦虑的预防和干预具有积极的作用。

第三节　常见心理疾病与预防

一、常见心理疾病

（一）神经症性障碍

1. 神经衰弱。神经衰弱的病人感到痛苦，并经常向别人倾述，以寻求帮助和治疗。其情绪的强烈程度和持续时间之久，与生活事件和处境不相称。在症状上表现为精神易兴奋和易疲劳。情绪上表现为烦恼、易激惹和心情紧张。生理症状上表现为睡眠障碍、头部不适，个别人有植物神经系统紊乱的表现。心理咨询对神经衰弱是有效的。神经衰弱主要是一种内心冲突的外在表现，咨询师不是给来访者提供生物医学的解释，而是与来访者一起体验人生，正视自己内心的现实，用积极的态度和有[illegible]动面对客观现实，在不断解决问题中体验成功和愉悦。

2. 惊恐障碍。又称急性焦虑障碍。突然发作的、[illegible]、反复出现的、强烈的惊恐体验，一般历时 5 ~ 20 分钟，伴有濒死感或失控感，患者常体验到濒临灾难性结局的恐惧，并伴有自主神经功能失调的症状。临床特点是：莫名突发惊恐，随即缓解，间歇期有预期焦虑，部分患者有回避行为。惊恐障碍治疗目标是减少和消除惊恐发作，改善期待性焦虑和回避行为，提高生活质量，改善社会功能。药物治疗和心理治疗是有效的。

3. 广泛性焦虑障碍。这是一种以焦虑为主要临床表现的精神障碍，有焦虑的情绪体验和焦虑的生理表现。情绪体验为对未来的，没有特定对象的不安全感。患者常常有不明原因的提心吊胆、紧张不安，并伴有出汗、心慌、消化系统紊乱的植物神经功能障碍和坐立不安等运动型障碍。患者往往能够认识到这些担忧是过度的和不恰当的，但不能控制，因难以忍受而感到痛苦。心理治疗可以通过健康教育让患者明白疾病的性质，增进患者在治疗中的合作；并通过认识行为治疗，改变患者的不良认知，进行认知重建；通过放松训练缓解焦虑行为。

4. 恐惧症。这是一种以过分和不合理地惧怕外界某种客观事物或情境为主要表现，患者明知这种恐惧反应是过分的和不合理的，但仍反复出现，难以控制。病人害怕的事物与处境不相称。见到或提到害怕的事物或处于害怕的环境，病人会感到很痛苦，往往伴有出汗、心慌等植物性神经功能紊乱。患者因对所害怕事物或处境的回避，直接造成其社会功能受损害。临床表现为广场恐惧症、社交焦虑障碍和特定恐惧。系统脱敏和暴露疗法对恐惧症有较好的治疗效果。

5. 强迫障碍。患者表现出来源于自我的强迫观念和强迫行为，多数患者认为这些观念是没有必要和异常的，是违背自己的意愿的。强迫与反强迫的强烈冲突使患者感到焦虑和痛苦，但无法摆脱。病程迁延患者可表现出仪式行为，此时的焦虑和精神痛苦减轻，但社会功能严重受损。临床表现上有强迫观念、强迫动作和行为，并出现回避触发强迫观念和行为的情景。可伴有焦虑和抑郁症状，以及病态的人际关系。药物和行为治疗对强迫障碍的预后具有较大改善。

（二）心境障碍

心境障碍，又称情感性精神障碍，是指各种原因引起的、以显著而持久的心境或情感改变为主要特征的一组疾病。心境障碍可分为抑郁障碍、双相障碍和持续性心境障碍。典型的临床表现有：抑郁发作、躁狂发作和混合发作。

1. 抑郁发作（抑郁症）。主要表现为：（1）患者情绪低落，常觉兴趣索然，每日忧心忡忡、郁郁寡欢，自觉高兴不起来，活着没意思；（2）常有无望、无助、无用的抑郁性认知，患者可有自杀观念和自杀行为；（3）兴趣索然、快感消失、思维迟缓，意志行为减退，焦虑，运动性迟滞或激越；（4）伴有睡眠减少、食欲下降、性欲减退、精力缺失和身体疼痛等生理症状。

2. 躁狂发作。典型症状表现为情感高涨、思维奔逸、活动增多等，可伴有夸大观念和妄想、冲动行为等。可给自己和他人造成危害和不良后果。

3. 混合发作。抑郁发作和躁狂发作可在一次发作中同时出现。如果两类症状在大部分时间都很突出，就是混合发作。

心境障碍的治疗主要包括药物治疗、心理治疗和物理治疗。药物治疗可以为患者解除痛苦，有效预防自杀这一悲剧的发生，并使患者重返社会。

正确认识抑郁症：（1）抑郁发作会引起患者的病耻感，他们不敢告诉别人，而让自己忍受痛苦。真正的抑郁不是在人生出了差错时候的悲伤，而是在生活一切都好的时候感到悲伤无望。它至少持续折磨患者两个星期，严重干扰一个人的工作能力、玩乐兴趣和情感生活。（2）抑郁症的症状常人难以觉察，我们很难发现看起来好端端的人其实处于挣扎之中。（3）临床上的抑郁不是不开心，而是一种疾病，挥之不去。不会因为患者想开心起来，抑郁症就消失。这种全面的兴趣降低与绝望不是性格软弱或人格特质，不是凭借顽强的意志力就可以对抗的，正如骨折一样它是一种疾病，需要专业的治疗。（4）不要告诉抑郁症患者要坚强，不要用悲惨的案例对他们说教，这只会加重他们的愧疚和无助。学会陪伴和理解，多倾听，向他们敞开心扉，真诚以待。给他们真正意义上的支持，不带议论，不带偏见。鼓励他们去寻求专业的医学指导。

（三）人格障碍

人格障碍是指偏离正常人格，并与他人和社会相悖的一种持久和牢固的适应不良的情绪和行为反应方式。人格障碍原因不明，常开始于幼年，青年期定型，持续至成年或者终生。部分人格障碍患者在成年后有所缓解。人格障碍根据表现不同，可以分为以下几种类型。

1. 偏执型人格障碍。又叫妄想型人格，是以偏执和猜疑为特点，以极其强烈的固执己见为典型特征的一类变态人格。主要表现：（1）广泛猜疑，极度敏感，常将他人无意的、非恶意的甚至友好的行为误解为敌意或歧视，或无足够根据地怀疑会被人利用或伤害。毫无根据地怀疑伴侣的忠诚。（2）对挫折和拒绝过分敏感，不能正确、客观地分析形势，有问题易从个人感情出发，主观性大。（3）将自己看得过分重要的倾向，自负，自我评价过高，遇到挫折或失败则归咎于别人，总认为自己正确。（4）与现实环境不相称地好斗，固执地追求个人不够合理的“权利”或利益；脱离实际地与人争辩，忽视或不相信与患者想法不相符合的客观证据，因而很难以说理或事实来改变患者的想法。(5) 心胸狭隘，容易长时间记仇，对侮辱和伤害耿耿于怀、不能宽容。爱忌妒，对别人获得成就或荣誉感到紧张不安。偏执型人格的个体很难与他人融洽相处。

2. 分裂型人格障碍。以情感冷漠和人际关系明显缺欠为特征。主要表现：(1) 几乎没有体验到愉快活动。(2) 情绪冷淡，缺乏深刻、生动的情感体验，对人冷淡，对亲属也不例外。(3) 对批评和表扬都无动于衷，漠不关心别人对他的看法。(4) 明显地无视社会常规与习俗，奇怪反常的行为或外貌，如服饰奇特、不修边幅、行为不合时宜、习俗或目的不明确；言语怪异，如离题、用词不妥、繁简失当、表达意思不清等，并非文化程度或智能障碍等因素所引起。(5) 过度的焦虑。例如，有陌生人在场时表现出极度的不安。多单独活动，回避社交，主动与人交往仅限于生活或工作中必需的接触，离群独处，除一般亲属外没有亲密朋友，与人不建立相互信任的关系。

3. 表演型人格障碍。又称为癔症性人格，以过分感情用事或夸张言行以及吸引他人注意为特征。主要表现：(1) 自我戏剧化，夸张的情绪表达，装腔作势，像演戏一样。(2) 暗示性高，很容易受他人的影响。(3) 情感体验肤浅，情感反应强烈，感情易波动，完全按个人的情感判断好坏，说话夸大其词，掺杂幻想情节，缺乏具体的真实细节，难以核对。(4) 自我中心，强求别人符合他的需要或意志，经常渴望表扬和同情，不如意就给别人难堪或表示强烈的不满，为满足自己的需求常常不择手段。(5) 寻求刺激，过多地参加各种社交活动。需要别人经常注意，为了引起注意，不惜哗众取宠、危言耸听，或在外貌和行为方面表现得过分吸引他人。

4. 冲动型人格障碍。以阵发性情感爆发，伴有明显的冲动性行为为特征。主要表现：(1) 情绪不稳，易激怒，易与他人发生争执和冲突，冲动后有后悔行为，但不能防止再犯，间歇期正常。 (2) 情感爆发时，对他人可有暴力攻击，可有自杀和自伤行为。(3) 在工作中表现冲动，缺乏目的性与计划性，做事虎头蛇尾。

5. 强迫型人格。以过分严格要求和完美无缺，以及内心的不安全感为特征。具体表现：(1) 过分疑虑及谨慎。心里总是笼罩一种不安全感，总处于莫名的紧张和焦虑状态。对实施的计划反复检查、核对，唯恐出现差错。(2) 完美主义，对任何事物都要求过高，总以为没达到别人的要求，别人一怀疑，自己就感到不安。(3) 刻板固执，行为循规蹈矩，不知变通，处理事情有秩序、整洁，严守时间，但对新事物接受得慢，对于突发事件不知所措。(4) 过于迂腐，拘泥于社会习俗，缺乏创新。

6. 焦虑（回避）型人格障碍。以一贯感到紧张、提心吊胆、不安全及自卑为特征。主要表现：(1) 持续和泛化的紧张和忧虑。行为退缩，心理自卑，面对挑战多采取回避态度和无力应付。(2) 缺乏自信，怀疑自身价值，相信自己没有吸引力，在社交场合总担心被拒绝。(3) 对于批评和拒绝过分敏感，日常生活中会因为一点不如意的小事而感到委屈，甚至觉得受到伤害，因而愈加回避社交活动。回避型人格一开始就回避人际关系，或者无条件地接受他人意见。他们大多时候与周围的人保持一定距离，在情感世界中很难与他人进行深入的感情交流。他们有很大的社会不安全感，在那些需要大量接触他人的工作面前常常因羞怯而逃避。在家庭以外，他们很少有亲密朋友和知己。

7. 依赖型人格障碍。以过分依赖、害怕被抛弃和决定能力低下为特征。主要表现：(1) 生活中过分依附于他人，对日常事物不能做出决策。(2) 无助感。让别人为他（她）做大多数的重要决定，如在何处生活，该选择什么职业等；没有别人的建议，做出决定的能力有限。(3) 被遗弃感。过分顺从他人的意志，明知他人错了也随声附和，因为害怕被别人遗弃；无独立性，很难单独展开计划或做事。(4) 过度容忍，为讨好他人甘愿做自己不愿做的事。独处时有不适感和无助感，或竭尽全力以逃避孤独。当亲密的关系中止时感到无助或崩溃，经常被遭人遗弃的念头所折磨。他们很容易遭到不合理的对待。

8. 社交紊乱型人格障碍。也称反社会人格障碍。常因其行为与公认的社会规范有显著差异而引人注目的一种人格障碍。主要表现：(1) 全面持久地缺乏责任感，无视社会规范与义务，经常违法乱纪。(2) 对他人漠不关心，待人冷酷，缺乏骨肉亲情。(3) 易激怒，对挫折耐受力低，微小的刺激便可引起攻击甚至暴力行为。(4) 无内疚感，不能从经历中吸取经验教训。(5) 很容易责怪他人，对自己不适宜的行为经常给予合理化解释。

治疗与预后：药物治疗难以改变人格结构；心理治疗、教育和训练目标是帮助患者矫正不良习惯，建立良好的行为模式。总体而言，人格障碍治疗效果有限，预后欠佳，因此在幼年时期培养健全的人格尤为重要。

(四) 精神分裂症

精神病是精神疾病中最严重的一类，与其他疾病最大的区别在于自知力的缺陷与丧失，对自己的精神症状丧失判断能力，不能应付日常生活要求。精神病发现越早，治疗越早，疗效越满意。对于大学生来说，学会识别早期精神病的异常表现很有必要。精神病不是心理咨询的对象，一旦发现，应当马上转诊到专业的医疗机构进行治疗。

1. 精神分裂症的概念。它是一组病因不明的精神病，常有感知、思维、情感、行为等多方面的障碍和精神活动的不协调，表现为一般无意识障碍和明显的智能障碍。临床表现上，这类患者均具有感知、思维、情感、意志和行为的不协调及脱离现实环境的特点。其中，幻觉、妄想和紊乱的言语和行为是被公认的阳性症状。

2. 精神分裂症临床表现。联想障碍、情感淡漠、矛盾意向及内向性是本病的基本症状，而幻觉、妄想等症状是附加症状。不同个体、不同疾病类型、处于疾病的不同阶段，其临床表现可有很大差异。不过，这类患者均具有感知、思维、情感、意志及行为不协调和脱离现实环境的特点。

(1) 前驱症状。它是指在明显的精神症状前出现的一些非特异性症状，可以概括为以下几方面：① 情绪改变：抑郁、焦虑、情绪波动、激怒。② 认知改变：出现一些古怪和异常的观念，学习或工作能力下降。③ 对自己和外界的感知改变。④ 行为改变：社会活动退缩或丧失兴趣，多疑敏感，社会功能水平下降。本来是作风严谨、安分守己、品质好、爱清洁的人，近来常常违反校规校纪和社会公德，不讲究卫生、不注意仪表，甚至吃脏东西。⑤ 躯体改变：睡眠和食欲改变，乏力，活动和动机下降。经常无原因的头痛、头晕、耳鸣、失眠多梦，情绪不稳或沉默寡言，食欲不振，记忆力减退，注意力不集中，工作能力下降，常出差错或完不成任务。

(2) 显性症状。① 幻觉：幻听、幻视、幻嗅、幻味、幻触在精神分裂症患者中均可出现，其中以幻听最为常见。② 妄想：妄想的荒谬性是显而易见的，但患者却坚信不疑。临床上以被害、关系、妒忌、钟情和躯体妄想多见。患者整天疑神疑鬼，无中生有地认为有人在"控制"他，暗地里企图陷害他或怀疑对象对他不忠；别人说话、报纸上的文章和电台里的广播，也认为是针对他的；经常无根据地指责他人，挑起事端。③ 瓦解症状群：主要表现为思维形式障碍、怪异行为、紧张症行为和不适当的情感。

(3) 阴性症状。阴性症状是指正常心理功能的缺失，涉及情感、社交和认知方面的缺陷，主要表现为意志减退、快感消失、情感迟钝、社交退缩和言语匮乏。原来性格外向、开朗好动逐渐变得内向、孤僻、冷淡，逢喜遇忧皆无动于衷。对事物的兴趣明显减弱，情绪低落、悲观厌世，自感一切不如人、前途渺茫。如平常勤奋好学的学生，逐渐不专心听讲、思想开小差，整天想入非非，学习成绩日益下降；生活懒散、衣着龌龊、蓬头垢面，少动，喜欢倒头大睡，衣食住行都需要别人督促。

（4）焦虑、抑郁症状。大多数精神分裂症患者在疾病过程中会体验到焦虑和抑郁情绪，这时需要注意患者的自杀行为。

（5）暴力行为。

（6）自制力下降。原来性格温顺、有涵养，近来常无端发脾气、摔东西，看什么都不顺眼，小题大做或每遇到小事纠缠不休、无理取闹。

3. 正确对待精神分裂症患者。精神分裂症患者临床症状消失，自知力恢复，仅仅是临床治愈的标准。他们还需要家庭和社会的支持与帮助，消除对精神病患者的歧视，帮助他们重建稳定的人际关系，恢复原有的工作和学习能力。

二、心理疾病的预防

1. 学习心理卫生有关知识，了解心理疾病的主要表现，正确认识心理疾病。心理疾病有时会导致患者的病耻感而延误就医。要清楚地认识到，心理健康和身体健康一样，如果有所不适，都要进行调整或治疗，不要回避心理问题，主动调整心态，必要时寻求专业帮助。而心理咨询，可以帮助人们挖掘心理潜力、提高自我认识、走出心理阴霾。

2. 认识导致心理疾病的原因，做到主动预防。导致心理疾病的原因有生物学因素、心理因素和社会因素，其中遗传、神经发育、感染、躯体疾病、营养不良、毒物等是影响心理健康的主要生理因素；应激型生活事件、情绪状态、人格特征、父母的教养方式、社会经济状况、人际关系，是影响心理健康的主要的心理因素和社会因素。正确认识引起心理问题的原因，有针对性地进行干预。

3. 提高自我觉察能力，对自己的行为和情绪有正确的认知，纠正不良行为。体验自己的真实情绪，培养乐观、积极、稳定的情绪，善于控制和调节不良情绪。

4. 参加一些生活技能的训练，例如人际交往技能、情绪管理技能、解决问题技能、心理弹性训练等。学会自我调整，树立正确的心态和积极乐观生活的态度，锻炼自己适应环境的能力，培养乐观、豁达的个性，拥有宽广的胸怀。

5. 正确认识自我与社会的关系。要根据社会的要求，随时调整自己的意识和行为，使之更符合社会规范。要摆正个人与集体、个人与社会的关系，正确对待个人得失、成功与失败。这样，就可以减少心理失衡。

6. 合理安排生活，培养业余爱好。培养业余爱好可以有效地调节和改善大脑的兴奋与抑制过程，进而消除疲劳，以缓解紧张感，对预防心理疾病的发生有很好的效果。

7. 运动锻炼，养心健体。运动能有效地增强肌体各器官、系统的功能，且能促进脑细胞代谢，使大脑功能得以充分发挥，提高工作效率，延缓大脑衰老。

（张湘玉）

【思考题】

1. 根据量表测测你是否有抑郁或焦虑情绪。
2. 大学生应该怎样应对焦虑情绪？

第十四章　应激反应与干预

第一节　应激与应激反应

大学阶段是人生中最宝贵的黄金时期。大学生的生理和心理都已经达到成熟，进入大学后，开始走向完全独立的生活，生活中也面临着许多挑战。由于认知原因，当面对应激事件时往往会产生一些心理问题。

一、应激

应激是个体面临或觉察到环境变化对机体有威胁或挑战时做出的适应性和应对性反应的过程。

应激是心理和生理反应的综合。当某些事件或者环境刺激作用于人，会使人产生紧张、有压力的心理反应，并由此带来一系列身体反应。

应激可能使人的活动变得积极，思想变得清晰明确，如积极思考、遇事不惊；也可能使人焦虑、紧张、情绪低落，愤怨、激动或退缩。

二、应激源

应激源是引起应激的刺激，也就是应激的原因。通常是指向机体提出适应和应对要求并进而导致充满紧张性的生理和心理反应的刺激物。

应激源与健康和疾病之间存在着重要关联。多项研究表明，在较紧张的学习或工作中伴随不愉快的情绪、工作中或家族中人际关系不协调、亲人的意外死亡或者突然的意外事故是造成应激和致病的重要原因。与疾病关系密切应激源是负性生活事件，最严重的是丧偶、家庭成员的死亡。

应激源常见的分类如下：

（一）按应激源性质分类

1. 躯体性应激源。例如冷、热、噪声、不良食物、病源微生物等，这一类应激源主要引起人们生理应激和应激的生理反应。

2. 心理性应激源。例如人际关系方面的矛盾和冲突、工作压力、灾难事件的回忆等。

3. 社会性应激源。例如失学失业、亲朋伤亡等生活中重大的变故，以及处理家庭事务、亲子关系不和谐等日常生活困扰。日常生活困扰因年龄和职业特征不同而有所差异，如大学生的日常生活困扰则为“专业好坏”及“完成论文”。

4. 文化性应激源。最为常见的是“文化性迁移”，如由一种语言环境进入另一种语言环境，或由一个民族聚居区、一个国家迁入另一个民族聚居区、另一个国家。在这种情况下，个体将面临一种生疏的生活方式、习惯与风俗，从而不得不改变自己原来的生活方式与习惯，以顺应新的情况。

（二）按生活事件的现象学分类

1. 工作事件。常见的有：长期从事高温、低温、噪声、矿井下等环境的工作；高科技、现代化需要高度注意力集中和消耗脑力的工作；长期远离人群（远洋、高山、沙漠），或高度消耗体力及威胁生命安全，或是经常改变生活节律无章可循的工作，或是长期从事单调重复的流水线工作，或是社会要求和个人愿望超出本人实际能力限度的工作等。

2. 家庭事件。例如失恋、夫妻关系不和、离婚，本人或配偶患病、丧偶、子女管教困难，住房拥挤等。

3. 人际关系事件。例如与领导、同事、邻里、朋友、老师之间的意见分歧和矛盾冲突等。

4. 经济事件。例如负债、失窃、亏损和失业等经济上的困难或变故。

5. 社会和环境事件。包括各种自然灾害、战争和动乱、各种环境的污染、交通住房的拥挤、人口过度集中、失业、加快的生活节奏、知识的更新、竞争的加剧等自然和社会的变化，以及酗酒、偷盗等犯罪行为所造成的人为事件。

6. 个人健康事件。疾病或健康变故给个人造成的心理威胁，如患恶性肿瘤、健康恶化、心身不适等。

7. 自我实现和自尊方面事件。例如个人在事业和学业上的失败或挫折，以及涉及案件、被审查、被判罚等。

8. 喜庆事件。例如结婚、再婚、立功受奖、晋升、晋级等，需要个体作出相应心理调整。

（三）按事件对个体的影响分类

1. 正性生活事件。日常生活中有很多事件具有明显积极意义，如晋升、立功、受奖等。

2. 负性生活事件。生活中有些事件都具有明显的厌恶性质或带给人痛苦悲哀心境，如亲人死亡、患急重病等。负性生活事件对人具有威胁性、会造成较明显较持久的消极情绪体验，从而导致机体出现病感或疾病。

（四）按生活事件的主观和客观属性分类

1. 客观事件。例如地震、洪水、滑坡、火灾、车祸、空难、海难、突袭、战争，以及人的生老病死等事件的发生是不以人们的主观意志为转移的，是无法掌握无法控制的，多为突然发生的灾难。

2. 主观事件。例如居住条件差，工资收入低，父母、子女、夫妻、邻里、同事、上下级之间长期关系紧张，晋升提级受到挫折，工作学习负担过重，对职业不满意而又无法改变等。

三、应激反应

当有应激源出现，个体认为自己无法面对或无力应对应激源带来的危害时，就会产生应激反应。应激反应是对人的心理健康有重要影响的心理现象，指个体因为应激源所致的各种生物、心理、社会、行为方面的变化。

（一）应激的生理反应

1. “应急反应”。个体在感受到威胁与挑战时机体发生的“搏斗或逃跑”反应。应急反应是一种对情绪刺激的先天反应，应急反应时涉及的生理变化主要有：心率加快，血压升高，呼吸频率加快等。

2. 伴有负性情绪且个体认为没有应对可能性的应激反应。这是一种慢性应激状态下的生理反应，主要表现为血压升高，心率减慢等。

（二）应激的心理反应

应激的心理反应涉及认知、情绪及行为三个方面。

1. 情绪性应激反应。个体在不同应激的刺激下，产生不同程度的情绪。常见的应激情绪反应包括焦虑、抑郁、恐惧、愤怒等负性情绪。

（1）焦虑。这是最常出现的情绪性应激反应，当个体预感危机来临或预期事物的不良后果时出现紧张不安，急躁、担忧的情绪状态。适当的反应性焦虚可以提高人的警觉，是一种保护反应；而过度和慢性的焦虑则会削弱个体的应对能力和发生自主神经功能紊乱。

（2）抑郁。这是一种消极、悲观的情绪状态，表现为兴趣活动减退，言语活动减少，无助感、无望感强烈，自我评价降低，严重者出现自杀行为。

（3）恐惧。企图摆脱有特定危险的情境或对象时的情绪状态。适度的恐惧有助于使注意力集中而防御风险，但常常缺乏应对的信心、表现为逃跑或回避，严重时出现行为障碍和社会功能的损失。

（4）愤怒。这是与健康和疾病关系最直接的应激情绪反应。

2. 认知性应激反应。应激较剧烈时，个体的认知能力普遍下降。负面的认知应激反应会使人陷入难以自拔状态。

（1）偏执。个体在应激后出现认知狭窄、偏激、钻牛角尖，平日非常理智的人变得固执、蛮不讲理。

（2）灾难化。个体经历应激事件后，出现整日惴惴不安的消极情绪和行为障碍。

（3）反复沉思。不由自主地对应激事件反复思考，这种反复思考常带有强迫症状的性质。

（4）闪回与闯入性思维。经历严重的灾难性事件后，生活中常不由自主地闪回灾难的影子，或者是脑海中突然闯入一些灾难性痛苦情境或思维内容，挥之不去。

3. 行为性应激反应。当个体经历应激源刺激后，常自觉或不自觉地在行为上发生改变，以摆脱烦恼，减轻内在不安，恢复与环境的稳定性。而消极的行为性应激则会使个体出现回避、退缩等行为。

积极的行为应激反应。包括寻求社会支持；正确认识压力，了解解决问题的方法，获得更多的选择；制定解决问题需要的计划，并实施计划；直面问题，直面应激源，主动适应并改造境遇；宣泄情绪，向他人表达自己的情绪；改善认知，评估事件，了解哪些是可以改变的，而哪些又是需要接受的，改变对事物的期待；行为放松训练，如放松训练、瑜伽、观呼吸法、冥想等都是积极的应对策略；避开可以引起痛苦回忆的人或事，回避困难。

适应不良的行为性应激反应。早期常可减轻人们的应激反应，但长远观察，常常引发不良的后果。包括：逃避与回避，就好像在沙漠中鸵鸟遇到危险时常把头埋在沙堆里，以为看不见则危险不存在；退化与依赖，个体经历创伤事件后表现出不成熟的应对方式，失去成人式解决问题的态度和方法，退行至小孩的阶段，如就地打滚，退化到孩子的反应方式；敌对与攻击：个体出现过激的情绪反应，过激的行为，有时甚至出现自伤及伤人行为（如争吵、冲动、伤人、毁物、自伤、自杀等）；无助与自怜，处于无能为力、无所适从、持宿命论的行为状态；物质滥用，某些个体在经历应激事件后会选择通过饮酒、吸烟或服用某药物的行为方式来转移痛苦，这些不良的行为方式逐渐成为个体的习惯，如饮酒或服用过量的精神活性药物等。

（三）大学生常见的应激反应

1. 过度敏感。与大学生成长发展密切相关的信息，如就业、择业、师生关系等一般会在学生中引起相应的反应，有的人会积极了解相关信息，积极应对；有的人会因此产生烦恼，产生“对号入座”的幻想甚至是退缩或攻击性情绪，找不到理性的出路。

2. 无因烦恼。有些大学生，因所处的环境发生了一些变化，表现出没有原因的感到无辜、无助，与老师同学说说话就可以缓解。如大一新生进入大学后，学习上要自主，生活上要自立，思想上要自律，教师的直接指导较中学时期大大减少，这与中学有很大的不同，一时不能适应新环境。

3. 学习困难。有些学生学习成绩经常不能通过考核。这些学生通常表现为语言很少或者不愿意表达、眼神呆滞、行动迟缓，相当一部分学生通常在同学们学习或上课时选择网上游戏或者睡大觉，有一小部分学生有“感觉紧张、羞愧到无所谓”的渐变心理过程，很多学生觉得别人瞧不起他们。

4. 自伤和伤人。因为一时事情不畅、情绪烦躁，顿生伤人或自伤的情形在大学生中也时常发生。

四、常见的应激障碍

应激后一段时间内出现适应性的生理和情绪反应是必然的，但是如果长时间存在，甚至影响到学习、工作和生活，则会出现心理问题。

应激障碍，是指与应激源（主要是精神创伤和精神应激）有明显因果关系的精神障碍。其临床特点和病程经过与创伤性体验有密切联系，并伴有相应的情感反应，脱离现实，不容易被人理解。它主要包括急性应激障碍、创伤后应激障碍和适应障碍三大类。

（一）急性应激障碍（ASD）

急性应激障碍又称急性应激反应，是指以急剧、严重的精神刺激作为直接原因，患者在受刺激之后数分钟至数小时内出现的短暂的精神障碍。例如：个体遭遇强烈的精神应激事件，如亲密的家庭成员丧亡、个人受伤或患重大疾病、违法行为等，均可能出现 ASD。ASD 出现与否及其严重程度，不仅与应激事件有关，而且与个人的人格特点对应激源的归因、应对方式和当时躯体健康状况密切相关。临床特点：

1. 大多数患者初期为茫然和木僵状态，伴有意识清晰度下降，定向困难，不能理解外界的刺激，偶尔会有只言片语，但言语不连贯，令人不理解。

2. 有些患者出现精神运动性兴奋。表现有强烈恐惧体验的精神运动性兴奋，行为有一定的盲目性，患者激越、喊叫、过度乱动或情感爆发，甚至出现伤人及毁物行为。话多，内容常常涉及心因与个人经历。

3. 有些患者出现精神运动性抑制。患者情感迟钝、麻木，行为退缩，少言少语，表现为表情呆滞，处于茫然状态，继而不动不语，对外界刺激无相应的反应，呈木僵状态，称为心因性木僵。

4. 偶有急性应急精神病性症状。以妄想严重、情感障碍为主，症状内容与应激源密切相关，较易被人理解。

治疗和预后：ASD 首选心理治疗，药物治疗只是对症治疗。如果应激源被消除，症状往往历时短暂，几天至一周内完全恢复，预后良好。

（二）创伤后应激障碍（PTSD）

创伤后应激障碍是由于受到异乎寻常的威胁性或灾难性心理创伤，导致延迟出现（数日至半年内）和长期持续的精神障碍。异乎寻常的威胁性或灾难性心理创伤，是 PTSD 的必要条件。事件的性质主要是天灾人祸，如：战争、虐待、强奸、暴力事件、绑架、重大交通事故等。几乎所有经历这类事件的人都会感到巨大的痛苦，个体会体验到恐惧、无助感。临床表现：

1. 闯入性再体验。异乎寻常的威胁性或灾难性心理创伤后，反复出现闯入性的创伤体验：以错觉、幻觉构成创伤事件的重新体验，患者仿佛又完全身临创伤事件发生时的情境，产生与当时相似的情感体验。患者不由自主地回想受打击的经历，反复出现有创伤性内容的噩梦，反复出现触景生情的精神痛苦。

2. 警觉性增高。过度警觉，注意力不集中，易激怒。入睡困难或睡眠不深，具有焦虑、抑郁情绪和躯体不适症状。

3. 回避。对创伤有关的事物采取回避的态度，甚至出现选择性失忆。与外界疏远隔离，交往减少，待人冷淡。兴趣减少变窄，记忆力下降，注意力难以集中。

治疗和预后：PTSD 药物治疗和心理治疗相互配合。多数患者在创伤事件后数天或半年内发病，病程至少持续 1 个月以上，一般在 1 年内恢复正常；少数患者可持续多年，甚至终生不愈。

（三）适应障碍

适应障碍是指在明显的生活改变或环境变化时产生的、短期的或轻度的烦恼状态或情绪失调，常有一定的行为变化，但不出现精神病性症状。发病往往与生活事件的严重程度、个体心理素质、心理应对方式等有关。临床特点：

1. 生活事件。有明显的生活事件（不是灾难性的），尤其是生活环境和社会地位的变化（如移民、退休、入学、家庭变迁、工作变换等）。

2. 主要表现为情绪障碍（焦虑、抑郁、害怕等）。

3. 同时可出现适应不良的行为和生理功能障碍（如退缩、逃学、斗殴、盗窃、说谎、不注意卫生、生活无规律、失眠、食欲不振等）。

治疗和预后：治疗以心理治疗为主，帮助患者提高处理应激境遇的能力，主要解决患者的心理应对方式和情绪发泄的途径问题。药物治疗只用于情绪异常明显的患者。通常在遭遇生活事件后 1 个月内起病，病程一般不超过半年。

第二节　应激管理

应激是一个涉及应激源、应激反应、认知评价、应对方式、社会支持、个性特征等因素的作用过程，是一个系统。应激的管理也是一个系统，是多维度的。本节重点介绍大学生的应激管理。

一、有效控制应激源

通常每一个人都会遇到来自外界的刺激作用。“适度的”应激刺激对提高个体面对应激刺激的适应能力是有帮助的。

要避免应激障碍问题需要对应激源搞好控制，一是尽可能减少应激源的形成；二是加强应激源的信息整理、通报；减少信息不对等导致的恐惧或错误认知；三是加强应激源处理措施的学习，增强个体的承受能力。

二、加强心理健康教育

大学生心理知识匮乏也是大学生心理问题不断累积的一个重要原因。因此，通过一些大学生喜闻乐见的方式普及心理知识也是非常必要的。

开设心理健康讲座或活动。包括心理健康知识讲座、心理训练、情境表演、游戏辅导等形式普及心理健康知识、心理调节技能。

个别辅导与咨询。学校开设心理咨询室或辅导室，为有需要的学生提供心理辅导与咨询。对于有严重心理问题的学生及时转诊到专科医疗机构诊治。

丰富大学生的课余生活，将促进其身心的健康发展。

三、开展心理自助和他助活动

大学生要有自助的意识，遇到情绪不好的时候，要尝试自我调节，如合理休息、饮食，通过运动缓解焦虑、抑郁情绪，寻求帮助。要学会克服认知偏差，学会积极的自我暗示和悦纳自我。要学会科学思考影响自身情绪的客观因素，勇于矫正自身的缺陷和不足。要掌握一定求助的技能，对自己解决不了的负性情绪应及时向专业人士求助。平时多与身边的朋友交流，有心理困惑时，求助朋友支持。

第三节　新冠肺炎疫情下大学生应激管理

新冠肺炎疫情下，大学生延迟开学。疫情的影响及学习环境的改变，可能会导致大学生一些身心问题的产生。

一、疫情下大学生面临的问题

（一）疫情方面

面对突如其来的新冠肺炎疫情，对于每一个人来说都是一次巨大的应激刺激。因疫情防控需要，各地都采取了不同程度的隔离措施，大学生的日常社交方式发生了改变，减少了亲朋好友间面对面的交流，整天待在家里感到烦闷。居家期间，大学生相对独立的常态活动被打乱，与父母长时间同在一个屋檐下共处，代际之间的矛盾凸显，会因作息时间不规律、长时间使用电子产品、网络游戏等和家长产生冲突。

（二）学习方面

受到疫情影响，多地高校延期开学。各高校出台了“停学不停课”政策，但与校园内部学习相比，居家学习缺乏监督，线上学习注意力不容易集中、眼睛酸涩困顿等，难免学习效率低下。而毕业生因有些毕业设计需要实地调查实验设备、实验数据，在疫情的影响下无法顺利开展，毕业论文也将受到影响。

（三）就业方面

为防止或控制疫情扩散，各类高校毕业生就业现场招聘活动一律暂停，大学生获取招聘信息的渠道减少，很多企业受疫情影响还可能会减少招聘名额，尤其是一些疫情严峻的地区。除此之外，研究生招生考试、事业单位和国有企业招聘等的时间均推迟，一些国家已经暂停发放境外中国学生签证，这使有就业或求学、留学需求的毕业生压力增大。

二、疫情下大学生的应激反应

（一）焦虑恐惧

大学生由于对疾病认知的不确定性，容易出现担心、紧张、胡思乱想、心神不宁、缺乏安全感等焦虑情绪，害怕疾病会降临到自己和家人身上。有时会出现突发的胸闷、心慌、出汗、濒死感等表现，此症状往往持续时间较短，一般为几分钟到半小时。

（二）抑郁

每天接收大量关于疫情的信息，看到防疫人员奋战在一线，而自己却在家里无所事事，部分大学生可能会产生“觉得自己什么都做不了”的无助感，也有部分学生会产生“不想与人接触，外面的世界太危险”的想法。害怕面对现实，出现情绪低落，甚至悲伤、绝望感，似乎对一切都失去了兴趣，回避社交，出现退缩行为等。还会出现疲劳、精神不振、注意力不集中、食欲缺乏、睡眠差等问题。

（三）愤怒

部分大学生可出现愤怒的情绪，将矛头指向了事件可能的责任人。对有关责任部门的不作为、对未隔离的疑似患者、对国难当头大发国难财的不法分子，认为是他们破坏了整个社会的秩序和健康，甚至在社交平台上发布了一些过激的言论。有的学生在压力下变得极度敏感，有时可能因为一点小事就急躁、发脾气，甚至出现冲动和不理智的行为。

（四）敏感与强迫

部分大学生身体出现咳嗽、发热、乏力、恶心、呕吐等症状，就怀疑自己感染了新冠病毒，为此感到担心、紧张、害怕，反复测量体温、洗手，有的出现强迫性思维，控制不住地反复想有关新冠肺炎的严重后果，为此感到十分痛苦。

（五）睡眠问题

有些大学生会因为过度紧张、胡思乱想而难以入眠，严重者彻夜不眠。即使能够入睡，有时也会出现睡眠轻浅易醒、噩梦增多等问题，严重影响睡眠质量。

三、疫情下做好自我调适

（一）科学认知

1. 对疫情的科学认知。一是要科学认识新冠肺炎，不信谣、不传谣、不造谣，避免造成不必要的恐慌。通过国家的权威信息渠道或查阅文献，学习疫情相关知识。二是要对政府及医务人员的防疫工作有足够的信心，相信科学，坚信疫情一定会过去。三是做好个人及家人防护，减少外出。

2. 对自己身心反应的科学认知。疫情会使我们的机体产生应激反应。适当强度的应激对人有积极意义，可以提高个体的警觉性、增强身体的抵抗力和适应能力，也可以增进工作和学习的效果。然而，如果应激反应过于强烈和持久，就会影响个体功能，导致工作或学习、人际交往和社会活动方面的异常。

（二）做好自我调适

1. 保持健康的生活方式。一是要规律作息，合理安排时间；二是适当进行室内运动，如跳绳、瑜伽、健身操等；三是均衡饮食，保证营养，提高免疫力；四是丰富居家生活，培养兴趣爱好，如绘画、写作等；五是要注意个人卫生。

2. 养成良好的睡眠习惯。一是营造良好的睡眠环境，寝居环境要舒适，卧室不受光线和声音的干扰，温度适宜，尽量不要把闹钟放在床头；二是保持规律的作息时间，避免熬夜；三是避免睡前接触电子设备；四是减少日间睡眠和卧床时间。

3. 情绪管理。正确认知并接受自己的负面情绪，找到表达情绪的方法。部分大学生可能会因为疫情带来的情绪问题陷入思维的怪圈，总是看到问题不好的一面，而忽视了任何问题都有其两面性。要审视或改变自己的不良认知，学会内省，认可自己做得不错的地方，接受做得不足的方面。转移注意力，将恐慌转化为动力，做一些平时想做而没有时间做的事情。

4. 情绪宣泄。每天用 5 ~ 10 分钟，将当下脑海中的想法和感受写下来；向家人、亲朋好友表达内心的感受，获得心理支持；通过哭泣的方式来缓解自己的压抑，抚慰自己的心灵；进行一些娱乐活动，如听音乐、唱歌、画画等。

5. 放松训练。一是腹式呼吸：慢下来，闭上眼睛，双肩自然下垂，把注意力有意带到腹部，做几次深长的腹式呼吸。深呼吸可以降低压力、改善情绪、提升注意力。二是想象放松：调整一个让自己最放松舒服的姿势，闭上眼睛，想象一个让自己感到舒适的画面，也许是海洋、草原，或者是任何一个可以让自己放松的画面，尽量将画面想象得更细致、更深入，可以配上自己喜欢的柔和的音乐。三是蝴蝶拍技术：双臂在胸前交叉，左手放在右肩，右手放在左肩，交替慢慢轻拍肩膀 6 次左右。然后做一次深呼吸，如果觉得有改善，可重复以上动作 5 次。

6. 加强沟通交流。可以通过网络、电话、视频聊天等方式，与家人、朋友和同学保持联系，相互鼓励，相互肯定。定期与老师沟通交流，督促自己的学习进度，提高自学能力。毕业生更是应该随时与指导老师交流毕业论文进度，随时关注学校出台的针对毕业生的相关政策。

7. 调整学习方式，保证学习状态。在家中创造专门的学习区域。学习时，手机等任何可能干扰学习的物品都必须放在一边。设立学习目标，结合线上线下学习方式，列出学习内容，排出优先顺序，合理规划时间。保证线上学习质量，努力适应线上学习节奏，紧跟老师讲课思路，适时让眼睛休息。

8. 增强自身竞争力，沉着应对就业。毕业生可以合理利用各类考试时间和招聘时间的推迟，有效规划时间安排，充实自身专业技能。利用网络获取招聘信息，深入挖掘像互联网、大数据、人工智能等新兴行业的就业机会，为就业做更充分的准备。而准备考研的同学也可以利用这段时间排除外界干扰，潜心学习。

（三）寻求精神心理专业人员帮助

如果出现持续的心情不佳，担心、紧张、疑病和强迫，难以自我调整，可以通过心理咨询热线和网上问诊等方式，寻求专业人员的帮助。

（田丹　刘懿卿　张湘玉）

【思考题】

1. 大学生面临的主要应激源有哪些？
2. 面对应激事件，大学生如何做好情绪管理？
3. 新冠肺炎疫情期间，大学生如何做好心理调节？

第五篇

大学生常见病预防

常见病是影响人群健康的主要疾病。贯彻预防为主的卫生工作方针，普及预防常见病的知识与技能，进而预防和减少常见病的发生，提高人群健康水平，是我们每个人的期待与愿望，更是大学生保障顺利学习、生活和走向社会、服务社会的重要前提。

第十五章　常见呼吸系统疾病预防

呼吸系统由气体通行的呼吸道和气体交换的肺所组成。呼吸道由鼻、咽、喉、气管、支气管和肺内的各级支气管分支所组成。从鼻到喉这一段称为上呼吸道；气管、支气管及肺内的各级支气管的分支这一段为下呼吸道。呼吸系统的机能主要是与外界的进行气体交换，呼出二氧化碳，吸进氧气，进行新陈代谢。

第一节　上呼吸道感染

一、普通感冒

感冒，可分为流行性感冒和普通型感冒。普通型感冒为病毒感染引起，俗称“伤风”，一年四季均可发病，尤其是冬春季节骤变之时。

（一）发病原因

1. 由多种病毒引起的呼吸道常见传染病。

2. 在受凉、淋雨或过度疲劳时，机体防御机能低下引起。

（二）传播途径

飞沫传播为主，接触传播。

（三）主要表现

主要为鼻部症状。如打喷嚏、鼻塞、流清水样鼻涕，也可表现为咳嗽、咽部干痒或烧灼感甚至鼻后滴漏感。2 ~3 天后鼻涕变稠，可伴咽痛、头痛、流泪、声音嘶哑等，有时由于咽鼓管炎致听力减退。严重者有发热、怕冷和头痛等。体检可见咽部充血。血白细胞计数多正常或偏低，少数患者增高。

常见并发症为鼻炎、中耳炎、咽喉炎、支气管炎、肺炎、肾炎、心肌炎等。如无并发症，一般经 5 ~7 天痊愈。

（四）预防措施

1. 注意休息，多饮水、防止继发感染。

2. 培养良好卫生生活习惯，勤用流动水洗手，不随地吐痰，咳嗽、打喷嚏时掩口鼻；早睡早起，加强锻炼，增强体质。

3. 减少危险因素如吸烟、饮酒、熬夜等。

4. 教室、寝室勤通风，保持空气流通。

5. 感冒流行期间尽量不出入公共场所，必须去公共场所时要戴口罩。

6. 控制感染和预防并发症。

二、扁桃体炎

扁桃体炎可分为急性扁桃体炎和慢性扁桃体炎。主要表现为经常咽部不适，疼痛、异物感，发干、痒，刺激性咳嗽，口臭等症状，见图 15－1。

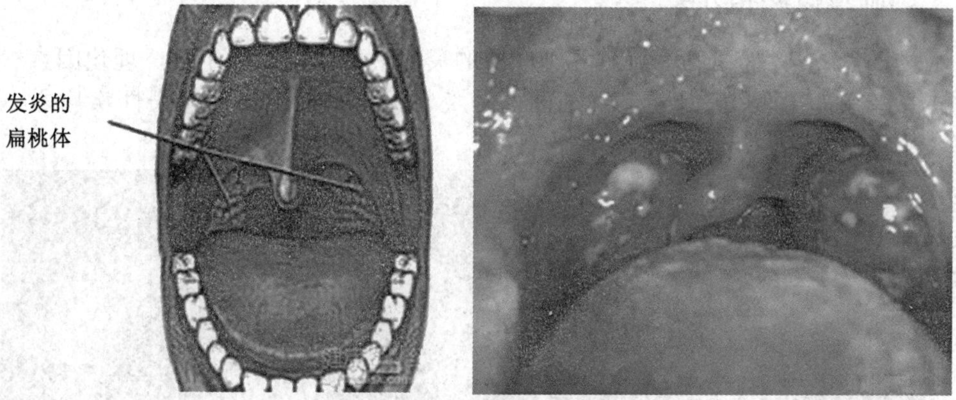

图 15－1　扁桃体炎

（一）主要病因

1. 机体抵抗力下降。当人体抵抗力下降，如过度劳累、缺乏锻炼、营养不良、淋雨受寒等，扁桃体的防御功能减弱，各种细菌就会乘虚而入，连同平时隐藏在扁桃体窝内的细菌，导致扁桃体发炎。其致病菌主要为链球菌或者葡萄球菌。

2. 继发于某些急性传染病如猩红热、白喉、流感、麻疹等。

（二）主要表现

1. 急性期。全身症状起病急，畏寒，高热可达 39～40℃，周身酸痛、食欲不振等。局部症状咽痛明显，吞咽时尤甚，剧烈疼痛者可放射至耳部，有时可伴颌下淋巴结肿大、疼痛。

2. 慢性期。反复发作咽痛，每遇感冒、受凉、劳累、睡眠欠佳或烟酒刺激后咽痛发作，并有咽部不适及堵塞感。口臭由于扁桃体内细菌的繁殖生长及残留于扁桃体内的脓性栓塞物引起。扁桃体肥大可使吞咽困难，说话含糊不清，呼吸不畅或睡眠时打鼾。全身表现为扁桃体内的细菌，脓栓常随吞咽进入消化道，从而引起消化不良。如细菌毒素进入体内，可有头痛、四肢乏力、容易疲劳或低热等表现。

（三）并发症

常合并慢性咽炎、急性喉炎、慢性中耳炎等慢性疾病，甚至还可诱发风湿性关节炎、风湿性瓣膜心脏病、心内膜炎、心肌炎、急性肾炎等严重疾病。

（四）日常预防

1. 保持口腔清洁，每天睡前刷牙，饭后漱口，以减少口腔内细菌感染的机会。

2. 加强体育锻炼，增强体质和抗病能力。养成良好的生活习惯，保证充足的睡眠时间，随天气变化及时增减衣服。

3. 积极预防和治疗各类传染病。值得注意的是，急性扁桃体炎有时为某些疾病尤其是某些传染病的前驱症状，如白喉、麻疹及猩红热等，应注意及早发现。

4. 一旦患病，应适当隔离，休息并大量饮水，抗炎对症治疗。

第二节 肺 炎

一、肺炎概述和分类

肺炎是指人体终末气道、肺泡和肺间质的炎症，可由病原微生物、理化因素、免疫损伤、过敏和药物等所致。其中，以细菌性肺炎常见，是最常见的感染性疾病之一，见图15－2。

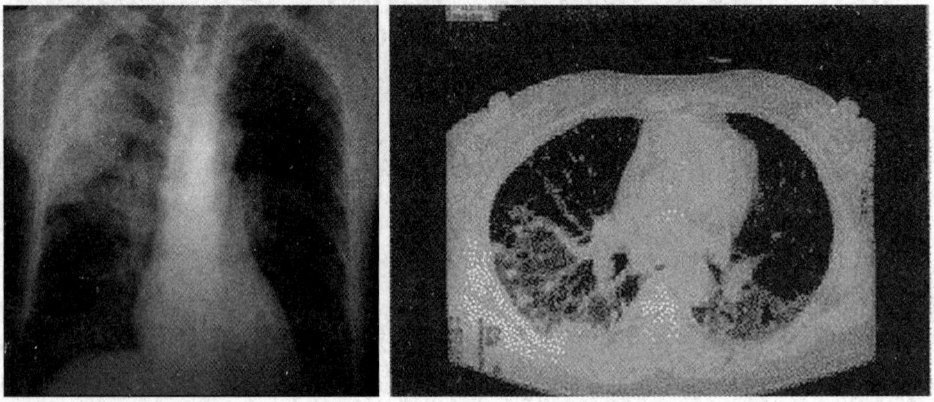

图15－2 肺炎

在抗菌药物应用以前，细菌性肺炎严重威胁人体健康。抗菌药物的出现及发展，曾一度使肺炎患病率、病死率明显下降。但近年来，尽管应用强力的抗菌素和有效的疫苗，肺炎总的患病率、病死率不再降低，甚至有所上升。据世界卫生组织统计全球人口死因顺序，急性呼吸道感染仅次于心血管疾病居第二位。在我国肺炎则居人口死因排序第五位。肺炎患病率、病死率增高与下列因素有关：病原体的变迁、吸烟、伴有基础疾病和免疫功能低下，如：肿瘤、糖尿病、尿毒症、药瘾、嗜酒、艾滋病、久病体衰、应用免疫抑制剂、不合理使用抗生素导致细菌耐药性增加等因素有关。

（一）发病原因

1. 决定发生肺炎的因素。病原体和宿主异常是决定发生肺炎的两大因素。如果病原体数量多、毒力强和（或）宿主呼吸道局部和全身免疫防疫系统损害，即可发生肺炎。

2. 传播途径：

（1）空气吸入；

（2）血行播散；

（3）邻近感染部位蔓延；

（4）上呼吸道和胃肠道定植菌的误吸等。

（二）肺炎的分类

肺炎可按解剖及病因加以分类。

1. 解剖分类：

（1）大叶性（肺泡性）肺炎；

（2）小叶性（支气管性）肺炎；

（3）间质性肺炎。

2. 病因分类：

（1）细菌性肺炎。如肺炎链球菌、金黄色葡萄球菌、流感嗜血杆菌等。

（2）病毒性肺炎。如冠状病毒、腺病毒、呼吸道合胞病毒、流感病毒等。

（3）非典型病原体所致肺炎。如军团菌、支原体、衣原体等。

（4）肺真菌病。如白色念珠菌、隐球菌、曲霉菌、肺孢子菌等。

（5）理化因素所致肺炎。如放射性损伤引起的放射性肺炎、胃酸吸入引起的化学性肺炎等。

（6）特异性肺炎。如艾滋病、结核菌感染引起免疫功能低下所致肺炎等。

二、常见的肺炎

（一）肺炎球菌肺炎

肺炎球菌肺炎是由肺炎球菌或称肺炎链球菌感染所引起的肺炎，肺段或肺叶曾急性炎性实变，主要以高热、寒战、咳嗽、血痰及胸痛为特征，起病急骤。肺炎球菌肺炎一年四季可见，但以冬季最多。

主要表现：发病前常有受凉、淋雨、疲劳、酗酒、病毒感染史，多有上呼吸道感染的前驱症状，起病多急骤，高热、寒战，全身肌肉酸痛，体温通常在数小时内升至39～40℃，高峰在下午或傍晚，脉速。可有患侧胸部疼痛，放射到肩部或腹部，咳嗽或深呼吸时加剧，痰少，可带血或铁锈色，纳差，偶有恶心、呕吐、腹痛或腹泻，易被误诊为急腹症。体格检查在肺部可闻及干湿啰音，血常规白细胞计数和中性粒细胞均升高，肺部X射线检查可见异常表现。

（二）支原体肺炎

支原体肺炎是指肺炎支原体引起的急性呼吸道感染伴肺炎，常同时伴有咽炎、支气管炎。肺炎支原体感染约占非细菌性肺炎的1/3以上，或各种原因引起的肺炎的10%。我国资料亦提示，肺炎支原体感染的发病率近年来有所增加。

主要表现：通常起病较缓慢、乏力、咽痛、咳嗽，发热、纳呆、肌痛等。咳嗽多为阵发性刺激性咳嗽，咳少量黏液痰。发热可持续2～3周，体温恢复正常后可能仍有咳嗽。外周血白细胞总数正常或略增高。胸部X射线检查肺部异常。诊断有赖于血清中支原体IgM抗体检测。

（三）军团菌肺炎

军团菌肺炎是嗜肺军团菌引起的以肺炎表现为主，可能合并肺外其他系统损害的感染性、全身性疾病，是军团菌病的一种临床类型。未经有效治疗的病死率高达45%。夏末秋初是本病的好发季节，男性发病多于女性，患有糖尿病、肾病、肿瘤、血液病或接受免疫抑制剂者易患本病。军团菌可存在于水和土壤中，可经供水系统、空调或雾化吸入进入呼吸道引起感染，偶可见暴发流行。暴发流行多见于医院、旅馆、建筑工地等公共场所。

主要表现：本病可呈暴发流行。典型患者常为亚急性起病，疲乏、无力、肌痛、畏寒、发热等；亦可经2～10天潜伏期后急骤起病，高热、寒战、头痛、胸痛，进而咳嗽加剧，咳黏痰带少量血丝或血痰。本病早期消化道症状明显，约半数有腹痛、腹泻，多为水样便。神经症状亦较常见，如焦虑、神经迟钝、谵妄。随着肺部病变进展，重者可发生呼吸衰竭。

X射线检查见异常表现。支气管抽吸物、胸液、支气管肺泡灌洗液作染色检查以及其他技术检查，可以查见细胞内的军团杆菌。

预防军团菌肺炎的主要措施有：加强对环境及水源的监控，是控制军团菌肺炎发生流行的关键；对空调系统进行常规检测和消毒；进入房间和车内打开空调后，最好过一刻钟以后再关闭门窗，这样可以有利于空调器中的各种有害物质散发，减少对健康的危害。

三、肺炎危害

肺炎如不及时治疗或治疗不当，可引起并发症，建议及时正规治疗。

1. 如感染蔓延至胸膜腔可造成脓胸；

2. 如感染引起肺组织坏死而导致肺脓肿等；

3. 如感染经血行播散还可导致胸膜炎、心内膜炎、心包炎，重者引起败血症、感染性休克甚至引起 MODS、MOF。

四、肺炎预防措施

（一）日常预防

1. 注意休息，多饮水，防止继发感染；

2. 培养良好卫生生活习惯，勤用流动水洗手，不随地吐痰，咳嗽或打喷嚏时掩口鼻；早睡早起，加强锻炼，增强体质；

3. 减少危险因数如吸烟、饮酒、熬夜等；

4. 教室、寝室勤通风，保持空气流通；

5. 肺炎流行期间尽量不出入公共场所或戴口罩；

6. 控制感染和预防并发症；

7. 进食时注意力要集中，避免交谈，以免食物呛吸入肺，引起吸入性肺炎。

（二）健康教育

1. 饮食指导。进食高蛋白、高热量、高维生素、易消化的半流质食物。伴有发热的肺炎患者应注意多饮水，这样不仅可使机体水分的丢失得到补充，还有利于细菌毒素的排泄及降低体温。多食用水果，不要大量食用辛辣油腻食物。原有慢性肺病的肺炎病人，要注意食用高蛋白食物。

2. 休息与活动指导。发热者要卧床休息，注意保暖，保持室内空气清新，鼓励患者每隔 1 小时进行深呼吸和有效咳嗽。卧床患者应注意翻身，每 4 小时为患者叩背排痰一次。恢复期适当活动，应增加休息时间，坚持深呼吸锻炼至少要持续 4 ~ 6 周，这样可以减少肺不张的发生；还要避免呼吸道的刺激，如吸烟、灰尘、化学飞沫等；尽可能避免去人群拥挤的地方或接触已有呼吸道感染的患者。

第三节　支气管哮喘

支气管哮喘是由多种细胞和细胞组分参与的气道慢性炎症性疾病。这种慢性炎症与气道高反应性相关，通常出现广泛而多变的可逆性气流受限，导致反复发作的喘息、气促、胸闷和（或）咳嗽等症状，多在夜间和（或）清晨发作、加剧。多数患者可自行缓解或经治疗缓解。

一、主要病因

哮喘病的病因还不十分清楚，许多调查资料显示，遗传、变应原（过敏体质）及外界环境的影响等是发病的主要因素。

（一）遗传因素

哮喘与多基因遗传有关，哮喘患者亲属患病率高于群体患病率，并且亲缘关系越近，患病率越高；患者病情越严重，其亲属患病率也越高。

（二）变应原

1. 室内外变应原。尘螨是最常见、危害最大的室内变应原，是哮喘在世界范围内的重要发病原因，尘螨存在于皮毛、唾液、尿液与粪便等分泌物里。真菌也是存在于室内空气中的变应原之一，特别是在阴暗、潮湿以及通风不良的地方。常见的室外变应原：花粉与草粉是最常见的引起哮喘发作的室外变应原。

2. 食物及生活用品变应原，如：谷物粉、面粉、海鲜、花生、茶、咖啡豆、家蚕、鸽子、蘑菇、松香、活性染料、木材等。

3. 药物变应原。如：抗生素（青霉素、头孢霉素）、阿司匹林、普奈洛尔（心得安）和一些非皮质激素类抗炎药，是药物所致哮喘的主要变应原。

（三）促发因素

常见空气污染、吸烟、呼吸道病毒感染、剧烈运动、气候转变，突然吸入冷空气等。此外，精神因素亦可诱发哮喘。

二、主要表现

发作性咳嗽伴有哮鸣音、胸闷。重者被迫采取坐位或端坐呼吸，干咳或咳大量白色泡沫痰，甚至出现发绀等，有时咳嗽可为唯一的症状。有的病人则以运动时出现胸闷、咳嗽及呼吸困难等症状，称其为运动性哮喘。哮喘症状可在数分钟内发作，经数小时至数天，用支气管舒张剂或自行缓解。某些患者在缓解数小时后可再次发作。夜间及凌晨发作和加重，常是哮喘的特征之一。

三、预防措施

支气管哮喘病是最容易反复发作的疾病，特别是在秋冬季节气温骤变时，在学生中发病率较高。支气管哮喘病给人们带来了诸多不便，对人的危害也是不容小觑的。为了防止支气管哮喘危害到我们的健康，我们就应该提前做好预防工作。下面简单介绍预防支气管哮喘的主要方法。

（一）脱离过敏原

尽量找出过敏原，避免与之接触，是预防哮喘复发的重要措施。如已知服用某些药物和食物可诱发哮喘，以后就不能再服食。

如果过敏原为感染或肠道寄生虫病，则应防治感染和寄生虫病。有些过敏原如尘土、尘螨、花粉等虽难以避免，但应尽量减少吸入。例如床上用品要经常洗晒，室内经常保持清洁、通风。对花粉过敏者，可将与过敏有关的花木移开，在开花季节尽量避免接触。勿接触宠物皮毛。

(二) 常晒太阳，多运动

多晒太阳、适当外出运动，对预防和缓解哮喘症状有重要作用。通过运动不仅可以提高患者的身体素质，提高预防哮喘病的能力，更重要的是可以提高患者的治疗信心。

(三) 冬季应注意保暖

冷空气刺激是诱发哮喘病的直接原因，因其可诱发支气管痉挛，引起哮喘。因此要做好防寒保暖，关注天气预报的变化，外出时及时增减衣物。

(四) 合理膳食，补充充足营养

患者应该多吃绿色蔬菜，常吃水果，保证身体中有充足的水分和营养，不断提高自身免疫力和抗病力，有效预防感冒，对哮喘病治疗和预防有重要作用。

(五) 积极预防呼吸道感染

必要时在哮喘发病季节之前使用糖皮质激素吸入来预防。

(六) 一旦患病，及时就诊

支气管哮喘最大的特点就是反复发作，不易根除，治疗难度很大；所以，我们更应该有预防的意识，防患于未然，特别是过敏体质的人。

(韩宝兰)

【思考题】

1. 怎样预防肺炎？
2. 怎样预防哮喘？

第十六章　常见消化系统疾病预防

消化系统由消化道和消化腺两大部分组成。消化道包括口腔、咽、食道、胃、小肠（十二指肠、空肠、回肠）和大肠（盲肠、阑尾、结肠、直肠、肛管）等部分。临床上常把口腔到十二指肠的这一段称上消化道，空肠以下的部分称下消化道。消化腺有小消化腺和大消化腺两种。小消化腺散在于消化管各部的管壁内，大消化腺有三对：唾液腺（腮腺、下颌下腺、舌下腺）、肝脏和胰脏。消化系统的基本生理功能是摄取、转运、消化食物和吸收营养、排泄废物。

第一节　胃　炎

胃炎是指各种病因所致的胃黏膜炎性变化，是最常见的消化道疾病之一。按临床发病的缓急可分为急性胃炎和慢性胃炎两大类。

一、急性胃炎

急性胃炎是指胃黏膜的急性炎症，有充血、水肿、糜烂、出血等改变，甚至一过性浅表溃疡形成。临床上急性发病，常表现为上腹部症状。其特点是胃黏膜呈急性、可逆性、炎性病变，病程较短、预后较好。

（一）常见病因

1. 急性感染和病原体毒素。某些细菌、病毒，甚至寄生虫，或它们的毒素以及幽门螺杆菌感染都可造成胃黏膜的炎症，其中大多数已归为传染病的范畴。

2. 药物。如非甾体抗炎药（阿司匹林、吲哚美辛）、抗肿瘤药物、口服氯化钾或铁剂等可直接损伤胃黏膜，造成突发的呕血或黑便。

3. 乙醇。高浓度的乙醇可直接破坏胃黏膜屏障，导致急性胃黏膜损伤。

4. 应激。严重的创伤、大手术、大面积烧伤、颅内病变等均可引起胃黏膜糜烂、出血。

（二）主要表现

上腹痛，伴或不伴腹泻、恶心、呕吐。

（三）防护措施

1. 注意饮食规律，三餐定时定量，不可过饥过饱；

2. 不吃过冷、过热、过辛辣刺激性食物，不吃未经加热消毒的隔夜饭菜和从冰箱中拿出的熟食；

3. 戒烟限酒；

4. 进食时应细嚼慢咽；

5. 保持心情愉快特别是在用餐时；

6. 发病时除禁烟酒以及对胃黏膜刺激的食物或药物外，应卧床休息，清淡流质饮食，必要时禁食1~2餐，可常规使用抑制胃酸分泌的药物或具有黏膜保护作用的药物，如H_2受体拮抗剂或硫酸铝作为预防措施。

二、慢性胃炎

由各种病因引起的胃黏膜慢性炎症。

（一）病　因

1. 幽门螺杆菌感染。目前认为Hp感染是慢性胃炎最主要的病因。
2. 饮食因素。如酗酒，喝浓茶、咖啡，饮食过烫、过冷、辛辣及粗糙食物等。
3. 幽门括约肌功能失调或胃手术后（十二指肠液反流入胃）。
4. 营养和免疫因素。如维生素B_{12}缺乏、桥本甲状腺炎、白癜风等可伴有慢性胃炎。

（二）主要表现

无特异性症状，或常无症状，或有：

1. 消化不良症状，如上腹不适或疼痛、早饱、嗳气、恶心等；
2. 自身免疫性胃炎患者可伴贫血、维生素B_{12}缺乏等临床表现。

（三）防护措施

1. 注意饮食规律，三餐定时定量，不可过饥过饱；
2. 不吃过冷、过热、过辛辣刺激性食物；不吃未经加热消毒的隔夜饭菜和从冰箱中拿出的熟食；
3. 戒烟限酒；
4. 进食时应细嚼慢咽；
5. 保持心情愉快特别是在用餐时；
6. 去除致病因素。彻底治疗急性胃炎，控制口、咽、喉部慢性感染灶，戒生冷及刺激性食物、药物，戒烟酒等。

第二节　消化性溃疡

消化性溃疡是指由于胃酸和胃蛋白酶的消化作用发生在胃和十二指肠的慢性溃疡，即胃和十二指肠溃疡。

消化性溃疡是人类常见疾病，可发生于任何年龄。近年临床发现大学生患者群有逐渐增多趋势，见图16-1。

一、主要原因

消化性溃疡的最终形成原因是由于胃酸、胃蛋白酶对黏膜自身消化所致。无酸无溃疡。

1. 精神紧张、压力大。大学生学习任务重、竞争激烈、各方面压力大，长期持续精神紧张、情绪激动或抑郁等长期的心理应激，引起胃酸分泌过多和（或）胃和十二指肠黏膜的抵抗力减弱，从而诱发溃疡。

2. 不良的生活饮食习惯，主要与饮食不规律或不节制有关。有些学生晚上不按时就

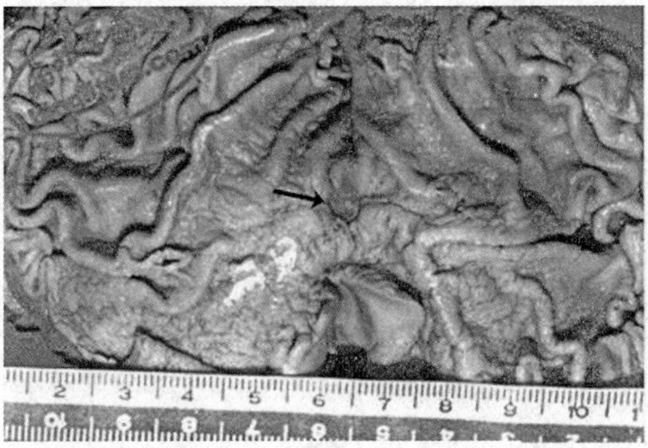

胃窦部消化性溃疡
中央部见一直径0.5cm，边缘光滑、整齐的溃疡

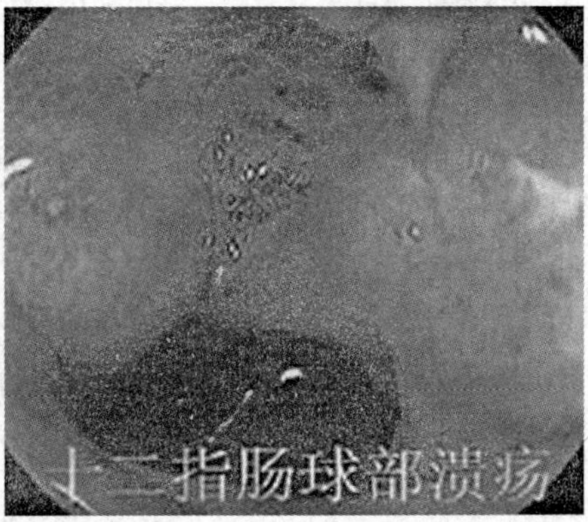

图 16－1　消化性溃疡

寝，早上不按时起床，为赶上课不吃早餐，或有的“狼吞虎咽”，有的暴饮暴食，饮酒、吃辛辣食品、喝浓茶、喝咖啡等。这种生活习惯既损伤胃黏膜，又破坏胃酸分泌的节律，皆可诱发溃疡。

3. 幽门螺杆菌（Hp）感染。幽门螺杆菌感染是消化性溃疡发生的重要病因，在十二指肠溃疡中的检出率90%，在胃溃疡的检出率约70%～80%。但有的文献报道，据大学生消化性溃疡调查显示：由Hp感染发病率低于前两项，可能由于大学生饮食主要在学校食堂，饮食环境比较单纯有关。

4. 药物因素。非甾体抗炎药（NSAID）和糖皮质激素等药物，如：阿司匹林、吲哚美辛等解热镇痛抗风湿药以及强的松龙、地塞米松等糖皮质激素，服用不当或时间较长，皆可诱发消化性溃疡甚至导致溃疡出血。

5. 其他因素，包括：

（1）吸烟，吸烟可刺激胃酸分泌增加，使溃疡发病率增加，且不利于溃疡愈合，亦可引起复发；

（2）遗传，常有家族史，且与血型有关，O型血者较其他血型高发1.4倍；

（3）急性应激可引起应激性溃疡已成共识，如突然激动、愤怒、严重创伤、劳累等。

二、主要表现

上腹痛是消化性溃疡的主要症状。

1. 发病年龄及发病率：胃溃疡常见于40～50岁；十二指肠溃疡常见于20～35岁。十二指肠溃疡: 胃溃疡≈3:1。

2. 典型消化性溃疡的特点：

（1）长期性：慢性病程，病史可达数年至数十年，易复发。

（2）周期性：疼痛→缓解→发作（秋冬或冬春之交发病）。

（3）节律性：十二指肠溃疡疼痛具有明显的节律性，表现饥饿痛、餐后延迟痛、夜间痛。胃溃疡疼痛多无明显节律性，一般表现为饱餐痛，多在进食后0.5～1小时感到疼痛，持续1～2小时。

疼痛性质及部位多为上腹部局限性钝痛、胀痛、灼痛。伴有植物神经功能紊乱（缓脉、多汗、失眠等）和反酸、嗳气、恶心、呕吐等。

三、并发症

溃疡严重性在于并发症。包括出血（约占所有病因的50%）、穿孔、幽门梗阻和癌变。出血和穿孔可发生在毫无溃疡病症状和病史的患者。

四、预防措施

1. 避免过度劳累、紧张和情绪激动等；
2. 注意饮食规律及饮食卫生；
3. 戒烟限酒；
4. 禁用损伤胃黏膜药物、食物、饮品；
5. 保持心情愉快，特别是用餐时心情愉快。

第三节　急性胰腺炎

急性胰腺炎是多种病因导致胰酶在胰腺内被激活后引起胰腺组织自身消化、水肿、出血甚至坏死的炎症反应，见图 16－2。

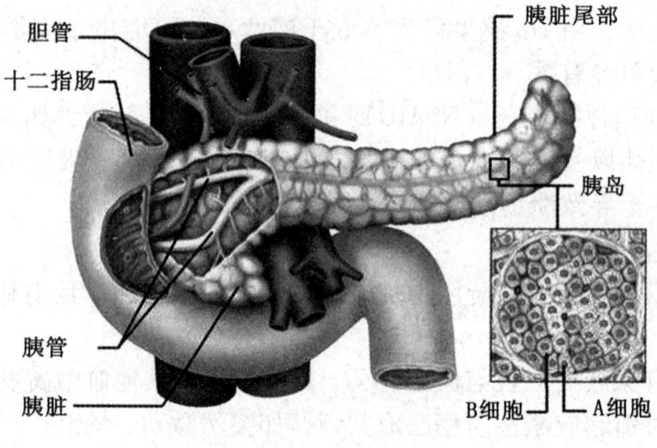

图 16－2　胰腺图谱

急性胰腺炎是比较常见的一种急腹症，据相关资料介绍其发病率占急腹症的第 3～5 位。其中 80% 以上的病人病情较轻，即急性水肿性胰腺炎，可经非手术治愈，基本上是一种内科病。10% 左右的病人属于重症胰腺炎，即急性出血性坏死性胰腺炎，此时，胰腺的炎症已非可逆性或自限性，常须手术治疗，应视为外科病，病死率较高，且易发生各种严重合并症。急性胰腺炎可见于各种年龄，但以 20～50 岁者多见。

一、主要病因

引起急性胰腺炎的原因很多，常见原因如下。

1. 胆道系统疾病。胆道疾病是急性胰腺最常见的原因。由于在解剖上大约 70%～80% 的胰管与胆总管汇合成共同通道开口于十二指肠壶腹部，一旦结石嵌顿在壶腹部、或胆道炎症、水肿、痉挛或寄生虫等使胰管内压力增高或胆汁及十二指肠液反流入胰管，激活胰酶原，从而引起胰腺炎。

2. 酗酒。平时酗酒的人由于慢性酒精中毒和营养不良而致肝、胰等器官受损，抗感染能力下降，在此基础上可因一次酗酒而致急性胰腺炎。

3. 暴饮暴食。可导致胃肠功能紊乱，使肠道的正常活动及排空发生障碍，阻碍胆汁和胰液的正常引流，引起胰腺炎。

4. 腹腔手术和上腹部闭合性损伤。腹腔手术特别是胰胆或胃手术、腹部钝挫伤等可直接或间接损伤胰腺组织与胰腺的血液供应引起胰腺炎。

5. 感染。急性胰腺炎继发于急性传染性疾病者多数较轻，随感染痊愈而自行消退，如急性流行性腮腺炎、传染性单核细胞增多症、柯萨奇病毒、肺炎衣原体感染等。常可伴有特异性抗体浓度升高。

6. 药物。已知应用某些药物如噻嗪类利尿药、糖皮质激素、磺胺类等可直接损伤胰腺组织，引起急性胰腺炎，多发生在服药最初2个月，与剂量不一定相关。

二、主要表现

急性胰腺炎常在饱食、饮酒或高脂餐后发生，临床上以腹痛、恶心呕吐、发热为主要特点。疼痛特点：中上腹持续性钝痛、绞痛或刀割样疼痛，阵发性加剧，进食加重；疼痛可向腰背部呈带状放射，弯腰抱膝位可减轻疼痛。血白细胞计数增多。血淀粉酶在发病后6~12小时开始升高，48小时开始下降，持续3~5天。血淀粉酶超过正常值3倍即可确诊。尿淀粉酶升高较晚，在发病后12~14小时开始升高，下降缓慢，持续1~2周。腹部超声和CT可协助诊断。

三、危害

根据急性胰腺炎的严重程度及治疗情况，可出现局部和全身并发症。

（一）局部并发症

1. 胰腺脓肿。重症胰腺炎起病2~3周后，因胰腺及胰周坏死继发感染而形成脓肿。此时高热、腹痛、出现上腹肿块和中毒症状；

2. 假性囊肿。常在病后3~4周形成，系由胰液和液化的坏死组织在胰腺内或其周围包裹所致。可压迫邻近组织引起相应症状。囊肿穿破可致胰源性腹水。

（二）全身并发症

重症胰腺炎常并发不同程度的多器官功能衰竭（MoF）。如：急性呼吸衰竭；急性肾衰竭；心力衰竭与心律失常；消化道出血；胰性脑病；败血症及真菌感染；高血糖；慢性胰腺炎等。

四、预防措施

根据发病原因进行预防，具体措施如下。

1. 积极治疗胆道疾病。如胆囊、胆管有炎症者，应进行及时、足量的抗炎、利胆治疗。如有胆石症，应尽早进行手术治疗。

2. 禁酗酒或少饮酒，尤其不要饮用高度白酒。

3. 禁暴食，特别是不应一次进食大量高脂肪、高蛋白质食物。

4. 谨慎用药。如激素、双氢克尿噻、硫唑嘌呤、磺胺类、雷米封、消炎痛、雌激素等药均可以诱发胰腺炎。

5. 提高机体抗病能力，及早、彻底治疗可能并发急性胰腺炎的感染性疾病，如流行性腮腺炎、伤寒、肝炎、败血症、肠病毒感染等。

（韩宝兰）

【思考题】

1. 怎样预防慢性胃炎？
2. 怎样预防胰腺炎？

第十七章　常见循环系统疾病预防

循环系统包括心脏和血管，合称心血管。血液循环是维持生命活动的重要过程，而此过程的源头是人体内的“泵”——心脏。心脏是一个中空的肌性器官，它不停地有规律地收缩和舒张，不断地吸入和压出血液，通过体循环和肺循环，完成体内物质的运输。

体循环：左心室→主动脉→各级动脉→全身毛细血管（变动脉血为静脉血）→各级静脉→上下腔静脉→右心房→肺循环自右心室开始。

肺循环：左心房←肺静脉←肺部各个毛细血管网（变静脉血为动脉血）←肺动脉←右心室。

第一节　高血压

高血压病是目前严重影响人们健康的社会公共卫生问题。随着社会发展和生活节奏加快，生活方式的改变及中青年在社会、家庭中所处的特殊地位及承担的责任，使在数年前以老年患者为主体的疾病，如高血压病、冠心病、心脏病、脑卒中等，目前已经成为中青年人的高发疾病。一直被认为是老年病的高血压病，何以会盯上中青年人？中青年人高血压有何特点及危害？如何有效防治？这些问题是本节所要介绍的内容。

一、血压的定义、分类

1. 血压。血压是血管内流动的血液对动脉血管壁产生的侧压力。通常以收缩压/舒张压 mmHg 的形式表示。

2. 收缩压。心脏收缩时，动脉血压达到的最高值，称收缩压。

3. 舒张压。心脏舒张时，动脉血压下降到的最低值，称为舒张压。

4. 高血压。原发性高血压是一种在静息状态下以动脉血压持续升高为主要表现伴或不伴有多种心血管危险因数的综合征，通常简称为高血压。其收缩压≥140mmHg 和（或）舒张压≥90mmHg。

目前，我国采用的血压分类和标准见表 17－1。

表 17－1　　高血压水平分类

类　别	收缩压（高压）/mmHg	舒张压（低压）/mmHg
正常血压	<120	<80
正常高值	120～139	80～89

高血压	1级（轻度）	140～159	90～99
	2级（中度）	160～179	100～109
	3级（重度）	≥180	≥110
单纯收缩期高血压		≥140	<90
当收缩压与舒张压分属于不同分级时，以较高的级别作为标准			

诊断高血压时，必须多次测量血压，非同日之内至少有连续2次或以上测得的血压≥140/90mmHg可以诊断为高血压。仅一次血压升高者尚不能确诊，需随访观察。当收缩压与舒张压分属不同分级时，以较高的级别作为标准。

二、流行病学

我国曾先后进行较大规模的成人高血压普查，其患病率分别为：1959年为5.11%；1979年为7.73%；1991年为11.88%。总体上呈明显上升趋势。2002年卫生部组织的全国27万人群营养与健康状况调查显示，我国18岁以上成人高血压患病率已经达到18.8%，估计全国患病人数约1.6亿。与1991年资料相比较，患病率又上升31%。然而，我国人群高血压知晓率、治疗率和控制率却很低，仅为30.2%、24.7%和6.1%。

三、主要原因

1. 遗传因素。高血压具有明显的家族聚集性。父母均有高血压，子女的发病概率高达46%。
2. 饮食因素。高盐、高脂肪、高蛋白、吸烟饮酒等。
3. 精神神经因素。精神紧张、情绪激动、脾气暴躁易怒、焦虑，从事脑力劳动者。
4. 其他因素。肥胖、超体重、女性口服避孕药。

总之，吸烟、饮酒、少运动、多久坐、多盐饮食、不良生活方式，这些因素可加速动脉粥样硬化，是引起血压升高的主要危险因素。

四、特点

1. 中青年高血压以舒张压升高为主，收缩压正常或轻度升高，脉压差小。由于中青年人大动脉弹性好，能缓解动脉壁压力，故收缩压升高不明显，而外周血管阻力未减轻，故舒张压升高明显。
2. 中青年高血压无临床症状，临界高血压为多。体检发现高血压者和无症状高血压者比例也都偏高。
3. 中青年高血压主要发生在男性身上，这与男性的一些不良生活习惯有关，也有部分与高血压家族史有关。

五、危害

高血压是多种心脑血管疾病的重要病因和危险因素，影响人体重要脏器的结构和功能，最终导致重要器官的功能衰竭或多器官功能衰竭，如心、脑、肾等器官或多器官功能衰竭（MoF）。

六、预防措施

（一）学会放松，保持良好的心态

1. 定期适量活动，保证充足的休息时间以及平衡工作学习与娱乐时间；

2. 找到一种宣泄自己感情的方法，如向朋友、家人直泄自己的感情或写下自己的感受，都有利于缓解精神压力；

3. 拥有一颗平常心，坦然面对人生路上的各种挫折与失败。失败乃成功之母，多做实事，善待自己，珍重生命。

（二）改善生活方式

1. 保持规律的工作生活习惯，不熬夜；

2. 避免久坐，增加体力活动，如快步走、体操、踏车等有氧运动；

3. 减肥，控制体重在正常范围；

4. 戒烟限酒。烟酒皆是直接导致血压升高的重要因素。

（三）改善饮食结构

少食高盐、高脂肪、高蛋白、高糖以及油炸食品，多食新鲜蔬菜和水果，保证每天的饮水量。高盐饮食是高血压重要诱因之一，也是高血压控制不良的重要原因。

（四）定期监测血压

一旦发现血压升高，就应当及时检查、监测。

第二节　心血管神经症

心血管神经症是以心血管疾病的有关症状为主要表现的临床综合征，属于功能性神经症的一种类型。大多发生于青年人中，女性多见。临床上无器质性心脏病的证据。

一、发病原因

病因不明。可能与神经类型、环境因素和性格有关。患者神经类型常为抑郁、焦虑、忧愁型。当精神上受到外界环境刺激，或工作、学习紧张以及面临恋爱婚姻、考学、择业等压力，难以适应时可能导致发病。

二、主要表现

症状繁多易变、时好时坏，并可受“暗示”影响。

主要症状是心悸、自觉心脏搏动增强，胸闷、呼吸不畅、做深呼吸或叹息氧呼吸来缓解症状。心前区不适、疼痛部位多变，针刺样、刀割样，与体力活动无关，多在静息下发生。同时伴有多汗、手足发凉、双手震颤、尿频等。体格检查一般无异常发现，心电图一般也正常。

三、防治措施

1. 调整心态，安排好作息时间，生活规律；

2. 不要过多独处，融入集体活动中，多参加文体活动；

3. 勿吸烟、饮酒、熬夜等；

4. 焦虑症状较明显者，可在医生的指导下，服用镇静安神抗焦虑药物以及调节神经的药物如谷维素、维生素 B_1、维生素 B_{12} 等。

第三节　病毒性心肌炎

病毒性心肌炎是由于病毒的直接作用而导致的心肌损害和微血管损伤，这些变化均可损伤心脏功能和结构。

一、主要病因

许多病毒都可引起心肌炎，如肠道病毒、流感病毒、风疹病毒等。

二、主要表现

常取决于病变的广泛程度，轻重差异很大，可完全没有症状，也可猝死。约半数患者发病前 1 ~ 3 周有病毒感染的前驱症状，如发热、全身倦怠感，即所谓“感冒样”症状或恶心、呕吐等消化道的症状，然后出现心悸、胸痛、呼吸困难、水肿等症状。

三、防护措施

1. 心肌炎的预防主要是增强体质，加强营养和锻炼，提高抗病能力。
2. 注意预防上呼吸道病毒感染。如果发生感冒，要及早治疗休息，以防累及心肌。
3. 发病时应卧床休息，进食易消化、富含维生素和蛋白质的食物。

第四节　冠状动脉性心脏病

冠状动脉粥样硬化性心脏病，是指冠状动脉粥样硬化使血管腔狭窄、阻塞导致心肌缺血缺氧而引起的心脏病，它和冠状动脉功能性改变（痉挛）一起，统称冠状动脉性心脏病，简称冠心病，亦称缺血性心脏病。本病可分为隐匿型、心绞痛型、心肌梗死型、心力衰竭型和猝死型等 5 种临床类型。本节仅略介绍心绞痛、心肌梗死和猝死。

一、心绞痛

心绞痛是冠状动脉供血不足，心肌急剧的、暂时缺血、缺氧所引起的以发作性胸痛或胸部不适为主要表现的临床综合征。以往大学生心绞痛实为少见，但由于目前生活水平的提高，在大学生中高血压、高血脂、高血糖、肥胖等疾病屡见不鲜，以及不良的生活方式如吸烟、饮酒、熬夜等均是诱发心绞痛的危险因素。

（一）主要表现

心绞痛以发作性胸痛为主要临床症状，疼痛的特点如下。

1. 部位。主要在胸骨体中段或上段之后可波及心前区，有手掌大小范围，甚至横贯前胸，界限不清。常放射至左肩、左臂内侧达无名指和小指，或至颈、咽或下颌部。

2. 性质。胸痛常为压迫、发闷或紧缩性，也可有烧灼感，但不像针刺或刀扎样锐性痛，偶伴濒死的恐惧感。发作时，患者往往被迫停止正在进行的活动，直至症状缓解。

3. 诱因。发作常由体力劳动或情绪激动（如愤怒、焦急、过度兴奋等）所诱发，饱食、寒冷、吸烟、心动过速、休克等也可诱发。疼痛多发生于劳动或激动当时。

4. 持续时间。疼痛出现后常逐步加重，然后在 3～5 分钟内渐消失，可数天或数星期发作一次，也可一日内多发。

5. 缓解方式。一般在停止原来诱发症状的活动后即可缓解或舌下含用硝酸甘油在几分钟内缓解，一般最长不超过 15 分钟。

（二）常规检查

心电图是发现心肌缺血、诊断心绞痛最常用的检查方法。心绞痛发作时，绝大多数患者可出现暂时性心肌缺血引起的 ST 段移位，如 ST 段压低，发作缓解后可恢复。有时出现 T 波倒置。

（三）预防措施

1. 心绞痛的预防主要在预防动脉粥样硬化的发生和治疗已存在的动脉粥样硬化或诱发因素。

2. 避免劳累、情绪激动、饱食、受寒、熬夜、应激等因素。

3. 避免超常运动使其消耗大量的体力和热量，导致体内心脏等重要器官的负担增加，引起冠脉痉挛的功能性狭窄，导致心绞痛发作。

4. 心绞痛发作时立刻休息，一般患者在停止活动后症状即可消除；较重者，可舌下含服硝酸甘油或硝酸异山梨酯片，第一次用药时宜平卧位，避免头晕、头胀及血压下降等副作用出现。

二、心肌梗死

心肌梗死，简称心梗，是心血管疾病中的急危重症。目前，心梗已不再是中老年人的“专利”，已有年轻化的趋势，而且由于年轻人对自身健康的关注相对较少，一旦发生心梗，往往病情要比老年人更为严重，特别容易猝死。患者一旦发生急性心梗，极有可能在很短的时间就危及生命，因此，有“时间就是心肌，心肌就是生命”的说法。

心肌梗死是心肌缺血性坏死，为在冠状动脉病变的基础上，发生冠状动脉血供急剧减少或中断，使相应的心肌严重而持久的急性缺血导致心肌坏死。

（一）主要原因

基本病因是冠状动脉粥样硬化（偶为冠状动脉栓塞、炎症、先天性畸形、痉挛和冠状动脉口阻塞）所致，导致心肌供血不足。一旦心肌供血急剧减少或中断，心肌严重而持久的缺血达 20～30 分钟以上，即可发生急性心梗。

年轻人心梗除上述原因外，还与生活习惯有关，如酗酒、抽烟、熬夜、焦虑、剧烈运动、饮食不健康、缺乏锻炼等，成为导致年轻人心梗的重要原因。

（二）主要表现

急性心肌梗死临床表现有持久的胸骨后剧烈疼痛、发热、白细胞计数和血清心肌坏死标记物增高以及心电图进行性改变。疼痛，多发生于清晨，疼痛部位和性质与心绞痛相同，但诱因多不明显，且常发生于安静时，程度较重，持续时间较长，可达数小时或更长，休息和含用硝酸甘油片多不能缓解。患者常烦躁不安、出汗、恐惧，胸闷或有濒死感。少数患者无疼痛，一开始即表现为休克或急性心力衰竭。部分患者疼痛位于上腹部，被误认为胃穿孔、急性胰腺炎等急腹症；部分患者疼痛放射至下颌、颈部、背部上方，被误认为骨关节痛。

（三）常规检查

急性心肌梗死患者心电图常有进行性动态改变（如ST段和T波动态性变化），心肌酶和肌钙蛋白含量增高是诊断心梗的敏感指标。

（四）日常预防

1. 养成良好的生活饮食习惯，平衡膳食，以预防冠状动脉粥样硬化；

2. 积极治疗慢性病，如高血压、糖尿病、肥胖症等；

3. 坚持锻炼，增强体质，如出现不明原因的心慌气短、胸背疼痛，一定要引起注意，早诊早治。

三、猝死

猝死指自然发生的、出乎意料的突然死亡。世界卫生组织规定，发病后6小时内死亡者为猝死。目前，在校大学生猝死已有多例报道。

（一）主要原因

1. 各种疾病。如心肌炎、冠心病、先心病、肺栓塞、哮喘、上消化道出血、过敏等，其中以循环系统疾病最多见。有数据显示，心源性猝死占80%以上。

2. 主要诱因是不规律的生活习惯。如吸烟、饮酒、暴饮暴食、通宵娱乐、长期熬夜上网、极度疲劳等，加上常饮咖啡、浓茶等不良行为。

（二）预防措施

1. 一级预防：纠正不良生活习惯。

（1）合理调整饮食，禁高糖、高盐、高脂饮食；

（2）戒烟限酒；

（3）保持心情舒畅及情绪稳定；

（4）避免熬夜和过度劳累；

（5）坚持适度体育锻炼，禁超负荷运动。

2. 二级预防：有病早治，积极治疗高血压、心脏病、糖尿病等疾病。

（三）倡导普及急救知识

由于猝死可以随时随地发生，猝不及防，因此，普及急救知识，特别是心肺复苏知识，以便在突发事件中能够急救和自救，这应该是当今大学生的必修课。

（韩宝兰）

【思考题】

1. 预防高血压应从哪几方面做起？

2. 急性心肌梗死主要有哪些表现？

第十八章　常见泌尿系统疾病预防

泌尿系统主管机体尿液的生成和排泄功能，由肾脏、输尿管、膀胱、尿道及有关的血管及神经组成。肾脏不仅是人体主要排泄器官，也是一个重要的内分泌器官，对维持机体内环境的稳定起相当重要的作用。

第一节　泌尿系统感染

一、泌尿系统感染概述

泌尿系统感染简称尿感，是指各种病原微生物侵入尿路并生长、繁殖而引起的泌尿系统感染性疾病。该病女性患病率明显高于男性，比例约8∶1。

（一）主要原因

1. 感染途径。

（1）上行感染。病原菌经由尿道上行至膀胱，甚至输尿管、肾盂引起的感染，称上行感染，约占尿路感染的95%。正常情况下前尿道和尿道口周围有少量细菌，但不致病，某些因素如性生活、尿路梗阻、医源性操作、生殖器感染等可导致上行感染的发生。

（2）血型感染。指病原菌通过血液到达肾脏和尿路其他部位引起的感染，此种途径少见。多发生于有慢性疾病或接受免疫抑制剂治疗的患者。

（3）直接感染。泌尿系统周围器官、组织发生感染，病原菌可直接侵入到泌尿系统导致感染。

2. 机体的防御功能。正常情况下，进入膀胱的细菌很快被清除，是否发生尿路感染，除与细菌的数量、毒力有关外，还取决于机体的防御功能。如果机体的免疫力低下，如感冒、月经期、糖尿病、严重的慢性疾病、长期使用免疫抑制剂等，以及男性前列腺炎、女性阴道炎等，皆是尿感的易感因素。

（二）预防措施

1. 坚持多饮水、勤排尿，可起到冲刷尿道的作用，是有效的预防方法。

2. 注意会阴部及尿道口的清洁，勤洗澡、勤换内衣内裤。

3. 积极治疗原发病。如泌尿系结石、肿瘤以及女性阴道炎、男性前列腺炎（增生）、包茎、邻近器官的炎症等，以防交叉和（或）蔓延感染。

4. 避免过累、受凉及感冒等诱发因素。

5. 禁憋尿，保持尿、便通畅。

6. 女性患者禁止盆浴，以免浴水逆流入膀胱，引起感染。

（三）接受治疗时注意事项

1. 正规治疗。当出现排尿不适，疑有尿路感染发作时，应先保留尿标本后到医院检查，或直接到医院检查。

2. 治疗时间要足够。一般治疗尿路感染的时间为 10～14 天，不可自行停药。当病情反复发作，或病情较重时，抗菌治疗时间应适当延长。一般在症状消失、尿中白细胞正常、尿细菌培养阴性 5～7 天后停药。少数情况下，经 2～4 周的治疗仍不足以缓解症状时，可采用长程抗菌疗法。

3. 要坚持停药后的随访。患者在停药后每周复查尿常规以及尿细菌培养。如多次结果均为阴性，可以认为该病已经治愈。如果再次有尿白细胞增多和尿细菌培养阳性，则应重新接受抗菌治疗。

4. 患肾盂肾炎时，慎用或禁用对肾功损害的药物。

（四）尿常规检查

可有白细胞、血尿、蛋白尿。尿沉渣镜检白细胞 >5 个/Hp，称白细胞尿，对尿感诊断意义较大。部分尿感见镜下血尿。部分肾盂肾炎尿中有白细胞管型，见图 18－1。

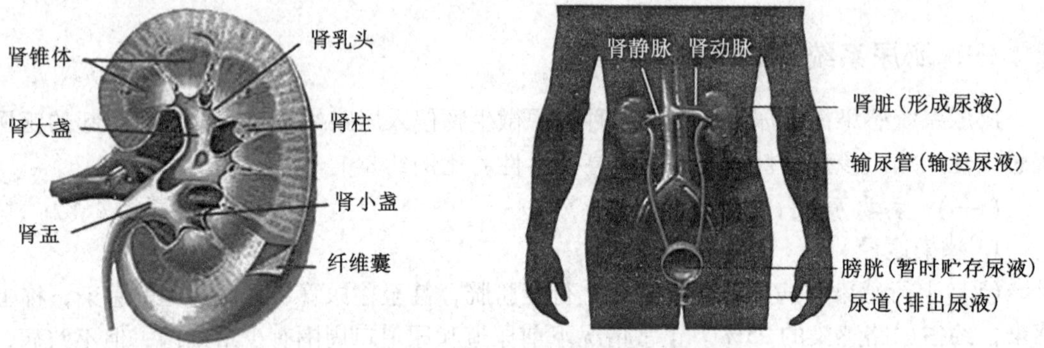

图 18－1　肾部解剖图

二、常见的泌尿系感染

泌尿系感染根据感染发生部位可分为：上尿路感染——肾盂肾炎，下尿路感染——膀胱炎、尿道炎。据发病的缓急又分为急性和慢性。

（一）膀胱炎

占泌尿系感染的 60%。

1. 急性膀胱炎。常突然起病，排尿时尿道有烧灼痛，尿频，往往伴尿急，严重时尿频尿急症状特别明显，每小时可达 5～6 次以上，每次尿量不多，甚至只有几滴，排尿终末可有下腹部疼痛。尿液混浊，可有血尿。一般无全身感染症状。若出现体温升高，应考虑上尿路感染。

2. 慢性膀胱炎。尿频、尿急、尿痛症状长期存在，且反复发作，但不如急性期严重，尿中有少量或中量脓细胞、红细胞。膀胱炎如果及时治疗，症状会很快消失，这时候患者不要掉以轻心，要遵医嘱，坚持治疗，不要盲目停药而让膀胱炎转化成慢性。

（二）肾盂肾炎

1. 急性肾盂肾炎：

（1）高热。突然发热，体温可达 39℃以上，伴寒战、头痛、全身酸痛、恶心、呕吐等症状。

（2）膀胱刺激症状，即尿频、尿急、尿痛。

（3）腰痛和肾区叩击痛等。

2. 慢性肾盂肾炎。全身及泌尿系统症状多不典型，多有急性肾盂肾炎感染病史。由于炎症的持续进行或反复发生，导致患者可能仅有腰酸和（或）低热，没有明显的尿感症状，其主要表现是夜尿增多及尿中有少量白细胞和蛋白等。病情持续发展，可出现慢性肾衰。

（三）无症状细菌尿

无症状细菌尿是一种隐匿型尿路感染，即指病人有真性细菌尿而无任何尿感症状，其细菌来自肾脏或膀胱。可以由症状性尿感演变而来，即症状性尿感自然或经治疗后症状消失，而仅留有细菌尿并可持续多年。在漫长的病程中，无症状细菌尿可以间歇地发生急性有症状的尿感。

第二节　泌尿系结石

泌尿系结石是指因尿液浓缩、沉淀形成的颗粒或成块样聚集物，包括肾结石、输尿管结石、膀胱结石和尿道结石。泌尿系结石是泌尿系统的常见病，好发于青壮年，男性多于女性。

一、主要病因

1. 代谢异常。尿路结石大多由于人体代谢产物形成，结石成分不同可反映相应成分代谢异常。包括钙、草酸、尿酸和胱氨酸等。任何生理紊乱可促成这些结石成分形成结石。如高钙尿症、草酸钙结石、尿酸结石等。

2. 局部因素。局部因素所致的结石多数继发性。如尿路感染（由尿路感染引起的结石临床上称感染石）、尿路梗阻、尿路异物等。

3. 饮食因素。如水分摄入不足，引起尿液浓缩，易形成结晶；大量食入动物蛋白质，易形成高尿酸结石；摄入过多的钙等。

4. 药物因素。如磺胺类药、过量维生素 C、长期食用糖皮质激素等。

二、临床表现

因结石所在部位不同而有异。

肾与输尿管结石的典型表现为肾绞痛与血尿，在结石引起绞痛发作以前，病人没有任何感觉，由于某种诱因，如剧烈运动、劳动、乘坐长途乘车等，突然出现一侧腰部剧烈的绞痛，疼痛多呈持续性或间歇性，并向下腹及会阴部放射，可伴有腹胀、恶心、呕吐、不同程度的血尿。

输尿管结石多见，占上尿路结石的 65% 以上。因输尿管走行具有三个生理性狭窄，易发生结石嵌顿和绞痛。膀胱结石主要表现是排尿困难和排尿疼痛。

三、主要诊断方法

1. B 超检查是泌尿系结石最常用的诊断方法，直观、方便、无创伤。

2. X 线腹平片可以看到大部分泌尿系结石，对阴性结石（如纯尿酸结石），X 线可以穿透结石，因而看不到。

3. CT。其诊断结果准确率最高，但是费用偏高。

四、预防措施

（一）饮食禁忌

1. 应禁食含胆固醇高的食物，如动物肝脏、海虾等；

2. 少食含草酸、高钙的食品，如菠菜、油菜、海带、核桃、巧克力、芝麻酱、腌带鱼等；

3. 最好不要饮浓茶、浓咖啡及喝酒。

（二）饮食适宜

1. 饮食以清淡、低蛋白、低脂肪为主；

2. 饮食应多样化，多食用富含维生素的食物，新鲜的蔬菜（如黄瓜、豆角、绿豆芽）、新鲜水果（如苹果、梨、西瓜、葡萄、橙等）；

3. 养成多饮水的习惯，一般每天饮水 1500～2000mL；但应注意水质，避免饮用含钙过高的水。

（三）慎用药物

避免长期超量服用下列药物：

1. 糖皮质激素——骨质脱钙，导致高钙尿；

2. 维生素——维生素 C，诱发尿酸钙形成；维生素 D 或鱼肝油，诱发肾结石；

3. 磺胺——易形成磺胺结晶；

4. 其他。

（四）预防尿路感染

由尿路感染引起的结石在临床上称为“感染石”。主要晶体成分是磷酸氨镁和碳酸磷灰石，其矿物学名称是“鸟粪石”。

第三节　急性肾小球肾炎

急性肾小球肾炎简称肾炎，是以急性肾炎综合征为主要临床表现的一组疾病。其特点为急性起病，血尿、蛋白尿、水肿和高血压，可伴一过性氮质血症。常见于链球菌感染后，而其他细菌、病毒及寄生虫感染亦可引起。下面主要介绍链球菌感染后急性肾小球肾炎。

一、主要病因

本病常因 β－溶血性链球菌“致肾炎菌株”（常见为 A 组 12 型等）感染所致，常见于上呼吸道感染（多为扁桃体炎）、猩红热、皮肤感染等链球菌感染后。感染的严重程度与急性肾炎的发生和病变轻重并不完全一致。本病主要由感染所诱发的免疫反应引起。

二、主要表现

本病通常在前驱感染后 1～3 周起病，起病较急，病情轻重不一，轻者呈亚临床型

(仅有尿常规异常)；典型者呈急性肾炎综合征表现，重症者可发生急性肾衰竭。本病大多预后良好，常可在数月内临床自愈。其典型表现如下：

1. 尿液异常。几乎全部患者均有血尿，约30%患者可有肉眼血尿，常为起病首发症状和患者就诊原因。尿常规检查可伴有不同程度的蛋白尿。

2. 水肿。水肿常为起病的初发表现，典型表现为晨起眼睑水肿或伴有下肢轻度可凹性水肿，少数严重者可波及全身。

3. 高血压。多数患者出现一过性轻度、中度高血压，常与其钠水潴留有关，利尿后血压可逐渐恢复正常。少数患者可出现严重高血压，甚至高血压脑病。

4. 肾功能异常。患者起病早期可出现一过性肾功能受损，如尿量减少、轻度氮质血症等。多于1～2周后尿量渐增，肾功能于利尿后数日可逐渐恢复正常。仅有极少数患者可表现为急性肾衰竭。

5. 充血性心力衰竭。常发生在急性期，水钠严重潴留和高血压为重要的诱因，需紧急处理。

三、日常预防措施

1. 防寒保暖，劳逸结合。由于血管在低温下容易收缩，血压升高，尿液减少，肾脏易受损害。所以要建议日常防寒保暖，特别是在冬季。在日常工作学习中，不管是体力还是脑力劳动，避免过劳、熬夜等，否则会使机体代谢异常，增加肾功能的负担，以至损害肾脏。

2. 勿乱吃药。俗话说，“是药三分毒”。目前许多药店的抗生素、止痛药、感冒药和中草药等对肾脏都有毒性，千万不能乱吃，尤其是那些不正规的偏方。并且，对医生所开的药也应了解其副作用，有些药是因人而异的。

3. 勿暴饮暴食。饮食中若含有蛋白质和盐分较多，则会加重肾脏负担。

4. 积极预防和治疗链球菌感染，可使本病发病率明显下降。如反复发作的急慢性扁桃体炎、猩红热等要积极治疗、隔离，并且要保持皮肤清洁，预防脓疱病，对降低肾炎发病率有明显预防作用。

5. 定期检查。定期做尿液常规和肾功检查，可初步了解肾脏功能。早发现，早诊断，早治疗，早康复。

6. 一旦患病，请立即就医并遵医嘱。

（韩宝兰）

【思考题】

1. 怎样预防泌尿系统感染？

2. 肾和输尿管结石的典型症状有哪些？

3. 怎样预防肾盂肾炎？

第十九章　常见神经系统疾病预防

神经系统由中枢部分及其外周部分所组成。中枢部分包括脑和脊髓，分别位于颅腔和椎管内，两者在结构和功能上紧密联系，组成中枢神经系统。外周部分包括 12 对脑神经和 31 对脊神经，它们组成外周神经系统。外周神经分布于全身，把脑和脊髓与全身其他器官联系起来，使中枢神经系统既能感受内外环境的变化（通过传入神经传输感觉信息），又能调节体内各种功能（通过传出神经传达调节指令），以保证人体的完整统一及其对环境的适应。中枢神经通过周围神经与人体其他各个器官、系统发生极其广泛复杂的联系。神经系统在维持机体内环境稳定，保持机体完整统一性及其与外环境的协调平衡中起着主导作用。

第一节　面神经麻痹

面神经麻痹（又称 Bell 麻痹），是因茎乳孔内面神经非特异性炎症所致的周围性面神经麻痹。

一、主要原因

确切的病因未明。长期以来认为与噬神经病毒感染有关。

1. 受凉或上呼吸道感染、疲劳以及机体的抵抗力下降等为主要发病诱因；

2. 多数认为，本病亦属一种自身免疫反应。部分病人可由带状疱疹病毒引起膝状神经节炎。

二、主要表现

任何年龄均可发病，但以 20～40 岁多见，男性多见。口角歪斜，流涎，讲话漏风，患侧不能闭目、皱额、蹙眉、露齿、鼓气等。闭目时瘫痪侧眼球转向上内方，露出角膜下的白色巩膜称 Bell 现象。进食时，食物储留丁患侧颊龈沟内，常流口水，流泪，鼓腮漏气等。

三、主要危害

面神经麻痹会给患者造成严重的心理、精神障碍，严重影响社交和生活质量。如果发病延误治疗时机，成为永久性完全性面瘫，不注意保护角膜，容易造成角膜溃疡而导致失明。

四、防护预防

1. 加强锻炼，增强机体的抵抗力；

2. 避免受凉、过度劳累和精神压力大等诱因；

3. 预防感冒，避免在空调开着或门窗通风对流下熟睡；

4. 一旦发病，要积极治疗，抓住治疗的最好时机，促进局部炎症、水肿及早消退，促进面神经功能恢复。疗程和方法严格遵照医嘱治疗。

第二节　结核性脑膜炎

结核性脑膜炎（TBM）系由结核杆菌引起的脑膜非化脓性炎性疾病。常见于体内各器官的结核病。多见于幼儿及青年人，冬春季节多见。

一、主要病因

结核性脑膜炎多继发于身体其他部位的结核病灶。主要经血行播散或其他途径（如淋巴）播散到脑内而引起广泛炎症，也可由局部结核灶直接蔓延所致，少数病例找不到原发灶。发病与入侵结核菌的数量和毒力有关，免疫力较差、欠完善者易于发病。最常侵犯脑膜，称为结核性脑膜炎。

二、主要表现

1. 结核中毒症状，如低热、乏力、盗汗、纳呆、精神不振等；

2. 颅高压表现如，头痛、喷射性呕吐等；进一步损害脑实质及脑神经，如神情淡漠、谵妄、妄想等精神症状以及瞳孔不等大、眼睑下垂等。

三、预防措施

1. 增强体质，预防呼吸道传染；

2. 积极规律地治疗各类结核病；

3. 加强对结核病患者的管理；

4. 早期综合治疗减轻并发症和后遗症。

第三节　神经衰弱

神经衰弱在大学生中是一种发生率较高的心理障碍，是一种以脑和躯体功能衰弱为主的神经症。以易于兴奋又易于疲劳为特征，常伴有紧张、烦恼、易激惹等情绪症状及肌肉紧张性疼痛、睡眠障碍等生理功能紊乱症状。这些症状使患者不仅体验到精神和生理上的双重痛苦，而且患者学习效率和成绩也有不同程度的下降，是导致大学生休学和退学的主要原因。

一、主要原因

1. 性格孤僻、胆怯、敏感、多疑、急躁，或遇事容易紧张。

2. 神经系统功能过度紧张，长期心理冲突和精神创伤引起负性情感体验，生活无规律，过分疲劳得不到充分休息等都可以为本病起因。学习和工作不适应，家庭纠纷，婚姻、恋爱问题处理不当，以及人际关系紧张，在患者思想上引起矛盾和内心冲突，成为长期痛苦的根源。又如亲人突然死亡，家庭重大不幸，生活受到挫折等，也会引起悲伤、痛苦等负性情感体验，导致神经衰弱的产生。

3. 感染、中毒、营养不良、内分泌失调、颅脑创伤和躯体疾病等，也可成为本病发生的诱因。

二、预防措施

引起神经衰弱的原因有环境因素和内在因素，因此应该从这两方面来进行预防。

1. 正确认识自己。对自己的身体素质、知识才能、社会适应力等要有自知之明，尽量避免做一些力所不及的事情，或避免从事不适合自己的体力和精神的活动。好高骛远、想入非非、杞人忧天，为了名利和地位而费尽心机，都是不好的。

2. 培养豁达开朗的性格。自己的脾气、性格一旦形成，一朝一夕是很难改变的。世上无难事，只怕有心人。只要你对培养良好的性格“有心有意”，良好的性格自然会对你“有情有义”。

3. 提倡顾全大局。遇事要从大局着想，明辨是非。例如处理人际关系时，提倡严于律己、宽以待人，互相理解、体谅，是防止人际关系紧张的有效方法之一。

4. 善于自我调节，有张有弛。对于学习、工作过于紧张、过于繁忙，或负担过重以及生活压力很大的人，都有必要自我调节，合理安排好工作、学习和生活的关系，做到有张有弛、劳逸结合，这样做还能提高工作效率。

5. 求助于心理医生。如果自我调节不好，出现一些不能解决的心理问题或疾病先兆时，应立即求助心理医生咨询、心理治疗或药物治疗，切莫讳疾忌医，但也不能有病乱投医。

（韩宝兰）

【思考题】

1. 面神经麻痹会带来哪些危害？
2. 怎样预防神经衰弱？

第二十章　常见生殖系统疾病预防

第一节　女性常见疾病

一、痛经

女孩第一次月经来潮是性成熟标志。凡在经期及经期前后发生明显下腹痛或腰部酸痛等不适，影响生活及工作者均称为痛经，有的还可伴有恶心、呕吐、腹泻等症状。痛经由多种因素引起。通常分为原发性和继发性两种。原发性痛经多为功能性，即生殖器官无明显器质性病变的月经痛。继发性痛经多为生殖器官有器质性病变如子宫内膜异位、盆腔炎症、宫内异物等引起的月经痛。本节仅介绍原发性痛经。

（一）发病原因

1. 内分泌因素。近年来大量研究证明，子宫内膜和血内前列腺素含量增高，可能是造成痛经的一个决定性因素。

2. 子宫因素。宫口狭窄、子宫过度倾屈等造成宫血流出不畅，经血潴留，刺激子宫收缩引起痛经。

3. 精神神经因素。例如情绪紧张，对疼痛敏感、恐惧等因素。

4. 其他。例如劳累、受凉等。

（二）预防措施

1. 消除紧张情绪，保持乐观开朗向上的性格，经期不要独处。

2. 注意休息、保暖，避免劳累、受凉。受凉可使盆腔血管收缩，使经血流通不畅造成经期腹痛，即“通则不痛，痛则不通”。

3. 如痛经较重，可适当服用抗痉挛药，用热水袋热敷，或吃些蜂蜜、香蕉等食品，忌生冷、辛辣等食品。

4. 注意营养。多吃富含蛋白质、维生素食物，少吃咸、辛辣、生冷食物。

二、白带和白带变化可能引发的疾病

（一）白带

白带是正常的生理现象。是由阴道黏膜渗出液、宫颈管及子宫内膜腺体分泌液等混合而成。正常白带呈白色稀糊状或蛋清样，无异味、量少，对健康无不良影响。白带是具有自洁作用的分泌物，称生理性白带。

（二）白带变化可能引发的疾病

当白带的性状、颜色、量、味等发生改变时，称病理性白带。

1. 灰黄色或黄白色泡沫样白带，可伴外阴瘙痒——滴虫性阴道炎。

2. 豆腐渣样或凝乳块白带，常伴严重外阴瘙痒或灼痛——霉菌性阴道炎。

3. 灰白色匀质鱼腥味白带，外阴痒不明显——细菌性阴道炎。

4. 脓性白带、黄色或黄绿色，有臭味——淋病性阴道炎、宫颈（管）炎。

5. 血性白带——宫颈癌、子宫内膜癌、宫颈息肉或子宫黏膜下肌瘤。

6. 水样白带、持续流出淘米水样白带且有奇臭者——一般考虑生殖器癌或子宫黏膜下肌瘤伴感染。

无论什么原因引起白带的性状、量、颜色、气味等方面的变化，请同学们及时就医，本着有病治病、无病防病的心态，既不必过分紧张，也不能掉以轻心，平时注意预防。万不可因羞于启齿而延误疾病治疗，以至可能造成终生遗憾。

第二节　男性常见疾病

一、包茎和包皮过长

（一）定义

包茎是包皮口狭窄或包皮与阴茎头粘连，使包皮不能上翻外露阴茎头。包皮过长是包皮覆盖于全部阴茎头和尿道口，但仍可上翻。

（二）可能产生的后果

1. 包茎和包皮过长时，由皮脂腺分泌物和上皮脱屑组成的包皮垢或包皮结石，在包皮下集聚，发生细菌感染，导致阴茎头包皮炎；

2. 炎症性粘连导致尿道口狭窄，最后排尿困难，由于尿流不畅易引起继发感染和上行感染，甚至影响肾功能；

3. 包皮垢的慢性刺激和阴茎头包皮炎反复发作，是引起阴茎癌的重要因素。

早期施行包皮环切术，对预防阴茎癌有一定的意义。

二、急性附睾炎

急性附睾炎主要由逆行感染所致，细菌从后尿道经输精管逆行感染至附睾，也可通过淋巴管或血流途径感染。部分病人有阴囊损伤史。

（一）主要症状

发病突然，多继发下尿路感染。阴囊疼痛，可放射至同侧腹股沟和腰部，伴高热。发病前可有膀胱炎、前列腺炎等症状。体检可见阴囊皮肤红肿，附睾肿大，触痛明显。血白细胞增高。

（二）防护措施

1. 预防尿路感染及会阴部外伤；

2. 急性早期冰袋冷敷消肿，晚期可热敷加速炎症吸收；

3. 托起阴囊，以减轻疼痛；

4. 卧床休息，多饮水；禁性生活；

5. 进行抗生素治疗时遵医嘱，勿自行停药。

三、急性细菌性前列腺炎

前列腺炎是指前列腺受到致病菌感染和（或）某些非感染因素刺激而出现的骨盆区域疼痛或不适、排尿异常、性功能障碍等临床表现。

（一）主要原因

急性细菌性前列腺炎大多由尿道上行感染所致，如经尿道器械操作。血行感染来源于疖、痈、扁桃体、龋齿及呼吸道感染灶。也可由急性膀胱炎、急性尿潴留及急性淋菌性后尿道炎等的感染尿液经前列腺管逆流引起。致病菌多为革兰氏阴性杆菌或假单胞菌，也有葡萄球菌、链球菌、淋球菌及衣原体、支原体等。

（二）主要症状

急性细菌性前列腺炎主要表现为突然发病，伴有寒战和高热，尿频、尿急、排尿痛。会阴部坠胀痛。可排尿困难或急性尿潴留。临床上往往伴发急性膀胱炎。

患上急性细菌性前列腺炎应积极卧床休息，输液，应用抗菌药及大量饮水，并使用止痛、解痉、退热等药物，以缓解症状。

（韩宝兰）

【思考题】

1. 女大学生应该怎样预防痛经？
2. 男大学生应该怎样预防急性附睾炎？

第二十一章　常见口腔疾病预防

第一节　口腔的预防保健

口腔不仅是300余种微生物的储藏库、集散地，而且是许多慢性疾病危险因素的进入渠道，还是许多传染病，如乙型肝炎、艾滋病等性传播疾病的传播途径之一。古人警言“病从口入”的概念，如今有了更多的包含与更新。口腔疾病引起的病理改变，口腔的不健康、不卫生状况对人类整个健康所造成的危害与影响很大。如今，现代人生活质量提高的重要标准是健康，口腔健康是全身健康的第一步。WHO在1981年制定的口腔健康标准是：“牙清洁，无龋齿、无痛感，牙龈色泽正常，无出血现象”。但相关资料显示：85%的人患有口腔疾病。这一残酷的事实警示我们，不论防治儿童的蛀牙，还是成人的牙周病、黄黑板牙等，如今采取口腔预防保健势在必行，可以大大降低口腔常见病、多发病的发病率和患病率，从而降低或减轻口腔疾病对全身健康的影响。

1989年，由卫生部、国家教委等部委联合签署，确定每年的9月20日为“全国爱牙日”。其宗旨是通过爱牙日的活动，广泛动员社会力量，在群众中进行牙病知识普及教育，增强口腔健康观念和自我口腔保健意识，建立口腔保健行为，从而提高全民族的口腔健康水平。

为了增强同学们的自我口腔保健意识，从以下几方面简介口腔的预防保健知识。

一、养成良好的口腔卫生习惯

良好的口腔卫生其重点在于控制菌斑，消除污垢和食物残渣，增强生理刺激，使口腔和牙颌系统有一个清洁健康的良好环境，从而发挥其生理功能，维护口腔健康。目前常用的方法是漱口水清洁和刷牙清洁。

1. 漱口。人们在每日三餐后都应漱口，每次漱口应用温水或据不同的目的选择药物漱口。漱口能清除食物碎片、部分软垢及口内的其他污物，以维持口腔初步清洁。

2. 刷牙。早晚应各刷牙一次，每次最少以3分钟为宜，因为时间不够，不足以清除牙菌斑。要注意牙刷的质量，牙刷毛要软硬适中。同时要正确掌握刷牙方法。即竖刷牙法是一种比较方便合理的刷牙方法。顺牙间隙刷向牙冠方向。刷牙一定要“面面俱到”。

3. 正确使用牙膏。使用牙膏要因人而异。若牙体正常，首选含氟化物防龋牙膏；若已患牙龈炎、牙周病，可选用药物牙膏；若多个牙齿敏感，可选用脱敏牙膏。

二、叩齿、鼓漱、牙龈按摩对口腔保健有益处

叩齿是中医养生按摩的一种功法，也是牙齿保健的一种有效措施。叩齿可以增强牙齿支持组织的气血活动，促进健康，也能刺激唾液的分泌，清洗牙面。鼓漱也是中医传统的

口腔保健法，能使牙面和口腔黏膜表面清洁干净，增强牙齿和口腔的抵抗力。牙龈按摩可以促进牙周组织的血液循环，使牙齿支持组织的代谢增强，相应地增强了牙齿牙龈的抗病能力。

三、纠正不良口腔习惯，预防口腔疾病的发生

1. 夜磨牙、紧咬牙、咬粗硬物品、咬指甲、咬唇、吮指等不良习惯，可加重牙周组织负担，造成牙龈退缩，从而引起或加重牙周病。

2. 偏侧咀嚼习惯。偏侧咀嚼时，由于非咀嚼侧牙齿缺少咬合刺激，造成使用性牙周萎缩，同时牙面堆积大量菌斑、牙石，使牙龈发炎从而引起牙周病。

3. 不良刷牙习惯。牙刷的刷毛太硬，刷毛倒卷，牙膏颗粒太粗，以及刷牙方法不正确等均可造成牙体缺损或牙龈退缩。

4. 用口呼吸。有此习惯的患者多半有上前牙的牙龈肥大、牙龈炎等症，应及时到专科就诊。

四、多吃粗糙或纤维性食物，适当控制糖类食品

多吃粗糙食物，可以增加自洁作用和按摩作用，充分发挥咀嚼运动所形成的生理刺激，增强牙体和牙周组织的抵抗力，促进颌骨的正常发育。合理的营养对于保障口腔健康、预防口腔疾病是十分重要的。但绝不是营养越多越好，有些营养物质不足或过多，都会对健康产生不良后果。如糖是一种营养，适当吃是必要的，但不能过食。更不应在饭前或睡前吃。饭前吃糖影响食欲。睡前吃糖，会给细菌发酵产酸创造有利条件而侵入牙齿，诱发龋病。因为富有黏性或精致的碳水化合物，如糕点、饼干、糖果等均较易滞留附着牙面，又容易发酵，有利于发生龋齿。因此适当控制糖类食物也是有效的防御措施之一。

五、定期做口腔健康检查

口腔疾病多为慢性疾病，早期症状不明显，易被忽视。因此，定期口腔健康检查，早期发现早期治疗，一般成人每年进行健康检查一次。

定期做口腔健康检查可对下列疾病有明显的预防作用：① 龋齿（虫牙）；② 牙周病（牙龈炎、牙周炎、牙龈出血、口臭等）；③ 牙颌形（牙齿不齐、牙列“拥挤”、“地包天”、“鸟嘴畸形”等）；④ 颞下颌关节紊乱疾病（关节弹响、疼痛、张口受限等）；⑤ 癌前病变（黏膜白斑、红斑扁平苔藓、顽固性口腔溃疡等），皮肤痒来源的基底细胞癌、恶性黑色素瘤等。

可见，口腔疾病对全身健康的影响不容忽视，口腔的预防保健在预防医学上有重要意义。

第二节　龋　齿

龋齿俗称“虫牙”“蛀牙”，是在以细菌为主的多种因素影响下，牙体硬组织发生慢性进行性破坏的一种疾病。它是人类发病率极高的疾病。世界卫生组织已将龋齿与肿瘤、心血管疾病并列为人类三大重点防治疾病。龋齿最终结果是牙体组织被破坏或缺损，如不及时修复，还可能引起牙髓炎、根尖炎、颌骨炎等并发症，严重影响全身健康。此外，龋

病及其并发症还可以作为病灶引起远隔脏器疾病。因此，应引起重视。

一、主要病因

龋病是一种多因素疾病，在疾病的发生中有4种主要因素相互作用，包括：

1. 口腔致龋菌群的作用；
2. 蔗糖等适宜的细菌底物；
3. 敏感的宿主（牙和唾液）；
4. 在口腔滞留足够的时间。

这是龋病病因四联因素理论。

相互作用基本特点为：致龋性食物糖（特别是蔗糖和精制碳水化合物）紧紧贴附于牙面，由唾液蛋白形成的获得性膜。这种获得性膜不仅得以牢固地附着于牙面，而且可以在适宜温度下有足够的时间在菌斑深层产酸，侵袭牙齿，使之脱矿，并进而破坏有机质，产生龋洞。

1. 细菌。在口腔酸性条件下，细菌作用于牙体组织是龋病发生的主要因素。

2. 食物。蛋白质、维生素、钙磷的摄入不足是发生龋齿的重要原因，糖是主要致龋食物，尤其是糖果、糕点，既易黏附于牙面，又易于发酵，更利于龋齿的形成。而蔬菜、纤维性食品因不易发酵，又对牙面有洁净和摩擦作用，因而能抑制龋齿的发生。

3. 宿主。宿主即牙齿对龋病的敏感性及抗龋能力，凡是牙齿有窝、沟、空隙的部位，因容易被嵌入食物残渣而容易致龋，唾液中的抗体可防止致龋。故有唾液分泌障碍的人，患龋率就高。

4. 时间。龋病发病的每一过程均需一定的时间。龋病的发展过程是由浅到深。首先是牙釉质被侵蚀破坏，使牙面脱钙，失去色泽，呈白垩状；此后被染色成黄褐色或黑色，有粗糙感，但无自觉症状，是处于浅龋阶段；再后来逐渐破坏到牙本质的浅层，龋洞开始形成而产生冷热酸甜过敏症，处于中龋阶段；最终侵入到牙本质的深层，龋洞变得深大，经常因嵌入食物而感到疼痛，则处于深龋阶段。

牙齿无再生能力，除浅龋洞尚可试用涂抹药物治疗，其他均需人工修复，以充填龋洞。

二、主要特征

龋齿的主要特征是牙体硬组织，包括牙釉质、牙本质、牙骨质在颜色、形态和质地等方面均发生变化。

三、日常预防措施

1. 养成口腔卫生好习惯，早晚饭后，特别是进甜食后要刷牙，养成饭后漱口习惯；
2. 定期口腔检查，及时发现龋病并积极治疗早期病变；
3. 平时饮食应多摄入富含钙、无机盐等营养食物，尽可能食用高纤维粗糙食物；
4. 经常使用氟化物制品刷牙，对防龋大有益处。

第三节　智齿与智齿冠周炎

第三磨牙称为智齿。智齿牙冠周围的软组织发生的炎症称为智齿冠周炎。通常发生于17～25岁的青年，是常见的口腔疾病之一。智齿萌出受阻是发病的必备因素，睡眠不足、疲劳过度、月经期或感冒期间更易引起发作。

智齿冠周炎最初只感到牙龈疼痛而不敢进食咀嚼，而后出现吞咽困难、张口受限、伴有口臭，如继续恶化会出现发热、畏寒等全身感染症状，还会引发较严重的并发症。检查可见智齿阻生、龈瓣覆盖，可构成能存异物的盲袋，即龈袋。冠周可充血水肿，出现糜烂或有脓性分泌物。

智齿冠周炎的预防措施：

1. 保持口腔的清洁，防止口腔中食物残渣的存留；
2. 尽早拔除阻生智齿，防止冠周炎和邻牙龋坏；
3. 对阻生齿做好局部处理；
4. 保证充足的睡眠，增强机体抗病力。

（韩宝兰）

【思考题】

1. 如何养成良好的口腔卫生习惯？
2. 定期进行口腔检查对健康有什么好处？
3. 怎样预防龋齿？

第二十二章　常见皮肤疾病预防

第一节　湿　疹

湿疹是由多种因素引起的真皮浅层及表皮炎症，因慢性感染病灶（慢性胆囊炎、扁桃体炎等）、内分泌及代谢改变（月经紊乱、妊娠等）、遗传因素、食物（如鱼、虾、牛羊肉等）、吸入物（如花粉、尘螨等）、动物毛发、各类化学物质（如化妆品、肥皂等）所诱发或加重。

一、湿疹的分类

（一）急性湿疹

急性湿疹好发于面、手、足等外露部位，常对称分布，表现为红斑基础上的针尖或粟粒大小的丘疹，可融合成片，境界不清，瘙痒感强烈，搔抓、热水洗烫可加重皮损，继发感染后可形成脓疱，出现发热等全身症状。

（二）慢性湿疹

慢性湿疹由急性湿疹迁延而来，也可由轻微持续的刺激开始表现为慢性化。患部皮肤在浸润性暗红斑上有丘疹、抓痕及鳞屑，局部皮肤表面粗糙肥厚，可伴有色素沉着或减退。见图 22－1。

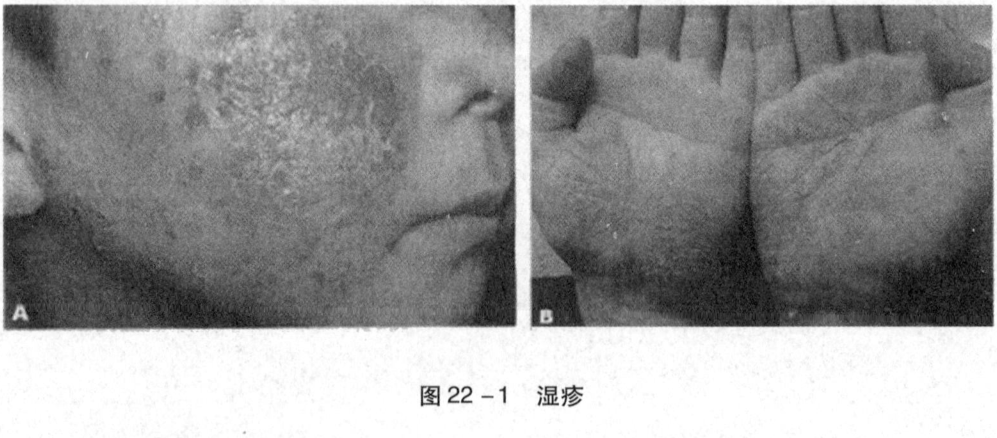

图 22－1　湿疹

二、防护措施

1. 注意避免各种可疑致病因素及自身可能的诱发因素。
2. 居住条件要干爽、通风。
3. 养成良好的卫生生活习惯，勤洗澡。
4. 消除精神紧张，避免劳累。

5. 发病时要注意以下几个方面：

（1）避免各种外界刺激，如热水烫洗，过度搔抓、清洗及接触可能敏感的物质如皮毛制剂等；

（2）避免或少接触化学成分用品，如肥皂、洗衣粉、洗涤精等；

（3）避免可能致敏和刺激性食物，如辣椒、浓茶、咖啡、酒类；

（4）多食富含维生素食品，如新鲜水果、蔬菜等；以素食为主，保持大便通畅；忌辛辣、海鲜、牛羊肉等食物；

（5）在专业医师指导下用药，切忌乱用药。

第二节　荨麻疹

荨麻疹俗称“风疹块”，是由皮肤、黏膜小血管反应性扩张及渗透性增加而产生的一种局限性水肿反应。多数患者找不到明确病因，患者常不定时地在身上、脸上或四肢起一块块红肿且很痒的皮疹块，越抓越痒，越抓越肿。发作次数从每天数次到数天一次不等。本病较常见，任何年龄段均可发病。

一、发病原因

引起荨麻疹的因素甚多，病因较复杂，约3/4患者找不到原因，尤其是慢性荨麻疹。常见的发病原因如下。

1. 食物。如鱼、虾、蛋类、奶类最常见；其次是肉类和某些植物性食品，如草莓、可可、番茄。腐败性食品分解为多肽类，碱性多肽是组胺释放物。另外加入食物中的色素、调味剂、防腐剂、食物中的天然或合成物质也能引起荨麻疹。

2. 药物。最常见的药物如青霉素、头孢类等。

3. 感染。各种感染因素均可引起本病。最常见的是引起上感的病毒和金黄色葡萄球菌，其次是肝炎、传染性单核细胞增多症和柯萨奇病毒等；寄生虫感染，如蛔虫、钩虫、丝虫、阿米巴和疟原虫等；细菌感染如急性扁桃体炎、齿槽脓肿、鼻窦炎、脓疱疮、败血症等。

4. 吸入物。如花粉、灰尘、动物皮屑、烟雾、羽毛、真菌孢子和其他经空气传播的过敏原等。

5. 物理因素。如冷、热、日光、摩擦及压力等物理和机械性刺激。

6. 动物及植物因素。如昆虫叮咬、毒毛刺入以及接触荨麻、羊毛等。

7. 精神因素。精神紧张或兴奋、运动后引起乙酰胆碱释放。

8. 遗传因素。某些型荨麻疹与遗传有关，如家族性冷性荨麻疹、遗传性家族性荨麻疹综合征等。

二、分类

根据病程可分为急性荨麻疹和慢性荨麻疹，见图22－2。

（一）急性荨麻疹

急性荨麻疹患者常突然自觉皮肤瘙痒，很快于瘙痒部位出现大小不等的红色风团，形状不一，皮肤表面凹凸不平，呈橘皮样外观，数小时内水肿减轻，风团变为红斑并逐渐消失，不留痕迹，皮损持续时间一般不超过 24 小时，但新皮损可此起彼伏，不断发生。病情严重时可伴有心慌、烦躁、血压减低等过敏性休克样症状。

（二）慢性荨麻疹

慢性荨麻疹是指皮损反复发作超过 6 周以上者，患者全身症状较轻，风团时多时少，反复发作，长达数月或数年，全身症状一般较轻，大多数患者找不到病因。

图 22－2　荨麻疹

三、预防措施

根据发病原因，荨麻疹的预防措施如下。

1. 注意饮食，避免诱因。荨麻疹的发病与饮食有一定的关系，某些食物可能是诱因。例如鱼虾海鲜，含有人工色素、防腐剂、酵母菌等人工添加剂的罐头、腌腊食品、饮料等都可诱发荨麻疹。另外，饮酒或进食过于酸辣等有刺激性的食物，也会增加机体过敏的概率。

2. 注意卫生，避免不良刺激。有荨麻疹病史的人，要注意保持室内外的清洁卫生，室内要少养猫、狗之类的宠物。避免吸入花粉、粉尘等。饮酒、受热、情绪激动、用力等都会加重皮肤血管扩张，激发或加重荨麻疹。橡胶手套、染发剂、加香料的肥皂和洗涤剂、化纤和羊毛服装等，对于过敏体质的人或荨麻疹患者都可能成为不良刺激，应予避免。

3. 注意药物因素引起的过敏。在临床中，有些药物可以引起荨麻疹，如青霉素、头孢类、链霉素、磺胺类药物、多粘霉素等抗生素，安乃近、阿司匹林等解热镇痛剂，等等，患病切不可乱服药，以免引起过敏反应。

4. 保持健康心态，提高身体抵抗力。慢性荨麻疹的发作和加重，与人的情绪或心理应激有一定的关系。

5. 积极治疗原有疾病。荨麻疹既是一种独立的疾病，也可能是某些疾病的一种皮肤表现。能导致荨麻疹的疾病较多，例如感染性疾病就有：寄生虫感染如肠蛔虫、蛲虫等；细菌性感染像龋齿、齿槽脓肿、扁桃体炎、中耳炎、鼻窦炎等；病毒性感染像乙型肝炎；真菌感染像手足癣等。另外，糖尿病、甲亢、月经紊乱，甚至体内潜在的肿瘤等，都可能引起荨麻疹。

第三节　癣　症

癣是浅部真菌感染而出现的皮肤损害。根据发生部位分为头癣、体癣、足癣、手癣和甲癣，见图 22－3。

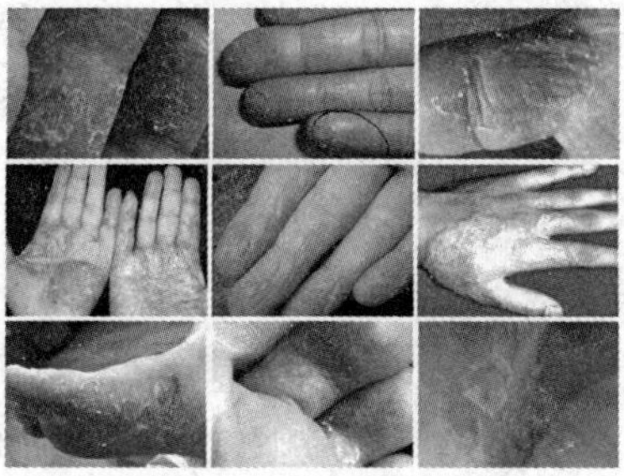

图 22－3　癣

一、体癣和股癣

体癣是指发生在平滑皮肤上的浅部真菌感染，如颜面、颈、腰、腹、躯干及四肢等处，而股癣则是发生在腹股沟、会阴部和肛门周围这些特殊部位的体癣。

主要表现如下。

1. 基本损害为丘疹、水疱和丘疱疹，组成圆形或类圆形的红斑，中心常消退，边缘进展，形成环状损害，自觉瘙痒。剧烈搔抓时可引起继发感染或局部苔藓化。

2. 本病可发生于任何年龄，但以青壮年男性多见。多在夏季发作或加重，冬季症状可减轻。

二、手癣和足癣

手足癣是手癣和足癣的总称。手癣是指皮肤癣菌侵犯指间、手掌、掌侧平滑皮肤引起的感染。足癣是指发生于足跖部及趾间的皮肤癣菌感染。本病主要通过接触传染，用手搔抓足癣部位、与患者共用浴巾、鞋袜、脚盆是主要传播途径。

手足癣（特别是足癣）是最常见的浅部真菌病，全世界流行，我国南方发病较北方多。夏秋季发病率高，常表现为夏重冬轻或夏发冬愈。多累及成年人，男女比例无明显差别。

根据皮损特点分为水疱鳞屑型、角化过度型和浸渍糜烂型三种。

1. 水疱鳞屑型。多发生在指（趾）间、掌心、足趾和足侧。初起时多为针尖大小的水疱，疱液清，壁厚而发亮，不易破溃，水疱可融合成多房性大疱，撕去疱壁可露出鲜红色糜烂面，水疱干涸后出现脱屑，病情稳定时以脱屑为主。瘙痒感明显。

2. 浸渍糜烂型（又称间擦型）。指趾间皮肤浸渍发白，基底湿润潮红，继发细菌感染时有恶臭味，瘙痒难忍。可因搔抓引起淋巴管炎、蜂窝织炎或丹毒，足部疼痛红肿，影响下肢活动。

3. 角化过度型。好发于掌跖及足跟，为片状红斑，伴角质弥漫性变厚、粗糙、脱屑，表面覆有鳞屑，边缘尚清楚，中心纹理比较显著，触之有粗糙感。在虎口处或足跟部形成较深的裂隙和鳞屑。疼痛出血。可向手背或足背发展，形成有鳞屑的斑片。

三、癣症预防

1. 脸盆、脚盆、毛巾、浴巾等日常生活用品应专人专用。病好后也不要使用自己用过的物品，以防复发。

2. 患了癣疾，最好不要搔抓，以免抓破后并发感染和引起自身传染。

3. 癣疾病人所穿衣服和鞋袜要宽大透气，经常更换。有足癣者夏天尽量穿布鞋或凉鞋，不穿胶鞋、旅游鞋。有条件的可将贴身内衣裤袜煮沸灭菌。

4. 患癣疾者尽量用淋浴，不在游泳池游泳。周围有动物患了癣疾应及时处理，未处理前不要接触和玩弄这些患病动物。

5. 加强体育锻炼，提高自身抗病能力。

6. 癣极易复发，故治疗时应使用有效的抗真菌药物，并且剂量、疗程足够。常用内服治疗药物，外用药物如派瑞松、达克宁等。应在皮肤科医师指导下用药。

第四节　痤　疮

痤疮，即青春痘、粉刺，是年轻人常见的疾病，极度影响了面貌。这是一种累及毛囊皮脂腺的慢性炎症性疾病，具有一定的损容性，好发于15～30岁青少年。

一、发病原因

（一）生理因素

青春期人体属于发育时期，此时人体内伴有生长激素以及性激素的分泌增加特别是雄性激素分泌增加的情况，这些激素会保持生理处于平衡，而这些激素会刺激人们的毛囊，引发炎症，最明显的症状就是出现在脸上的痘痘，这就是年轻人多发痤疮的主要原因之一。

（二）环境因素

环境一直以来都是人们关注的问题。虽然社会在进步，但是伴随的环境污染也越来越严重，这些均会造成女性内分泌失调，比如空气中的化学物质，以及人们使用的化妆品等，其中含有的刺激均会增加痤疮病发生的几率。

（三）心理因素

心理因素对人体内分泌有很重要影响，这与产生痤疮的原因有必然联系。因为，心理因素的影响很可能造成内分泌失调，比如青春期学习压力比较大，熬夜、休息不好，而这样的紧张状态和情绪改变就会传递到神经系统，进而刺激激素分泌，引发痤疮的损害。

（四）其他

部分病例的发生还与遗传、免疫和内分泌障碍等因素有关以及食用巧克力、油炸食品等饮食刺激、睡眠不足、便秘等因素有关。

一、主要表现

痤疮好发于面颊、额部，其次是胸部、背部及肩部，多为对称性分布，常伴有皮脂溢出。痤疮的各种类型皮损包括粉刺、表浅脓疱、炎性丘疹、结节、囊肿及瘢痕等。

痤疮初发损害为与毛囊一致的圆锥形丘疹，如白头粉刺（闭合性粉刺）及黑头粉刺（开放性粉刺），白头粉刺可挑挤出白黄色豆腐渣样物质，而黑头粉刺系内含脂栓氧化所致；皮损加重后可形成炎症丘疹，顶端可有小脓疱，继续发展可形成大小不等暗红色结节或囊肿，挤压时有波动感，经久不愈可化脓形成脓肿，破溃后常形成窦道和瘢痕。痤疮病程漫长，时轻时重，部分患者至中年期病情方逐渐缓解，但可遗留色素沉着、肥厚性或萎缩性瘢痕。

三、预防措施

由于痤疮的发病主要缘于青春期雄性激素分泌过多，所以在青春期很难根治，青春期过后可自然痊愈。关键是如何顺利度过，不留瘢痕，应做好预防。

1. 防毛孔堵塞。最要紧的是不要用浓脂厚粉，让本来要堵塞的毛孔雪上加霜，如果已经有了痤疮，浓妆更是大忌，它会让痤疮严重化和复杂化。

2. 经常洗脸，保持脸部清洁。每天最好用温开水、中性的肥皂和松软的毛巾洗脸搽脸。

3. 饮食生活调节。禁食或少食辛辣食物及油腻食物，少饮酒。多食新鲜蔬菜和水果，多饮水，保持大便通畅。

4. 保持规律而充足的睡眠。熬夜与压力容易造成生理时钟紊乱，导致荷尔蒙失调，影响内分泌，并进而间接地促使粉刺的形成。

5. 消除精神紧张，缓解压力。有皮肤专家认为压力是导致皮肤出现痤疮的重要成因。压力会加速肾上腺激素的分泌，足以令皮脂分泌增加而阻塞毛孔，诱发痤疮生成。

6. 耐心治疗，切忌挤捏。长了痤疮，要在医生的指导下耐心治疗，不要乱用皮质激素类药物，保持乐观情绪，切勿挤捏。因为挤压患处会扩大和加深感染，加重病情，同时还应注意不用手触摸，以免引起感染。

总之，患了痤疮不要着急，治愈痤疮单靠一种方法是不妥当的，应根据自身的情况和医生的建议选择综合治疗，积极地配合医生，要有耐心坚持正确的治疗方法，令人烦恼的痤疮一定会消失。

第五节 接触性皮炎

接触性皮炎是由于接触某些外源性物质后，在皮肤黏膜接触部位发生的急性或慢性炎症反应。如接触强酸强碱、重金属、某些医疗药品、染发剂、化妆品等。

一、主要病因

可分为刺激性接触性皮炎和变应性接触性皮炎。

（一）刺激性接触性皮炎

接触物本身具有强烈的刺激性，如强酸强碱等化学物质。本型特点：

（1）任何人接触后均可发病；

（2）无一定的潜伏期；

（3）皮损多局限于直接接触部位；

（4）停止接触后皮损可消退。

（二）变应性接触性皮炎

亦为过敏反应性皮炎。接触物为致敏因子，本身无刺激性，多数人接触后不发病，仅有少部分人接触后经过一定的潜伏期，在接触部位的皮肤、黏膜发生过敏反应性炎症。

二、主要表现

（一）普通类型

接触性皮炎皮损多局限于接触部位，皮损形态多与接触物有关（如接触物为气体、粉尘则皮损弥漫性分布于身体暴露部位），出现境界清楚的红斑，其上有丘疹或丘疱疹，严重者红肿明显并出现水疱和大疱，破溃后呈糜烂面。常自觉瘙痒或灼痛，搔抓后可将其致病物质带到远隔部位并产生类似皮损。去除接触物质后经积极处理，一般 1－2 周内可痊愈，遗留暂时性色素沉着。如果发生交叉过敏、治疗不当等易导致反复发作、迁延不愈转化成为慢性，皮损表现为轻度增生及苔藓样改变。

（二）特殊类型

多为致敏因子引起。

1. 化妆品皮炎。用化妆品或染发剂后所致。轻者为接触部位出现红肿、丘疹、丘疱疹，重者可在红斑基础上出现水泡甚至泛发全身。

2. 空气源性皮炎。空气中的化学悬浮物可导致暴露部位，特别是上眼睑、面部的急性炎症。如植物花粉、化学粉尘、香水等致敏物。其炎症范围较广。

3. 漆性皮炎。油漆或挥发性气体引起的皮炎，多累及暴露部位，表现为潮红、丘疹、丘疱疹等。自觉瘙痒和灼热感。多见于房屋装修。

三、防治措施

1. 寻找病因，迅速脱离接触物并积极对症处理；

2. 变应性接触性皮炎还需脱敏治疗，治愈后应尽量避免再次接触致敏原，以免复发或再发。

（韩宝兰）

【思考题】

1. 怎样预防湿疹的发生？

2. 怎样预防痤疮？

第二十三章 常见代谢疾病和营养疾病预防

新陈代谢是人体生命活动的基础。通过新陈代谢，使机体与环境之间不断进行物质交换和转化，同时，体内物质又不断进行分解、利用与更新，为生存、劳动、生长、发育、生殖和维持内外环境恒定提供物质和能量。营养物质不足、过多或比例不当，都能引起营养疾病。中间代谢某个环节出现障碍，则引起代谢疾病。营养疾病和代谢疾病关系密切，往往并存，彼此影响。

第一节 糖尿病

糖尿病是一组以慢性血葡萄糖（简称血糖）水平增高为特征的代谢性疾病，是由于胰岛素分泌或作用缺陷所引起。糖尿病是常见病、多发病，其发病率正随着人们生活水平的提高、生活方式的改变而迅速增加。因此又称“富贵病”。

在很多人的印象中，糖尿病都是老年人才会有的。但是，随着社会的发展，生活节奏的加快，现在越来越多的年轻人患上了糖尿病。本节简单介绍引发糖尿病的可能原因、糖尿病的表现及预防措施。

（一）发病原因

年轻人工作压力大，再加上饮食习惯越来越像西方国家，高脂、高蛋白、高热量等食物大量摄入，运动减少等原因，年纪轻轻就患上了糖尿病。除此之外，糖尿病的发病人群还有一些其他原因。

1. 遗传因素。如果父母都有糖尿病，其子女患糖尿病的概率会比普通人大。绝大多数见于1型糖尿病患者。

2. 环境因素。

（1）病毒感染。据报道，与Ⅰ型糖尿病有关的病毒包括风疹病毒、腮腺炎病毒、柯萨奇病毒等，这些病毒感染可直接损伤胰岛功能，引起糖尿病。

（2）化学毒性物质因素。链脲佐菌素、四氧嘧啶糖尿病动物模型和灭鼠剂吡甲硝苯脲等损伤胰岛功能，引起糖尿病。

3. 自身免疫因素。由于胰岛β细胞发生自身免疫性损伤而引起。自身免疫的标志：如胰岛细胞自身抗体、胰岛素自身抗体等以及自身免疫疾病如：桥本氏甲状腺炎、艾迪生病等。

4. 胰岛素抵抗。本型多为肥胖者，肥胖本身可引起不同程度的胰岛素抵抗。腹部脂肪多，沉积在内脏器官，这种脂肪容易产生抗胰岛素作用的因子。男性的脂肪容易积累在腹部，所以男性发生糖尿病的情况要多于女性。

5. 妊娠期糖尿病。怀孕期间血糖过高的孕妇和娩出的巨大婴儿，将来也容易得糖尿病。

6. 生活方式不规律。运动少，精神压力大，饮食不规律，高血压、血脂不正常的人都容易患糖尿病。另外，很多年轻人晚上熬夜，都有晚上吃宵夜的习惯。其实晚上吃宵夜等于慢性自杀，所以要规律用餐、合理膳食。

7. 年轻人情绪波动大，经常处于应激状态，容易出现餐后血糖高。

（二）主要表现

糖尿病患者典型表现为“三多一少”现象，即多饮、多食、多尿和体重减轻。

一个人如果饮食、饮水比往日增加很多，同时体质虚弱、疲劳，身体开始消瘦，就应该及早到医院检查。也有许多患者发病时无任何症状，仅在健康体检或因各种疾病就诊化验时发现高血糖。糖尿病主要并发症包括继发感染、糖尿病肾病、糖尿病视网膜病变及糖尿病足等。

（三）日常预防

年轻人预防糖尿病，首先要从心理上重视，知道糖尿病也可能会找上自己；然后从自己的生活方式入手进行调节，避免不良生活习惯，注意自己的日常饮食，通过这些细节可以做好糖尿病的预防。

1. 合理饮食，注意营养均衡，不吃太油腻的食物、油炸食品，控制每天摄入的碳水化合物总量。
2. 生活规律、戒烟限酒，预防各种感染。
3. 适当运动，如散步、骑车、游泳等。
4. 定期筛查血糖，对高危人群特别要注意检测餐后血糖。
5. 如有“三多一少”（多吃、多饮、多尿、消瘦）症状时，要引起重视并定期随访。
6. 保持乐观开朗的性格，学会控制自己的情绪，淡定，不钻牛角尖。

第二节　肥胖症

随着生活水平的提高和生活方式的改变，我国大学生肥胖问题日趋严重，它不仅极大程度地危害着大学生的健康成长，而且肥胖是高血压、心血管疾病和糖尿病等多种疾病的重要危险因素，必须引起足够重视。

肥胖症是一种由多种因素引起的慢性代谢性疾病，以体内脂肪堆积过多或分布异常、体重增加，并对健康造成了严重的危害。肥胖是一种疾病，而不仅仅是一种症状，所以在这里我们称之为“肥胖病”。

一、肥胖分类及原因

1. 肥胖按其不同的形成原因可分为：单纯性肥胖（原发性肥胖）、继发性肥胖（病理性肥胖）、药物性肥胖等 3 种类型。

2. 不同类型的肥胖成因和症状表现。

（1）单纯性肥胖又称原发性肥胖，是各类肥胖症中最常见的一种。

主要成因：其家族往往有肥胖病史，主要由遗传因素及环境因素引起，但遗传基础不明。在环境因素中，主要是饮食和体力活动。久坐、活动少、暴饮暴食，或喜食甜食及油腻食品等。

主要表现：这类人群全身脂肪分布比较均匀，没有内分泌紊乱现象，也无代谢障碍性疾病。

（2）继发性肥胖又称病理性肥胖，多因体内某种疾病所致，这类肥胖患者临床上少见。

主要成因：因疾病使内分泌及代谢的失衡而引起肥胖。

主要表现：肥胖只是这类患者的重要症状之一，同时还会有其他各种各样的临床表现，如皮质醇增多症、甲状腺功能减退症、胰岛细胞瘤、性腺功能减退、多囊卵巢综合征等。

（3）药物所致的肥胖。某些药物在有效地治疗某种疾病的同时，还有使患者身体肥胖的副作用。比如应用肾上腺皮质激素类药物治疗过敏性疾病、风湿病、类风湿病、哮喘病等，同时也易使患者内分泌紊乱，引起肥胖，这类肥胖患者罕见。一般情况下，只要停止使用这些药物后，肥胖情况有望自行改善。但遗憾的是，有些患者从此而成为“顽固性肥胖”患者。

二、肥胖症诊断标准

1. 首先了解理想体重（IBM）的计算方法：IBM（kg）＝［身高（cm）－100］×0.9（男性）或0.85（女性）。

2. 诊断标准：诊断肥胖症最重要的指标是体重指数（BMI），计算方法：BMI（kg/m^2）＝体重（kg）/身高^2（m^2）。当BMI值≥24时，为超重；BMI值≥28时，为肥胖。

三、肥胖对人体的危害

肥胖不仅影响形体美，而且给生活带来不便，更重要的是容易引起多种并发症，加速衰老和死亡。难怪有人说肥胖是疾病的先兆、衰老的信号。

（一）肥胖可诱发多种疾病

据统计，肥胖者引发脑栓塞、心衰、冠心病、高血压、糖尿病、中风和猝死等的发病率高。

（二）影响劳动能力，易遭受外伤

身体肥胖的人往往怕热、多汗、易疲劳、下肢浮肿、静脉曲张、皮肤皱折处患皮炎等。严重肥胖的人，行动迟缓，行走活动都有困难，稍微活动就心慌气短，以致影响正常生活，严重的甚至丧失劳动能力。由于肥胖者行动反应迟缓，也易遭受各种外伤、车祸、骨折及扭伤等。

（三）易患内分泌及代谢性疾病

伴随肥胖所致的代谢、内分泌异常，常可引起多种疾病。糖代谢异常可引起糖尿病，脂肪代谢异常可引起高脂血症，核酸代谢异常可引起高尿酸血症等。肥胖女性因卵巢机能障碍，可引起月经不调。

（四）对肺功能的不良影响

肺功能的作用是向全身供氧及排出二氧化碳。肥胖者因体重增加需要更多的氧，但肺不能随之而增加功能，同时肥胖者腹部脂肪堆积又限制了肺的呼吸运动，故可造成缺氧和呼吸困难，最后导致心肺功能衰竭。

（五）易引起肝胆病变

由于代谢障碍可引起胆囊炎、结石、脂肪肝等。

（六）增加手术难度、术后易感染

肥胖者会增加麻醉时的危险，手术后伤口易裂开，感染坠积性肺炎等并发症的机会均较不胖者为多。

（七）可引起关节病变

体重的增加能使许多关节（如脊椎、肩、肘、髋、足关节）磨损或撕裂而致疼痛。

四、日常预防

肥胖症的发生主要与遗传因素和环境因素有关，环境因素的可变性提供了预防肥胖的可能性。强调以行为、饮食、运动为主的综合治疗，必要时辅以药物或手术治疗。

1. 提高认识。充分认识肥胖对人体的危害，了解肥胖的原因及预防方法。

2. 饮食清淡。采取合理的饮食营养方法，尽量做到定时定量、少甜食厚味、多素食、少零食。

3. 加强运动。经常参加运动，如慢跑、爬山、打拳等户外活动，既能增强体质，使体形健美，又能预防肥胖的发生。

4. 生活规律。每餐不要太饱，尽量不要熬夜吃夜餐，有句话说："早餐是天食，中餐是人食，夜餐是鬼食"，说明饮食规律的重要性。并且，要合理安排和调整好自己的睡眠时间。

5. 心情舒畅。良好的情绪能使体内各系统的生理功能保持正常运行，对预防肥胖能起到一定作用。

第三节　痛　风

痛风是嘌呤代谢紊乱和（或）尿酸排泄减少引起的代谢性疾病，与高尿酸血症直接相关，同时，还包括急性关节炎、痛风石、慢性关节炎、尿酸性尿路结石、关节畸形和肾功能不全等表现。

一、引起痛风的原因

高尿酸血症是引起痛风的主因。

1. 不良的生活习惯。现在的年轻人夜生活过多，得不到充分的休息，生活毫无规律，如熬夜、吃夜餐、暴饮暴食、油炸食品、酗酒等因素，使人体的代谢紊乱，从而使尿酸代谢失常，引起尿酸增高。同时，摄入过多的高嘌呤食物（如动物内脏、海产品等），使体内尿酸增高，引起痛风。

2. 遗传因素。痛风是一种遗传代谢性疾病，具有遗传性。患有痛风病的家族史，如果不调节自己的饮食习惯，就很容易患上痛风。

3. 肾功能障碍。80% ~90% 的高尿酸血症患者具有尿酸排泄障碍，且以肾小管分泌减少最为重要。

4. 性别。调查显示，痛风的高发人群是 30 岁以上的男性，占 95% 以上。但是，由于目前生活水平的提高及生活节奏的加快，痛风已不是中老年人的"专利"，在当今大学生中也常见。

5. 其他。肥胖、压力、受寒、劳累、外伤、手术、感染等为常见的诱发病因。而维生素 C、咖啡和奶制品则可能对阻止痛风的发生有所帮助。

二、主要表现

（一）急性痛风性关节炎

多数患者发作前无明显征兆，或仅有疲乏、全身不适和关节刺痛等。典型发作常于深夜因关节痛而惊醒，疼痛进行性加剧，受累关节及周围组织红、肿、热、痛和功能受限。首次发作以第一跖趾关节常见，其次为足背、足跟、踝、膝、腕和肘等关节，肩、髋、脊柱和颞颌等关节少受累；秋水仙碱治疗后，症状迅速缓解；发热；受累关节出现脱屑和瘙痒，为本病特有的表现。

（二）慢性痛风石病变期

痛风石是痛风的特征性临床表现。痛风石发生的典型部位是耳轮、跖趾、指间和掌指关节，皮下痛风石常为多关节受累，且多见于关节远端，表现为关节肿痛、压痛、畸形及功能障碍。

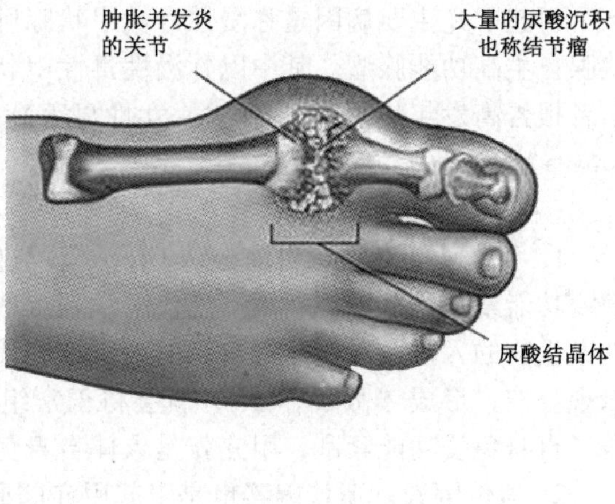

图 23－1　痛风

（三）肾脏病变

痛风性肾病临床表现为夜尿增多、蛋白尿、轻度血尿等，晚期可出现肾功能不全。尿酸性肾石病：10%~25% 的痛风患者可出现泌尿系统结石。结石较小者呈砂砾状随尿排出，可无症状；较大者可阻塞尿路，引起肾绞痛、血尿、排尿困难、泌尿系感染、肾盂扩张和积水等。

三、防治措施

（一）日常预防

健康生活，低嘌呤低能量饮食，保持合理体重，戒烟酒，多饮水（每日饮水 2000mL 以上）。避免暴食、酗酒、受凉受潮、过度疲劳和精神紧张、熬夜等。

（二）急性痛风性关节炎

1. 卧床休息，抬高患肢，冷敷，疼痛缓解 72 小时后方可恢复活动。

2. 尽早治疗，防止迁延不愈。

3. 遵医嘱。应及早、足量使用以下药物，见效后逐渐减停。非甾类抗炎药可有效缓解急性痛风症状，为一线用药；秋水仙碱是治疗急性发作的传统药物；糖皮质激素治疗急性痛风有明显疗效，通常用于不能耐受非甾类抗炎药和秋水仙碱或肾功能不全者。

高尿酸血症与痛风是一种终身性疾病，无肾功能损害及关节畸形者，经有效治疗可维持正常的生活和工作。急性关节炎和关节畸形会严重影响患者生活质量，若有肾功能损害预后不良。

第四节 甲状腺疾病

一、甲状腺功能亢进

甲状腺功能亢进症简称“甲亢”，是由多种原因引起的甲状腺激素分泌过多所致的一组常见内分泌疾病。由于甲状腺合成释放过多的甲状腺激素，造成机体代谢亢进和交感神经兴奋，引起心悸、出汗、多食、善饥、稀便、便次增多和形体消瘦的病症。多数患者还常常同时有突眼、眼睑水肿、视力减退等症状。

引起甲亢主要病因是弥漫性毒性甲状腺肿（Graves 病）、多结节性毒性甲状腺肿和甲状腺自主高功能腺瘤。其中以弥漫性毒性甲状腺肿多见，占全部甲亢的 80%~85%。我国学者报告高发年龄为 20~50 岁，女性显著高发［女∶男 =（4~6）∶1)］。本节主要介绍 Graves 病。

（一）主要病因

1. 免疫功能紊乱。目前公认 Graves 病与自身免疫有关，属于器官特异性自身免疫病。免疫功能紊乱是其根源病因。现代医学观点认为：每个人的免疫系统是为了对外防御致病性微生物的入侵，对内监视自己的组织细胞代谢，保证身体内环境的稳定。免疫系统一旦出现失控，形成“敌我不分”，就会将正常组织细胞视为异己，从而发起自我进攻，便导致了自身免疫功能紊乱，甲亢就是人体自身免疫系统的功能紊乱带来的后果。

2. 遗传因素。遗传因素也是引起甲亢的原因之一。甲亢患者有家族史和遗传史是甲亢的病因里较为常见的。由于遗传上免疫功能的缺陷，当甲亢患者遭到感染、精神创伤等应激时，体内免疫稳定性被破坏，可诱发甲亢。

（二）主要诱发因素

1. 感染。如感冒、扁桃腺炎、肺炎等。
2. 外伤。如车祸、创伤等。
3. 精神刺激。如精神紧张、忧虑、突发事件刺激等。
4. 过度疲劳。身心俱疲，连续熬夜等。
5. 怀孕。怀孕早期可能诱发或加重甲亢。
6. 碘摄入过多。如大量吃海带等海产品。
7. 某些药物。如服用乙胺碘呋酮等。

在这些因素中，碘摄入过多和精神刺激又是非常常见的两种病因。做事过于追求完美的人和对人、对事过于较真的人，都是易发病人群之一。这与他们内分泌的活跃程度和稳定性不足有关。

（三）主要表现

由于甲状腺激素分泌过多，人体代谢旺盛，甲亢患者可以有多种多样的表现。

1. 虽然食欲增加，但体重仍下降。
2. 紧张、焦虑、易怒、爱生气，睡眠差。
3. 心慌，心率增加（常超过 100 次/分钟）。
4. 脖子增粗（医学上称之为“甲状腺肿”）。
5. 眼睛突出、发亮，“爱瞪人”，凝视（见图 23-2）。

6. 手颤。

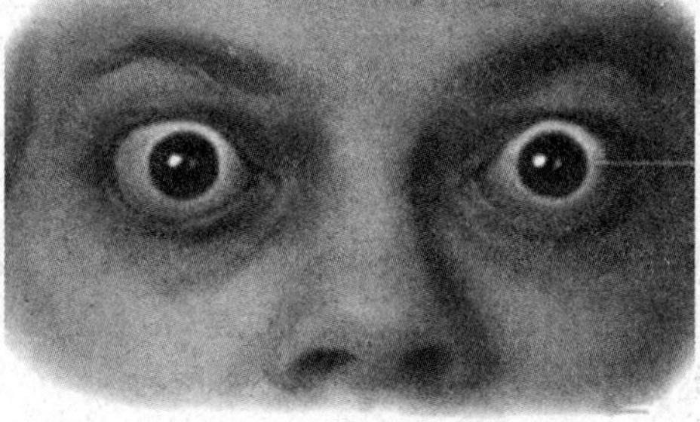

图 23－2　甲状腺眼征

7. 肌肉无力、疲乏。

8. 大便次数增多。

9. 怕热，爱出汗。

10. 月经稀少。

（四）预防措施

任何一种疾病，预防总是要大于治疗。健康的身体是需要我们自己精心呵护的，如果自己都不懂得照顾自己，疾病自然就会找上你，甲亢就是比较常见的一种。那么，如何才能做好预防工作，防止甲亢走进我们的生活呢?

1. 避免精神紧张。情志因素在甲亢的发病中具有重要的作用，所以，在日常生活中首先应保持精神愉快、乐观开朗，对人对事不较真，避免不良情绪的干扰。

2. 合理饮食。避免过量食入高碘食物，如海带。海带虽然很有营养，但是海带含碘较多，超量食用会导致身体的碘过多，导致碘甲亢。

3. 起居规律，劳逸结合。不要熬夜。人经常熬夜，对身体的伤害很大，易导致内分泌失调，可导致甲状腺功能失调，易患甲亢。

4. 防止感染。这也是避免甲亢发生的一种方法，所以一旦发现自身有感染征兆，则应及早控制，避免甲亢趁机而入。

5. 定期健康体检。定期做身体健康检查，能及时发现身体是否患有甲亢危险，从而及时得到治疗，避免延误甲亢的病情导致其并发症。

二、甲状腺功能减退

甲状腺功能减退（简称甲减），是由于各种原因导致的甲状腺激素合成及分泌减少，或其生理效应不足所致机体代谢降低的一种疾病。这里主要介绍成人甲减。

（一）主要原因

1. 甲状腺激素供应不足。进入青春期后的大学生，身体处于快速发育阶段，对甲状腺素的需要量也有所增加，从而容易引起体内的碘相对缺乏。如果此时不能从饮食中摄取足够多的碘，或机体本身存在潜在的甲状腺功能不足，易导致甲减。此外，青春期甲减的其他常见原因还包括桥本化甲状腺炎、亚甲炎等，由于垂体病变而导致的继发性甲减也不少见。

2. 自身免疫性损伤。最常见的原因是自身免疫性甲状腺炎。

3. 甲状腺破坏。例如，甲状腺次全切除术，治疗 Graves 病等。

4. 缺碘或过量补碘。是诱发甲减的原因，多见于地方性甲状腺肿区，少数高碘地区也可发生甲状腺肿和甲减，据统计每日摄入碘化物超过 6mg 者易引起甲减。

5. 甲状腺药物。例如，锂盐、咪唑类等。

（二）主要表现

起病隐匿，病情发展缓慢。怕冷、少言乏力，表情淡漠、唇厚舌大，皮肤干燥发凉，眉毛稀疏。记忆力减退，抑郁，智力低下。心动过缓。厌食、腹胀、便秘。性欲减退，男性患者可出现阳痿，女性患者可出现溢乳。严重者呈黏液性水肿面容：面颊及眼睑浮肿，鼻翼及唇变厚，声音嘶哑等。

（三）日常预防措施

1. 青春期出现甲状腺肿大，大部分是甲状腺炎，积极治疗可避免甲减。

2. 慎做手术和放射碘治疗，这也是预防甲减出现的关键措施之一。手术是切除了大部分甲状腺组织，放射碘会使很多甲状腺组织死亡，结果使患者提早成为甲减而受累终生。

3. 适度运动，勿盲目减肥。有早期甲状腺炎的人，不管用什么方式减肥，都会加重甲状腺炎而引起甲减。

4. 日常饮食中要补充高蛋白，限制脂肪的摄入，避免辛辣刺激食物、油炸食物。合理摄入碘化物，日常对碘的摄入既勿缺，又勿过量。

5. 定期健康检查。

三、桥本氏甲状腺炎

桥本氏甲状腺炎又称桥本氏病、慢性淋巴细胞性甲状腺炎、自身免疫性甲状腺炎。为最常见的自身免疫性甲状腺病，具有一定的遗传倾向。国外报告患病率为 3% ~4%，我国报告患病率为 1.6%。女性患病率高于男性。

（一）主要原因

桥本氏甲状腺炎是环境因素和遗传因素共同作用的结果。环境因素的影响主要包括感染和膳食中过量的碘化物。遗传因素中桥本氏甲状腺炎是公认的器官特异性自身免疫病，具有一定的遗传倾向。

（二）主要表现

早期可无症状，当出现甲状腺肿时，病程平均达 2 ~4 年。常见全身乏力，10% ~20% 患者有局部压迫感或甲状腺区隐痛，偶尔有轻压痛。晚期可有甲减表现。

（三）日常预防措施

1. 一般预防。

（1）保持精神愉快，防止情志内伤，是防止本病发生的重要方面。

（2）积极锻炼身体，提高抗病能力。

（3）不要经常熬夜，避免过度劳累；因为睡眠得不到满足，引发新陈代谢功能不稳定，机体的免疫力下降，也易引起桥本氏病。

（4）尽量避免头颈部的 X 射线照射，尽量减少暴露在强辐射下。

2. 饮食预防。

（1）合理摄入碘化物。日常对碘的摄入既勿缺，又勿过量。适量补碘可提高血液中碘的浓度，为甲状腺激素的合成准备充足的原料。而碘过量，又会诱发甲减。

（2）少食或勿食具有刺激性的食物，如辣椒、浓茶、咖啡、酒精等。

（3）饮食的重点是高纤维素食品，包括绿叶蔬菜、粗粮以及许多水果等，蔬菜中的芹菜、白菜、空心菜，粗粮中的黄豆、绿豆、燕麦，以及大枣、花生等，都含有丰富的纤维素，注意摄取高质量的蛋白质。

3. 定期做甲状腺检查。

四、甲状腺结节

甲状腺结节是指在甲状腺内的肿块，可随吞咽动作随甲状腺而上下移动，是临床常见的病，可由多种病因引起。临床上有多种甲状腺疾病，如甲状腺退行性变、炎症、自身免疫以及新生物等都可以表现为结节。甲状腺结节可以单发，也可以多发。

流行病学调查显示：碘充足地区男性1%和女性的5%触诊中发现甲状腺结节。应用高清晰度B超，在随机选择的人群中，甲状腺结节的检出率高达19%～67%，女性和老年人更常见。检查甲状腺结节的目的是排除或发现甲状腺癌。甲状腺癌在甲状腺结节中的发现率是5%～10%。根据年龄、性别、放射接触史、家族史和其他因素发现率各异。

（一）主要病因

甲状腺结节可由多种病因引起。

1. 增生性结节性甲状腺肿。碘摄入量过高或过低、食用致甲状腺肿的物质、服用致甲状腺肿药物或甲状腺激素合成酶缺陷等。

2. 囊肿和肿瘤性结节。结节性甲状腺肿和甲状腺良性肿瘤、甲状腺恶性肿瘤。

3. 炎症性结节。急性、亚急性化脓性甲状腺炎、慢性淋巴细胞性甲状腺炎均可以结节形式出现。极少数情况下甲状腺结节为结核或梅毒所致。

（二）主要症状

早期无特殊感觉，或一般仅有颈前不适的感觉，或无意触摸到结节，少有压痛。若病情发展，可有声音嘶哑、声带麻痹或呼吸困难及触到同侧淋巴结肿大等。

（三）日常预防措施

甲状腺结节我们都不陌生，它是一种很常见的甲状腺疾病，对人体的危害很大。目前由于个体、家庭、社会等多方因素的影响，我国的甲状腺疾病患者日渐增多，发病率逐年上升。并且，甲状腺癌在甲状腺结节中的发现率是5%～10%。因此，为防患于未然，我们日常就应该做好预防工作。

1. 合理补碘。饮食中的碘元素对甲状腺的影响最大，摄碘不足或过多都会引起甲状腺病变。碘的缺乏是引发甲状腺肿大的主要原因，高原、山区人群的日常饮食往往含碘不足，应以碘化食盐煮菜，沿海地区人群则应控制碘的摄入，这是预防甲状腺结节的主要措施之一。

2. 保持良好的情绪。一些专家在甲状腺疾病的研究中发现，情绪起伏不定会严重影响甲状腺激素的分泌，进而诱发甲状腺疾病。因此，日常保持好的心态对预防甲状腺疾病很有必要。

3. 避免过度劳累。过度劳累会加重甲状腺的负担，降低人体免疫力。长此以往，甲状腺处于一种不稳定的状态，在受到外界因素的影响下，如化学刺激或病菌、病毒侵犯或其他突发事件时，就容易发生病变。因此，劳逸结合，保持健康的生活、工作、学习方式，这也是日常预防甲状腺结节的必要措施之一。

4. 远离污染。我们日常居住的环境与甲状腺病的发生有密切关系。外界环境因素，如空气、土壤、水以及食物中的有害化学物质都会刺激甲状腺。所以防止环境污染，远离有害化学物质，对于预防甲状腺疾病有重要意义。

5. 定期做甲状腺健康检查。通过定期健康检查，早发现、早诊断、早治疗、早康复。

（韩宝兰）

【思考题】

1. 糖尿病的典型症状有哪些？怎样预防糖尿病？
2. 怎样保持理想的体重？
3. 甲状腺功能亢进的典型表现是什么？怎样预防？

第二十四章 常见血液系统疾病预防

血液系统包括骨髓、胸腺、淋巴结、脾脏等器官，以及通过血液运行散布在全身的血细胞。负责血细胞的生成、调节、破坏。

第一节 贫 血

贫血是指人体外周红细胞容量减少，低于正常范围下限的一种常见临床症状。临床上常以血红蛋白（Hb）浓度来代替。在我国海平面地区，成年男性 Hb < 120g/L，成年女性（非妊娠）Hb < 110g/L，孕妇 Hb < 100g/L，就认为是贫血。下面简单介绍常见的两种类型的贫血。

一、缺铁性贫血

当机体对铁的需求与供给失衡，导致体内贮存铁耗尽，继之红细胞内铁缺乏，最终引起缺铁性贫血。缺铁性贫血是最常见的贫血。

（一）主要病因

1. 铁摄入不足。大学生正值第二个生长发育高峰，如果膳食中铁的供应不足，就不能满足生长发育对铁的需求，易造成贫血。

2. 铁吸收障碍。常见于胃大部切除术后，胃酸分泌不足使铁吸收减少。此外，多种原因造成的胃肠道功能紊乱，如长期不明原因腹泻、慢性肠炎等均可因铁吸收障碍而发生缺铁性贫血。

3. 铁丢失过多。见于各种原因失血，如月经量过多、痔疮、消化性溃疡、肿瘤、多次献血等都会造成慢性缺铁性贫血。

（二）主要表现

1. 贫血的表现。常见乏力、易倦、头晕、头痛、耳鸣、心悸、气促、面色苍白、食欲不振。

2. 组织缺铁的表现。如异食癖、口腔炎、皮肤干燥、头发干枯、指甲缺少光泽、匙状指等。

（三）日常预防措施

1. 增加膳食中含铁多且易被吸收的食品，如牛羊肉、血制品、蛋类等。同时应多食用富含维生素 C 的水果，有助于铁的吸收。

2. 积极治疗原发病，如月经量过多、痔疮、消化性溃疡、肿瘤等慢性失血性疾病。

3. 平衡膳食，纠正偏食，定期检查。

二、再生障碍性贫血

再生障碍性贫血简称再障，是一组由多种病因所致的骨髓造血功能障碍，以骨髓造血细胞增生减低和外周血全血细胞减少为特征，临床以贫血、出血和感染为主要表现。确切病因尚未明确，已知再障发病与化学药物、放射线、病毒感染及遗传因素有关。据相关资料显示：再障主要见于青壮年，其发病高峰期有2个，即15~25岁的年龄组和60岁以上的老年组。

（一）主要病因

1. 病毒感染。如病毒性肝炎。相关资料显示：病毒性肝炎和再障的关系已较肯定，称为病毒性肝炎相关性再障，是病毒性肝炎最严重的并发症之一。

2. 化学因素。如药物是最常见的因素，氯霉素、磺胺类、某些解热镇痛药等以及化学毒物如苯及其衍化物等。

3. 放射性辐射。长期超允许量放射线照射（如放射源事故），可致再障。

4. 免疫异常。

（二）主要症状

常以出血、感染、发热为首发症状就诊。出血主要表现为消化道、血尿、眼底出血（常伴有视力障碍）和颅内出血，牙龈、鼻出血、皮肤瘀点瘀斑等，感染以呼吸道感染最常见。并伴有贫血的一般表现，如：乏力、易倦、头晕、头痛、耳鸣、心悸、气促、面色苍白、食欲不振等。

（三）日常预防措施

1. 加强防护。禁止与有毒化学药品、试剂、气体等直接接触或吸入，禁止超量、超次做放射线检查。

2. 合理用药。尽量避免使用影响造血系统的药物，如果必须使用这类药物时，要常查血象，以早期发现问题。每逢感冒时不得自行乱吃药，要在医生的指导下使用。同时，用药前还要了解药品的说明书。

3. 加强锻炼，增强机体的免疫力。

第二节　白血病

白血病是一类造血干细胞恶性克隆性疾病。因白血病细胞自我更新增强、增殖失控、分化障碍、凋亡受阻而停滞在细胞发育的不同阶段。在骨髓和其他造血组织中白血病细胞大量增殖累积，并浸润其他组织和器官，同时正常造血受到抑制。可有不同程度的贫血、出血、感染发热以及肝、脾、淋巴结肿大和骨骼疼痛等症状。据报道，我国各地区白血病在恶性肿瘤所致的死亡率中居第六位。

一、主要病因

人类白血病的病因尚不完全清楚，可能与下列因素有关。

1. 病毒感染和免疫功能异常。

2. 电离辐射。包括X射线、γ射线等电离辐射。

3. 化学因素。如多年接触苯及其衍生物的人群，其白血病发生率高于一般人群。有些药物如氯霉素、保泰松等使造血功能损伤导致白血病。

4. 遗传因素。家族性白血病约占白血病的7‰。

二、主要症状

（一）发热

发热是白血病最常见的症状之一。发热的主要原因是感染，其中以咽峡炎、口腔炎、牙龈炎最常见。肺炎、肛周脓肿等也较常见。严重者可发生败血症、脓毒血症等。发热也可以是急性白血病本身的症状，而不伴有任何感染迹象。若伴有免疫功能缺陷，可发生病毒感染。

（二）出血

以出血为早期表现者近40%。出血部位可遍及全身，以皮肤、牙龈、鼻腔出血最常见，也可有视网膜、耳内出血和颅内、消化道、呼吸道等内脏大出血。女性月经过多也较常见，可以是首发症状。

（三）贫血

部分患者因病程短可无贫血，半数以上患者就诊时已有重度贫血。病人往往伴有乏力、面色苍白、心悸、气短、下肢水肿等症状。

（四）骨骼和关节疼痛

可为肢体或背部弥漫性疼痛，亦可局限于关节痛，常导致行动困难。逾1/3患者有胸骨压痛。

（五）其他组织器官浸润

浸润睾丸可出现无痛性睾丸肿大，多为一侧。累及肺、胸膜、肾、消化道、心、脑、子宫、卵巢、乳房、腮腺和眼部等各种组织和器官，可表现相应脏器的功能障碍。

三、日常预防措施

1. 避免接触过多的X射线及其他有害的放射线，对从事放射工作的人员需做好个人防护，孕妇及婴幼儿尤其应注意避免接触放射线。

2. 防治各种感染，特别是病毒感染。

3. 慎重使用某些药物，如：某些抗病毒药物、某些抗肿瘤药物及免疫抑制剂等，应避免长期使用或滥用。

4. 避免接触某些致癌物质，如：药品、农药、合成纤维、合成橡胶、塑料、染料以及家庭装修非环保材料等。

5. 对白血病高危人群应做好定期普查工作，特别注意白血病警号及早期症状。

6. 多吃天然食物及经过卫生检验合格食品，如：新鲜蔬菜、五谷杂粮等。

【思考题】

1. 造成贫血的原因有哪些？日常生活中怎样预防贫血发生？

2. 日常生活中怎样预防白血病？

第二十五章　其他常见疾病预防

第一节　结膜炎

结膜炎是眼科常见病，初起时自己感到眼睛发热，有异物感、又痛又痒、分泌物增多、畏光、流泪、结膜充血等症状。其发病可由细菌性、病毒性、物理性刺激和化学性损伤以及免疫系统疾病和临近器官炎症的蔓延等因素引起。临床上，以细菌性感染居多。

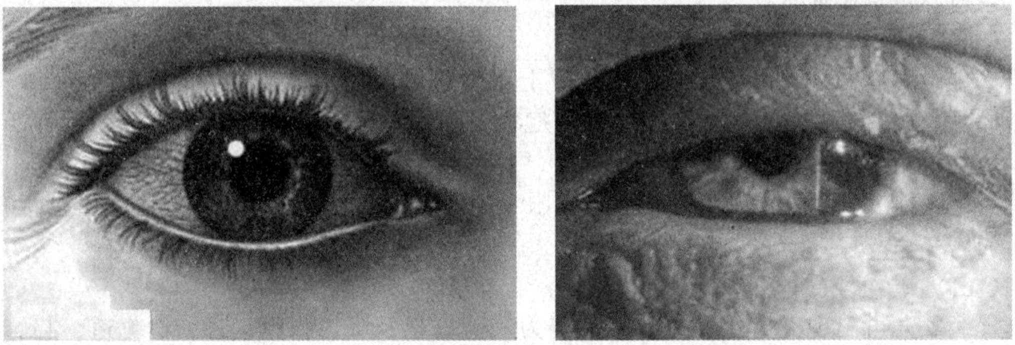

图 25－1　结膜炎

结膜炎本身对视力影响一般并不严重，但是当其炎症波及角膜或引起并发症时，可导致视力损害甚至失明。结膜炎虽不是什么大毛病，但结膜炎并不是“眼部充血”的唯一原因。眼部充血除了结膜炎外，也要考虑眼部其他疾病，如虹膜炎、青光眼、角膜溃疡或是眼睛内部发炎等眼疾之警讯，因此不可大意。

一、发病原因

结膜炎的病因可根据其不同性质分为感染性和非感染性两大类。

1. 感染性。由于病原微生物感染所致的结膜炎症。

2. 非感染性。以局部或全身的变态反应引起的过敏性炎症最常见，外界的理化因素，如光、各种化学物质也可成为致病因素。

二、细菌性结膜炎

（一）急性或亚急性（几小时至几天）结膜炎

又称急性卡他性结膜炎，俗称“红眼病”。其传染性极强，好发生在春秋季，常可暴发流行，也可散发。常发生在学校、工厂等集体生活场所。

（二）淋球菌性结膜炎

成人主要通过生殖器—眼接触传播感染，或眼接触到含淋球菌分泌物感染。

主要表现：除一般结膜炎的症状外，本病多双眼同时受累，脓性分泌物不断由睑裂流出，因此称“脓漏眼”。常有耳前淋巴结肿大和压痛等。成人潜伏期10h至2~3天。由于潜伏期短，急性进展性病程，又称超级性细菌性结膜炎。

三、病毒性结膜炎

病毒性结膜炎是一种常见的结膜炎，可由多种病毒引起。本节主要介绍以急性滤泡性结膜炎为主要表现的流行性出血性结膜炎。

流行性出血性结膜炎是一种暴发流行的自限性眼部传染病，又称“阿波罗11号”结膜炎。

主要表现：除一般结膜炎表现外，其潜伏期短（18~48小时），病程短（7~15天）。结膜下出血，多数有滤泡形成，伴有上皮性角膜炎及耳前淋巴结肿大等。

四、预防措施

1. 严禁到卫生条件差的公共浴池及游泳场所游泳。

2. 注意个人卫生，不用手揉眼，不用公共用具，经常流水洗手。

3. 避免共用眼药水，以免引起交叉感染；毛巾、手帕等物品要与他人分开，并经常清洗消毒、阳光暴晒。

4. 如怀疑自己患有“红眼病”则应注意：

（1）应及时主动隔离并及时到医院就诊；

（2）根据医生的诊断和“红眼病”的类型合理选用眼药水，切勿自己随便买些眼药水点眼而延误治疗时机并造成他人感染；

（3）保护健眼——如果一眼患结膜炎，必须保护健眼不受感染；

（4）严格戒酒；

（5）主动劝诫其他人勿使用自己的电脑键盘以及其他物品等。

5. 保持生活学习环境清新洁净。凡学习、工作、生活环境多风、尘烟等刺激者，应改善环境和戴保护眼镜，以防引起结膜炎。

第二节 中耳炎

中耳炎是中耳（包括鼓室、乳突、耳咽管和鼓膜）范围的全部或部分结构的急性和慢性炎症性病变，包括感染性和非感染性炎症。大多数感染性中耳炎为细菌感染，少数为真菌、特异性炎症（太少见，如结核性中耳炎）。

一、主要病因

1. 感冒。感冒后咽部、鼻部的炎症向咽鼓管蔓延，咽鼓管咽口及管腔黏膜出现充血、肿胀，纤毛运动发生障碍，引起中耳炎。

2. 非正确的擤鼻习惯。鼻涕中含有大量的病毒和细菌，如果两侧鼻孔都捏住用力擤鼻，则压力迫使鼻涕向鼻后孔挤出，到达咽鼓管，引发中耳炎。

3. 水侵入感染和骨膜外伤。例如游泳或洗澡时水进入中耳引发中耳炎。外伤所致的鼓膜穿孔诱发中耳炎。

4. 吸烟（包括吸“二手烟”）。吸烟可引起全身性动脉硬化，尤其是香烟中的尼古丁进入血液，使小血管痉挛，血液黏度增加，给内耳供应血液的微动脉发生硬化，造成内耳供血不足，严重影响听力。

5. 长时间戴耳机听摇滚类的大分贝的音乐或其他易引起中耳炎。

二、主要症状

（一）化脓性中耳炎

1. 急性化脓性中耳炎。由化脓性细菌感染引起的中耳炎症，其症状主要是耳痛、流脓、发热等。严重的并发症有颅内并发症，如脑膜炎、脑脓肿等。其他并发症有迷路炎、面神经麻痹等。

2. 慢性化脓性中耳炎。是指中耳黏膜、骨膜或深达骨质的慢性化脓性炎症。本病在临床上较为常见，常以耳内间断或持续性流脓、鼓膜穿孔、听力下降为主要临床表现，严重时可引起颅内、颅外的并发症。

（1）全身症状。轻重不一。可有怕冷、发热、乏力、食欲减退。鼓膜一旦穿孔，体温即逐渐下降，全身症状明显减轻。

（2）耳痛。耳深部疼痛，逐渐加重。如搏动性跳痛或刺痛，可向同侧头部或牙齿放射。吞咽及咳嗽时耳痛加重，鼓膜穿孔流脓后，耳痛顿减。

（3）耳流脓。是本病的主要症状，可为黏液、黏脓或纯脓性。非危险型流脓较稀薄，无臭味。危险型流脓虽不多，但较稠，多为纯脓性，并伴有异臭味。

（4）听力减退及耳鸣、耳聋。开始感耳闷，继则听力渐降，伴耳鸣。耳痛剧者耳聋可被忽略。有些患者可伴眩晕，穿孔后耳聋反而减轻。因多是单耳发病，耳聋易被忽视。

（二）非化脓性中耳炎（卡他性中耳炎或分泌性中耳炎）

1. 听力下降。急性分泌性中耳炎大多可于感冒后、乘飞机下降或潜水时，出现听力下降，可有“自声增强”现象。慢性分泌性中耳炎患者耳聋的严重程度常有波动。压迫耳屏或头位改变时，听力可有所改善，中耳积液黏稠时，听力不会因为头位的变动而改变。

2. 耳痛。急性分泌性中耳炎时可有轻微耳痛，慢性分泌性中耳炎多在继发感染时可出现耳痛。

3. 耳内闷胀感或闭塞感。

4. 耳鸣。一般不重，可为间歇性，当头部运动、打呵欠或擤鼻时可闻及气过水声。少数分泌性中耳炎患者还可出现耳内流水，但是持续时间甚短，仅为数小时或 1 天左右。

三、日常预防措施

1. 积极预防和治疗上呼吸道感染。上呼吸道感染是诱发中耳炎的主要因素，所以当感冒发生，特别是有鼻塞时，应及早治疗，以免引发中耳炎。

2. 严防耳内进水。游泳时或洗澡时若耳内进水，应及时用棉签或棉球吸出耳内的污水。陈旧性鼓膜穿孔或鼓室置管的患者，应禁止游泳。

3. 禁用硬物掏耳，防止鼓膜损伤。

4. 纠正不正确擤鼻涕习惯。正确的方法即交替将左右鼻翼压向鼻中隔擤鼻涕。禁用手同时捏紧双侧鼻孔用力擤鼻涕，以免增加鼻、咽部压力。

5. 戒烟及禁吸“二手烟”。香烟会刺激鼻腔通道和中耳腔的内膜，进而干扰耳咽管的正常活动，诱发中耳炎。

6. 禁长时间、大音量戴耳机听音乐或其他。

第三节　鼻窦炎

鼻窦炎可分为急性鼻窦炎和慢性鼻窦炎。

（一）急性鼻窦炎

急性鼻窦炎多继发于鼻炎。为鼻窦黏膜急性卡他性炎症或化脓性炎症。

1. 主要原因。

（1）全身因素：过度劳累、营养不良、全身慢性病、上呼吸道感染等。

（2）局部因素：鼻腔疾病；邻近器官的感染病灶；创伤性；医源性等。

2. 主要表现：常继发上感或急性鼻炎后，出现发热，周身不适等全身症状以及鼻塞或脓性分泌物增多、头痛及局部疼痛等局部症状，如眶上额部痛或伴有同侧颌面部痛或上颌磨牙痛；眼内侧或鼻根部痛；眼球深处钝痛；前额周期性痛，晨起痛、午后轻、晚消失等局部疼痛特点。

3. 预防措施：同“普通型感冒”。

（二）慢性鼻窦炎

指鼻腔和鼻窦黏膜的慢性炎症，鼻部症状持续超过 12 周，症状未完全缓解甚至加重。

1. 主要症状：鼻塞，黏性、脓性鼻涕以及头面部胀痛，嗅觉减退或消失。

2. 防治措施：（1）预防呼吸道感染；（2）抗炎药物治疗；（3）手术治疗。

第四节　急性阑尾炎

急性阑尾炎是由于粪石、阑尾扭曲、寄生虫入侵等因素使阑尾腔梗阻，致病菌入侵生长发炎而发病，是急腹症中最常见的疾病之一。

阑尾是人的一种退化器官，长 7 ~ 9 厘米，直径约 0.5 厘米，位于腹部右下方、盲肠内侧，近端与盲肠相通，远端闭锁。由于阑尾腔细小，又是盲端，食物残渣和粪石等容易掉入腔内，堵塞管腔引起发炎。阑尾对人体的作用不大，故患阑尾炎后可将它切除。

一、发病原因

1. 阑尾管腔阻塞。是引起急性阑尾炎最常见的原因。阑尾为一细长的管道，仅一端与盲肠相通，一旦梗阻可使管腔内分泌物积存、内压增高，压迫阑尾壁阻碍远侧血运。在此基础上管腔内细菌侵入受损黏膜，易致感染。导致阑尾管腔阻塞的主要原因是淋巴滤泡的明显增生，约占 50%，多见于年轻人。粪石也是阻塞的常见原因。异物、炎症狭窄、食物残渣、寄生虫等少见。

2. 感染。主要因素为阑尾腔内细菌所致的直接感染。因阑尾腔与盲肠相通，因此具有与盲肠腔内相同的以大肠杆菌和厌氧菌为主的菌种和数量。若阑尾黏膜稍有损伤，细菌侵入管壁，引起不同程度的感染。

3. 其他。如饮食生冷和不洁食物、便秘、急速奔走、精神紧张，导致肠功能紊乱，妨碍阑尾的血循环和排空，为细菌感染创造了条件而引发阑尾炎。

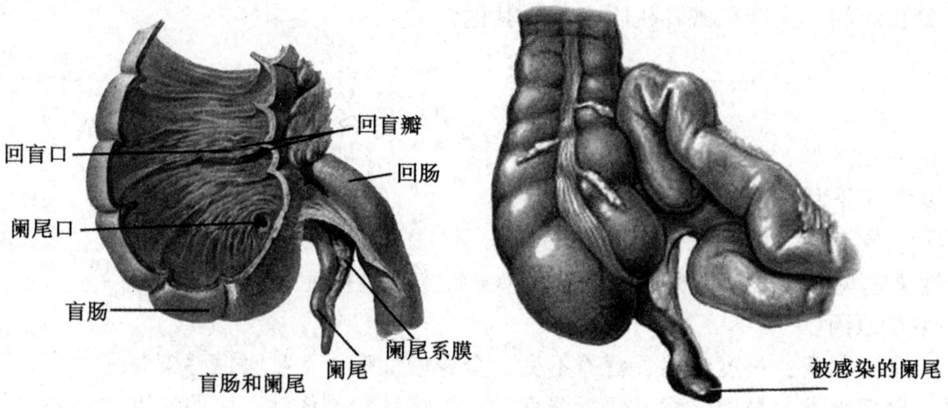

图 25－2 阑尾（炎）

二、主要表现

1. 转移性右下腹痛为急性阑尾炎的典型特征。70%～80%的患者具有该特点，即初起时，腹痛多起于上腹，逐渐转向脐周，一般于 6～8 小时后腹痛转移并固定于右下腹，持续性加重。部分患者病起即出现右下腹痛。

2. 早期出现恶心、呕吐和腹泻或便秘。尚有乏力、头痛、畏寒发热、腹胀等全身症状。

3. 检查时，右下腹（麦氏点多见）固定压痛反跳痛，肌紧张，肠鸣音减弱或消失。特殊病人或盲肠后位等位置阑尾炎压痛深在，反跳痛肌紧张等腹膜炎刺激征不明显。血白细胞升高等表现。

三、急性阑尾炎转归

1. 炎症消退。多见于单纯性阑尾炎经及时抗炎治疗后炎症消退，大部分将转为慢性。

2. 炎症局限。化脓、坏疽或穿孔性阑尾炎被大网膜包裹炎症局限，形成阑尾周围脓肿。

3. 炎症扩散。阑尾炎症状重、未及时手术切除等原因，发展为弥漫性腹膜炎、门静脉炎、感染性休克等。

一旦怀疑自己患急性阑尾炎，应立即就诊，明确诊断。如能在早期诊断，接受手术治疗应是最佳时机。虽然大学生由于多种原因不能在第一时间手术治疗，但仍可及时得到抗炎治疗，绝大多数急性阑尾炎可望治愈，但仍有复发的可能，转为慢性，而慢性又有可能急性发作，此时仍可行阑尾切除术治疗。尽量避免转归中第 2、3 种不利情况的发生。

第五节 痔 疮

痔是肛垫的病理性肥大和移位。肛垫是直肠下端的唇状肉赘，亦称为直肠海绵体，是人体正常的解剖结构。由于某种原因使肛垫内纤维弹力结构被破坏并伴有肛垫内静脉的曲张和慢性炎症纤维化，肛垫出现病理性肥大和移位后，形成痔。痔可发生在任何年龄，但随着年龄增长其发病率增高，男性略多于女性。长期饮酒和食入大量刺激性食物、长期的坐立、便秘都可诱发痔疮。

一、分类

痔根据其所在部位不同分为内痔、外痔、混合痔。内痔临床上最为多见，根据痔脱出的程度将其分为四期：一期只在排便时出血，痔不脱出于肛门外；二期排便时痔脱出肛门外，排便后自行还纳；三期痔脱出于肛门外需用手辅助才可还纳；四期痔长期在肛门外，不能还纳或还纳后又立即脱出。

二、主要表现

1. 内痔的早期症状是无痛性间歇性便后出鲜血，可黏附于粪便外，因粪便擦破痔黏膜，出现大便时滴血或便纸上带血。

2. 外痔可有肛门坠胀感、异物感及瘙痒感。如突发剧痛，形成紫色圆形痛性肿物表明血栓形成。

3. 混合痔兼有内痔、外痔症状，体检可见肛门口有皮垂、痔结节或出血点。

三、日常预防

1. 大多数患者因痔处于无症状静止期或在初期，不需要特殊治疗，只需增加纤维性食物，勿吃辛辣刺激性食物、保持大便通畅；

2. 热水坐浴、避免受凉；

3. 如疼痛、出血、血栓形成、痔块脱出时，需积极处置；

4. 预防肛周局部感染。

第六节　丹　毒

丹毒是皮肤和黏膜网状淋巴管的急性炎症。好发于足背、小腿及面部等处，多为单侧。

一、主要原因

1. 致病菌。多由乙型溶血性链球菌感染引起。

2. 感染途径。细菌多通过皮肤或黏膜细微损伤处侵入，也可由血行感染。

3. 诱发因素。如足癣、趾甲真菌病、小腿溃疡、鼻炎、抠鼻、掏耳、慢性湿疹等均可诱发本病。此外，机体抵抗力低下如糖尿病、慢性肝病、营养不良等均可促发。

二、主要表现

起病急，局部出现界限清楚之片状红疹，颜色鲜红，并稍隆起，压之褪色。皮肤表面紧张炽热，迅速向四周蔓延，有烧灼样痛。伴高热畏寒及头痛等。或出现水疱、大疱或脓疱，分别称为水疱型、大疱型、脓疱型丹毒。

三、日常预防

丹毒虽然以“毒”命名，却不是由病毒感染引起，而是由细菌感染引起的急性化脓性真皮炎症。

1. 积极治疗原发病。例如湿疹、足癣、甲癣、小腿溃疡等，避免挠抓导致皮肤黏膜损伤；

2. 注意皮肤清洁卫生，勤洗澡，勤换内衣内裤；

3. 积极治疗慢性病，增强抗病能力；

4. 避免和纠正不良习惯，如挖鼻、掏耳等，以预防面部丹毒。

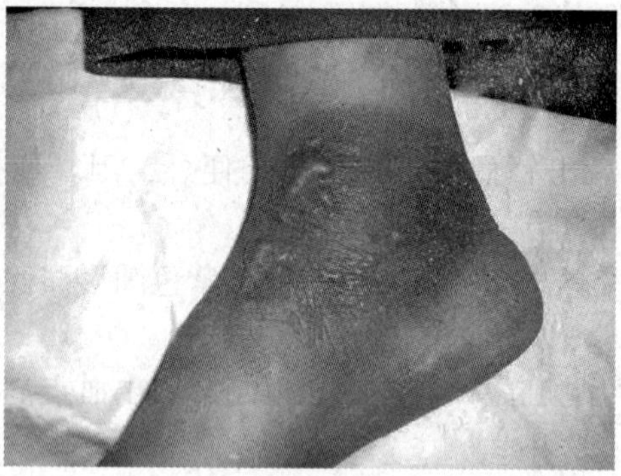

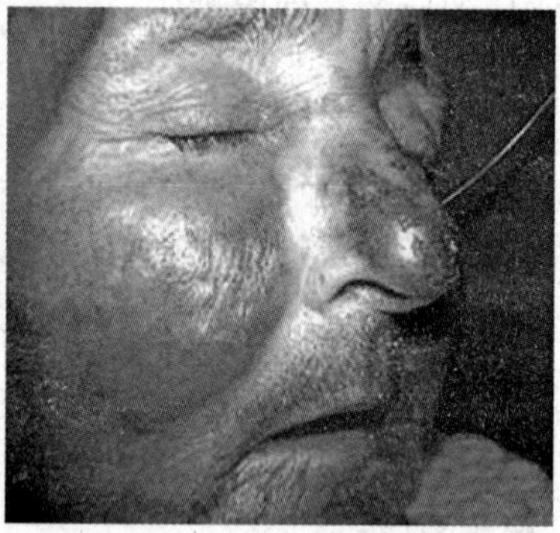

图 25－3　丹毒

（韩宝兰）

【思考题】

1. 怎样预防结膜炎？

2. 急性阑尾炎的典型症状是什么？

3. 日常生活中怎样避免痔疮的发生？

第 六 篇

大学生常见传染病预防

传染病是危害人类健康和生命最严重的一类疾病，如鼠疫、霍乱等曾经给人类带来巨大的灾难。随着经济社会的发展和科学技术的进步，一些传染病，如天花、脊髓灰质炎等已被消灭或得到较好的控制，但如病毒性肝炎、性病、艾滋病、肺结核，以及近年来一些新发传染病如新型冠状病毒肺炎等的不断出现，对我们人类的健康仍然是巨大的威胁。因此，加强传染病的防治依然是疾病控制的重中之重，更是人群密集场所需要关注和防控的重点任务。

第二十六章　传染病概述

第一节　传染病的相关概念

一、感染性疾病与传染病

（一）感染性疾病

感染性疾病是指由病原体感染所致的疾病，包括传染病和非传染性感染性疾病。

（二）传染病

传染病是由病原引起的，能在人与人、动物与动物以及人与动物之间相互传播的多种疾病的总称。

传染病的特点是有病原体、传染性和流行性，感染后常有免疫性。

我国对传染病实行分类管理，《中华人民共和国传染病防治法》规定的传染病分为甲类、乙类和丙类，共39种。甲类传染病是指鼠疫、霍乱。

2020年1月20日国家卫生健康委发布公告，将新型冠状病毒肺炎纳入传染病防治法规定的乙类传染病，并采取甲类传染病的防控措施。

二、感染和传染

感染是病原体和人体之间相互作用、相互斗争的过程。引起感染的病原体可来自宿主体外，也可来自宿主体内。来自宿主体外病原体引起的感染称为传染，传染主要是指病原体通过一定方式从一个宿主个体到另一个宿主个体的感染。构成传染和感染过程必须具备的三个因素，即病原体、人体和它们所处的环境，三者之间此消彼长。

三、宿主和病原体

宿主指在自然条件下能被传染性病原体寄生的人或其他活的动物，宿主不仅能受到损害，也能抵御、中和外来入侵。

病原体是指能够引起宿主致病的各类生物，包括病毒、细菌、立克次氏体、支原体、衣原体、螺旋体、真菌和朊病毒等各种微生物以及寄生虫。病原体侵入宿主是否致病取决于病原体的特征、数量、侵入的门户以及在机体的定位。

四、免疫应答

机体的免疫应答对感染过程的表现和转归起着重要的作用。免疫应答可以分为有利于机体抵抗病原体的保护性免疫应答和促进病理改变的变态反应两大类。保护性免疫应答又分为非特异性免疫应答和特异性免疫应答两类，都有可能引起机体保护和病理损伤。

第二节　传染病的流行过程及影响因素

一、流行过程的基本条件

传染病的流行过程是传染病在人群中连续传播的过程，包括病原体从传染源排出，经过一定的传播途径，侵入易感者机体而形成新的感染的整个过程。流行过程的发生需要有3个基本条件，包括传染源、传播途径和人群易感性。这三个环节必须同时存在，若切断任何一个环节，流行过程即终止。

（一）传染源

传染源（source of infection）是指体内有病原体生存、繁殖并能将病原体排出体外的人和动物。包括病人、病毒携带者和受感染的动物。

1. 病人。病人是大多数传染病重要的传染源。不同病期的患者其传染强度可有不同，一般情况下，以发病早期的传染性最大。慢性感染患者可长期排出病原体，可成为长期传染源。

2. 病原携带者。病原携带者指没有任何临床症状而能排出病原体的人。在某些传染病中，如伤寒、细菌性痢疾等，有重要的流行病学意义。

3. 受感染动物。以啮齿动物最为常见，其次是家畜、家禽。这些以动物为传染源传播的疾病，称为动物源性传染病。有些动物本身发病，如鼠疫、狂犬病、布鲁菌病等；有些动物不发病，表现为病原携带状态，如地方性斑疹伤寒、恙虫病、流行性乙型脑炎等。以野生动物为传染源传播的疾病，称为自然疫源性传染病，如鼠疫、钩端螺旋体病、肾综合征出血热、森林脑炎等。由于动物传染源受地理、气候等自然因素的影响较大，动物源性传染病常存在于一些特定的地区，并具有严格的季节性。

（二）传播途径

病原体离开传染源到达另一个易感者的途径称为传播途径。同一种传染病可以有多种传播途径。

1. 呼吸道传播。病原体存在于空气中的飞沫或气溶胶中，易感者吸入时获得感染，如麻疹、白喉、结核病、禽流感和严重急性呼吸综合征等。

2. 消化道传播。病原体污染食物、水源或餐具，易感者于进食时获得感染，如伤寒、细菌性痢疾和霍乱等。

3. 接触传播。易感者与被病原体污染的水或土壤接触时获得感染，如钩端螺旋体病、血吸虫病和钩虫病等。伤口被污染，有可能患破伤风。日常生活的密切接触也有可能获得感染，如麻疹、白喉、流行性感冒等。不洁性接触（包括同性恋、多个性伴侣的异性恋及商业性行为）可传播艾滋病病毒、乙型肝炎病毒、梅毒螺旋体、淋病奈瑟菌等。

4. 虫媒传播。被病原体感染的吸血节肢动物，如蚊、人虱、鼠蚤、白蛉、硬蜱和恙螨等，在叮咬时把病原体传给易感者，可分别引起疟疾、流行性斑疹伤寒、地方性斑疹伤寒、黑热病、莱姆病和恙虫病等。根据节肢动物的生活习性，往往有严格的季节性，有些病例还与感染者的职业及地区相关。

5. 血液、体液传播。病原体存在于携带者或患者的血液或体液中，通过应用血制品、分娩或性交等传播，如疟疾、乙型病毒性肝炎、丙型病毒性肝炎和艾滋病等。

6. 垂直传播。病原体通过母体直接传给子代。

（三）人群易感性

对某种传染病缺乏特异性免疫力的人称为易感者，他们都对该病原体具有易感性。当易感者在某一特定人群中的比例达到一定水平，若又有传染源和合适的传播途径时，则很容易发生该传染病流行。某些病后免疫力很巩固的传染病（如麻疹、水痘、乙型脑炎），经过一次流行之后，需待几年当易感者比例再次上升至一定水平时，才会发生另一次流行。这种现象称为传染病流行的周期性。在普遍推行人工主动免疫的情况下，可把某种传染病的易感者水平始终保持很低，从而阻止其流行周期性的发生。有些传染病还有可能通过全民长期坚持接种疫苗而被消灭，如天花、脊髓灰质炎、乙型脑炎和麻疹等。

二、影响流行过程的因素

传染病的流行过程也会受到社会因素和自然因素的影响。

（一）自然因素

自然环境中的各种因素，包括地理、气象和生态等对传染病流行过程的发生和发展都有重要影响。寄生虫病和由虫媒传播的传染病对自然条件的依赖性尤为明显。传染病的地区性和季节性与自然因素有密切关系，如我国北方有黑热病地方性流行区，南方有血吸虫病地方性流行区，疟疾的夏秋季发病率较高等都与自然因素有关。自然因素可直接影响病原体在外环境中的生存能力，如钩虫病少见于干旱地区。自然因素也可通过降低机体的非特异性免疫力而促进流行过程的发展，如寒冷可减弱呼吸道抵抗力，炎热可减少胃酸的分泌等。某些自然生态环境为传染病在野生动物之间的传播创造了良好条件，如鼠疫、恙虫病和钩端螺旋体病等，人类进入这些地区时亦可受感染。

（二）社会因素

社会因素包括社会制度、经济状况、生活条件和文化水平等，对传染病流行过程有决定性的影响。新中国成立后，社会制度使人民生活、文化水平不断提高，施行计划免疫，已使许多传染病的发病率明显下降或接近被消灭。由于改革开放、市场化经济政策的实施，在国民经济日益提高的同时，因人口流动、生活方式、饮食习惯的改变和环境污染等，有可能使某些传染病的发病率升高，如结核病、艾滋病、血吸虫病和疟疾等。这应引起我们的重视。

第三节　传染病的基本特征

传染病与其他疾病的主要区别在于其具有下列 4 个基本特征。

一、病原体

每种传染病都是由特异性病原体引起的。病原体可以是微生物或寄生虫。历史上许多传染病都是先认识其临床和流行病学特征，然后才认识其病原体。特定病原体的检出在确定传染病的诊断和流行中有着重大意义。由于新技术的应用，有可能发现新的传染病病原体。

二、传染性

传染性是传染病与其他感染性疾病的主要区别。例如，耳源性脑膜炎和流行性脑脊髓膜炎，在临床上都表现为化脓性脑膜炎，但前者无传染性，无须隔离，后者则有传染性，必须隔离。传染性意味着病原体能通过某种途径感染他人。传染病患者有传染性的时期称为传染期。它在每一种传染病中都相对固定，可作为隔离患者的依据之一。

三、流行病学特征

传染病的流行过程在自然和社会因素的影响下，表现出各种流行病学特征：

（一）流行性

可分为散发、暴发、流行和大流行。

1. 散发。是指某传染病在某地的常年发病情况或常年一般发病率水平，可能是由于人群对某病的免疫水平较高，或某病的隐性感染率较高，或某病不容易传播等。

2. 暴发。是指在某一局部地区或集体单位中，短期内突然出现许多同一疾病的患者，大多是同一传染源或同一传播途径，如食物中毒、流行性感冒等。

3. 流行。当某病发病率显著超过该病常年发病率水平或为散发发病率的数倍时称为流行。

4. 大流行。当某病在一定时间内迅速传播，波及全国各地，甚至超出国界或洲境时称为大流行或称世界性流行，如 2003 年的传染性非典型肺炎大流行、2009 年的甲型 H1N1 流感大流行。

（二）季节性

不少传染病的发病率每年都有一定的季节性升高，主要原因为气温的高低和昆虫媒介的有无。如呼吸道传染病常发生在寒冷的冬春季节，肠道传染病及虫媒传染病好发于炎热的夏秋季节。

（三）地方性

有些传染病或寄生虫病由于中间宿主的存在，地理条件、气温条件、人民生活习惯等原因，常局限在一定的地理范围内发生，如恙虫病、疟疾、血吸虫病、丝虫病、黑热病等。主要以野生动物为传染源的自然疫源性疾病，也属于地方性传染病。

（四）外来性

指在国内或地区内原来不存在，而从国外或外地通过外来人口或物品传入的传染病，如霍乱。

四、感染后免疫

感染后免疫指免疫功能正常的人体经显性或隐性感染某种病原体后，都能产生针对该病原体及其产物（如毒素）的特异性免疫。通过血清中特异性抗体的检测可知其是否具有免疫力。感染后获得的免疫力和疫苗接种一样都属于主动免疫。通过注射或从母体获得抗体的免疫力都属于被动免疫。感染后免疫力的持续时间在不同传染病中有很大差异。有些传染病，如麻疹、脊髓灰质炎和乙型脑炎等，感染后免疫力持续时间较长，甚至保持终生；但有些传染病则感染后免疫力持续时间较短，如流行性感冒、细菌性痢疾和阿米巴病等。

五、感染的表现形式

1. 病原体被清除。病毒进入人体后可引起人体免疫反应，将病毒杀灭和清除，进而终止感染。

2. 隐性感染。就是病原体进到体内，没有引起机体出现临床症状，化验指标、病理都没有发生变化，但是出现免疫反应了。因为它刺激机体产生抗体，通过免疫学检测可证实，病毒曾经在这个人的体内发生过反应，这样的情况就是隐性感染。隐性感染易被临床医学忽视，但在许多传染病中相当常见，具有重要的流行病学意义。

3. 显性感染。也就是临床的发病。病原体侵入体内后，在和人体战斗的过程中，人体被它们打败了，出现了临床的症状。这样的人是少数的，绝大多数的感染者中，最终发病的占少数。

4. 病原携带。病原携带状态是指病原体侵入人体，但人体并没有出现临床症状和疾病的表现。病原体在体内存在，并且还向体外排出病毒，成为传染源。也就是说，病原体能在体内生长、繁殖，并向体外传播，但并没有表现出疾病的症状，这样的称为携带者。携带者是一种不稳定的状态，一旦机体免疫力下降，病原体就要扩张，就有可能导致疾病发作。

5. 潜伏性感染。自病原体进入体内到最早出现临床症状的这一时间，称为潜伏期，各种传染病均有相对固定的潜伏期。潜伏性感染指的是病原体在身体的某一个地方被限制住，身体不能把它清除掉，它也不能出来泛滥，这种感染叫作潜伏性感染。它也可以变成病原携带者，病原携带可以在感染的不同时期都存在，而潜伏性感染只是在一个阶段存在，被局限住以后要么被清除，要么变成携带者，要么发病了。

第四节　传染病预防

传染病的预防应当针对构成传染病流行过程的三个基本环节采取综合性措施，并且根据各种传染病的特点，针对传播的主导环节，采取适当的措施，防止传染病继续传播。

一、管理感染源

早期发现传染源才能及时进行管理，这对于感染者个体及未感染的群体均很重要。

传染病报告制度是早期发现、控制传染病的重要措施，可使防疫部门及时掌握疫情，采取必要的流行病学调查和防疫措施。根据《中华人民共和国传染病防治法》，将法定传染病分为甲类、乙类和丙类。

甲类：包括鼠疫、霍乱。为强制管理的烈性传染病，城镇要求发现后 2 小时内通过传染病疫情监测信息系统上报，农村不超过 6 小时。

乙类：包括传染性非典型肺炎（严重急性呼吸综合征）、艾滋病、病毒性肝炎；脊髓灰质炎、人感染高致病性禽流感、麻疹、流行性出血热、狂犬病、流行性乙型脑炎、登革热、炭疽、细菌性和阿米巴痢疾、肺结核、伤寒和副伤寒、流行性脑脊髓膜炎、百日咳、白喉、新生儿破伤风、猩红热、布鲁氏杆菌病、淋病、梅毒、钩端螺旋体病、血吸虫病、疟疾、人感染猪链球菌病，2009 年增加了甲型 H1N1 流感，2020 年增加了新型冠状病毒肺炎。为严格管理传染病，城镇要求发现后 6 小时内网络直报，农村不超过 12 小时。

丙类：包括流行性感冒、流行性腮腺炎、风疹、急性出血性结膜炎、麻风病、流行性和地方性斑疹伤寒、黑热病、棘球蚴病、丝虫病以及除霍乱、痢疾、伤寒和副伤寒以外的感染性腹泻病，2008 年增加了手足口病。为监测管理传染病，要求发现后 24 小时内上报。

对于传染病的接触者，应分别按具体情况采取检疫措施，密切观察，并适当作药物预防或预防接种。

对于动物传染源，如属有经济价值的家禽、家畜，应尽可能加以治疗，必要时宰杀后加以消毒处理；如属无经济价值的野生动物，则予以捕杀。

二、切断传播途径

对于各种传染病，尤其是消化道传染病、虫媒传染病和寄生虫病，切断传播途径通常是起主导作用的预防措施。其主要措施包括隔离和消毒。

（一）隔离

隔离是指将患者或病原携带者妥善地安排在指定的隔离单位，暂时与人群隔离，积极进行治疗、护理，并对具有传染性的分泌物、排泄物、用具等进行必要的消毒处理，防止病原体向外扩散的医疗措施。隔离的种类有以下几种。

1. 严密隔离。对于传染性强、病死率高的传染病，如霍乱、鼠疫、狂犬病等，应住单人房，严密隔离。

2. 呼吸道隔离。对于由患者的飞沫和鼻咽分泌物经呼吸道传播的疾病，如新型冠状病毒肺炎、传染性非典型肺炎、流感、流脑、麻疹、白喉、百日咳、肺结核等，应作呼吸道隔离。

3. 消化道隔离。对于由患者的排泄物直接或间接污染食物、食具而传播的传染病，如伤寒、菌痢、甲型肝炎、戊型肝炎、阿米巴病等，最好能在一个病房中只收治一个病种，否则，应特别注意加强床边隔离。

4. 血液－体液隔离。对于直接或间接接触感染的血及体液而发生的传染病，如乙型肝炎、丙型肝炎、艾滋病、钩端螺旋体病等，在一个病房中只住由同种病原体感染的患者。

5. 接触隔离。对于病原体经体表或感染部位排出，他人直接或间接与破损皮肤或黏膜接触感染引起的传染病，如破伤风、炭疽、梅毒、淋病和皮肤的真菌感染等，应作接触隔离。

6. 昆虫隔离。对于以昆虫作为媒介传播的传染病，如乙脑、疟疾、斑疹伤寒、回归热、丝虫病等，应作昆虫隔离。病室应装有纱窗、纱门，做到防蚊、防蝇、防螨、防虱和防蚤等。

7. 保护性隔离。对于抵抗力特别低的易感者，如长期大量应用免疫抑制剂者、严重烧伤患者、早产婴儿和器官移植患者等，应作保护性隔离。在诊断、治疗和护理工作中，尤其应注意避免医源性感染。

（二）消毒

消毒是切断传播途径的重要措施。狭义的消毒是指消灭污染环境的病原体而言。广义的消毒则包括消灭传播媒介在内。消毒有疫源地消毒（包括随时消毒与终末消毒）及预防性消毒两大类。消毒方法包括物理消毒法和化学消毒法等，可根据不同的传染病选择采用。

三、保护易感人群

保护易感人群的措施包括特异性和非特异性两个方面。非特异性保护易感人群的措施包括改善营养、锻炼身体和提高生活水平等，可提高机体的非特异性免疫力。在传染病流行期间，应保护好易感人群，避免与患者接触。对有职业性感染可能的高危人群，及时给予预防性措施，一旦发生职业性接触，立即进行有效的预防接种或服药。

特异性保护易感人群的措施是指采取有重点有计划的预防接种，提高人群的特异性免疫水平。人工自动免疫是有计划地对易感者进行疫苗、菌苗、类毒素的接种，是人体在1~4周内主动产生免疫力，维持数月至数年，免疫次数1~3次，主要用于预防传染病。预防接种对传染病的控制和消灭起着关键性作用。人类由于普遍接种牛痘苗，现已在全国范围内消灭了曾对人类危害很大的天花。由于我国在儿童中坚持实行计划免疫，全面推广服食脊髓灰质炎疫苗，目前我国已基本消灭脊髓灰质炎。

（田丹　刘懿卿）

【思考题】

1. 构成传染病流行的基本条件是什么？
2. 与其他疾病相比，传染病具有哪些特征？
3. 怎样预防传染病？

第二十七章　艾滋病预防

第一节　艾滋病概述

艾滋病是危害全球公共卫生的严重传染病，具有传播迅速、发病缓慢、病死率高的特点，目前不可治愈，尚无疫苗预防。

2018 年我国报告新发现的 15～24 岁青年艾滋病病毒感染者、艾滋病患者 1.6 万例。其中，青年学生病列 3000 多例，且 80% 以上通过男性同性性行为感染。一些青年学生由于疾病预防知识匮乏、感染风险意识淡薄，易受外界影响，发生不安全性行为。也有极个别的艾滋病病毒感染者，出于各种原因，蓄意与他们发生无保护性行为，传播疾病，青年学生需要引起高度警惕。

在青年学生中开展青春期性教育、预防艾滋病/性病、拒绝毒品的教育，培训生活技能，保护青年学生免受艾滋病/性病和毒品的危害，是家庭、学校、社会的共同责任。

一、艾滋病和艾滋病病毒

艾滋病，医学全称是“获得性免疫缺陷综合征”（acquired immunodeficiency syndrome，AIDS），它是由艾滋病病毒（人类免疫缺陷病毒，human immunodeficiency virus，HIV）引起的一种慢性传染病。

艾滋病病毒，是一种逆转录病毒。主要攻击对象是 CD_4 受体的 T 淋巴细胞和巨噬细胞。这些细胞具有重要的防御功能。病毒在细胞内复制，破坏了这些细胞，从而导致了机体免疫功能下降。

二、艾滋病病毒的生物特点

艾滋病病毒不耐酸、较耐碱、对紫外线不敏感，对外界环境的抵抗力较弱，离开人体后不易存活。常温下，在血液或人体分泌物内只能存活数小时到数天。高温、干燥剂、常用消毒药品均可以杀灭这种病毒，如 56℃ 下加热 30 分钟、75% 的酒精、1% 戊二醛、0.2% 次氯酸钠和漂白粉等均能灭活病毒。但紫外线或 γ 射线不能灭活艾滋病病毒，有很多疾病例如流感病毒，对紫外线很敏感，通过对衣物的晾晒、太阳光中的紫外线可以将病毒消除，但是艾滋病病毒不能被消除。

三、艾滋病的流行现状

（一）全球艾滋病的流行态势

自 1981 年美国报告了全球首例艾滋病病例后，艾滋病迅速在全球蔓延。据世界卫生组织、联合国艾滋病规划署公布的最新数据显示，截至 2018 年底全球有 3790 万例艾滋病病毒感染者，三分之二以上的病毒感染者（约 2570 万例）处在非洲区域。2018 年新感染艾滋病病毒人数由2010年的210万降至170万，下降了16%；艾滋病相关疾病死亡人数从2004年的170万降至2018年的77万。全球新感染艾滋病病毒以及死亡人数逐步下降，主要归功于东非和南非。

（二）我国艾滋病的流行态势

1985年，我国在血友病患者中发现4例艾滋病病毒感染者，证实艾滋病已传入我国。1989年，我国局部地区首次报告在吸毒人群中发现艾滋病病毒感染暴发流行。1995年，河北、安徽等地在献血员中发现艾滋病病毒感染者，因采血污染造成部分地区献血员艾滋病病毒感染暴发流行。2008年，首次发现四川省凉山州布拖县常住人口的艾滋病病毒感染率达7.0%。2008—2009年开始，全国男男性接触人群疫情逐渐上升。

截至2018年年底，我国报告的现存活艾滋病病毒感染者/艾滋病患者共计86万例；2018年新发现艾滋病病毒感染者/艾滋病患者14.9万例，其中性传播比例达到95%；2018年报告死亡病例3.8万例。2018年我国报告新发现的15～24岁青年艾滋病病毒感染者/艾滋病患者1.6万例。其中，青年学生病列3000多例，且80%以上通过男性同性性行为感染。

近年来，尽管我国艾滋病病毒感染者和艾滋病病人数量总数增加，但每年新发感染人数保持在较低水平，国家艾滋病防治工作取得一定成效。艾滋病经输血传播基本阻断，经静脉吸毒传播和母婴传播得到有效控制，性传播成为主要传播途径，感染者发现率提高、艾滋病病死率降低。

四、艾滋病的危害

艾滋病作为“公民健康的头号敌人之一”，对个人、家庭及整个社会造成严重危害。

（一）对患者自身的危害

从生理上讲，艾滋病病毒感染者一旦发展成为艾滋病病人，相当一部分病人因未及时诊治、病毒耐药或药物的副作用等原因，健康状况就会迅速恶化，患者身体上要承受巨大的痛苦，最后被夺去生命。从心理上讲，艾滋病造成病人心理创伤较大，尤其是受到来自家庭、社会各方面的压力、歧视、恐吓后，可能造成严重的心理负担，影响正常的工作、生活，甚至使人丧失生活信心。

（二）对家庭的危害

社会上对艾滋病人及感染者的种种歧视态度会殃及其家庭，他们的家庭成员和他们一样，也要背负沉重的心理负担。由此容易产生家庭不和，甚至导致家庭破裂。因为多数艾滋病病人及感染者处于养家糊口的年龄，往往是家庭经济的主要来源。当他们本身不能再工作，又需要支付高额医药费时，其家庭经济状况就会很快恶化。有艾滋病病人的家庭，其结局一般都是留下失去单亲或双亲的孤儿无人抚养，或留下父母无人赡养。

（三）对社会的危害

艾滋病主要侵害那些年富力强的20～45岁成年人，而这些成年人是社会的生产者、家庭的抚养者、国家的保卫者。同时艾滋病的流行，导致住院需求和医疗费用急剧增加，卫生资源大量消耗，人均期望寿命降低。虽然我国已实施对艾滋病病毒感染者“四免一关怀”等相关政策，但艾滋病患者晚期并发症的治疗仍可能给家庭和社会带来沉重的经济负担和社会问题。

第二节　艾滋病流行病学

一、艾滋病的传染源

（一）艾滋病病毒感染者

人体感染艾滋病病毒后，刚开始时免疫功能尚没有受到严重破坏，没有出现临床症状。此时称为艾滋病病毒感染者，又称艾滋病病毒携带者或带毒者。艾滋病病毒感染者终身带有病毒，在没有发病之前，他们看起来和健康人一样，但可通过性交、共用注射器吸毒等将艾滋病病毒传播给他人。

（二）艾滋病患者

经过潜伏期后，艾滋病病毒感染者的免疫系统受到严重破坏，在不能维持最低的抗病能力时，感染者便发展成为艾滋病病人，此时常出现原因不明的长期低热、体重下降、盗汗、慢性腹泻、咳嗽、皮疹等症状。

二、艾滋病的传播途径

（一）传播途径

目前公认的传播途径主要是性接触、血液传播和母婴传播。

1. 血液传播，主要有以下几种方式：

（1）静脉注射毒品的吸毒者，相互共用未经过消毒的注射器；

（2）输入带有艾滋病病毒的血液或血液制品，输用艾滋病病毒感染者的骨髓或器官移植；

（3）注射器或针头、口腔科器械、接生器械、外科手术器械、针刺治疗用针，消毒不严密或不消毒；

（4）理发、美容（如文眉、穿耳等），文身所用的刀具、针具，浴室的修脚工消毒不严密或不消毒；与他人共用刮脸刀、剃须刀或牙刷等。

2. 性接触传播。HIV 主要存在于感染者和病人的血液、精液、阴道分泌物、乳汁中。性接触摩擦所致细微破损即可侵入机体致病。国家卫生和计划生育委员会 2013 年 8 月发布的数据显示，我国艾滋病经性途径传播的比例已达 87.1%，性传播成为艾滋病传播的主要渠道。

3. 母婴传播。艾滋病的母婴传播是指被 HIV 感染的妇女在怀孕、分娩和产后哺乳等过程中将 HIV 传染给胎儿或婴儿，导致胎儿或婴儿感染 HIV 的传播方式。母婴传播是儿童感染 HIV 的最主要途径，婴儿和儿童 HIV 感染约有 90% 是通过母婴传播而获得的。宫内传播主要是 HIV 通过胎盘感染绒毛膜细胞或者通过胎盘屏障的破损而直接感染胎儿；产时的传播是在分娩过程中胎儿与含有病毒的血液及宫颈阴道分泌物接触而感染；产后哺乳也是 HIV 传播的重要途径，乳汁中的病毒通过婴儿的口腔或胃肠道黏膜传播。

（二）日常生活中哪些行为不会传播艾滋病

1. 共用学习用具、劳动用具、办公用具、钱币等不会传播艾滋病。

2. 在工作和生活中与艾滋病病人和艾滋病病毒感染者的一般接触，如握手、拥抱、礼节性接吻、共同进餐等不会感染艾滋病。

3. 不会经马桶圈、电话机、餐饮具、卧具、游泳池或公共浴池等公共设施传播。

4. 咳嗽和打喷嚏、蚊虫叮咬不传播艾滋病。

艾滋病病毒在蚊子体内既不发育也不会复制，蚊子口器上残留的血液量微乎其微，远不足以引起传染。目前还没有有关蚊子或昆虫叮咬而感染艾滋病的报道。

三、艾滋病的易感人群

人群普遍易感。

艾滋病的高危人群为：同性恋者（特别是男性同性恋者）、性工作者和多性伙伴者、艾滋病病毒感染者的配偶或性伙伴、性病病人、静脉吸毒人员、接受输血和血液制品者、卖血人员、感染艾滋病病毒的妇女所生婴儿。

艾滋病防治的重点人群包括青少年、外出务工人员、流动人口和监管人员。

艾滋病的职业暴露是指医务人员、实验室工作人员及有关监管人员等在从事艾滋病病毒感染者和艾滋病病人诊治、护理、监测、检验、司法管理等工作过程中意外被艾滋病病毒感染者或艾滋病病人的血液、体液污染了皮肤或者黏膜，或者被含有 HIV 的血液、体液污染了的针头及其他锐器刺破皮肤，有可能被艾滋病病毒感染的情况。艾滋病的职业暴露主要发生在艾滋病筛查实验室，而且以医疗机构为主。

四、艾滋病的传播条件

艾滋病病毒的传播是需要一定的条件的，病毒必须通过排出、存活而且足量和有直接进入机体的传播途径才能传播，否则不会传播，见图 27－1。

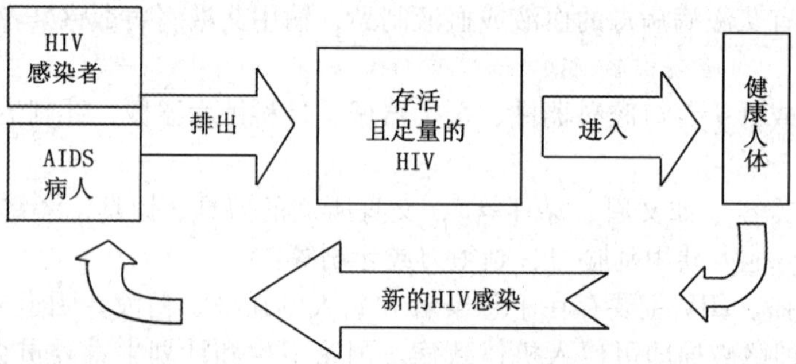

图 27－1　艾滋病病毒的传播

1. 排出。病毒从艾滋病病毒感染者或者艾滋病病人体内排出，是艾滋病传播的前提。艾滋病病毒需要一些载体才能从感染者体内排出，例如血液、精液、阴道分泌物、乳汁等体液中含有比较多的病毒。

2. 存活。艾滋病病毒是一种非常脆弱的病毒，对外界环境的抵抗力较弱，离开人体后在常温下存活时间很短。

3. 足量。艾滋病病毒的数量也是个重要的因素，各种体液中含有的艾滋病病毒数量不同，如果数量太少，例如礼节性接吻，唾液中艾滋病病毒的数量一般不足以使人感染。

4. 进入。存活的艾滋病病毒要想感染另外一个人，必须要通过一定的途径，例如体液交换的行为（输血、性行为等），或者通过皮肤破损、口腔溃疡等伤口进入另一个人的体内。

第三节　艾滋病发展进程及初期症状

一、艾滋病的发展进程

（一）感染期

从感染上艾滋病病毒直至艾滋病的发病，整个这段期间都叫感染期，包括窗口期和潜伏期在内。

1. 窗口期。感染艾滋病病毒2～12周后才能从人体的血液中检测出艾滋病病毒抗体。从感染艾滋病病毒到血液中能检测出抗体，这段时间称为窗口期。如果在窗口期做艾滋病病毒血清抗体检测，就会呈阴性反应，但这时病毒在体内大量复制，血清中病毒的含量会比较高，感染者有很强的传染性。当一个人有过可能感染艾滋病病毒的行为，又发现有一些早期症状时，就应该高度警惕，如果艾滋病病毒抗体检查结果为阴性时千万不能忽视，应当在3～6个月内再次检测血清艾滋病病毒抗体。如果两次检测均为阴性，才可排除感染艾滋病病毒的可能。

2. 潜伏期。艾滋病病毒进入人体后不会立即使人发病，从感染到发病的这段时间叫作潜伏期。潜伏期的时间平均为7～10年。在这段时间内，感染者可以没有任何症状出现，但能将病毒传染给他人。

（二）发病期

在潜伏期之后，艾滋病病毒侵入人体各个器官，破坏了人体的免疫功能，此时的感染者开始出现各种不同的症状，从轻微到严重。对感染者而言，一经出现症状即为进入了发病期。

艾滋病的初期症状可以分为两类：一类是艾滋病病毒感染初期的症状。多数艾滋病病毒感染者在感染的初期可以不出现任何症状，即使有症状出现也是一过性的症状，与一般的感冒相似，表现为轻微的发热、周身不适、乏力、咽痛，个别严重者还可出现淋巴结轻度肿大或胃肠道症状。这些症状在用药的情况下可以减轻，也可在几天之后自然痊愈。另一类是艾滋病的初期症状。对于艾滋病病人来讲，初期的症状与上述症状最大的不同是，持续时间长，症状的表现越来越重，即使是对症治疗效果也不明显。患者不仅有发热、咽痛，而且往往伴有口腔溃疡。几乎都会出现淋巴结肿大和胃肠道症状。尤其是化验检查，血液中的白细胞，特别是淋巴细胞处于下降的趋势，还有的患者是以结核病的病症为发病初期的表现。这些情况提示，患者正处于艾滋病的发病期。

二、艾滋病病毒感染的分期及临床表现

我国将艾滋病病毒感染分为急性期、无症状期和艾滋病期。

（一）急性期

通常发生在初次感染艾滋病病毒后2～4周左右。临床主要表现为发热、咽痛、盗汗、恶心、呕吐、腹泻、皮疹、关节痛、淋巴结肿大及神经系统症状。多数患者临床症状轻微，持续1～3周后缓解。

（二）无症状期

可从急性期进入此期，或从无明显的急性期症状而直接进入此期。此期持续时间一般

为6~8年。但也有快速进展和长期不进展者。此期的长短与感染病毒的数量、型别、感染途径、机体免疫状况等多种因素有关。

（三）艾滋病期

此为感染艾滋病病毒后的最终阶段。此期主要临床表现为艾滋病病毒相关症状、各种机会性感染及肿瘤。

1. 艾滋病病毒相关症状。主要表现为持续1个月以上的发热、盗汗、腹泻，体重减轻10%以上。部分病人表现为神经精神症状，如记忆力减退、精神淡漠、性格改变、头痛、癫痫及痴呆等。另外还可出现持续性全身性淋巴结肿大，其特点为除腹股沟以外有两个或两个以上部位的淋巴结肿大，淋巴结直径≥1厘米，无压痛，无粘连，持续时间3个月以上。

2. 机会性感染。艾滋病病毒相关机会性感染及肿瘤的常见症状：发热、盗汗、淋巴结肿大、咳嗽咳痰咯血、呼吸困难、头痛、呕吐、腹痛腹泻、消化道出血、吞咽困难、食欲下降、口腔白斑及溃疡、各种皮疹、视力下降、失明、痴呆、癫痫、肢体瘫痪、消瘦、贫血、二便失禁、尿潴留、肠梗阻等。

第四节　艾滋病预防

艾滋病虽然不可治愈，但完全可以预防。

一、控制传染源

（一）艾滋病病毒感染者和艾滋病病人管理

高危人群应定期检测艾滋病病毒抗体，医疗卫生部门发现感染者应及时上报，并应对感染者进行艾滋病病毒相关知识的普及，以免传染给其他人。感染者的血液、体液及分泌物应进行消毒。艾滋病病毒感染者和艾滋病病人是本病的唯一传染源。人们如果没有经过一个途径接触到感染者和病人，不会得艾滋病。

（二）出入境人员的艾滋病监测

出国3个月以上的中国公民入境时均需接受艾滋病检疫，艾滋病病毒感染者和艾滋病病人以及与其密切接触者都必须接受卫生防疫部门的监测和管理。

二、切断传播途径

（一）预防经血液传播途径感染艾滋病的措施

1. 提倡无偿献血，杜绝贩血、卖血，加强血液检测是保证用血安全的重要措施。对血液和血制品进行严格的艾滋病病毒抗体检测，确保用血安全，是防治艾滋病经采供血途径传播的关键措施。

“窗口期”和安全供血关系最为密切，在一般人群艾滋病病毒感染率不高的国家，献血人员的艾滋病病毒筛查使用的是抗体检测方法，易把处于“窗口期”的血漏掉。为了保证血液的安全，避免窗口期的艾滋病病毒阳性血液进入血液的最好办法是取缔商业卖血，实行公民无偿献血。在献血前自我筛查时，有高危行为历史的人应主动不参加献血。

无偿献血已经在很多国家实行多年。我国于1998年10月1日实行《中华人民共和国献血法》。无偿献血指的是公民向血站自愿、无偿地提供自身血液的行为。国家提倡18周岁至55周岁的健康公民自愿献血。实行无偿献血，不仅能保障医疗临床用血的需要，保证输血安全，达到治病救人的目的，它还是一种“我为人人，人人为我”的社会共济行为，是人道主义精神的重要体现。适量献血对身体健康是没有损害的。科学研究表明，平均每个成年人有4000～5000毫升血液，其中80%左右在血液循环系统内流动，20%左右在体内贮存用于补充，一般每次献血的量通常为200毫升，占全身血液总量的1/20以下。这不但不影响健康，还能刺激骨髓的造血功能。

2. 尽量避免不必要的输血和注射。使用血浆代用品和自身血液是安全用血的措施之一。必须输血时，要使用经过艾滋病病毒抗体检测的血液和一次性或经过严格消毒的输液器。

3. 严格执行各项有关消毒的规章制度，是防止艾滋病病毒经血液传播的重要环节。到正规医院就医，不轻信街头广告，不去无行医执照的个体诊所打针、输液、补牙等。不到非正规的美容、整形机构去做文眉、文身、穿耳眼、矫正畸形等刺破皮肤的手术。儿童预防注射要使用一次性注射器；如没有条件，则必须做到一人一针一管一用一消毒。医务人员和特种行业（如酒店、旅馆、澡堂、理发店、美容院、洗脚房等）服务人员所用的刀、针和其他易刺破或擦伤皮肤的器具必须经过严格消毒。

4. 拒绝毒品，珍爱生命。与艾滋病病毒感染者共用针具注射吸毒，会增加经血液感染艾滋病病毒的风险。使用新型毒品（冰毒、摇头丸、K粉等）或者醉酒可刺激或抑制中枢神经活动，降低自己的风险意识，性伴数量和不安全性频率会增加，间接增加经性途径感染艾滋病病毒的风险。

对于青少年来说，最重要的是，在毒品面前要坚决说“不”。培养学生良好的生活习惯和行为习惯：从不吸烟、不酗酒做起；不涉足青少年不宜进入的场所；慎重交友，不与怀疑有贩毒或吸毒行为的人交往；不滥用药物；积极参加各项禁毒活动。对于染上毒瘾的人，要帮助他们戒除毒瘾，同时国家正在使用美沙酮维持治疗和清洁针具交换的方法，降低他们感染艾滋病病毒的危险。

（二）预防经性接触传播途径感染艾滋病的措施

艾滋病可以通过性接触在男女之间或男男之间传播；但是经性途径感染的风险是可以降低和避免的。遵守性道德、固定性伴侣、安全性行为，是预防艾滋病经性途径传播的有效措施。

1. ABC“让步”健康教育方法。目前，国际上流行的预防经性传播艾滋病的ABC“让步”健康教育方法，实际上起到了语言中的“双关语”作用。“ABC”有基础知识之含义，使人们感到亲切，因此易于人们接受。

A为abstinence，即禁欲。就是说克制自己，不发生性行为，感染艾滋病的风险就会大大降低。不发生性行为是避免经性途径感染艾滋病的最好方法，尤其是青少年不要发生婚前性行为，更不要发生多性伴行为。

B为be faithful，即忠于伙伴，用伦理道德来约束自己。就是说不能禁欲的人，要做到忠于配偶（或性伴）、固定性伴、减少性伴数，可降低感染艾滋病的风险。

C为condom，即使用安全套。就是说如果做不到A、B这两点，坚持正确地使用质量合格的安全套，不但可以避孕，还可以明显降低感染艾滋病、性病等疾病的风险。

其中A、B两条最保险，但并非每个人都能做到这两条，所以C是给人们提供的最后一道保护屏障。但安全套并不是百分之百的安全保障，因为在安全套没有遮盖的部位，如果有皮肤破损，仍然可能感染性病、艾滋病。安全套的使用方法不当或者质量不佳，也会影响预防疾病的效果。

2. 同伴教育。另外国际上提倡的另一种健康教育方法是同伴教育，比如先教育卖淫妇女，由她再对其同伴进行教育，这样可以达到更好的效果。

3. 及时治疗性病。性病和艾滋病是一对孪生兄弟。几乎所有的性病主要是通过性接触传播的，这也是艾滋病的主要传播途径；性病患者多在阴部及外生殖器部位患有炎症或糜烂、溃疡，为艾滋病病毒的侵入提供有利条件，使其容易进入人体并迅速蔓延；性病患者由于机体免疫防御系统受到破坏，加剧了艾滋病的发病；性病患者主要通过性乱、不安全性行为而感染，而其接触的性伴可能感染多种性病，同样，也可能感染艾滋病病毒。

我国在校大中学生有性行为的比例在增加，这些青年人的心理发展相对滞后于生理发展，处于走向成熟但又不完全成熟的阶段。他们正值智力发展的高峰期，容易接受新生事物，情绪和情感日益丰富，自我意识和独立意识不断增强，性意识进一步发展。性观念和性行为的转变不仅增加了性接触的概率，同时也增大了艾滋病等性传播疾病的传播概率。因此在大学生中开展性知识健康教育已非常紧迫，也是治本措施。

第一，青年人有性冲动和性需求是很正常的现象，但若不理智地加以控制，容易导致性偏差，对自己和他人造成身心伤害，因此洁身自爱，遵守性道德，树立积极、正确、健康的恋爱观显得尤为重要。第二，树立预防性骚扰和性侵害的意识，增强识别能力。第三，与异性交往要把握好尺度。青年人之间尤其是男女之间的交往中，更要注意保持合适的距离，女生应端庄、坦荡，不使对方产生误解和非分之想；男生要沉稳庄重，尊重对方。第四，避免婚前性行为，要学会既保护自己，又对他人负责。

（三）预防经母婴传播途径感染艾滋病的措施

1. 青年和育龄妇女 HIV 感染的初级预防。预防育龄妇女感染艾滋病是预防艾滋病母婴传播最初级的预防措施。主要包括：对普通人群和夫妇进行行为干预，如开展有关预防艾滋病信息的宣传、健康教育和咨询，提高普通人群的知晓率，增强防护意识；进一步加强性传播疾病的管理，积极治疗和预防性传播疾病；建立安全的供血系统，减少和拒绝不安全输血；给予充分的咨询，避免歧视带来的不良影响；促进安全性行为，鼓励伴侣共同接受咨询和商讨进行安全的性行为。

2. 预防 HIV 感染的育龄妇女非意愿妊娠。帮助育龄妇女知晓自己的 HIV 感染状态。通过提供关于艾滋病的预防、关怀和预防艾滋病母婴传播知识的宣传、健康教育和咨询，尤其是艾滋病高发地区对准备结婚的青年男女进行艾滋病咨询和检测，来帮助妇女认知自己和伴侣的感染状态，以帮助他们选择安全性行为的方式和知情选择妊娠意向。向检测结果阳性的育龄妇女和伴侣提供咨询服务，帮助他们选择今后的性行为方式和妊娠意向，向他们建议实施计划生育的措施，采取积极有效的避孕方法，放弃非意愿妊娠。对于孕早期发现感染 HIV 的妇女，要通过咨询使她们充分了解艾滋病母婴传播对胎儿、婴儿和自身的潜在危害，帮助他们知情选择继续妊娠还是接受终止妊娠的措施。如果选择终止妊娠，应到当地医疗卫生机构寻求咨询和终止妊娠的服务。

3. 预防孕产期的 HIV 母婴传播。感染了艾滋病病毒的孕妇，如果选择继续妊娠，应到当地承担艾滋病抗病毒治疗的医院或妇幼保健机构，寻求预防母婴传播的抗病毒药物和婴儿检测服务。要在医生的指导下，采取孕期服用抗病毒药物、住院分娩减少损伤及产后避免母乳喂养等预防传播的措施。对所生婴儿实行人工喂养，避免母乳喂养和混合喂养，并在婴儿第12个月和第18个月进行艾滋病病毒抗体检测。

三、保护易感人群

提倡婚前、孕前体检。对艾滋病病毒阳性的孕妇应进行母婴阻断。包括产科干预（终止妊娠，剖宫产）+抗病毒药物+人工喂养。医务人员严格遵守医疗操作程序，避免职业暴露。出现职业暴露后，应立即向远心端挤压伤口，尽可能挤出损伤处的血液，再用肥皂液和流动的清水冲洗伤口。污染眼部等黏膜时，应用大量生理盐水反复对黏膜进行冲洗，用75%的酒精或0.5%碘伏对伤口局部进行消毒，尽量不要包扎。然后立即请感染科专业医生进行危险度评估，决定是否进行预防性治疗。如需用药，应尽可能在发生职业暴露后最短的时间内（尽可能在2小时内）进行预防性用药，最好不超过24小时。但即使超过24小时，也建议实施预防性用药。还需进行职业暴露后的咨询与监测。

预防艾滋病传播最有效的手段是使用艾滋病疫苗。自20世纪80年代开始研究的艾滋病疫苗可分为新型疫苗及传统疫苗两大分支。到目前为止，人类虽然已经投入了巨大的人力、物力，但还没有研制出可预防艾滋病的疫苗和有效的治疗性疫苗。

四、正确对待艾滋病病毒感染者和艾滋病病人

（一）不歧视艾滋病病毒感染者和艾滋病病人

艾滋病病毒感染者和艾滋病病人是疾病的受害者，与患其他疾病一样，我们不能歧视他们。艾滋病病毒感染者和艾滋病病人及其家属都不应受到歧视，他们应享有公民依法享有的权利和社会福利。

（二）日常生活中对艾滋病病毒感染者和艾滋病病人的护理

艾滋病是一种慢性、进行性、致死性传染病，需要经过专业培训的护理人员，除此之外，还包括并发症的护理。除注意艾滋病病毒的消毒隔离外，还应针对患者的并发症的不同病原，做好呼吸道、体液及接触隔离。要严格无菌操作，严格消毒隔离。接触患者的血液和体液时，应戴好手套、口罩或防护眼镜，穿好隔离衣，做好自我防护。

另外，针对艾滋病患者出现的不同临床症状，如发热、腹泻、皮肤疾病、呼吸道症状、消化道症状等进行不同护理。

艾滋病病毒感染者和艾滋病病人在日常生活中涉及两方面的护理：一是心理护理。无论是家人、同事、医务工作者，还是社会上的其他人员，在与感染者或病人接触中都有责任帮助他们克服悲观、厌世、愤怒等情绪，多做关怀和鼓励的心理疏导工作。二是生活护理。居住的房间要经常通风，保持室内空气新鲜；密切观察病情，发现有变化及时就医；在饮食上要加强营养，平时要多喝水，但不要喝果汁或含糖的饮料；注重口腔卫生，防止发生口腔溃疡；要养成良好的生活习惯，不吸烟、不饮酒、不吃辛辣及刺激性食品；无论是感染者还是病人，都可以进行正常的性生活，但必须采取保护性的安全措施；自己应拥有一套专用的生活用具，如毛巾、脸盆、餐具、刮脸刀具等，避免与他人混用。

（三）世界艾滋病日

世界首个艾滋病病人是在1981年12月1日被诊断出来的。世界卫生组织自1988年起将每年的12月1日定为“世界艾滋病日”，旨在提高人们对艾滋病的认识，号召世界各国和国际组织在这一天举办相关活动，宣传预防艾滋病知识，反对歧视艾滋病病人及感染者。

（四）红丝带的诞生

20 世纪 80 年代末，人们视艾滋病为一种可怕的疾病。美国的艺术家们用红丝带默默悼念身边死于艾滋病的同伴们。在一次世界艾滋病大会上，艾滋病病毒感染者和艾滋病病人齐声呼吁人们的理解。此时，一条长长的红丝带被抛在会场的上空，支持者们将红丝带剪成小段，并用别针将折叠好的红丝带别在胸前。这就是红丝带的来历。

红丝带标志的内涵，象征着我们对艾滋病病毒感染者和艾滋病病人的关心与支持；象征着我们对生命的热爱和对平等的渴望；象征着我们要用爱心来参与艾滋病的预防工作。

（田丹　陈冰）

【思考题】

1. 为什么说艾滋病是公民健康的头号敌人之一？
2. 通过哪些途径可能感染艾滋病病毒？
3. 怎样预防艾滋病？

第二十八章　新型冠状病毒肺炎预防

第一节　新型冠状病毒肺炎概述

新型冠状病毒肺炎（Corona Virus Disease 2019，COVID－19）暴发流行，是新中国成立以来传播速度最快、感染范围最广、防控难度最大的一次重大突发公共卫生事件，引起了全社会的普遍关注。做好新型冠状病毒肺炎的预防控制工作，普及防控知识，提升防控技能，减少和降低疫情对人群健康的影响，确保经济社会和谐发展至关重要。

自发现新型冠状病毒肺炎以来，各省（自治区、直辖市）相继启动重大突发公共卫生事件一级响应，采取了隔离救治患者、隔离医学观察密切接触者等防控策略，构建联防联控、群防群控体系。国家卫生健康委将其纳入法定乙类传染病，按照甲类管理。中央向全社会发出减少人员流动、取消集会、协同抗击疫情的号召，并延长春节假期。针对节后人员大范围流动可能带来的疫情扩散风险，部署延迟开学、灵活复工、错峰出行，在健康监测、人员管理等方面广泛开展了体温监测、健康申报、佩戴口罩、洗手消毒等措施。同时，为保障市场总体稳定，支持医用防护服、口罩等疫情防控急需医疗物资的生产企业迅速复工，多种方式扩大产能和增加产量，对重要物资实行国家统一调度，多措并举保障重点地区医用物资和生活物资供应，并全力推进医药研发和临床应用。

疫情的暴发对百姓生活造成了巨大的影响，改变了人们的生活方式、行为习惯。为了保护儿童青少年健康，国家采取了一系列措施：延迟开学，关闭校外辅导机构，推迟高考、研究生复试、高等教育自考、中小学教师资格考试、全国英语等级考试和计算机等级考试等各项考试，毕业生答辩、企业招聘等同时也受到不同程度的影响。教育部要求在疫情没有得到基本控制之前、在学校的基本防控措施没有到位之前、校园和师生的公共安全得不到保障之前不开学。同时要求各地各校都要制定详细的应急预案，一旦出现聚集性疫情暴发，要立即采取果断措施，并及时上报。

一、新型冠状病毒肺炎和新型冠状病毒

2019 年 12 月底以来，武汉地区出现了不明原因的肺炎疫情。由于临近中国春节，人员流动激增，加大了传播的风险和防控的难度，疫情迅速扩大和蔓延。

2020 年 1 月 12 日，世界卫生组织将其病原体暂命名为——2019 新型冠状病毒（2019 novel coronavirus，2019－nCoV）；2020 年 2 月 11 日，国际病毒分类委员会命名为严重急性呼吸综合征冠状病毒 2 号（severe acute respiratory syndrome coronavirus 2，SARS－CoV－2）。由新型冠状病毒（以下简称新冠病毒）引起的疾病称为新型冠状病毒肺炎（以下简称新冠肺炎）。临床特征为：发热、干咳、气促、外周血白细胞一般不高或降低、胸片有炎症性改变等。

二、新冠病毒的生物特点

新冠病毒属于β属的新冠病毒，有包膜，颗粒呈圆形或椭圆形，常为多形性，直径60～140nm。基因特征与严重急性呼吸综合征冠状病毒（SARS－CoV）和中东呼吸综合征冠状病毒（MERS－CoV）有明显区别。该病毒对紫外线和热敏感，56℃下30分钟、乙醚、75%乙醇、含氯消毒剂、过氧乙酸和氯仿等脂溶剂均可有效灭活。

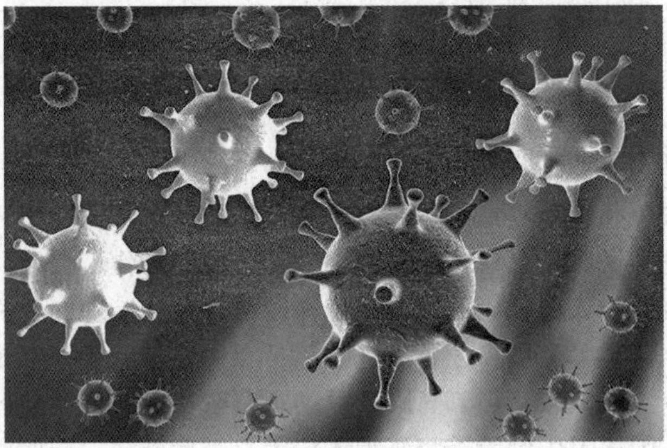

图28－1　新冠病毒电镜下照片

三、新冠肺炎的流行情况

（一）国内流行情况

2019年12月底，武汉市发布通报，发现多例不明原因肺炎病例。至2020年1月20日，累计报告新冠肺炎确诊病例217例，证实了人与人的传播。

2020年3月初，通过采取一系列预防控制和医疗救治措施，我国疫情上升的势头得到一定程度的遏制，大多数地区疫情缓解。

截至2020年6月30日，我国累计报告确诊病例85 232例，治愈80 068例，死亡4 648例，现有确诊病例516例。境外输入累计确诊病例1 918例，治愈出院病例1 839例，无死亡病例，现有确诊病例79例。

（二）国外流行情况

2020年1月下旬，日本、韩国、泰国等开始有报告新冠肺炎病例，之后境外报告病例数量逐渐增加。截至2020年6月30日，疫情覆盖全球212个国家和地区，海外累计确诊病例近1072万例，死亡人数超过51万例，现有确诊病例约435万例。美国、巴西、俄罗斯、印度、英国、西班牙确诊病例数量较多，其中美国目前累计确诊病例近278万例、死亡人数超过13万例。

第二节　新冠肺炎流行病学

一、传染源

目前认为，新冠肺炎的传染源主要是新冠病毒感染的患者和无症状感染者。

二、传播途径

目前认为，经呼吸道飞沫传播和接触传播是主要的传播途径。在相对封闭的环境中长时间暴露于高浓度气溶胶情况下存在经气溶胶传播的可能，由于在粪便及尿可分离到新冠病毒，应注意粪便及尿对环境污染造成气溶胶或接触传播。

（一）呼吸道飞沫传播

呼吸道飞沫传播是新冠病毒传播的主要方式。病毒通过患者或无症状感染者咳嗽、打喷嚏、谈话时产生的飞沫传播，易感者吸入后导致感染。

（二）接触传播

新冠病毒可通过与感染者密切接触或接触沾染病毒的物品而传播。

（三）气溶胶传播

气溶胶传播是指飞沫在空气悬浮过程中失去水分而剩下的蛋白质和病原体组成的飞沫核，可以通过气溶胶的形式漂浮至远处，造成远距离的传播。目前，还需要进一步的证据来评估气溶胶传播的可能性。

（四）其他途径

在某些确诊患者的粪便中检测到新冠病毒，说明病毒可以在消化道复制并且存在，提示存在粪口传播的可能，但还不能确定进食病毒污染的食物可引起感染和传播。

三、易感人群

人群普遍易感，基于目前对新冠肺炎病人的流行病学调查和研究结果，潜伏期一般为1～14天，多为3～7天。新冠肺炎是一种新发传染病，人群没有免疫力，普遍易感。免疫功能较差的人群（例如老年人，孕产妇，患有哮喘、糖尿病、心脏病或存在肝肾功能障碍等基础疾病的人）感染病毒的风险可能增加，病情进展相对更快，严重程度更高。

新冠肺炎患者、无症状感染者的密切接触者是新冠病毒感染的高危人群。医护人员和患者家属在治疗、护理、陪护、探望患者时，同患者近距离接触次数多，感染风险高。

第三节　新冠肺炎的症状与危害

一、临床特点

（一）临床表现

新冠肺炎以发热、干咳、乏力为主要表现。少数患者伴有鼻塞、流涕、咽痛、肌痛和腹泻等症状。重症患者多在发病一周后出现呼吸困难和/或低氧血症，严重者可快速进展为急性呼吸窘迫综合征、脓毒症休克、难以纠正的代谢性酸中毒和出凝血功能障碍及多器官功能衰竭等。值得注意的是，重型、危重型患者病程中可为中低热，甚至无明显发热。轻型患者仅表现为低热、轻微乏力等，无肺炎表现。

部分儿童及新生儿病例症状可不典型，表现为呕吐、腹泻等消化道症状或仅表现为精神弱、呼吸急促。多数患者预后良好，少数患者病情危重。老年人和有慢性基础疾病者预后较差；患有新冠肺炎的孕产妇，临床过程与同龄患者相近；儿童病例症状相对较轻。

（二）实验室检查

1. 一般检查。发病早期外周血白细胞总数正常或减少，可见淋巴细胞计数减少，部分患者可出现肝酶、乳酸脱氢酶、肌酶和肌红蛋白增高；部分危重者可见肌钙蛋白增高。多数患者C反应蛋白和血沉升高，降钙素原正常。严重者D－二聚体升高、外周血淋巴细胞进行性减少。重型、危重型患者常有炎症因子升高。

2. 病原学及血清学检查。

（1）病原学检查。采用逆转录聚合酶链式反应（RT－PCR）或/和高通量测序（NGS）方法在鼻咽拭子、痰和其他下呼吸道分泌物、血液、粪便等标本中可检测出新冠病毒核酸。检测下呼吸道标本（痰或气道抽取物）更加准确。

（2）血清学检查。新冠病毒特异性免疫球蛋白M（IgM）抗体多在发病3～5天后开始出现阳性，免疫球蛋白G（IgG）抗体滴度恢复期较急性期有4倍及以上增高。

（三）胸部影像学

早期呈现多发小斑片影及间质改变，以肺外带明显。进而发展为双肺多发磨玻璃影、浸润影，严重者可出现肺实变，胸腔积液少见。

二、诊断标准

（一）疑似病例

要结合流行病学史和临床表现综合分析。

1. 流行病学史。发病前14天内，有病例报告地区的旅行史或居住史，或者与新冠病毒感染者有接触史，或者接触过来自有病例报告社区的发热或有呼吸道症状的患者。

2. 临床表现。有发热和/或呼吸道症状；有新冠肺炎影像学特征；发病早期白细胞总数正常或降低，淋巴细胞计数正常或减少。

（二）确诊病例

为疑似病例同时具备病原学或血清学证据之一者：

1. 实时荧光RT－PCR检测新冠病毒核酸阳性；

2. 病毒、基因测序，与已知的新冠病毒高度同源；

3. 血清新冠病毒特异性IgM抗体和IgG抗体阳性；血清新冠病毒特异性IgG抗体由阴性转为阳性或恢复期较急性期4倍及以上升高。

三、临床分型

临床上，根据病人发热、气促、呼吸道症状、指氧饱和度、动脉血氧分压、吸氧浓度及肺部影像学等表现分为轻型、普通型、重型、危重型。

四、病理改变

（一）肺脏

肺脏呈不同程度的实变。肺泡腔内见浆液、纤维蛋白性渗出物及透明膜形成；Ⅱ型肺泡上皮细胞显著增生，部分细胞脱落；Ⅱ型肺泡上皮细胞和巨噬细胞内可见包涵体；肺泡隔血管充血、水肿，可见单核和淋巴细胞浸润及血管内透明血栓形成。肺组织灶性出血、坏死，可出现出血性梗死。部分肺泡腔渗出物机化和肺间质纤维化。

（二）脾脏、肺门淋巴结和骨髓

脾脏明显缩小。淋巴细胞数量明显减少，灶性出血和坏死，脾脏内巨噬细胞增生并可见吞噬现象；淋巴结淋巴细胞数量较少，可见坏死；骨髓三系细胞数量减少。

（三）心脏和血管

心肌细胞可见变性、坏死，间质内可见少数单核细胞、淋巴细胞和（或）中性粒细胞浸润。部分血管内皮脱落、内膜炎症及血栓形成。

（四）肝脏和胆囊

体积增大，暗红色。肝细胞变性、灶性坏死伴中性粒细胞浸润；肝血窦充血，汇管区见淋巴细胞和单核细胞浸润，微血栓形成。胆囊高度充盈。

（五）肾脏

肾小球球囊腔内见蛋白性渗出物，肾小管上皮变性、脱落，可见透明管型。间质充血，可见微血栓和灶性纤维化。

（六）其他器官

脑组织充血、水肿，部分神经元变性。肾上腺见灶性坏死。食管、胃和肠管黏膜上皮不同程度变性、坏死、脱落。

目前，我们对新冠肺炎的认识还较少和肤浅，流行规律和致病机理、诊断标准、治疗方案、康复情况等都有待进一步研究和完善。

第四节　新冠肺炎的预防和控制

2020 年 1 月 20 日，我国将新冠肺炎纳入《中华人民共和国传染病防治法》规定的乙类传染病，并采取甲类传染病的预防、控制措施。同时将新冠肺炎纳入《中华人民共和国国境卫生检疫法》规定的检疫传染病管理。

围绕传染源、传播途径和易感人群三个环节，采取以控制传染源、切断传播途径和保护易感人群为主要内容的综合防控措施。

一、控制传染源

控制传染源是从源头上控制疫情发展的首要措施和关键环节，对传染源的控制包括收治病人、封闭管理、严格把控出院标准及出院后管理等措施。

（一）重症病人的管理

精准发现传染源并及时控制，是防止医院感染事件发生的重要任务。疑似病例和确诊病例均集中到定点医院进行隔离治疗，疑似病例保证单人单间。重症病人多为病情较重的住院病例，其活动范围虽然受限，但患者排毒量大、排毒时间久，是医院感染的传染源之一。对住院患者加强排查，重视各个诊疗环节的可能传播机会，做好疫源地随时消毒与终末消毒。

（二）轻症病例及无症状感染者管理

对医院门诊，特别是发热门诊实施科学管理，做好流行病学调查处置工作，强化社区呼吸系统症状病人的就医流程及流行病学排查工作对于社区防控十分重要。轻症病例及无症状感染者由于病情较轻、活动范围较大，传播机会更多，是社区传播的主要传染源。疫情初期对轻症病例未及时有效管控是此次疫情扩散的主要因素之一。有效识别无症状感染者、潜伏期患者，对于疫情防控至关重要。

（三）入境人员管理

自2020年3月中旬开始，意大利、伊朗、西班牙和德国等国家发病人数迅速增加，均超过万例。3月16日零时起，我国对所有入境人员均采取发热排查、实施健康申报等措施，加强国境卫生检疫，及时发现新冠病例及无症状感染者。无症状人员也需要转送至集中隔离观察点进行14天集中观察。

病毒无国界，目前新冠肺炎已呈现大流行之势，需要世界各国共同应对。一是要加强国境卫生检疫。依照国境卫生检疫的法律、法规，对出入境人员、交通工具、运输设备以及可能传播传染病的行李、货物、邮包等物品严格实施《中华人民共和国国境卫生检疫法》及《国境卫生检疫法实施细则》规定的检疫、传染病监测及卫生处理措施，必要时可实施封锁有关的国境或者采取其他紧急措施。二是要加强信息收集与分享。掌握国内疫情发展趋势，并充分研判境外疫情发展动向，吸取防控经验及教训，及时改变应对策略。三是加强主动监测，以输入性病例为核心开展线索追踪，对密切接触者进行隔离和检测，对其他周围人员开展追踪和筛查，及时发现其他潜在的传染源。

二、切断传播途径

查清传播途径是流行病学调查的主要内容之一，切断传播途径是主要的防控策略。由于呼吸道传染病在人群密集的地方容易传播，为有效切断传播途径，全国31个省、市、自治区均启动重大公共卫生事件一级响应，取消集会，关闭餐饮、娱乐场所，延长春节假期，学校延期开学，减少工厂生产，禁止工地施工。具体防控措施如下：

（一）高流行区的社区防控

在离汉通道关闭后，对社区传播的阻断成为控制疫情的关键。部署社区“确诊、疑似、发热、密接”人员分类集中管理，开展“拉网排查”“集中收治”“清底排查”三项重点工作。实现新增病例应收尽收、日清日结，坚持“外防输出、内防扩散、严格管控”的策略，加强核酸检测能力，精准指导重点单位、重点场所和重点人群防护。解除离汉离鄂通道管控后，精准推动防控措施由“围堵”向“防御”转变。

（二）低流行区的社区防控

社区是疫情联防联控的第一线，也是外防输入、内防扩散最有效的防线。充分发挥社区防控力量，实施网格化、地毯式管理，配合疾病预防控制机构开展流行病学调查，对密切接触者进行规范管理。同时发布健康提示和就医指南，开展主动健康监测，及时发现有流行病学史并且出现发热或呼吸道症状的人群。

三、保护易感人群

新冠病毒首次出现，人群普遍易感。为提高防控效率，针对不同人群采取不同的防控策略。

（一）密切接触者管理，防控聚集性疫情

1. 加强对病例密切接触者的排查和管理。由于无症状感染者同样具有传染性，仅根据有无症状来筛查密切接触者，无法满足隔离传染源的目的。所以，对病例的密切接触者进行采样检测，可以尽早发现可能存在的传染源。

2. 疫情初期以散发病例为主，随后聚集性疫情的比例不断增加，成为疫情发展的主要部分。对全国聚集性病例分析发现，常见的聚集性场所有家庭、医疗机构、学校、商场、工厂、企业等，其中以家庭聚集性疫情为主。

提高对聚集性疫情严峻形势的认识，关注聚集性疫情动态，强化政府部门、单位、社区和个人的责任，加强全社会动员，杜绝各种聚集性活动，认真落实各项预防控制措施，严格掌握病例出院标准，加强对密切接触者的追踪和管理。

（二）医院内感染防控

医院内感染已成为社会高度关注的热点问题，医务人员是医院感染防控的重点人群，应加强院内感染防护培训，特别是对呼吸科、传染病科以外的人员培训。要总结防控经验，配备必要的防护、消毒设施和用品，加强个人防护。根据疫情发展严重程度，对口腔等高危型专科实施应急停诊。对住院手术、发热和有呼吸道疾病的病例开展新冠病毒核酸检测，阳性者转入定点医院治疗。

（三）流动人员的疫情防控

加强复工复产、恢复全国机关和企事业单位正常工作秩序，会面临因大量人员流动引起疫情传播的风险。地方各级部门按国家预案制定规范和工作方案，加强对发热人员的监测和医学观察，制定严格的流出、流入人员监管措施，严格公路、铁路、民航、水运等各种交通设施及工作场所防控措施，实施错峰调度，控制公共交通工具上座率，并设置隔离区，出现疑似病例时可暂时隔离。

（四）其他群体

对于公共交通从业人员、出差人员等流动性大的群体需做好个人防护，减少不必要的接触。同时，对监狱、养老院、精神病院等特殊场所，继续实施严格的封闭管理，防止管理人员带入病原，暂停家属探视。

（五）个人防护措施

利用电视、互联网等媒体开展健康教育；鼓励公众减少与病人的接触，倡导戴口罩、勤洗手、多通风、少聚集，保持个人卫生，加强自我防护。

1. 增强体质和免疫力。增强卫生健康意识，均衡饮食、适量运动、作息规律，避免过度疲劳；学会自我调控情绪，养成乐观、开朗和宽容的性格，建立良好的人际关系，增强免疫力。

2. 保持良好的个人卫生习惯。勤洗手，要用流动水，并使用肥皂或洗手液；不要随地吐痰；在咳嗽或打喷嚏时，用纸巾将口鼻遮住，并将用过的纸巾扔进封闭式垃圾箱内，防止病菌传播；避免用手触摸眼睛、鼻或口。

3. 坚持安全的饮食习惯。食用肉类和蛋类要煮熟、煮透，避免接触野生动物和家禽家畜。倡导分餐制，使用公勺公筷，做到错峰错时用餐。

4. 保持周围环境清洁和通风。每天开窗通风次数不少于 3 次，每次不少于 30 分钟，户外空气质量较差时，通风换气频次和时间应适量减少。

5. 密切关注发热、咳嗽等症状，出现呼吸道感染症状时居家隔离，严重者及早就医。

6. 尽量避免到公交车、地铁、轮船和飞机等人群聚集和空间密闭的场所，避免各类聚会。如果必须去，要佩戴口罩以减少接触病原的风险。

7. 去医院看病、探望病人时，尤其是去医院的发热门诊或呼吸科就诊时一定要戴上口罩；尽可能避免与有呼吸道疾病症状（如发热、咳嗽或打喷嚏等）的人密切接触。

用纸巾

用手肘

废纸扔入垃圾桶

彻底清洗双手

图 28－2　咳嗽或打喷嚏时的正确做法

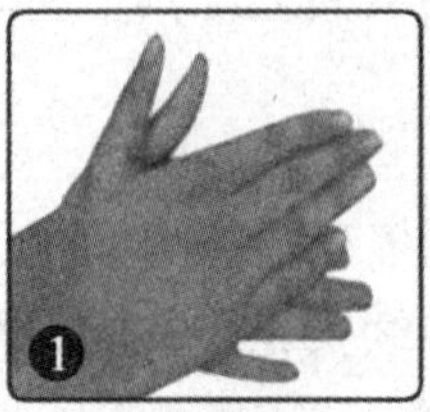

掌心搓掌心

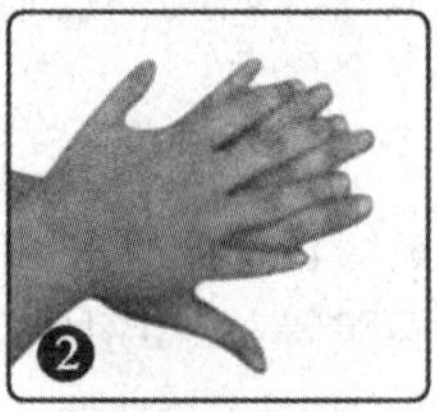

手指交错，掌心搓手背，两手互换

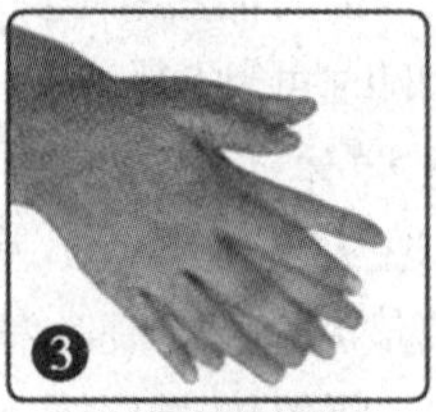

手指交错，掌心搓掌心

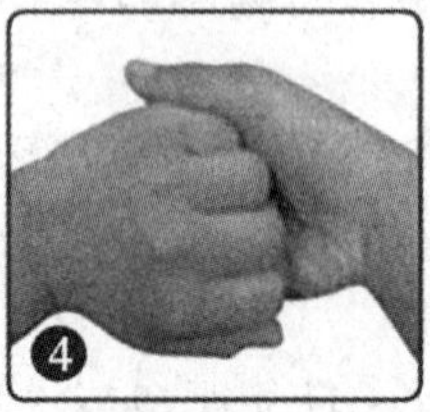

两手互握，互擦指背

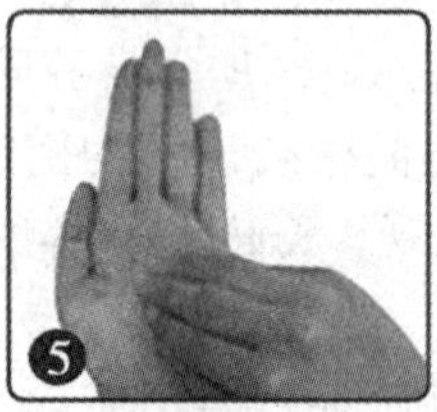

指尖摩擦掌心，两手互换

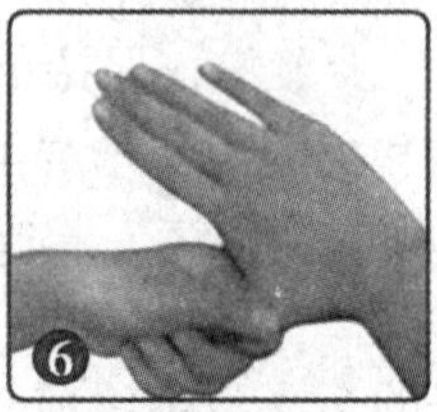

拇指在掌中转动，两手互换

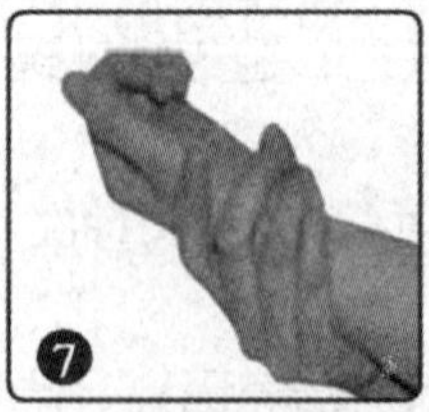

一手旋转揉搓另一手的腕部、前臂，直至肘部；交替进行

请注意

1. 每步至少来回洗五次；
2. 使用专业的洗手液；
3. 洗手时应稍加用力；
4. 使用流动的清洁水；
5. 使用一次性纸巾或已消毒的毛巾擦手。

图 28－3　七步洗手法

四、学校疫情防控

高等学校是学生集体生活的场所，易感人群集中，易导致交叉感染，学生返校复学是社会高度关注的问题。为科学精准指导高等学校做好新冠肺炎疫情防控，维护师生生命健康安全、维护校园正常生活教学秩序，教育部编写了《高等学校新型冠状病毒肺炎防控指南》，指导学校全方位落实落细落小疫情防控工作。依据科学防治、依法管理、分类指导、家校联防、教医联控等原则，明确新冠病毒相关基础知识、学校疫情防控工作体系构建、开学前后疫情防控等内容，对学校做好应对疫情工作具有重要指导意义。

（一）构建高校疫情防控工作体系

1. 成立疫情防控领导小组和工作小组。领导小组下设办公室，负责疫情防控信息发布和联络、协调工作，成立各类疫情防控专项工作组，需任务明确、分工清晰、职责分明。坚持关口前移，切实做好开学准备工作，在开学、返校、学生报到及抵校后的三个环节上下功夫。

2. 制订和完善疫情防控工作方案及各项制度。学校应该围绕关键环节和重点措施制定专门的疫情防控方案、应急处置预案和工作制度，确保各项防控措施落实到位。

3. 制订返校计划和培训方案。根据疫情防控形势，在确保安全的条件下，精准安排教职员工和学生分期分批有序返校。提前发布《开学须知》，告知返校途中的防疫措施、到校后接受预防性防疫安排等内容，进一步加强师生员工的健康教育，提高自我防护能力。

4. 建立联防联控机制。教育部门和学校要与卫生健康、疾病控制以及就近的定点医疗机构、社区卫生服务中心做好沟通，形成“点对点”的协作机制。

5. 做好防疫物资储备。落实主体责任，充分准备疫情防控所需物资，确保疫情防控物资及时足额到位，包括：检测类物品、消杀类物品、防护用品等。尽力为每一名师生配发必要的口罩、体温计、消毒液等防控物资。

（二）做好人员管理

1. 师生疫情信息监测。返校前实行信息摸排机制，做到“日报告”“零报告”，准确掌握师生健康状况、社区疫情管理及出行轨迹，及时上报、及时处置。

2. 师生健康监测。返校后开展每日健康监测，尤其是体温监测，加强对教职工、学生的晨午检，对住校学生增加晚检，实行“日报告”“零报告”制度。

3. 严格师生员工缺课缺勤考核登记。加强学生因病缺课以及教职工因病缺勤的监测，严禁教职工带病上岗、学生带病上课。

（三）加强宣传教育

充分利用学校网站、疫情防控培训平台、微信、微博、QQ 等多种途径，设立健康宣教课堂，由专人定期对学校内的教职员工和学生进行个人防护与消毒等防控知识的宣传和指导。

（四）加强校园安全保障及环境整治

1. 实行以宿舍为单位的集中动态管理，实行早、中、晚“一日三报告”制度和晚点名制度。

2. 控制校内的人员密度，严格控制人群密集型活动。

3. 加大校园卫生整治，要加强教室、食堂、宿舍等学生经常活动的聚集场所以及洗手间、洗漱间的环境卫生管理，以日常清洁为主、预防性消毒为辅。

4. 对高频接触的物体表面要增加消毒频次、清洁频次，加强公共场所通风消毒力度，对一些教室、教师办公室可以全天保持通风状态。

（五）做好疫情应急处置

1. 要设立独立的学校集中隔离医学观察区，并配套相应的防疫物资。

2. 一旦发现新冠肺炎的疑似病例或者确诊病例，应该立即启动应急处置机制，隔离病例及相关区域，在专业机构指导下开展疫情处置，配合疾控机构等相关部门做好密切接触者排查管理。

3. 对于高等学校内聚集性疫情，必须实施“内防扩散、外防输出、加强救治”防控策略，疑似发生聚集性疫情，应立刻停止聚集活动，第一时间向校医院报告疫情信息，同时立刻将疫情上报学校疫情防控专项工作组，并报告属地卫生健康（疾控）部门进行患者及密切接触者处置、区域隔离、终末消毒等。必要时学校依照有关规定采取班级或全校局部或全部停课等措施，防止疫情扩散，同时积极为师生员工提供心理支持和疏导，并及时与家属沟通。

学校疫情防控工作面临巨大的挑战，应始终把广大师生生命安全和身体健康放在第一位，高度重视关系学生切身利益的考试、升学、就业等工作。严格落实各项防控措施，动态分析研判疫情发展形势，做好疫情常态化防控条件下开学工作，根据疫情防控形势及时作出应变，守护校园安全。

（吴　明　刘懿卿）

【思考题】

1. 新冠肺炎的主要传播途径是什么？
2. 新冠肺炎疫情流行期间，大学生怎样做到有效的个人防护？

第二十九章　肺结核病预防

第一节　肺结核病概述

结核病又称为痨病，是一种古老的传染病，自有人类以来就有结核病。历史上，结核病曾在全世界广泛流行，曾经是危害人类的主要杀手，夺去了数亿人的生命。1882 年，柯赫氏发现了结核病的病原菌为结核分枝杆菌。20 世纪 50 年代后，有效的抗结核药物相继发明，使结核病的猖獗流行得以被控制。当前结核病控制面临的重要挑战之一是耐药结核流行。

一、结核病及其病原菌

结核病是由结核分枝杆菌引起的一种慢性感染性疾病，以肺结核最常见。临床上多呈现慢性过程，表现为长期低热、咳痰、咯血等。

结核病的病原菌——结核分枝杆菌，是德国科学家柯赫氏在 1882 年首先从结核病人的痰中发现的，证实了结核病的病原菌是结核分枝杆菌。结核分枝杆菌，简称结核杆菌，属放线菌目、分枝杆菌科、分枝杆菌属，包括人型、牛型、鸟型和鼠型等类型。对人致病的主要是人型，牛型少见。该菌严格需氧，呈缓慢分枝生长。对外界抵抗力较强，耐干燥，在干痰中可存活 6 ~ 8 个月；对热、紫外线、乙醇比较敏感；煮沸 1 分钟、5% ~ 12% 来苏 2 ~ 12 小时、75% 乙醇 2 分钟均可将其灭活。

结核杆菌具有抗酸性、多态性和抵抗力强等特性。在一些特定的条件下，结核杆菌的形态、致病力、药物敏感性等特性可发生改变，如产生耐药菌株等。耐药性为结核杆菌重要的生物学特性，耐药的产生主要与基因突变有关。

二、耐药结核病

耐药结核病是指结核病患者感染的结核分枝杆菌对抗结核药物产生耐药性。耐药结核一般分为 4 类。

1. 单耐药。结核病患者感染的结核杆菌经体外被证实对 1 种抗结核药物耐药。

2. 多耐药。结核病患者感染的结核杆菌经体外被证实对 1 种以上的抗结核药物耐药，但不包括同时耐异烟肼、利福平。

3. 耐多药。结核病患者感染的结核杆菌经体外被证实至少同时对异烟肼、利福平耐药。

4. 广泛耐药。结核病患者感染的结核杆菌体外被证实除至少同时对异烟肼、利福平耐药外，还对任何氟喹诺酮类药物产生耐药，以及 3 种二线抗结核注射药物中的至少 1 种耐药。

三、肺结核病的流行现状

结核病是世界范围内主要的传染病杀手。根据世界卫生组织《2015 年全球结核病报告》，自 2000 年以来，全世界结核病发病率平均每年下降 1.5%，现在比 2000 年的水平要低 18%。2014 年，全球有 960 万人罹患结核病，其中男性 540 万、女性 320 万和儿童 100 万；150 万人死于该疾病，95% 以上的结核病死亡发生在低收入和中等收入国家，它还是导致 15 ~ 44 岁女性死亡的五大原因之一。2014 年，全球预计有 48 万人患耐多药结核病。

我国仍是全球 22 个结核病高负担国家之一。世界卫生组织评估，目前我国结核病年发病人数约为 130 万，占全球发病人数的 14%，位居全球第二位。近年来，我国每年报告肺结核发病人数约 100 万，始终位居全国甲乙类传染病的前列；耐多药肺结核危害日益凸显，每年新发患者人数约 12 万，未来数年内可能出现以耐药菌为主的结核病流行态势；结核菌/艾滋病病毒双重感染患者人数持续增加，防治工作亟待加强。

近年来，我国肺结核病在学校，特别是在寄宿制学校中出现流行或暴发流行的情况时有发生，因此在中小学生和大学生中预防肺结核病的健康教育非常必要和重要。

第二节　肺结核病的流行病学

一、传染源

痰涂片阳性的肺病人是结核病的主要传染源。传染性大小主要取决于病人的排菌数量，可通过痰涂片检查来定量判断。

二、传播途径

经空气传播是肺结核病的主要传播途径。肺结核病人咳嗽、打喷嚏排出的结核杆菌悬浮在飞沫核中，健康人吸后可致感染；痰干燥结核杆菌随尘埃被人吸入后也可感染。

其他途径如饮用带菌的牛奶经消化道感染、患病孕妇母婴传播及经皮肤伤口感染均少见。

三、易感人群

人群普遍易感。

肺结核病传染性的大小，与同结核病传染源接触的密切程度和周围环境中含结核菌微沫的浓度有直接关系。家庭中父母或祖父母等长辈有结核病，与其密切接触的儿童较易受结核病的传染。通风换气不良的、较密闭的环境，特别是在集体生活和居住拥挤的群体中，一旦有人感染结核病，常会造成结核病传染和暴发流行。

幼儿、青少年、老年人和营养不良、尘肺、糖尿病患者、胃切除术后或长期使用免疫抑制剂的人，因对结核菌的抵抗力下降，发病率较高。艾滋病病毒感染者因免疫缺损，抵抗力持续下降，一旦感染结核菌极易发生结核病。

第三节　肺结核病的发现与治疗

一、肺结核病症状

呼吸系统症状主要有咳嗽、咳痰，1/3 的病人有数量不等的咯血，胸痛常与病变涉及胸膜有关，呼吸困难常在病变广泛或伴有胸腔积液、自发性气胸等情况时出现。

肺结核病人全身症状发生在病变进展、范围广泛、炎症反应强烈时，主要有全身不适、疲乏、食欲减退、低烧、盗汗、妇女月经不调、植物神经功能紊乱等症状。

肺结核病的症状不是结核病所特有的，症状程度与病变范围、进展情况和机体反应性有关。在咳嗽、咳痰两周以上或有咯血时患肺结核可能性增加，以此定为肺结核可疑症状。

二、肺结核病检查与治疗

（一）接受结核病检查时应留取合格的痰标本

在肺结核病人痰中能否找到结核菌，是确定是否活动性肺结核病的关键。留取的痰标本是否符合要求是很重要的因素，正确留取痰标本的方法如下。

1. 留取痰标本前要用清水漱口，去除口腔内的食物残渣。

2. 做深呼吸数次后收腹用力咳出来自支气管深部的脓样、干酪样或黏液样痰，痰量不少于 3 毫升。

3. 无痰时应用浓盐水刺激排痰。不要留取唾液或鼻咽部分泌物，因为这种分泌物中结核菌被检出的概率很小，影响医生判断和正确治疗。

4. 留取痰标本要使用专用痰标本盒，并及时送检。

（二）怀疑患肺结核病应到当地结核病防治机构或定点医院就诊

目前肺结核病的诊断、治疗、管理等已形成一整套较为完整的技术规范。严格执行规范，才能控制结核病流行。结核病防治所或定点医院是卫生行政部门指定的实施结核病技术策略的专业机构，医务人员经过系统的专业培训，掌握现代的诊疗方法，使病人能获得及时诊断和正确的治疗，科学管理，直至痊愈。因此，我国规定，怀疑或确诊的肺结核病人（除少数急重症病人外），均应转至结核病防治专业机构或指定的医疗卫生保健机构实行“归口管理”。

20 世纪 40 和 50 年代，没有治疗结核病的药物，得了结核病只能靠休息和补充营养以及外科疗法，结核病的治愈率只有 25%。随着抗结核药物的发现，结核病人获得了治愈的希望。

在抗结核治疗中应选用高效、敏感、低毒的药物。方案中异烟肼和利福平是重要的基本药物，再加吡嗪酰胺和乙胺丁醇或链霉素联合使用，可以起到杀菌、灭菌和减少复发的作用，成为标准的抗结核短程化疗方案。世界卫生组织推荐的短程督导化疗（DOTS）世界结核病人的疗程缩短至 6 ~ 9 个月，可达到 85% 以上的治愈率。

因此，大多数肺结核病人在不住院条件下可以治愈，只有那些急重症病人、疑难病人、有严重合并症和需要外科手术治疗的病人，如结核性脑膜炎、合并咯血、气胸、呼吸衰竭、慢性肺源性心脏病或伴发 HIV（艾滋病）、糖尿病、需要和肺部肿瘤作鉴别诊断的病人等需要住院治疗。

（三）结核病人要接受统一的化疗方案

结核病的短程化疗方案推广以来，不同组合的化疗方案很多。我国结核病防治规划中推荐的统一化疗方案，是根据国际上在大量研究的基础上所推荐的方案中，再结合我国的实际情况所选择出来的，具有高效、不良反应少、经济、药源充足、便于督导管理的优点。

接受国家结核病防治规划中推荐的统一化疗方案，可以防止因医务人员水平不同造成化疗方案混乱和不合理用药的现象，能够很好地减少滥用抗结核药品而产生耐药情况的发生，提高治疗效果。

（四）坚持规范化疗

根据长期的科研与大量结核病治疗结果分析，“坚持规范化疗、完成规定疗程”可以治愈90%以上的病人。而不合理治疗只有约45%的病人被治愈，50%左右患者治疗失败或因病情严重而死亡。不合理化疗导致失败率增高，同时复发率也增高，更危险的是容易使结核菌产生对抗结核药物的耐药性，再度治疗效果极差，可能会成为久治不愈的慢性传染源。

不规范治疗包括化疗方案不合理、未坚持规律治疗（治疗间断或中断）、未完成规定疗程等。化疗方案不合理指：药物联合不合理（往往是医源性原因）、服药方式不恰当、药物剂量不足、疗程不足等。医生对肺结核患者的治疗缺乏管理或管理不善，患者不服从治疗管理规定，是造成断药和不能完成规定疗程的重要原因。

（五）全程督导管理是治疗肺结核的最佳选择

全程督导管理是一种治疗和管理肺结核病人的有效方法，是指病人在治疗的全过程中由医务人员直接观视下服用每剂抗结核药物。如果病人没有按时服药，应该及时追访病人，争取在24小时内让病人补服；病人每次服药后要及时填写肺结核病人治疗记录卡；要了解病人在治疗期间有无不良反应，出现不良反应时，要督促病人找医生予以处理；同时还要督促病人按时进行复查。全程督导管理的方式主要用于对传染性肺结核病人，它是保证病人全程规律用药的最有效的管理措施。

全程督导管理对于病人来说，可以保证在不住院条件下得到规律治疗，提高治愈率，防止耐药性的产生，减少复发。对于家人和社会来说，可以减少传染从而阻断结核病的传播。所以说，全程督导管理是治疗肺结核的最佳选择。

（六）常用的抗结核药物与不良反应

我国结核病防治规划中推荐的统一化疗方案包括的药物：异烟肼、链霉素、利福平、利福喷汀、乙胺丁醇、吡嗪酰胺等。

抗结核药物的不良反应发生率排序为：胃肠道反应、肝损害、关节损害、神经系统反应、过敏反应、血液系统反应、肾损害等，其中以胃肠道反应所占比例较大，肝损害最为严重，其他不良反应少见。常规剂量治疗时一般不发生严重损害。肝损害除药物因素外，还与病人自身肝脏有无潜在疾患有关。含链霉素方案可使听力和肾脏受损害的发生率增加，而乙胺丁醇与链霉素疗效相近，初期肺结核治疗方案以乙胺丁醇替代链霉素，但要注意对视神经的影响。

总的来说，抗结核药物的不良反应不多见，一般不影响短期化疗的推广应用。一旦出现药物不良反应，就要在医生指导下采取相应的措施，如减少抗结核药物的剂量或加用相应的辅助药物等，个别严重者可停服不良反应药物。

第四节　肺结核病预防

一、接种卡介苗

卡介苗是一种预防儿童结核病的国家计划免疫疫苗。卡介苗接种是用人工方法使未受结核杆菌感染的人体产生一次较轻微的、没有临床发病危险的原发感染，从而产生一定的特异性免疫力，是结核病预防和计划免疫工作内容之一。卡介苗接种可预防和减少儿童感染结核病，特别是结核性脑膜炎、血行播散性结核病的发生。主要接种对象是新生儿，因新生儿健康等原因未能及时接种卡介苗者，要到当地结核病防治所或疾病控制中心补种。

二、预防儿童结核病

1. 保护儿童免受结核菌的感染。儿童结核感染往往来自家庭成员中痰涂片阳性肺结核病人，及时发现和彻底治愈家庭成员肺结核病人是避免儿童感染结核菌的关键。

2. 增加对结核菌的抵抗力。新生儿接种卡介苗可以提高儿童对结核菌的特异性抵抗力，减少全身血行播散性结核病和结核性脑膜炎的发生。但由于卡介苗的保护力不够强，还不能完全防止结核病的发生。儿童注意生活规律，平衡膳食，适当进行室外活动，对于增强抵抗力非常重要。

3. 减少已感染儿童发生结核病的机会。结核菌素试验强阳性反应的儿童说明已受结核菌自然感染，应该进行有关检查看是否已经患有临床结核病。如果没有结核病，除注意增强一般抵抗力外，可以在专科医生指导下进行预防性治疗，以减少发病的机会。同时，对家庭成员进行体检，及时发现传染源，避免反复传染和传染给其他儿童。

三、家庭成员和同学（同事）的保护措施

得了结核病最担心的问题是怕传染别人，同样，与病人的接触者最害怕被传染。因此，预防传染和采取保护措施是必要的。

1. 病人应积极治疗。一旦确诊结核病后，应立即进行化学药物治疗。化疗后痰中的结核菌数量数日内可急剧减少，咳嗽症状也减轻或消失，对他人的传染性很快减少或消失。治疗是最积极的预防传染的措施。

2. 病人在开始治疗的两周时间内因痰中可能尚有结核菌存在，最好单独居住，减少与别人的接触，特别是与儿童的接触。

3. 养成良好的个人卫生习惯，不对人咳嗽，病人最好戴口罩，不随地吐痰，痰多时最好准备专用痰瓶。

4. 经常开窗通风，以减少含结核菌微沫的浓度，尤其是病人居住的房间通风。

5. 病人的接触者，尤其是家中 15 岁以下儿童，应及时到结核病防治机构进行检查。

四、政府承诺是实施结核病控制策略的关键

人类在与结核病长期斗争的过程中积累了丰富的经验，随着科学技术水平的不断进步，我们已经掌握了当今最有效的现代结核病控制技术策略。

事实表明，这些策略的有效实施必须有各级政府在机构、人员和经费上的大力支持，即政府承诺。政府承诺就是各级政府要把结核病控制工作作为政府行为列入议事日程，纳入各级政府卫生工作的总体规划和社会发展总目标。如果没有政府承诺，计划、财政、教育、劳动保障、广电等部门就不能很好地配合卫生部门开展结核病防治各方面的工作，各级结核病控制经费也不能得到很好的落实，实施现代结核病控制技术策略也就成了一句空话，病人的免费治疗成了泡影。因此，实施结核病控制策略的关键是政府承诺。

肺结核病是慢性传染病，治疗的病程较长，正规彻底治疗必须有6~8个月的疗程，且需要多种药物联合使用，才能彻底治愈。如果不能得到规范的全程治疗，容易造成病人久治不愈或复发，甚至耐药，成为慢性传染源而传染更多的健康人。同时，结核病主要发生在贫困的农村，病人家庭普遍贫穷，很多病人由于经济原因很难坚持规范的全程治疗，这些病人如果不能得到免费的检查和抗结核治疗，将对社会造成很大的影响。

3月24日“世界防治结核病日”的由来

1882年3月24日是世界著名的德国科学家柯赫氏在柏林宣布发现结核菌的日子。但是结核病正在欧洲和美洲猖獗流行，由于柯赫氏发现结核菌，为以后结核病研究和控制工作提供了重要的科学基础，为可能消除结核病带来希望。尽管20世纪50年代有效的抗结核药物问世，但之前世界大多数人都没有得到有效的治疗服务。因此，从1882年柯赫氏发现结核菌以来，仍至少有2亿人被结核病夺去了生命。

在1982年纪念柯赫氏发现结核菌100周年时，世界卫生组织和国际防痨和肺病联合会共同倡议，并最终于1995年将3月24日作为“世界防治结核病日”，以提醒公众加深对结核病的认识。

鉴于对全球结核病流行的重视，“世界防治结核病日”于1998年首次成为联合国重要的国际卫生事件。“世界防治结核病日”的主要目的是加强政府的承诺，动员公众支持在全球范围的结核病控制工作。我国各级政府、疾病控制机构、防痨协会等社会团体充分利用“世界防治结核病日”的机会，广泛发动群众，积极开展多种形式的结核病宣传教育活动，取得了较好的社会效果。

（田丹　刘懿卿　陈冰）

【思考题】

1. 哪些途径可能感染肺结核？
2. 怎样预防肺结核的发生？

第三十章　病毒性肝炎预防

第一节　病毒性肝炎概述

病毒性肝炎是目前中国严重危害人们健康的疾病之一，也是最大的消化系统疾病。病毒性肝炎传染性强，传播途径复杂，发病率高，流行面广，给社会和患者带来巨大的经济负担和健康损害。

一、病毒性肝炎概念

通俗地讲，肝炎就是肝脏的炎症。在众多引起肝炎的致病因素中，病毒是最常见和最主要的原因。我们所说的病毒性肝炎是由多种肝炎病毒引起的，以肝脏损害为主的一组全身性传染病。症状多以疲乏、食欲减退、厌油、肝大、肝功能异常为主要表现，部分病人可出现黄疸，也可有无症状感染者。

二、病毒性肝炎分类

按病原学分类，目前已确定的有甲型肝炎、乙型肝炎、丙型肝炎、丁型肝炎、戊型肝炎。

按传播途径可分两类：（1）消化道途径传播的肝炎，如甲型病毒性肝炎和戊型病毒性肝炎，感染后多为急性，大部分可痊愈，不会转变成慢性肝炎；（2）经血液传播的肝炎，如乙型病毒性肝炎、丙型病毒性肝炎和丁型病毒性肝炎，感染后易变成慢性肝炎，慢性感染情况与感染的年龄有关，年龄越小感染后成为慢性感染者的概率越大。

三、病毒性肝炎的流行现状与趋势

（一）甲型肝炎

根据1992—1995年全国病毒性肝炎的血清流行病学调查，我国人群甲型肝炎病毒感染率为80.9%，即有80.9%的人曾感染过甲型肝炎。据此推算，我国约10亿人已感染过甲肝病毒，感染病毒是可以有不同表现形式的，绝大多数人是隐性感染，就是说感染以后没有疾病的表现，但产生了免疫力。也就是说，这些人可以不用再注射甲肝疫苗，身体已经有免疫力了。

自2007年起，国务院将甲肝疫苗纳入国家免疫规划，对所有适龄儿童进行免费接种。通过采取接种甲肝疫苗、改善饮用水卫生、加强健康教育等综合性防控措施，甲肝疫情持续走低，发病率从1990年的52.6/10万降至2013年的1.6/10万，达到历史最低水平。

（二）乙型肝炎

乙型肝炎目前依然是在全球范围内造成严重危害的一种疾病。乙型肝炎世界范围的流行情况变化很大，主要受到感染发生年龄的影响，可分为三类：（1）低流行区。乙型肝炎病毒表面抗原携带率<2%，如北欧、英国、中欧、北美和澳大利亚等。在这些地区，急性乙肝的最高发病人群是青壮年，大多数新发病例是由于高危性活动和毒品注射所致。

(2) 中流行区。乙型肝炎病毒表面抗原携带率为2% ~7%，如南欧、东欧、地中海地区、日本、西亚、南亚、前苏联等。在这些地区，婴幼儿、儿童和成年人的感染情况同时存在。(3) 高流行区。乙型肝炎病毒表面抗原携带率≥8%，如东南亚地区、非洲和我国，大部分感染发生于围产期或婴幼儿期。

乙型肝炎是危害我国人民健康的重要传染病之一。在国家法定传染病报告系统中，乙肝报告病例多年来居所有法定传染病的首位，约占传染病总数的1/3。我国实际上已经成为世界上为乙肝、肝硬化和肝癌付出最多社会成本的国家。全球3.5亿乙型肝炎病毒携带者中，我国有近1亿人。在造成病毒性肝炎相关死亡的人群中，全球每年大约70万人，我国占近50%。我国不仅有近1亿人的慢性乙肝病毒携带者，而且每年乙型病毒性肝炎的新发感染者达10万人之多。

从1992年开始，我国在新生儿中大规模推广乙肝疫苗接种。2002年将乙肝疫苗纳入国家免疫规划，对所有新生儿实施及时接种，接种率一直保持在90%以上。为加速乙肝控制进程，2009—2011年又将15岁以下人群补种乙肝疫苗纳入国家重大公共卫生服务项目。通过实施新生儿乙肝疫苗接种，有效地保护了儿童免受乙肝病毒的侵害，乙型肝炎防控效果显著。2006年全国乙型肝炎血清流行病学调查结果显示：我国人群乙肝感染流行率为34.28%，乙肝表面抗原携带率为7.18%，推算我国目前感染过乙肝病毒的有近5亿人，乙肝表面抗原携带者9300万人。按照世界卫生组织标准，我国已从乙肝高流行国家（病毒携带率8%以上）降为中度流行国家。2012年5月，我国通过世界卫生组织西太区验证，实现了其制定的在2012年将5岁以下儿童乙肝病毒表面抗原携带率控制在2%以下的目标（我国实际已降至1%以下）。

（三）丙型肝炎

在1989年以前，我们不能够检测丙型肝炎病毒。当时只是发现这样一个现象，有一些病人在手术当中输血了，即将要出院的时候出现了肝炎。当时我们只能检测甲型和乙型肝炎的病毒，这种病毒既不是甲型也不是乙型，在很长一段时间里，把这个病叫作“非甲非乙型肝炎”，也叫作“输血后肝炎”，因为绝大多数人是在手术后得的。1989年，美国科学家建立了检测这个病毒的方法，而且随着分子生物学的进步，把这个病毒的基因和整个序列分析清楚了，可以进行检测了。这个方法建立以后，我们发现“非甲非乙型肝炎”是因输血传播病毒所引起的。按照甲乙丙丁的顺序，把它排在第三位。国外叫“HCV”，我们称作“丙型肝炎”。

丙型肝炎感染呈全球分布，我国1992年调查人群HCV感染率为3.2%，属HCV感染的中流行地区，估算HCV感染者约4000万人。调查表明，我国慢性HCV感染者，约25%由于输血感染所致，35%为应用血制品者，6%为静脉注射毒品者，34%不详。2003—2009年我国丙肝报告的例数在逐年增加，在法定报告的27种传染病中，其发病率由2004年的第十位上升至2008年第七位。

丙型肝炎病毒也是容易引起慢性肝炎的病毒，而且它比乙型肝炎病毒还要可怕。可怕在丙型肝炎病毒急性感染的人中有60% ~80%变为慢性感染。同时，丙型肝炎比乙型肝炎更隐匿，这些病人很少有“急性黄疸”的肝炎表现，甚至有一些人从来就没有过肝功能不正常的情况，但是发生了肝硬化，所以把它称为“隐匿的杀手”。

（四）丁型肝炎

丁型肝炎病毒是一个缺陷病毒，它只有在乙型肝炎表面抗原呈阳性的情况下才有可能感染，否则不能单独感染。它是和乙肝病毒重叠或者同时存在的，它的特性和乙型肝炎病毒感染的特性是一样的。我国属于丁型肝炎低流行地区，人群感染率低。

（五）戊型肝炎

戊型肝炎是20世纪90年代后才确定的一种肝炎类型。这种类型是经过消化道传播，在过去也是把它叫作“非甲非乙型肝炎”，但是它和丙型肝炎不一样，丙型肝炎是输血之后传染的，而戊型肝炎是通过吃东西传染的。由于吃了被病毒污染的食物或者水，而造成发病，甚至可能因为水源或食物的污染而造成暴发流行。

从我国肝炎的流行病学调查来看，甲型肝炎多感染35岁以下的青年人，而戊型肝炎多感染35岁以上的成年人甚至老年人，戊型肝炎已成为老年黄疸中最常见的病因。妊娠合并戊型肝炎危害相当严重。有报告显示，妊娠早、中、晚期戊型肝炎病死率分别达到1.5%、8.5%和21%，妊娠戊型肝炎重症病例高达25%～30%。产妇往往在分娩或流产后病情立即恶化，或分娩前一天病情急剧恶化，迅速发生肝性脑病，产后出血较多，死胎率亦高。

四、病毒性肝炎对人类健康的危害

（一）急性肝炎的危害

多数急性肝炎患者在3个月内临床康复。其中甲型肝炎预后较好，病死率约为0.01%，如1988年上海甲肝流行，最终只有两个病人在感染甲肝的过程中死亡；急性乙型肝炎60%～90%可完全康复，10%～40%转为慢性或病毒携带；急性丙型肝炎50%～80%易转为慢性或病毒携带；急性丁型肝炎经常是重叠HBV感染，约70%转为慢性；戊型肝炎病死率为1%～5%，特别是妊娠晚期合并戊型肝炎病死率高达10%～40%。

（二）慢性肝炎的危害

慢性肝炎有乙型、丙型、丁型肝炎这三种类型。轻度慢性肝炎患者一般预后良好；重度慢性肝炎预后较差，约80%在五年内发展成肝硬化，少部分可转为肝癌；中度慢性肝炎预后居于轻度和重度之间。

慢性乙型肝炎患者有25%死于五年后，生存率比较低，而且一部分人转为肝癌。慢性丙型肝炎的预后较慢性乙型肝炎稍好一些，它发生肝硬化的比例低，但发展速度比乙型肝炎快。中国的慢性乙肝病毒感染者之所以比国外多，是因为在我国绝大多数是婴幼儿感染，也就是说绝大多数是妈妈传染孩子，在这个时期感染就会有90%慢性化，在一定年龄出现慢性乙型肝炎、慢性乙型肝炎病毒携带者，甚至出现肝硬化。

第二节　病毒性肝炎流行病学

一、病原学

除乙型肝炎病毒属DNA（Deoxyribonucleic Acid，中文名为脱氧核糖核酸）病毒外，其余均属RNA（Ribonucleic Acid，中文名为核糖核酸）病毒。

（一）甲型肝炎病毒（Hepatitis A Virus，HAV）

HAV在体外抵抗力较强，耐酸、碱、乙醚和热，在pH值为2～10之间稳定，20%乙醚不能灭活病毒。60℃下6小时才能完全灭活，100℃下5分钟可全部灭活；贝类（牡蛎、蛤蜊等）中的HAV在水中能存活数天至数月，置于4℃冰箱中24～48小时仍保持稳定；1.5mg/L余氯1小时仍存活，5%～8%甲醛和70%乙醇能迅速灭活，1∶4000的甲醛72小时可使其失去感染性而保留免疫原性。

HAV只有1个血清型和1个抗原抗体系统。IgM型抗体仅存在于起病后6个月之中，是近期感染的标志；IgG 型抗体则可保存多年，是过去感染的标志。

（二）乙型肝炎病毒（Hepatitis B Virus，HBV）

HBV 抵抗力很强，对热、低温、干燥、紫外线及一般浓度消毒剂均能耐受。在 37℃可存活数天，在血清中 30～32℃可保存 6 个月，－20℃可保存 15 年。100℃下 10 分钟、65℃下 10 小时或高压蒸气消毒可被灭活，对 0.2% 苯扎溴铵及 0.5% 过氧乙酸敏感。

（三）丙型肝炎病毒（Hepatitis C Virus，HCV）

HCV 抵抗力较强，耐热，对氯仿敏感。经 60℃下 10 小时或 1∶1000 福尔马林 37℃下 6 小时或 10%～20% 氯仿均可使其灭活。

由于 HCV 在血中浓度低，一直未能在血中检出 HCVAg，仅能用针对某一基因片段的单克隆抗体以免疫组化法检出肝细胞上的 HCVAg。

（四）丁型肝炎病毒（Hepatitis D Virus，HDV）

1977 年，在 HBsAg 阳性肝组织标本中发现 δ 因子，1983 年命名为丁型肝炎病毒。HDV 是一种缺陷病毒，在血液中由 HBsAg 包被，必须有 HBV 或其他嗜肝 DNA 病毒的辅助才能复制、表达抗原及引起肝损害。

（五）戊型肝炎病毒（Hepatitis E Virus，HEV）

1983 年 Balayan 等用免疫电镜技术从粪便中检出 27～38nm 病毒颗粒，1989 年 Reyes 等获得本病毒基因克隆，同年东京国际肝炎会议将其正式命名为 HEV。

二、传播特点

（一）甲型病毒性肝炎

甲型病毒性肝炎，简称甲肝，是由甲型肝炎病毒（HAV）引起的急性肠道传染病。

1. 传染源。甲型肝炎无慢性病毒携带状态，传染源为急性期患者和隐性感染者，后者数量远较前者多。

2. 传播途径。主要是粪—口途径，主要通过日常生活接触、水和食物 3 种方式传播。

（1）日常生活接触传播主要通过污染的手、用具、食品、玩具、床上用品、衣物等，直接或间接经口传入。在卫生条件差、居住拥挤、人口密集的集体单位，如工厂、学校、托幼机构和家庭中，日常生活接触传播是 HAV 感染的主要途径。

（2）水和食物传播 HAV，在我国西南地区较常见，常引起不同程度的暴发流行；我国东部和沿海地区出现食用不洁贝类水生动物而造成的暴发流行。

3. 易感人群。人类对 HAV 普遍易感，感染后可获得持久免疫力，再次感染极为少见。6 个月以下的婴儿有来自母亲的抗 HAV 而不易感。6 个月龄后的婴儿，血中抗 HAV 逐渐消失而成为易感者。

（二）乙型病毒性肝炎

乙型病毒性肝炎，简称乙肝，是由乙型肝炎病毒（HBV）引起的，以肝脏病变为主并可引起多种器官损害的传染性疾病。乙肝在已知各型病毒性肝炎中危害最严重，在急性病毒性肝炎中乙肝约占 25%，在慢性肝炎中乙肝占 80%～90%。

1. 传染源。急、慢性乙型肝炎患者和病毒携带者。急性患者在潜伏期末及急性期有传染性。慢性患者和病毒携带者作为传染源的意义最大。

2. 传播途径：

（1）经血传播。血液中 HBV 含量很高，微量的污染血进入人体即可造成感染。经血传播主要包括经血液和血制品、使用未经严格消毒的医疗器械、注射器、介入性诊疗操作和手术，以及静脉注射滥用毒品等；其他如修足、文身、穿耳孔、医务人员工作中的意外暴露、共用剃须刀和牙刷传播，以及破损的皮肤和黏膜传播均归类为血液传播途径。世界卫生组织资料显示，通过血液传播乙肝病毒的证据是确凿的。

（2）母婴传播。母婴传播是乙肝病毒重要的传播途径，慢性乙肝病毒感染者中约有30%～50%是通过母婴传播获得的。母婴传播包括宫内感染、围产期传播、分娩后传播。宫内感染主要经胎盘获得，约占HBsAg阳性母亲的5%。围产期传播和分娩传播是母婴传播的主要方式，婴儿因破损的皮肤或黏膜接触母血、羊水或阴道分泌物而传染。分娩后传播主要由于母婴间密切接触。虽然母乳中可检测到HBV，但有报告显示人工喂养和母乳喂养对婴儿HBV感染差别不大。

（3）性传播。乙肝感染者的精液或阴道分泌物中均可检出乙肝病毒，在密切的性接触时，这些体液可透过破损的黏膜而引起感染。根据文献，美国纽约的男同性恋者乙肝病毒感染率比对照组高13倍，感染率与性接触对象数目成正比。

日常工作或生活接触，如同一办公室工作（包括共用计算机等办公用品）、握手、拥抱、同住一个宿舍、同一餐厅用餐和共用厕所等无血液暴露的接触，不会传染乙肝病毒。

3. 易感人群。未获得有效免疫的人群对HBV都具有易感性。HBV感染后个体反应的差异显著，这种差异主要与感染者的年龄、性别、文化素质、机体免疫功能和营养状况有关，还与感染者所属地区的气候、卫生状况等有关。

（三）丙型病毒性肝炎

丙型病毒性肝炎，简称丙肝，是由丙型肝炎病毒（HCV）引起的病毒性传染病。

1. 传染源。急、慢性患者和病毒携带者。慢性患者的流行病学意义大于急性患者，病毒携带者有更重要的传染源意义。

2. 传播途径。与乙型肝炎相似；但由于体液中HCV含量较少，外界抵抗力较低，其传播低于乙型肝炎。主要经过肠道外途径传播。

（1）经血液传播。①输血和使用血制品传播。我国自1993年对献血员筛查抗HCV后，丙肝得到了有效控制。但由于抗HCV存在窗口期、抗HCV检测试剂的质量不稳定及少数感染者不产生抗HCV，因此抗HCV阴性的HCV携带供血员尚不能筛除，输血仍可能传播丙型肝炎，特别是反复输血、血制品者。②经破损的皮肤和黏膜传播。这是目前最主要的传播方式。静脉注射毒品、使用非一次性注射器和针头、未经严格消毒的牙科器械、内镜、针刺等也是经皮肤传播的重要途径。一些可能导致皮肤破损和血液暴露的传统医疗方法如针灸，共用剃须刀、牙刷，文身和穿耳孔，也是HCV潜在的经血传播方式。

（2）性传播。多个性伴侣及同性恋者属高危人群。同时伴有其他性传播疾病者，特别是感染人类免疫缺陷病毒（HIV）者，感染HCV的危险性更高。

（3）母婴传播。HCV-RNA阳性母亲在分娩时传播给新生儿的概率约4%～7%。与乙肝病毒相比，丙肝病毒感染率较低；丙肝病毒母婴传播的时机主要在出生或哺乳期。

（4）生活密切接触传播。散发的HCV感染者中约40%无明确的输血及血制品注射史，传播途径不明，称为“社区获得性传播”。家庭内接触可能是丙肝传播途径之一，接触的内容有共用梳子、指甲剪、牙刷等。

3. 易感人群。人类普遍易感。抗HCV并非保护性抗体，感染后对不同病毒均无保护性免疫。

（四）丁型病毒性肝炎

丁型病毒性肝炎，简称丁肝，由丁型肝炎病毒（HDV）引起。

HDV可与HBV同时感染人体，但大部分情况下是在HBV感染的基础上引起重叠感染。当HBV感染结束时，HDV感染也随之结束。

传染源、传播途径与乙型肝炎相似。与乙型肝炎以重叠感染或同时感染形式存在，以前者为主。人类对丁型肝炎普遍易感。

（五）戊型病毒性肝炎

戊型病毒性肝炎，简称戊肝，由戊型肝炎病毒（HEV）引起。HEV 在碱性环境下较稳定，对高热、氯仿、氯化铯敏感。

传染源、传播途径与甲型肝炎相似，也为粪—口途径传播，多表现为急性肝炎。但有以下特点：（1）暴发流行均由于粪便污染水源所致。1986—1988 年我国新疆南部地区曾发生两起戊型肝炎暴发流行，是由于水源受到持续污染所致。散发多由于不洁食物或饮品所引起。（2）隐性感染多见，显性感染主要发生于成年人。（3）原有慢性 HBV 感染者或晚期孕妇感染 HEV 后病死率高。（4）有春冬季高峰。（5）抗 HEV 多在短期内消失，少数可持续 1 年以上。

三、症状

不同类型病毒引起的肝炎潜伏期不同，甲型肝炎 2～6 周，平均 4 周；乙型肝炎 1～6 个月，平均 3 个月；丙型肝炎 0.5～6 个月，平均 40 日；丁型肝炎 4～20 周；戊型肝炎 2～9周，平均 6 周。

（一）急性肝炎

肝炎的临床症状没有特殊的表现，急性肝炎的病人刚开始时由于病毒感染引起发热，然后出现食欲减退、厌油腻食物、恶心、呕吐、尿色加深、皮肤变黄。

（二）慢性肝炎

急性肝炎病程超过半年，或原有乙、丙、丁型肝炎或有 HBsAg 携带者而因同一病原再次出现肝炎症状、体征及肝功能异常者。发病日期不明确或无肝炎病史，但根据肝组织病理学或根据症状、体征、化验及 B 超检查综合分析符合慢性肝炎表现者。根据病情轻重可分为轻、中、重三度。

1. 轻度。病情较轻，可反复出现乏力、头晕、食欲有所减退、厌油、尿黄、肝区不适、睡眠欠佳、肝稍大有轻触痛，可有轻度脾大。部分病例症状、体征缺如。肝功能指标仅 1 项或 2 项轻度异常。

2. 中度。症状、体征、实验室检查居于轻度和重度之间。

3. 重度。有明显或持续的肝炎症状，如乏力、纳差、腹胀、尿黄、便溏等，伴肝病面容、肝掌、蜘蛛痣、脾大、ALT 和（或）天冬氨酸氨基转氨酶（AST）反复或持续升高，白蛋白降低，丙种球蛋白明显升高。

第三节　病毒性肝炎预防

一、控制传染源

（一）患者隔离

患者和病原携带者都是病毒性肝炎的传染源。其中，甲型和戊型肝炎的慢性患者和病原携带者未见报道，作为传染源的可能性极少。甲型和戊型肝炎患者仅从粪便中排出病原体。乙、丙、丁型肝炎患者则主要通过血液和体液排出病原体。

急性患者应隔离治疗至病毒消失。各型急性肝炎患者的隔离期照各型病毒性肝炎的传染期而定。

慢性乙型、丙型肝炎患者应按病毒携带者管理。

(二) 携带者管理

慢性患者和携带者可根据病毒复制指标评估传染性大小。符合抗病毒治疗条件的尽可能给予抗病毒治疗。现症感染者不能从事食品加工、饮食服务、托幼保育等工作。对献血员进行严格筛选，不合格者不得献血。

二、切断传播途径

(一) 甲型和戊型肝炎

甲型肝炎和戊型肝炎主要经粪—口途径传播，预防应注意饮食和饮水卫生，防止“病从口入”。加强饮水消毒，不喝生水；养成良好卫生习惯，饭前便后洗手；生吃瓜果要洗净；不吃未煮熟的河鲜或海鲜；不吃被苍蝇、蟑螂污染过的食品；食品要蒸熟煮透再吃；餐具要消毒。不使用新鲜粪便施肥。不在河塘洗甲肝患者的衣物。接种甲肝疫苗可以预防甲型肝炎。

(二) 乙、丙、丁型肝炎

1. 加强血制品管理，每一个献血员和每一个单元血液都要经过最敏感方法检测 HBsAg 和抗 HCV，有条件时应同时检测 HBV，DNA 和 HCV，RNA，阳性者不得献血，阳性血液不得使用。

2. 提倡使用一次性注射用具，各种医疗器械及用具实行一用一消毒措施。重复使用的器械，必须经高压或煮沸消毒。对带血及体液污染物应严格消毒处理。

3. 加强托幼保育单位及其他服务行业的监督管理，严格执行餐具、食具消毒制度。理发、美容、洗浴等用具应按照规定进行消毒处理。

4. 阻断母婴传播。准备怀孕前，应到医院体检。如果病毒定量很高而且同时有肝功能异常，应进行抗病毒治疗，同时在专科医生的指导下使用有针对性的保肝药，待病情稳定后再考虑受孕。宝宝出生时或出生后接种乙肝疫苗、注射乙肝高效价免疫球蛋白，选择正确的哺乳方式及乙肝母婴间生活上密切接触传播的预防，如保护好婴幼儿柔嫩的皮肤、黏膜，避免皮肤、黏膜损伤，血液、唾液不要直接接触等。

5. 养成良好的个人卫生习惯，接触病人后用肥皂和流动水洗手。

三、保护易感人群

(一) 甲型肝炎易感人群保护

1. 甲型肝炎疫苗。1991 年，经过长达 15 年的系统研究，中国成功培育出安全有效的甲肝减毒活疫苗毒种，并研制出甲肝疫苗，这一成果为我国有效控制甲肝流行做出了巨大的贡献。

甲肝主要通过消化道传播，传播范围较广，很容易引起集体单位暴发感染。为了预防感染甲肝，应接种甲肝疫苗，特别是幼儿园的儿童和在校学生。居住在卫生条件较差的偏远山区的人群更应及时接种甲肝疫苗，做好预防工作。

2. 免疫球蛋白。应用人血免疫球蛋白对急性甲肝病人的接触者进行被动免疫，是暴露后预防的重要措施。主要用于密切接触者，如同家、同室、同班，对于控制托幼机构或学校等集体单位甲肝暴发流行有重要意义，也可用于到甲肝高发区旅游或工作的易感者。

(二) 乙型肝炎易感人群保护

1. 乙型肝炎疫苗。

(1) 乙肝疫苗免疫程序、接种禁忌和注意事项。乙型肝炎疫苗全程免疫共需接种 3

针，免疫程序为0、1、6个月，即出生后24小时内接种首针乙肝疫苗，1个月和6个月接种第2针及第3针乙肝疫苗。乙肝疫苗首针及时接种和全程接种是保证乙肝疫苗保护效果的关键。首针乙肝疫苗要求在出生后24小时内接种，且越早越好。

乙肝疫苗接种禁忌包括：已知对该疫苗所含任何成分（包括辅料、甲醛及抗生素）过敏者；患有急性疾病、严重慢性疾病、慢性疾病的急性发作期和发热者；妊娠期妇女；患未控制的癫痫和其他进行性神经系统疾病者。

乙肝疫苗可以和流脑疫苗、卡介苗、百白破、脊髓灰质疫苗、乙脑疫苗、含麻疹成分疫苗、甲肝疫苗等同时接种。乙肝疫苗和其他疫苗同时接种时要在不同部位分开接种。

（2）乙肝疫苗的免疫效果。乙肝疫苗接种后产生的抗体水平随时间的推移逐渐下降。抗体滴度越高，持续时间越长。一般接种疫苗，注射3针后的1～3个月97%的人都可测到乙肝表面抗体（抗－HBs）；1年时仍保持同一水平，以后阳转率逐渐下降，到第三年时可降到74%左右，抗体滴度也逐渐下降。目前大量资料显示，接种乙肝疫苗后有抗体应答者的保护效果一般至少可持续20年。

新生儿全程接种3针乙肝疫苗后，一般人群可以不进行抗体（抗－HBs）检测。如果母亲为HBsAg阳性时，新生儿有必要进行抗体检测。可选择在完成乙肝疫苗全程接种后的1～5个月时采血，因为这时体内抗体滴度最高，如抗－HBs＜10 mIU/mL，可进行再次接种。

接种乙型肝炎疫苗后有抗体应答者的保护效果较好，一般人群不需要进行抗－HBs监测或加强免疫。乙肝患者及乙肝表面抗原携带者对乙肝疫苗不会产生效果，故不需要接种乙肝疫苗；对由于既往感染过乙肝病毒而现在已经自然获得有效的保护性抗体者（乙肝“二对半”检查中乙肝表面抗体呈阳性），也没有必要再接种疫苗。

（3）接种乙肝疫苗的重点人群。成人中某些重点人群暴露机会多，感染乙肝病毒风险高，建议接种乙肝疫苗。世界卫生组织和美国疾控中心推荐接种乙肝疫苗的重点人群包括需要频繁使用血液或血制品者、血液透析患者、实体器官移植接受者、监狱内的囚犯、慢性肝病患者、静脉吸毒人员、HIV感染者、慢性HBV感染者的家属和性接触者、有多个性伴侣者、性病门诊就诊者、糖尿病病人、医务工作者及其他因职业原因可能暴露于血液和血制品者。

（4）意外暴露情况下（例如，伤口被含有乙肝病毒的血液污染，或皮肤被乙肝病毒污染的针头刺伤），应根据不同情况，采取不同的处理措施。

对于未接种过乙肝疫苗的暴露者，先注射乙肝免疫球蛋白200～400IU（12小时内），越早越好，同时在不同部位接种第一针乙肝疫苗，间隔1和6个月后接种第2、3针乙肝疫苗。如既往曾经检测过乙肝感染指标，出现乙肝表面抗原阳性者，可不必接种。

如果既往已接种过乙肝疫苗，但未完成全程免疫的暴露者，应注射乙肝免疫球蛋白，并按乙肝疫苗免疫程序完成3针全程免疫。

接种过乙肝疫苗，并已产生乙肝表面抗体的暴露者，应根据其抗体水平而定。如果乙肝表面抗体水平≥100 mIU/mL，可不必处理；若＜100 mIU/mL，应加强注射1针疫苗；初次免疫无应答者应尽早注射乙肝免疫球蛋白，剂量为200～400IU，同时在不同部位注射第1针乙肝疫苗，间隔1和6个月后接种第2、3针乙肝疫苗。

2. 乙肝免疫球蛋白。乙肝免疫球蛋白是从健康献血员中分离出来的，其血浆中含有滴度较高的抗－HBs，经过浓缩工艺而制成的，对乙肝病毒有较好的免疫作用。

一般在两种情况下使用：

（1）阻断母婴传播。HBsAg阳性的母亲所生新生儿，在出生后24小时内注射一次免疫球蛋白100～200 IU，并按照免疫程序完成乙肝疫苗3针次接种，对于阻断乙肝病毒的母婴传播具有良好作用。

（2）医生、护士等在给乙肝病人治疗、护理或采血时，若不小心手指被染有乙肝病毒的血液刺入、吸入、溅入伤口、黏膜等，应立即注射乙肝免疫球蛋白200 IU，间隔1个月后再注射第2针，并同时接种乙肝疫苗3针次，可起到预防感染的效果。

（三）丙、丁、戊型肝炎易感人群保护

目前，尚缺乏特异性免疫预防措施。如果丙、丁、戊型肝炎疫苗能像甲、乙型肝炎疫苗一样得到广泛应用，我国的病毒性肝炎流行一定会得到较好的控制，摘掉“肝炎大国”帽子之日将不会太遥远。

为纪念乙肝病毒发现者——巴鲁克·布隆伯格，2010年5月世界卫生组织将其诞辰日（即7月28日）确定为“世界肝炎日”，自2011年开始将每年的世界肝炎日从5月19日变更为7月28日。

2020年7月28日是第十个“世界肝炎日”。为号召全社会共同关注病毒性肝炎防治工作，国家卫生健康委确定的宣传主题是“积极预防，主动检测，规范治疗，全面遏制肝炎危害”。

我国近年来病毒性肝炎防控成果显著。为保障人民群众身体健康，公众应积极主动接种肝炎疫苗，主动进行体检进而了解肝脏健康状况。慢性病毒性肝炎患者应接受规范的抗病毒治疗，全面遏制病毒性肝炎对人类健康的威胁。

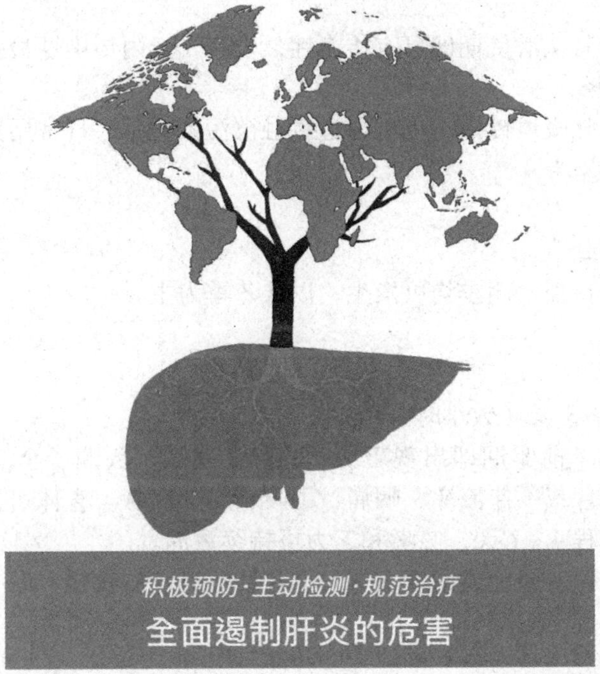

图30－1　2020.7.28　世界肝炎日　共创没有肝炎的未来

（刘懿卿　陈冰）

【思考题】

1. 病毒性肝炎分几种类型？其传播特点各是什么？
2. 怎样预防病毒性肝炎？

第三十一章 常见呼吸道传染病预防

第一节 流行性感冒

一、概念

流行性感冒简称流感，是由流感病毒引起的急性呼吸道传染病，其潜伏期短、传染性强、传播速度快。临床主要表现为高热、乏力、头痛、全身肌肉酸痛等中毒症状，而呼吸道症状轻微。但在老年人和慢性病患者中则可引起较严重的并发症。

二、流行病学特征

（一）传染源

患者和隐性感染者从潜伏期即可有传染性，发病3天内传染性最强，是主要传染源。

（二）传播途径

主要通过飞沫经呼吸道传播。也可通过接触被污染的手、日常用具等间接传播。

（三）人群易感性

人群普遍易感。

（四）流行特征

突然发生、迅速传播，四季均可发生，以秋冬季为主。

三、临床表现

潜伏期通常为1~3天（数小时~4天）。

典型流感起病急，前驱期即出现乏力、高热、寒战、头痛、全身酸痛等全身中毒症状，但体征较轻，可伴或不伴流涕、咽痛、干咳等局部症状。查体可见结膜充血。肺部听诊可闻及干啰音，病程4~7天，咳嗽和乏力可持续数周。

轻型流感急性起病，轻度或中度发热，全身及呼吸道症状轻，2~3天内自愈。

四、预防措施

卧床休息，多饮水，注意营养。密切观察和监测并发症。高热者予解热镇痛药，必要时使用止咳祛痰药物。积极采取抗流感病毒治疗。

（一）控制传染源

早期发现疫情，及时掌握疫情动态，及早对流感患者进行呼吸道隔离和早期治疗。隔离时间为1周或至主要症状消失。

（二）切断传播途径

流感流行期间，避免集会等集体活动，易感者尽量少去公共场所。注意通风，必要时要对公共场所进行消毒。医务人员在工作期间戴口罩，勤洗手，防止交叉感染对流感患者的用具及分泌物使用消毒剂消毒。

（三）保护易感人群

疫苗接种是预防流感的基本措施。

第二节　水　痘

一、概念

水痘是由水痘-带状疱疹病毒感染所引起的急性传染病。水痘为原发性感染，多见于儿童，临床以发热和皮肤黏膜成批出现周身性红色斑血疹、疱疹、痂疹为特征，主要发生在胸、腹背等部位，四肢上很少见。

二、流行病学特征

（一）传染源

患者是唯一的传染源。病毒存在于患者上呼吸道和疱疹液中，发病前1～2天至皮疹完全结痂为止均有传染性。

（二）传播途径

主要通过呼吸道飞沫和直接接触传播，亦可通过接触被污染的用具传播。

（三）人群易感性

本病传染性极强，人群对水痘普遍易感。本病一年四季均可发生，以冬春季为高峰期。

三、临床表现

潜伏期为10～24天，以14～16天为多见。典型水痘分为两期。

（一）前驱期

成人可有畏寒、低热、头痛、乏力、咽痛、咳嗽、恶心、食欲减退等症状，持续1～2天后才出现皮疹。

（二）出疹期

皮疹首先见于躯干和头部，以后延及面部及四肢。初为红色斑疹，数小时后变为丘疹并发展成疱疹。疱疹为单房性，椭圆形，直径3～5mm，周围有红晕，疱疹壁易破，疹液透明，后变浑浊，疱疹处常伴瘙痒。1～2天后疱疹从中心开始干枯、结痂，红晕消失。1周左右痂皮脱落愈合，一般不留瘢痕。如有继发感染，则形成脓疱，结痂、脱痂时间将延长。水痘皮疹为向心性分布，主要位于躯干，其次为头部、面部，四肢相对较少，手掌、足底更少。部分患者可在口腔、咽喉、眼结膜和外阴等黏膜处发生疱疹，破裂后形成溃疡。水痘皮疹一般分批出现，故病程中在同一部位可见斑丘疹、水痘和结痂同时存在，后期出现的斑丘疹可未发展成水疱即隐退。水痘多为自限性疾病，10天左右自愈。儿童患者症状和皮疹均较轻，成人患者症状较重，易并发水痘肺炎。

四、预防措施

患者应隔离至全部疱疹变成干结痂为止。发热期卧床休息，吃易消化食物，注意补充水分。加强护理，保持皮肤清洁，避免搔抓疱疹处以免继发感染。皮肤瘙痒者可用炉甘石洗剂擦涂，疱疹破裂后可涂甲紫或抗生素软膏。积极进行抗病毒治疗，防治并发症。预后一般良好，结痂脱落后大都无瘢痕。

患者应予呼吸道隔离至全部皮疹结痂，其污染物、用具可用煮沸或日晒等方法进行消毒。

第三节　风疹和麻疹及流行性腮腺炎

一、风疹

风疹是由风疹病毒引起的急性传染病，以发热、全身皮疹、淋巴结肿大为特点。风疹病毒对胎儿有致畸作用。

传染源是病人，出疹前后传染性最强，经空气飞沫传播，在学校、军营、人群集中场所，易引起暴发流行，病后免疫力较持久。

潜伏期为 12 ~ 19 天，常有低热、全身不适、咽痛、轻咳、流涕等上呼吸道症状。发热后出现皮疹，多见于面部及躯干部，2 ~ 3 日后皮疹消退，一般无色素沉着。耳后、枕部浅表淋巴结肿大，仅有少数病例全身淋巴结肿大，脾大。

由于风疹临床症状较轻，所以风疹控制以预防为主。风疹疫苗对于青少年特别是育龄妇女更具保护作用，疫苗抗体阳性率可达 98% 。

二、麻疹

麻疹是由麻疹病毒引起的病毒感染性传染病，其主要的临床表现有发热、咳嗽、流涕等卡他症状及眼结合膜炎，特征性表现为口腔麻疹黏膜斑及皮肤斑丘疹。

人是麻疹病毒的唯一宿主，因此麻疹患者是唯一的传染源。急性期的患者是最重要的传染源。经呼吸道飞沫传播是主要的传播途径。患者咳嗽、打喷嚏时，病毒随排出的飞沫经口、咽、鼻部或眼结合膜侵入易感者。人类对麻疹病毒普遍易感。麻疹是一种传染性很强的传染病，发病季节以冬春季为多见，但全年均可发生。潜伏期为 6 ~ 21 天，平均为 10 天左右。接种过麻疹疫苗者可延长至 3 ~ 4 周。

对麻疹患者应做到早诊断、早报告、早隔离、早治疗，患者隔离至出疹后 5 天。流行期间避免去公共场所或人多拥挤处，出入应戴口罩；无并发症的患者在家中隔离，以减少传播和继发医院感染。未患过麻疹的儿童和成人均可接种麻疹减毒活疫苗。

三、流行性腮腺炎

流行性腮腺炎是由腮腺炎病毒所引起的急性呼吸道传染病。以腮腺非化脓性炎症、腮腺区肿痛为临床特征。主要发生在儿童和青少年。

早期患者及隐性感染者均为传染源。主要通过飞沫传播。人群普遍易感。潜伏期 14 ~ 25 天，平均 18 天。部分病例有发热、头痛、无力、食欲缺乏等前驱症状，但大部分患者无前驱症状。腮腺最常受累，通常一侧腮腺肿大后 2 ~ 4 天又累及对侧。男性成人患者可并发睾丸炎。

患者应按呼吸道传染病隔离。由于症状开始前数天患者已开始排出病毒，因此预防的重点是应用疫苗对易感者进行主动免疫。

第四节　其他重点呼吸道传染病

一、甲型 H1N1 流感

甲型 H1N1 流感是由新型的甲型 H1N1 流感病毒感染所致的急性呼吸道传染病。

甲型 H1N1 流感患者为主要传染源，无症状感染者也具有传染性。目前，尚无动物传染人类的证据。主要通过飞沫经呼吸道传播，也可通过口腔、鼻腔、眼睛等处黏膜直接或间接接触传播。人群普遍易感。

潜伏期一般为 1 ~ 7 天，多为 1 ~ 3 天。

典型患者起病急，以发热为首发症状，表现为急速发热、数小时内达 38℃以上，可呈稽留热、弛张热或不规则热，可伴有畏寒或寒战，有咽痛、流涕、鼻塞、咳嗽、咳痰、全身酸痛、乏力。部分病例出现呕吐和（或）腹泻、肌肉痛或疲倦、球结膜充血等。发热一般持续 2 ~ 3 天。轻型患者临床症状较轻，仅有轻微的上呼吸道症状，无发热或低热。体征主要包括咽部充血和扁桃体肿大。常呈现自限性过程。

在甲型 H1N1 流感流行时，发病前 7 天内曾到过疫点，与传染期甲型 H1N1 流感确诊病例有密切接触者，结合临床表现等易于诊断。对疑似病例、临床诊断病例和确诊病例均应进行隔离治疗。最好就地隔离治疗待退热后 2 天。对于密切接触者的医学观察期限为 7 天。流行期间少到公共场所、娱乐场所及暂停集会。与患者近距离接触时，应戴外科口罩和防护眼镜。患者用具进行煮沸消毒。病房可用过氧乙酸（0. 75/m^2）等消毒。我国在 2009 年下半年开始应用国产甲型 H1N1 流感灭活疫苗对流行区人群进行了接种，证明了该疫苗是一种安全、有效的疫苗。

二、人感染高致病性禽流感

该病是由甲型流感病毒某些感染禽类亚型中的一些毒株引起的急性呼吸道传染病。其中 H5N1 亚型引起的高致病性禽流感，病情严重，可出现毒血症、感染性休克、多脏器功能衰竭以及瑞氏综合征等并发症而致人死亡。

传染源主要为患禽流感或携带禽流感病毒的鸡、鸭、鹅等家禽。其他禽类、野禽或猪也有可能成为传染源。患者是否为人禽流感的传染源尚待进一步确定。主要通过呼吸道传播，也可通过密切接触感染的禽类及其分泌物、排泄物，病毒污染的水等被感染。目前尚缺乏人与人之间传播的确切证据。人群普遍易感。12 岁以下儿童发病率较高，病情较重。与不明原因病死家禽或感染、疑似感染禽流感家禽密切接触人员为高危人群。

加强禽类疾病的监测，一旦发现禽流感疫情，立即封锁疫区，将高致病性禽流感疫点周围半径 3km 范围划为疫区，捕杀疫区内的全部家禽，并对疫区 5km 范围内的易感禽类进行强制性疫苗紧急免疫接种。此外，应加强对密切接触禽类人员的检疫。发生禽流感疫情后，彻底消毒禽类养殖场、市售禽类摊档以及屠宰场，销毁或深埋死禽及禽类废弃物；彻底消毒患者排泄物、用于患者的医疗用品及诊室；医护人员做好个人防护。检测患者标本和禽流感病毒分离严格按照生物安全标准进行。保持病室内空气清新流通；做好手卫生，杜绝院内感染。目前，尚无任何 H5N1 疫苗。对密切接触者使用抗流感病毒药物或按中医药辨证施治。

三、传染性非典型肺炎

传染性非典型肺炎又称严重急性呼吸综合征，是由SARS冠状病毒引起的急性呼吸道传染病。主要通过短距离飞沫、接触患者呼吸道分泌物及密切接触传播。以发热、头痛、肌肉酸痛、乏力、干咳少痰、腹泻等为主要临床表现，严重者出现气促或呼吸窘迫。本病是一种新的呼吸道传染病，其临床表现与其他非典型性肺炎相似，但传染性强，故将其命名为传染性非典型肺炎。

患者是主要传染源。急性期患者体内病毒含量高，且症状明显，如打喷嚏、咳嗽等，容易经呼吸道分泌物排出病毒。短距离的飞沫传播是本病的主要传播途径。飞沫在空气中停留的时间短，移动的距离约2m，故仅造成近距离传播。气溶胶传播是另一种方式。通过消化道传播可能是另一个传播途径。通过直接接触患者的呼吸道分泌物、消化道排泄物或其他体液，或者间接接触被污染的物品，亦可导致感染。患者粪便中的病毒污染了建筑物的污水排放系统和排气系统造成环境污染，可能造成局部流行。人群普遍易感。发病者以青壮年居多，儿童和老人少见。患者家庭成员和医务人员属高危人群。患病后可获得一定程度的免疫力，尚无再次发病的报告。

该病于2002年11月首先在我国广东佛山市被发现，2003年1月底开始在广州流行，2—3月达高峰。随后蔓延到山西、北京、内蒙古、天津及河北等地。2003年2月下旬开始在我国香港流行，并迅速波及越南、加拿大、新加坡、中国台湾等地。本次流行终止后，2003年8月卫生部公布，我国24个省、直辖市、自治区共266个县、市有本病病例报告，全国5327例，死亡349例。全球约32个国家和地区出现疫情，全球累计8422例，死亡916例。医务人员发病1725例，约占20%。本次流行后在新加坡，我国台湾、北京出现实验室感染病例。2004年初广东省报告4例SARS散发病例。该次流行发生于冬末春初，有明显的家庭和医院聚集发病现象。社区发病以散发为主，偶见点状暴发流行。主要流行于人口密集的大都市，农村地区甚少发病。

四、埃博拉出血热

埃博拉出血热是由埃博拉病毒引起的一种急性出血性传染病。主要通过接触病人或感染动物的血液、体液、分泌物和排泄物等而感染，临床表现主要为突起发热、出血和多脏器损害。

感染埃博拉病毒的人和非人灵长类动物为本病传染源。接触传播是本病最主要的传播途径。可以通过接触病人和被感染动物的各种体液、分泌物、排泄物及其污染物感染。病人感染后血液中可维持很高的病毒含量，医护人员在治疗、护理病人、或处理病人尸体过程中，如果没有严格的防护措施，容易受到感染。医院内传播是导致埃博拉出血热暴发流行的重要因素。虽然尚未证实有通过性传播和空气传播的病例发生，但应予以警惕，做好防护。人类对埃博拉病毒普遍易感。发病主要集中在成年人，这和暴露或接触机会多有关。

本病潜伏期为2～21天，一般为5～12天。尚未发现潜伏期有传染性。患者急性起病，高热、畏寒、极度乏力、头痛、肌痛、咽痛、结膜充血及相对缓脉。随后可出现恶心、呕吐、腹痛、腹泻、黏液便或血便、皮疹等表现。重症患者可出现神志改变，如嗜睡、谵妄等症状。并可出现不同程度的出血表现，包括鼻、口腔、结膜、胃肠道、阴道、皮肤出血或咯血、血尿等，可出现低血压、休克等。可并发心肌炎、肺炎和其他多脏器受损。

一旦发现可疑病例，应采取严格的隔离措施，以控制传染源，防止疫情扩散。密切接触者是指患者发病后，可能接触其血液、分泌物、排泄物等的人员，如陪护、救治、转运患者及尸体处理等人员。对密切接触者进行追踪和医学观察。医学观察期限为自最后一次暴露之日起21天。医学观察期间一旦出现发热、乏力、咽痛等临床症状，要立即进行隔离，并采集标本进行检测。

五、中东呼吸综合征

2012年9月首次报告了2例临床表现类似于SARS的新型冠状病毒感染病例。2013年5月23日，世界卫生组织（WHO）将这种新型冠状病毒感染疾病命名为“中东呼吸综合征”。根据目前已知的病毒学、临床和流行病学资料，中东呼吸综合征冠状病毒已具备有限的人传人能力，但无证据表明该病毒具有持续人传人的能力。

病例确切的感染来源不明，骆驼为可能感染来源。存在家庭聚集和医院感染现象，表明已出现人际间传播，但尚无社区持续人传人证据。该病的潜伏期为2～14天。临床表现为发热、畏寒/寒战、干咳、气短、头痛和肌痛。其他症状包括咽痛、鼻塞、恶心、呕吐、头晕、咯痰、腹泻和腹痛。重症患者往往开始表现为发热伴上呼吸道症状，但是在一周内快速进展为重症肺炎，伴有呼吸衰竭、休克、急性肾功能衰竭、凝血功能障碍和血小板减少。

六、新型冠状病毒肺炎（见第二十八章）

（陈冰）

【思考题】

1. 怎样预防流感？
2. 怎样预防麻疹？

第三十二章　常见消化道传染病预防

第一节　细菌性痢疾

一、概念

细菌性痢疾简称菌痢，是由志贺菌（也称痢疾杆菌）引起的肠道传染病。菌痢主要通过消化道传播，终年散发，夏、秋季可引起流行。其主要病理变化为直肠、乙状结肠的炎症与溃疡，主要表现为腹痛、腹泻、排黏液脓血便以及里急后重等，可伴有发热及全身毒血症状，严重者可出现感染性休克和（或）中毒性脑病。由于志贺菌各组血清型之间无交叉免疫，且病后免疫力差，故可反复感染。一般为急性，少数迁延成慢性。

二、流行病学特征

（一）传染源

传染源包括急、慢性菌痢患者和带菌者。非典型患者、慢性菌痢患者及无症状带菌者由于症状不典型而容易被误诊或漏诊，因此在流行病学中具有重要意义。

（二）传播途径

本病主要经粪—口途径传播。志贺菌随患者排出后，通过手、苍蝇、食物和水，经口感染。另外，还可通过生活接触传播，即接触患者或带菌者的生活用具而感染。

（三）人群易感性

人群普遍易感。病后可获得一定的免疫力，但持续时间短，不同菌群及血清型间无交叉保护性免疫，易反复感染。

（四）流行特征

菌痢主要集中发生在发展中国家，尤其是医疗条件差且水源不安全的地区。终年散发，有明显的季节性，夏秋季发病率高。

三、临床表现

潜伏期一般为 1 ~4 天，短者数小时，长者可达 7 大。

根据病程长短和病情轻重可以分为下列各型：

（一）急性菌痢

根据毒血症及肠道症状轻重，可以分为 4 型。

1. 普通型（典型）。起病急，有畏寒、发热，体温可达 39℃以上，伴头痛、乏力、食欲减退，并出现腹痛、腹泻，多先为稀水样便，1 ~2 天后转为黏液脓血便，每天排便 10 余次至数十次，便量少，有时为脓血便，此时里急后重明显。常伴肠鸣音亢进，左下腹压痛。自然病程为 1 ~2 周，多数可自行恢复，少数转为慢性。

2. 轻型（非典型）。全身毒血症状轻微，可无发热或仅低热。表现为急性腹泻，每天排便 10 次以内，稀便有黏液但无脓血。有轻微腹痛及左下腹压痛，里急后重较轻或缺如。一周左右可自愈，少数转为慢性。

3. 重型。多见于老年人、体弱、营养不良患者，急起发热，腹泻每天 30 次以上，为稀水脓血便，甚至大便失禁，腹痛、里急后重明显。

4. 中毒性菌痢。以 2～7 岁儿童为多见，成人偶有发生。起病急骤，突起畏寒、高热、病势凶险，全身中毒症状严重，可有嗜睡、昏迷及抽搐，迅速发生循环和呼吸衰竭。

（二）慢性菌痢

菌痢反复发作或迁延不愈达 2 个月以上者，即为慢性菌痢。根据临床表现可以分为 3 型：

1. 慢性迁延型。急性菌痢发作后，迁延不愈，时轻时重。长期腹泻营养不良、贫血、乏力等。

2. 急性发作型。有慢性菌痢史，间隔一段时间又出现急性菌痢的表现，但发热等全身毒血症状不明显。

3. 慢性隐匿型。有急性菌痢史，无明显临床症状，但粪便可以检出志贺菌，结肠镜检可发现黏膜炎症或溃疡等症状。

四、预防措施

急性菌痢应消化道隔离至临床症状消失，便培养连续 2 次阴性。毒血症状重者必须卧床休息。饮食以流食为主，忌食生冷、油腻及刺激性食物。轻型菌痢患者可不用抗菌药物，严重病例则需使用抗生素。近年来志贺菌对抗生素的耐药性逐年增长，因此，应根据当地流行菌株药敏试验或便培养的结果进行选择。抗生素治疗的疗程一般为 3～5 天。

急、慢性患者和带菌者应隔离或定期进行访视管理，并给彻底治疗，直至粪便培养阴性。养成良好的卫生习惯，特别注意饮食和饮水卫生。

第二节　病毒感染性腹泻

病毒感染性腹泻又称病毒性胃肠炎，是由肠道内病毒感染所引起的，以呕吐、腹泻水样便为主要特征的一组急性肠道传染病。可发生在各年龄组，临床上还可伴有发热、恶心、厌食等中毒症状，病程自限。有多种病毒可引起胃肠炎，其中最常见的是轮状病毒和诺罗病毒。

病毒感染性腹泻的传染源有人和动物，而传播途径以粪—口传播和人—人接触感染为主。人普遍易感。

对病毒感染性腹泻患者应消毒隔离，积极治疗。对密切接触者及疑似患者施行严密的观察。重视食品、饮水及个人卫生，加强粪便管理和水源保护。注意手的卫生。加强对海产品的卫生监督及海关检疫。保持良好的个人卫生习惯，不吃生冷变质食物，保证海鲜食品的加工、食用符合卫生要求。

（陈冰）

【思考题】

1. 怎样预防细菌性痢疾？
2. 怎样预防病毒感染性腹泻？

第三十三章　常见虫媒传染病预防

第一节　虫媒传染病概述

一、虫媒传染病的基本概念

虫媒传染病是指被节肢动物（如蚊、蜱、螨、蚤、虱等）叮咬而感染发病的一类传染病。它有别于呼吸道传染病和肠道传染病，是以媒介的生物性传播或机械性传播将病原体从宿主动物传给健康动物或人类而引起的一类传染性疾病。如伊蚊传播登革热、黄热病；按蚊传播疟疾、丝虫病；蜱传播森林脑炎；虱传播流行性回归热、斑疹伤寒等。

在我国已知的虫媒传染病主要有疟疾、丝虫病、黑热病、鼠病、登革热、流行性乙型脑炎、流行性出血热等二三十种。

虫媒传染病包括的种类较多。一般按照病原体的生物属性来分类：

（1）虫媒病毒病，如森林脑炎、流行性出血热等；

（2）虫媒立克次体与埃立克体病，如流行性斑疹伤寒、Q 热等；

（3）虫媒细菌病：鼠疫、野兔热等；

（4）虫媒螺旋体病，如蜱传回归热等；

（5）虫媒原虫病，疟疾、黑热病等；

（6）虫媒蠕虫病，如丝虫病等。

二、虫媒传染病的流行特征

虫媒传染病大都属于自然疫源性疾病，本质上是野生动物间的流行病。只有人类进入疫源地，才有可能受到节肢动物的侵袭而感染，这种感染只是病原体传播循环的末端，在自然界中保持和播散并不重要。

在人类，虫媒传染病的流行与其他传染病一样，只有当传染源、传播途径和易感对象 3 个基本条件同时存在并相互作用才能形成，并受到社会和自然因素的影响和制约。

（一）虫媒传染病流行的基本条件

1. 传染源。虫媒传染病的传染源主要以感染了病原体的脊椎动物，包括野生的脊椎动物和牧养的家畜和家禽为主，尤其是啮齿动物，人类作为传染源的较少。多数虫媒病原体，动物感染后呈隐性感染，而人体表现出明显的临床症状。虫媒传染病的传染源具有以下特征：一是传播形式，在自然界传播形式是以动物—昆虫—动物（人）的形式传播，以人—昆虫—人的形式传播很少，只有疫情发生时才出现；二是传播的危险程度，与传染源的种类、密度、接触的机会和密切程度，以及当地当时的适宜环境等有关；三是病原体越冬期不传播，当某些带菌动物包括节肢动物进入冬眠状态后，体内病原体的繁殖受到抑制，此时该动物只发生隐性感染，不具传染源作用，第二年当动物从冬眠状态中出蛰后，病原体才开始繁殖，再起传染作用。

2. 传播途径。节肢动物传播病病原体可以分为机械性传播和生物性传播。机械性传播指虫媒生物吸血后，血中的病原体污染其口器，病原体在期体内并不发育或繁殖，当它叮咬人或动物时，将病原体带入新的易感者。生物性传染指病原体进入节肢动物体内后，在其肠腔或体腔内经过发育、繁殖后才能感染易感者。此外，一些虫媒传染病还可通过呼吸道、消化道及破损的皮肤黏膜等途径感染。

3. 易感对象。人和动物由于长期进化的结果，对虫媒传染病的病原体各有不同的易感性。如疟原虫，人类疟原虫有 4 种，即间日疟、恶性疟、三日疟和卵型疟，只以人类感染；而猴疟只对猴类感染；彼此互不感染。禽流感病毒，一般情况下对禽类敏感，引起家禽和野禽中的流行，对人畜并不构成威胁；但由于病毒基因的突变，原本对人类不易感的禽流感病毒，感染人类后也有引起临床症状甚至死亡的例子。

（二）虫媒传染病的基本特征

虫媒传染病的发生和流行具有两个基本特征，即在空间上的地域性和时间上的季节性。

1. 地域性。由于虫媒传染病是由节肢动物媒介传播的，而节肢动物的地理分布大都有其自然地理特点。如我国的森林脑炎主要媒介是全沟硬蜱，该蜱主要分布于东北和新疆，大量孳生于原始森林里，其成虫和若虫经常侵袭林区活动的人群，使人致病。锥虫病是由舌蝇类传播的，舌蝇只分布于热带非洲一定的地理景观地区，因此该病仅见于非洲某些地区。

2. 季节性。因为媒介节肢动物是变温动物，其孳生、生活、繁殖等常受环境条件，特别是温度、湿度、光照和降水量等气候因素的影响，对其种群的发生和数量增加有密切关系，因而随着季节变化而呈现出季节性消长曲线，其所传播的虫媒传染病也是呈季节性消长。如蚊虫一般大量孳生于夏秋季，流行性乙型脑炎等蚊传虫媒传染病发病高峰也常见于夏秋季节；而人虱的繁殖季节在冬春，因而流行性斑疹伤寒等虱传虫媒传染病也在冬春季最为流行。

三、虫媒传染病的危害

虫媒传染病分布广，危害大，易引起人畜暴发流行。联合国开发计划署、世界银行、世界卫生组织联合倡议成立的热带病特别规划署要求防治的 6 种热带病中，除麻风病和血吸虫病外，其余 4 种为疟疾、丝虫病、利什曼病和锥虫病，均为虫媒传染病。据资料，全世界约有 20 多亿人生活在疟疾流行区，每年有 1 亿现疟病人，有 100 万～200 万人死亡。仅非洲每年至少有 100 万 14 岁以下儿童死于疟疾。登革热广泛流行于全球热带、亚热带地区，是分布最广、发病最多、危害较大的一种虫媒传染病。

虫媒传染病除了对人类健康构成威胁外，对国家、地区的经济开发、旅游事业发展等都有严重的影响。筑路施工、矿山建设、农业拓荒、林业采伐和植树造林等劳动作业、勘探调查的人员要十分注意预防虫媒病。我国 1982 年东北某单位进入林区修路，10 多天内 106 人发生流行性出血热，占总人数的 25. 5%，影响了任务的完成。

四、虫媒传染病防治

虫媒传染病的预防与其他传染病一样，强调控制传染源和切断传播途径，并通过多种途径改善与提高人群免疫力。但因虫媒传染病通过媒介传播，所以媒介的控制是非常重要的一个环节，并且效果也常常十分明显。

第二节 流行性出血热

流行性出血热（又称肾综合征出血热）是由汉坦病毒属的各型病毒引起的，以鼠类为主要传染源的一种自然疫源性疾病。以发热、低血压休克、充血出血和肾损害为主要表现。对流行性出血热目前尚无特效疗法，主要是针对病程各期的变化和发展趋势，采取预防性和综合性治疗措施。轻型患者预后良好。重型患者预后严重。本病愈后可获得稳固而持久的免疫力，极少见二次感染发病的报告。

一、流行病学特征

（一）传染源

汉坦病毒的主要宿主动物是啮齿类，其他动物包括猫、猪、犬和兔等。在我国以黑线姬鼠、褐家鼠为主要宿主动物和传染源。人不是主要传染源。

（二）传染途径

人主要通过以下传播途径感染：

1. 呼吸道传播。携带病毒鼠类的排泄物，如尿、粪、唾液等污染尘埃后形成气溶胶，通过呼吸道而感染人。

2. 消化道传播。进食携带病毒鼠类排泄物所污染的食物可经口腔、胃肠道黏膜感染。

3. 接触传播。被鼠咬伤或破损伤口抵触携带病毒鼠类的排泄物或血后可导致感染。

4. 垂直传播。孕妇感染本病后病毒可以经胎盘感染胎儿。

（三）易感性

人群普遍易感，感染后部分人发病，部分人群处于隐性感染，持续数周后感染终止。

二、主要临床表现

临床表现有发热，可伴有乏力、恶心、呕吐、腹痛及腹泻等消化道症状。有面、颈和胸部潮红（三红）的出血等毛细血管损害表现，酒醉貌，头痛、腰痛和眼眶痛（三痛），球结膜充血、水肿，皮肤出血点，重者可有腔道出血，低血压休克。

三、预防措施

（一）灭鼠防鼠

1. 灭鼠。灭鼠时，力争迅速降低鼠密度，减少鼠间接触频度，方可有效降低其带毒鼠的数量。采取填埋鼠洞等措施消除鼠类孳生、繁殖场所。为提高灭鼠效率，应常更换药物。每年至少在春季鼠类繁殖高峰和当地流行高峰到来之前一个月各开展一次大规模灭鼠运动。

灭家鼠的场所以厨房、粮仓、食堂、畜圈、禽舍、厕所等为主，灭鼠药选用0.005%

溴敌隆、大隆或杀他仗等缓效药配制的毒饵。一般投药量为每 5 ~ 10 ㎡一堆，每堆 10 ~ 20g。投饵时要做到全面覆盖、不漏单位或户、不漏房间。投放位置应在鼠经常活动的墙角、墙边等地方。投饵后 1 周内每天检查毒饵消耗量，采取不吃不补，吃多少补多少，吃光加倍投放的原则，毒饵至少保留 2 周以上。在突击灭鼠后，可使用毒饵盒，常年投饵，巩固效果。

灭野鼠可用 0.0375% 杀鼠醚、1% ~ 2% 磷化锌、0.025% 敌鼠钠等，在田埂、堤坝、道路两侧和田间，采用等距离（5 ~ 10m）和洞旁投饵。

2. 防鼠。灭鼠同时要做好防鼠工作，新建改建住宅必须符合防鼠要求。

民房和食堂建造应符合防鼠要求，安装防鼠板等防鼠设施，防止鼠类侵入。野外作业住宿工棚周围应挖防鼠沟，工棚要搭成“介”字型，床铺架高，铺面距地面不低于 0.5m，铺下不要放杂物和食品。住宿工棚应与厨房和粮仓分开搭盖，粮食、蔬菜垫高 0.5m 以上储存，尽量断绝鼠粮。

（二）做好个人卫生和食品卫生

防止鼠类排泄物污染食品，不用手接触鼠类及其排泄物，动物实验时要防止被实验鼠咬伤。

收割农作物时，要快收、快打、快运、快储藏，避免谷物被鼠排泄物和分泌物污染。打谷场、柴草堆和猪圈均应远离住宅区，以减少人鼠接触机会。

（三）应急接种

对疫区内的高危人群实施预防接种，重点接种对象为 16 ~ 60 岁人群，接种率应达 80% 以上，防止疫情蔓延。

第三节　疟　疾

疟疾是由人类疟原虫感染引起的寄生虫病，主要由雌性按蚊叮咬传播。主要表现为反复发作的间歇性寒战、高热、继之出大汗后缓解。疟疾的病因感染的虫种不同而差异较大，间日疟、三日疟和卵形疟患者的病死率极底，而恶性疟患者的病死率较高。

一、流行病学特征

（一）传染源

疟疾患者和带疟原虫者。

（二）传染途径

疟疾的传播媒介为雌性按蚊，经叮咬人体传播。少数病例可因输入带有疟原虫的血液或经母婴传播后发病。母婴传播的疟疾也称为先天性疟疾。

（三）易感性

人对疟疾普遍易感。感染后可获得一定程度的免疫力，但不持久。

二、主要临床表现

疟疾的典型症状为突发性寒战、高热和大量出汗。寒战常持续 20 分钟 ~1 小时。随后体温上升，可达 40℃以上，伴头痛、全身酸痛、乏力，但神志清楚。发热常持续 2 ~6 小时，随后开始大量出汗，体温骤降，持续时间约 30 分钟 ~1 小时。此时，患者自觉明显好转，但常感到乏力、口干。各种疟疾的两次发作之间都有一定的间歇期。

三、预防措施

（一）管理传染源

早期发现疟疾患者以及无症状的带虫者，对其进行早期彻底治疗。

（二）切断传播途径

1. 消灭按蚊，消除按蚊幼虫孳生场所及广泛使用杀虫药物。

2. 防止被按蚊叮咬，在室内安装纱门、纱窗；在野外涂搽防蚊液，穿防蚊衣，戴驱蚊头网。

（三）保护易感人群

在疟疾流行区旅行或工作时，须服预防药物。成人常用氯喹。

第四节　森林脑炎

森林脑炎（又称蜱传脑炎）是由森林脑炎病毒引起的，以中枢神经系统病变为主的急性传染病。蜱是森林脑炎的主要传播媒介。以突起高热、头痛、意识障碍、脑膜刺激征、瘫痪为主要特征，常有后遗症，病死率较高。

一、流行病学特征

（一）传染源

蜱是森林脑炎病毒最重要的传染源。森林中的小型野生动物和鸟类均是蜱的寄生宿主，所以也是森林脑炎病毒主要的传染源。

自然疫源地中的家禽、家畜也有可能作为贮存宿主，如被感染的山羊可从奶中长期排出病毒，人饮用此奶后常可引起感染。

（二）传染途径

1. 蜱的叮咬。携带有森林脑炎病毒的蜱在叮咬人的过程，伴随其涎液将病毒注入人体，导致人被感染。

2. 接触感染。有极少部分病人是经消化道和呼吸道造成感染。

（三）易感性

人对森林脑炎病毒普遍易感，但实际发病以与森林作业关系密切者为高。

二、主要临床表现

本病以高热、神经系统症状（瘫痪、病理反射、意识障碍、脑膜刺激征）及循环系统障碍为主。

三、预防措施

（一）管理传染源

有计划地采伐或种植林木以改变自然生态环境，影响野生动物分布，合理地减少可能传毒的宿主动物与人类居住地或工作地的接触。加强防鼠灭鼠。

（二）切断传播途径

1. 加强防蜱灭蜱措施。消灭带有蜱幼虫或蜱稚的啮齿动物；开阔道路，消除路边杂草，减少往来人畜受蜱侵袭的机会。

2. 加强个人防护。进入林区作业的工作者，应穿防护服、戴防虫罩，将领口、袖口及裤脚扎紧。蜱攀附人体后 2 ~ 3 小时后才叮咬，因此在野外活动时，每两小时互相检查，尤其注意颈、腋、腰、阴部等部位，发现蜱后立即杀灭。如果蜱的刺器已刺入皮肤，不要猛拉，以免刺器断在皮肤内。可用油类或乙醚滴于蜱体，使之致死后轻轻摇动拔出。

（三）保护易感人群

对疫区的易感者普遍接种疫苗（地鼠肾细胞灭活疫苗）。

第五节　寨卡病毒病

寨卡病毒病是由寨卡病毒引起并通过蚊媒传播的一种自限性急性疾病。

一、流行病学特征

（一）传染源

患者、隐性感染者和感染寨卡病毒的非人灵长类动物是该病的可能传染源。

（二）传播途径

埃及伊蚊为寨卡病毒主要传播媒介，白纹伊蚊、非洲伊蚊、黄头伊蚊等多种伊蚊属蚊虫也可能传播该病毒。

1. 蚊媒传播为寨卡病毒的主要传播途径。蚊媒叮咬寨卡病毒感染者而被感染，其后再通过叮咬的方式将病毒传染给其他人。

2. 人与人之间的传播：

（1）母婴传播：曾自孕妇胎盘中检测出寨卡病毒，提示寨卡病毒可通过胎盘由母亲传染给胎儿。此外，有寨卡病毒血症的孕妇，可能会在分娩过程中将寨卡病毒传播给新生儿。在乳汁中曾检测到寨卡病毒核酸，但尚无寨卡病毒通过哺乳感染新生儿的报道。

（2）血液传播和性传播：寨卡病毒有可能通过输血或性接触进行传播。截至目前，已各报告 1 例可能通过输血传播和性接触传播的病例。

（三）易感性

人群对寨卡病毒普遍易感。曾感染过寨卡病毒的人可能对再次感染具有免疫力。

二、主要临床表现

本病主要表现为发热、皮疹（多为斑丘疹）、关节痛、肌肉痛、结膜炎等症状。感染寨卡病毒后，约 80% 的人为隐性感染，仅有 20% 的人出现上述临床症状，一般持续 2 – 7 天后自愈，重症和死亡病例少见。

三、预防措施

减少寨卡病毒感染来源（去除和改造孳生地）以及减少蚊虫与人的接触，可减少感染发生。

（一）管理传染源

对急性期病例必须采取防蚊隔离措施，防蚊隔离期限从发病日起不少于 7 天，且应持续到发热症状消退。重症病例应住院治疗。

（二）切断传播途径

清除积水、翻盆倒罐，清除蚊虫孳生地，保持清洁或者加以覆盖，从而去除可使蚊虫滋生的环境，可以预防寨卡病毒病流行；在发生疫情的地区要穿长袖衣裤，而且最好是浅色衣服，在身体裸露部位涂抹防蚊水、使用驱蚊剂或使用蚊帐、纱网、门窗紧闭等物理屏障防止蚊虫叮咬。

（三）保护易感人群

目前无疫苗。

（田丹）

【思考题】

1. 什么是虫媒传染病？
2. 流行性出血热的传染源是什么？怎样预防流行性出血热？
3. 森林脑炎的传染源是什么？怎样预防森林脑炎？

第三十四章　常见人畜共患传染病预防

第一节　人畜共患传染病概述

一、人畜共患传染病的基本概念

人畜共患传染病是指由共同病原体引起，流行病学上相互关联，在脊椎动物和人类之间自然传播的疾病。

人畜共患传染病主要有以下三个特点：第一，由共同病原体引起，主要有病毒、细菌、支原体、螺旋体、立克次氏体、衣原体、真菌、寄生虫等病原体；第二，在流行病学上，动物是人类疾病发生、传播必不可少的环节，动物和人类对病原都具有易感性；第三，病原体在人和动物之间可以自然传播。

人畜共患传染病种类繁多，分类方法也很多，主要根据病原体在生物界属性、生活史等进行分类。按照病原体的生物属性分类：可分为病毒性人畜共患传染病，如狂犬病；细菌性人畜共患病，如布鲁氏菌病；寄生虫性人畜共患病，如血吸虫病。

二、人畜共患传染病的流行特征

（一）人畜共患传染病流行的基本条件

1. 传染源。包括传染病患者、隐性感染者、病原携带者及受感染的动物。在人畜共患传染病中，大多数是动物作为传染源。

（1）受感染的人作为传染源：包括病人、隐性感染者和病原携带者。在人畜共患传染病中人作为传染源，常见的有结核病、炭疽、流感等。

（2）受感染的动物作为传染源：

① 家畜和家禽。人类与家畜和家禽的接触最为密切。人们在放牧、饲养、挤奶、加工畜禽产品、打扫畜禽排泄物以及为病畜禽治疗等过程中，人畜共患传染病的病原体可能通过多种途径侵入人体，引起人类发病。因此，家畜和家禽是人畜共患传染病的重要传染源。常见的以家畜和家禽为传染源的人畜共患传染病有狂犬病、炭疽、布鲁氏菌病等。

② 伴侣动物。主要是犬、猫等伴侣动物，如猫可传播弓形虫病、犬可传播狂犬病、观赏鸟可传播鹦鹉热等人畜共患病。

③ 水生动物。主要是鱼和虾等，人类在养殖、捕捞和加工等过程中，这些水生动物可成为传染源将其拾的病原体传染给人类。

④ 实验动物。人们在包头和使用实验动物（如小鼠、豚鼠等）进行科学实验的过程中，如果实验动物感染或携带人畜共患传染病的病原体，则可通过一定的传播途径传染给接触者。

⑤ 野生动物。当人们进入原始森林、沙漠、荒岛及沼泽地时，这些特定地理环境中

的各种野生动物群中的某些自然疫源性疾病可能会传染给人类，引起人畜共患传染病的发生与流行。现在发现野生动物是鼠疫、布鲁氏菌病、炭疽、钩端螺旋体病、埃博拉出血热及西尼罗河病毒脑炎等多种病的病原宿主，是人畜共患传染病的重要传染源。有些野生动物与人类关系密切，可在人类居住区及附近栖息生存，如鸟类、鼠类、蝙蝠及某些爬行动物等。人类通过接触其排泄物、捕食或被这些动物咬伤等，感染疾病病原体，更易发生人畜共患传染病。

2. 传播途径。人畜共患传染病的传播途径很多，主要有直接传播、间接传播和虫媒传播等。

（1）直接传播。因被咬伤、舔舐、抓伤等而感染，如狂犬病病原体主要经破损的皮肤而传播。

（2）间接传播。主要通过空气、水、食物、土壤等途径传播。如炭疽可经尘埃、土壤传播，钩端螺旋体病可经水传播，猪囊尾蚴病可通过食物传播等。

（3）虫媒传播。有些人畜共患传染病可以通过蚊、蜱、蚤等节肢动物传播。其传播方式可以是虫媒机械性传播和生物性传播。虫媒机械性传播指虫媒生物吸血后，血中的病原体污染其口器，病原体在期体内并不发育或繁殖，当它叮咬人或动物时，将病原体带入新的易感者。如蚊、蜱叮咬患炭疽病的动物后再叮咬健康人或动物，可将其口器内的炭疽杆菌刺入人或动物体内使之感染。生物性传染指病原体进入节肢动物体内后，在其肠腔或体腔内经过发育、繁殖后才能感染易感者。

3. 易感对象。由于长期进化的结果，宿主个体间对人畜共患传染病病原体的易感性存在着明显差异。即使某种疾病的病原体能使多种动物和人感染，但感染之后所表症状的严重程度和特征也不相同。有一些人畜共患传染病，动物多呈现隐性感染，很少出现症状，但人感染后则表现明显的临床症状，甚至引起死亡。有些人畜共患传染病，人多为隐性感染，很少出现临床症状，但动物感染后有明显的临床症状，且常引起死亡。有些人畜共患传染病，人与动物感染后均有明显的临床症状，甚至引起死亡。

（二）人畜共患传染病的基本特征

人畜共患传染病具有传染病的一般特征，如有病原体、有传染性和群发性，感染后有免疫性等。此外，还具有职业性、区域性、季节性、周期性等典型特征。

1. 病原体。人畜共患传染病有其特异的病原体，此病原体大多数有特定的侵犯部位，在机体内增殖、播散有阶段规律性。根据这些规律进行分离或检测，有助于及早发现病原体并证实其性质。

2. 传染性。人和动物感染后病原体可以通过多种途径，如粪便、尿液、唾液、血液、乳汁及鼻腔、生殖道或溃疡的分泌物中携带病原体排出体外，再通过一定的途径进入易感人群和易感动物体内。病原体感染力大小、致病性强弱、传播媒介、机体的免疫力及自然环境状况等决定人畜共患传染病流行的重要条件。

3. 群发性。人畜共患传染病的发生和传播是一个持续过程，易感对象容易出现群发感染，具有群发性。

4. 免疫性。人畜共患难与共传染病痊愈后大多可获得对该病原体的特异性细胞免疫及体液免疫，再遇该病原体侵入，可获得免疫保护而不再感染。

5. 职业性。从事饲养、加工、实验室检测、兽医临床等的人员是人畜共患传染病高发群体，表现出职业特征。法定职业性人畜共患传染病有炭疽、布鲁氏菌病和森林脑炎。

6. 地方性。人畜共患传染病的发生与宿主动物和疫源地的分布密切相关，表现出区域性特征。如南方蚊子等生物媒介多，疟疾、登革热易流行；北方牧区牛羊饲养量大，布鲁氏菌病易于流行。

7. 季节性。人畜共患传染病的生物媒介、动植物资源受季节影响大，畜禽数量变化也随季节变化，表现出明显的季节性。如春季牛羊产羔季节，易引发布鲁氏菌病；洪水季节，易引发钩端螺旋体病等。

8. 周期性。人畜共患传染病病原体的变异，宿主种群中易感个体数量随时间的变化，可导致某些人畜共患传染病的流行表现出周期性。

三、人畜共患传染病的危害

（一）对人类健康影响巨大

鼠疫曾是历史上危害最为严重的疾病之一，曾多次流行，其中有3次世界性大流行。第一次在公元527—565年，起源于埃及西奈半岛，经巴勒斯坦，而后席卷全球，死亡人数近1亿；第二次于14世纪发生，来势更凶猛，历史上称为“黑死病”，仅欧洲致残人数就有2500万人，占当时欧洲总人口的1/4；第三次发生于19世纪至20世纪初，波及32个国家。仅我国就死亡102万人。

目前世界上已知的人畜共患传染病有800多种，占可感染人的传染病种类总数的60%。在过去30年中，平均每1~2年就有一种新的能够影响人类健康的传染病出现，在这些新发传染病中有75%都是人畜共患传染病。据统计，我国法定报告传染病中有16种为人畜共患传染病。我国每年因人畜共患传染病而死亡的人数多年高居各类法定报告传染病的首位。狂犬病病死率高达100%。

（二）影响畜牧业的健康发展

人畜共患传染病给畜牧业带来的危害和损失难以估量。主要包括因发病造成大批畜禽死亡、产量减少和质量下降而造成的直接损失，以及采取控制、消灭和贸易限制措施而带来的巨大间接损失。对畜牧业危害最为严重的人畜共患传染病有高致病性禽流感、布鲁氏菌病、结核病等。2004年发生的H5N1禽流感疫情，发病鸡群的死亡率高达100%，从而导致十几个国家约8000万只鸡死亡或被扑杀，给发病地区经济造成了毁灭性打击。2005年四川省发猪链球菌病，造成全国人民“恐肉风波”，全国生猪价格下跌30%，农民养猪损失1000亿元。人畜共患传染病是限制畜禽产品国际贸易的重要因素，各国均采取严格的检疫措施。

（三）影响旅游业

人畜共患传染病的蔓延常常会引起区域性旅游危机，引起旅游者对发病地区的恐惧心理，迫使人们减少外出，尤其减少去人员拥挤的公共场所，影响旅游业的发展。

（四）生物恐怖的威胁

有多种人畜共患传染病病原体可以作为生物恐怖袭击武器，例如鼠疫杆菌、炭疽杆菌和布鲁氏菌。少量生物战剂即可造成某些烈性传染病的传播，导致人畜的突发疾病或死亡，经济财产损失严重。在我国抗日战争中，日本“731部队”就曾经利用鼠疫杆菌等作为生物战剂；美国“9·11”后发生的“白色粉末事件”，就是恐怖分子利用炭疽芽孢杆菌制造的生物恐怖事件。

四、人畜共患传染病防治

根据人畜共患传染病自身的特点及带来的严重危害，必须采取各种防控措施，防患于未然。从消灭传染源、切断传播途径、保护易感人群等方面采取措施，降低人畜共患传染病发生的风险。应从以下几方面入手：

1. 及时为易感人群和易感动物接种疫苗。对狂犬病高危人群定时使用狂犬疫苗，同时给爱犬注射疫苗等。对于被狂犬咬伤者，除按要求做好伤口处理外，应尽快到防疫部门进行被动免疫。

2. 消毒、杀虫、灭鼠。灭鼠对于防止传染病流行的意义非常重大，利用各种工具捕杀，如关、夹、扣、套等，药物灭鼠存在污染环境、破坏生物平衡等问题，不主张使用。

3. 人类要与宠物“亲密有间”。平常和动物接触要有分寸，不少动物体内潜藏有各种病毒和有害的细菌，可以通过和人体的密切接触，如亲吻、抚摸、共寝等传播给人类，许多动物携带病毒并不发病，可是病毒一旦传给人类，就有可能发病。

4. 对于患病动物和可疑患病动物应加强管理。要进行房舍隔离，严密消毒（用具、饲料、粪便等），严防人与动物、动物之间相互接触。

5. 不要滥食野味和病死动物。不少从深山老林中捕捉到的野生动物，身体中很有可能潜藏有不知名的病毒，一旦误食含有病毒的野味，很有可能导致新的传染病流行。而病死动物更是人畜共患疾病的祸根，千万吃不得。

第二节　炭　疽

炭疽是由炭疽杆菌引起的动物源性传染病，属于自然疫源性疾病。主要发生于草食动物，特别是牛、马和羊。人主要通过接触病畜及其产品或食用病畜的肉类而感染。一般情况下，炭疽是一种比较常见的传染病，以皮肤炭疽为主，表现为局部皮肤坏死及特异性黑痂，只要早发现、早诊断、早治疗，治愈率很高，预后很好，一般不留后遗症且很少有死亡病例。这和特殊情况下的白色粉末生物恐怖袭击完全不同，所以炭疽并不可怕，这种疾病每年在我国的一些地区都有发病，是可防可治的。

二、流行病学特征

（一）传染源

炭疽的传染源主要是病死动物。

（二）传染途径

炭疽是一种人兽共患性传染病，主要发生在牛马羊等以草为食的动物中间，人通常是通过接触患病动物或动物制品被感染。大多数情况下，总是牛马羊等食草动物在吃草时摄入芽孢引起感染，人类接触了感染牲畜的肉类、毛皮，或患病牲畜排出的血液和其他排出物所污染的物品后，才获得感染。人类感染炭疽主要有 3 种途径。

1. 经皮肤接触感染。人因直接或间接接触病畜或其排泄物以及被感染的动物皮毛、肉、骨粉等引起皮肤炭疽。

2. 经口感染。主要因摄入被炭疽杆菌污染肉类和乳制品等可引起肠炭疽。

3. 吸入性感染。吸入带有炭疽芽孢的尘埃或气溶胶可引起肺炭疽，一般情况下直接吸入感染较少见。

（三）易感性

人群对炭疽普遍易感。参与动物屠宰、制品加工、饲养以及兽医等为高危人群。

二、主要临床表现

与感染途径相对应，炭疽主要有3种临床类型：皮肤炭疽、肺炭疽和肠炭疽，有时会引起炭疽败血症和脑膜炎。

1. 皮肤炭疽。最为常见，占全部病例的90%以上。病变多见于面、颈、肩、手和脚等裸露部位皮肤；主要表现为局部皮肤的水肿、斑疹或丘疹、水疱、溃疡和焦痂；疼痛不明显，稍有痒感，无脓肿形成。

2. 肺炭疽。较少见，通常是致死性的，且诊断困难。初起为“流感样”症状，表现为低烧、疲乏、全身不适、肌痛、咳嗽，2～4天后出现呼吸窘迫、气急喘鸣、咳嗽、紫绀、咯血等。可迅速出现昏迷和死亡。

3. 肠炭疽。极罕见，其症状包括高热、剧烈腹痛、腹泻、呕血、黑便，并很快出现腹水。腹部可有明显的压痛、反跳痛甚至腹肌紧张。易并发败血症休克而死亡。

三、预防措施

（一）管理传染源

在我国，依照《中华人民共和国传染病防治法》，皮肤炭疽的患者按照乙类传染病进行管理，其中肺炭疽按照甲类传染病进行管理，患者严密隔离至痊愈，其分泌物和排出物应彻底消毒，接触者医学观察8天。

隔离的目的不是为了阻止人与人之间的传染，而是为了防止污染环境引起感染以至传染的扩大。炭疽在人与人之间少有直接传染，但并不等于没有危险。人患了炭疽之后，炭疽杆菌可以通过一定途径排出体外。在皮肤炭疽，溃疡的边缘渗出物中常可分离到细菌；肠炭疽细菌大量的随粪便排出。病人的排出物同样能造成顽固的环境污染，而这种污染可以感染牲畜，反过来又造成人的感染。

（二）切断传播途径

最重要的一点就是不接触传染源。发现牛、羊等动物突然死亡，不接触、不宰杀、不食用、不买卖，立即报告当地农业畜牧部门，由该部门进行处理。一旦发现自己或周围有人出现炭疽的症状，应立即报告当地卫生院或疾病预防控制机构，并及时就医。注意从正规渠道购买牛羊肉制品，不购买和食用病死牲畜或来源不明的肉类。

（三）保护易感人群

对从事畜牧业、畜产品收购、加工、屠宰业、兽医等工作人员及疫区人群注射炭疽杆菌活疫苗。

第三节　布鲁氏菌病

布鲁氏菌病（又称波状），是由布鲁氏菌状所引起的动物源性传染病，临床上以长期发热、多汗、乏力、关节疼痛、肝脾及淋巴结肿大为特点。

一、流行病学特征

（一）传染源

布鲁氏菌病是一种人畜共患传染病。与人类有关的传染源主要是羊、牛及猪等家畜，其次是犬、鹿、马、骆驼等。

（二）传播途径

被感染的动物首先在同种动物间传播，造成带菌或发病，随后波及人类。人感染布鲁氏菌病主要通过3种途径。

1. 经皮肤及黏膜接触传播。直接或间接接触病畜或其排泄物、阴道分泌物、娩出物，在饲养、挤奶、剪毛、屠宰以及加工皮毛、肉类等过程中没有注意防护，可经受损皮肤或眼结膜感染。

2. 经消化道传播。食用含菌的乳品、水和食物等而感染。

3. 经呼吸道传播。吸入带有病菌尘埃或气溶胶而感染。

（三）易感人群

人群普遍易感。对于接触牛、羊、猪等牲畜的饲养员、挤奶员、兽医、屠宰人员、皮毛加工人员等高危职业人群均应进行预防接种。

二、主要临床表现

布鲁氏菌病起病较缓，主要症状为发热、多汗、乏力、关节痛、睾丸痛等。发热多为不规则热，5%～20%出现典型的波浪形，其特点为，发热2～3周后，间歇数天至2周，发热再起，反复多次。多汗为本病双一突出的症状，常于夜间或凌晨热退时大汗淋漓。关节痛常较剧烈，呈游走性，主要是大关节痛。

三、预防措施

依照《中华人民共和国传染病防治法》，布鲁氏菌病的患者按照乙类传染病进行管理。因布鲁氏菌病人不传人，故对病人及接触者均不需隔离等处理。

加强对疫区传染源进行检疫，治疗或捕杀病畜，加强畜产品的消毒和卫生监督，做好高危职业人群的劳动保护。

（田丹）

【思考题】

1. 人畜共患传染病有哪些特点？
2. 人畜共患传染病主要通过哪些途径传播？
3. 炭疽的主要传染源是什么？怎样预防炭疽？
4. 布鲁氏菌病的传染源是什么？怎样预防布鲁氏菌病？

第七篇

急救知识与技能

急救知识的普及与急救能力的提升，对于挽救生命，提高院前急救和院内抢救成功率，使患者尽早康复至关重要。而大学生是具有较高文化水平和易于掌握急救知识与技能的群体，因此，必须高度重视和积极鼓励大学生学好急救知识，提升急救技能，并在工作、学习和生活中运用好。

第三十五章 生命体征与心肺复苏

第一节 生命体征观测

生命体征是体温、脉搏、呼吸及血压的总称。是评价生命活动是否存在及其质量的指标。正常人生命体征在一定范围内相对稳定，变化很小。而在病理情况下，其变化极其敏感。通过对生命体征的观测，可以获得患者生理状态的基本资料，了解机体重要脏器的功能活动情况。

一、体温

体温是指人体内部的温度。正常人的体温受体温调节中枢所控制，并通过神经、体液因素使产热和散热过程动态平衡，保持体温在相对恒定的范围内。体温是人体进行新陈代谢和正常生命活动的必要条件。

人体正常体温在36～37℃，早晨略低，下午略高，一天内波动不超过1℃，运动或进食后体温或略微增高。体温升高超出正常范围，称为发热。常见于感染、创伤、恶性肿瘤、脑血管意外、风湿、甲亢及各种体腔内出血等。临床根据发热的程度分为以下4种：低热37.3～38℃；中等度热38.1～39℃；高热39.1～41℃；超高热41℃以上。

体温低于正常范围，称为体温过低。常见于休克、严重营养不良、甲状腺功能减退及暴露于低温条件下时间过长等。

二、呼吸

人体与外界环境之间的气体交换过程，称为呼吸。通过呼吸，人体从大气摄取新陈代谢所需要的氧，排出二氧化碳。呼吸是维持人体新陈代谢和生命活动所必需的基本生理过程之一，一旦呼吸停止，生命也将终结。

（一）呼吸观测

呼吸频率的测量主要靠观察受测者胸部或腹部的起伏，一起一伏代表一吸一呼，一吸一呼为一次呼吸，一般计数30秒，成人正常呼吸频率为16～18次/分钟。对于一些呼吸微弱不易观察到胸部及腹部起伏，可以用类似棉花纤维的物品置于患者鼻孔前，观察纤维被吹动的次数，计数1分钟。如果测不到呼吸，说明呼吸停止了。同时，还应观察呼吸的深度、节律。

（二）异常呼吸

正常呼吸除了呼吸频率在正常范围内，节律规整，深度一致。下面介绍几种异常的呼吸。

1. 频率异常。

（1）呼吸过速，指成人呼吸频率超过24次/分钟。常见于发热、疼痛、贫血、甲亢及心力衰竭。

（2）呼吸过缓，指成人呼吸频率低于12次/分钟。常见于安眠药中毒及颅脑疾病。

2. 深度异常。

（1）呼吸浅快。表现为呼吸表浅频率加快，常见于呼吸肌麻痹、肺部疾病及肥胖等。

（2）呼吸深快。表现为呼吸幅度加深频率加快，常见于剧烈运动、情绪激动及过度紧张等。

（3）Kussmaul呼吸。表现为深长而慢的呼吸。见于严重的代谢性酸中毒。

3. 节律异常

（1）潮式呼吸。也叫陈－施呼吸（Cheyne－Stokes respiration），其特点为呼吸逐渐增强增快又逐渐减弱减慢，随之出现一段呼吸暂停，之后开始如上变化的周期呼吸。常见于大脑损伤及巴比妥类药物中毒。

（2）间停呼吸。也叫Biots呼吸，其特点为有规律呼吸几次后，突然停止一段时间，又开始呼吸，呈周期性变化。是临终前的表现。

三、脉搏

在心脏收缩与舒张周期中，动脉内的压力发生周期性的波动。这种周期性的压力变化可以引起动脉血管发生搏动，称为动脉脉搏。在人体表浅处即可触摸到，它能够反映许多人体的生理及病理信息，是反映人体健康的一个重要生命体征。

脉搏的检查主要靠我们手指的触摸。检查时应选择表浅动脉，如桡动脉、颞动脉、颈动脉、肱动脉、腘动脉、足背动脉、股动脉等。临床最常选择的诊脉部位是桡动脉，检查时以食指、中指和无名指指腹平放于受测者靠近拇指一侧掌面手腕处的桡动脉搏动处。注意观察脉率、节律及强弱。

正常成年人安静状态下脉率为60～100次/分钟，与心率是一致的，且脉律规整，强弱一致。脉搏的快慢受年龄、性别、运动和情绪等因素的影响。成人安静时脉率大于100次/分钟，提示心动过速，常见于发热、甲亢、贫血、失血、心衰、休克等；脉率小于60次/分钟，提示心动过缓，常见于颅脑疾病、缓慢型心律失常等。正常情况下，运动员及老年人脉率偏低。当脉律出现异常，如脉搏之间出现长间歇或出现脉率小于心率（短绌脉），多提示有心律失常。当出现脉搏强大时，常见于甲亢、高热等；如脉搏细弱，常见于心衰、大出血、休克等。如脉搏消失，可见于严重的休克及相应部位动脉闭塞。如大动脉（颈动脉）搏动消失，提示心搏停止。

四、血压

血压是指血管内的血液对于单位面积血管壁的侧压力。通常是指动脉血压。正常的血压是血液循环流动的前提，从而保证了各组织器官有足够的血液供应，以维持人体的新陈代谢。血压过高过低都会给机体造成严重的后果，血压是重要的生命体征。

心脏的射血和外周动脉血管的阻力共同形成了动脉血压，包括收缩压和舒张压。左心室收缩时，动脉血上升达到最高值，称为收缩压；左心室舒张末期，动脉血压下降到最低值，称为舒张压。计量单位是毫米汞柱（mmHg），测量结果常用“收缩压/舒张压”表示。

血压的测量方法目前以袖带加压法，用血压计测量。血压计有汞柱式、弹簧式和电子血压计。电子血压计操作简便，易于掌握，但结果易于受到体位等外界因素干扰。目前，医院及诊所还以汞柱式为主。

操作方法：受测者在安静环境下休息 5～10 分钟，取仰卧位或坐位。通常测量右上肢血压，右上肢裸露伸直并轻度外展，肘部置于心脏同一水平，将袖带紧贴皮肤缠绕于上臂，使其下缘在肘窝上约 3cm，袖带中央位于肱动脉表面。扪及肱动脉搏动，带听诊器，将听诊器胸件置于搏动上。向袖带内充气，边充气边听诊，当肱动脉搏动声消失，在升高 20～30mmHg，然后缓慢放气，双眼随汞柱下降，读取数值。听到动脉搏动声第一响时的血压值为收缩压，声音消失时的血压值为舒张压。

正常血压值为：收缩压大于等于 90mmHg，且小于 140mmHg；舒张压大于等于 60mmHg，且小于 90mmHg。若采用标准测量方法，至少 3 次非同日血压值达到或超过 140/90mmHg，或仅有舒张压或收缩压达到标准，即可诊断高血压。长期高血压是动脉粥样硬化和冠心病的重要危险因素，也是心力衰竭的重要原因。凡血压低于 90/60mmHg 时，称低血压。见于休克、心肌梗死、急性心包填塞等危重病。血压消失是死亡的前兆。

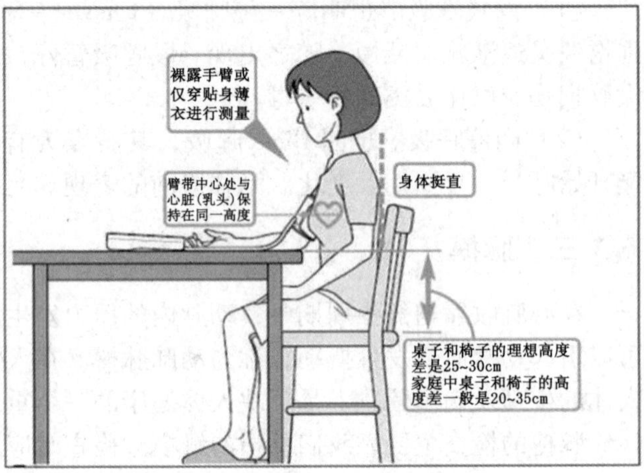

图 35－1　测量血压时的正确姿势

第二节　心脏骤停与心肺复苏

各种原因引起的心脏骤停发病率在世界各地很高，是主要的公共健康危险事件，以心脏猝死为例，占心源性死亡 50%，占总死亡数 15%，其中 70% 死于院外。如此高的院外死亡率与最初目击者不懂急救、等待救护人员到达过程过长以及最初目击者错误的紧急处理有一定的关系。

在当今世界上，用于救治生命的最简单、廉价、易于学习、易于掌握的技术是心肺复苏术（CPR）。纯粹利用医生或受过训练的操作者的双手进行规范化、科学的操作，就有可能使一个生命垂危或“濒死”的人起死回生。可见，掌握这门技术是十分必要的。现代 CPR 始于 20 世纪 50 年代，它随着闭胸心脏按压、口对口人工呼吸及体外除颤技术的出现而发展。

一、概述

（一）基本概念

心脏骤停是指各种原因所致在未预料的时间内心脏泵血功能的突然停止。心脏骤停后即出现意识丧失，脉搏消失及呼吸停止，经及时有效的心肺复苏部分患者可获存活。

心脏猝死是指未能预料的在突发心脏症状 1 小时内发生的心脏原因死亡。心脏骤停不治，是心脏猝死最常见的直接死因。

心肺复苏是指对早期心脏骤停的患者采取人工循环、人工呼吸、电除颤等方法帮助其恢复自主循环和呼吸。它包括：基本生命支持、高级生命支持及心脏骤停后的综合管理3个环节。

（二）心脏骤停的信号

各种意外、毒物接触、过劳激动等都能导致心脏骤停的发生。目前，我国每年有超过54万人会出现心脏骤停，相当于每1分钟就有人因为心脏骤停而突然倒下。我们无法预知心脏骤停何时发生，但是某些心脏骤停发生前会给我们一些信号——“三痛”，即胸痛、腹痛、头痛。

1. 胸痛。胸痛是一种常见而又能危及生命的疾病症状，造成胸痛的原因复杂多样，其中包括冠心病、肺栓塞和心肌梗死等能诱发心脏骤停的一些心血管疾病。

2. 腹痛。腹痛在我们日常生活中比较常见，容易被忽视，腹腔血管及脏器疾病易诱发心脏骤停，同时也是某些心肌梗死患者的起病表现。

3. 头痛。剧烈的头痛常常是脑出血、脑梗死等脑部血管疾病的主要起病表现，这种情况下极易发生心脏骤停。

二、成人基本生命支持（心肺复苏基本步骤）

基本生命支持（Basic Life Support，BLS）也称初级复苏，包括对病情的评估和采用的抢救措施，目的是使自主循环和自主呼吸恢复，包括A（Airway，开放气道）、B（Breathing，人工呼吸）、C（Circulationg，胸外按压）、D（Defibrillation，电除颤）。时间就是生命，要尽早进行心肺复苏，而不要因为任何原因延误复苏时机。

2010版心肺复苏指南对成人基本生命支持流程做了明确的规定（见图35－2），CPR步骤C→A→B，即胸外按压→开放气道→人工呼吸。

（一）判断反应

由于心脏停搏的发生具有起病急骤、进展飞快、死亡率高等特点，所以公众在第一时间识别心脏骤停的发生尤为重要。在确保周围环境安全的前提下，预先识别倒地患者是否发生心脏骤停的关键点主要是“三停”，即意识停止、呼吸停止、心跳停止。

1. 意识停止。面对突然倒地或者不动的患者，首先要判断患者的意识状态，一般常用的方法为用力拍打呼叫患者是否有反应。

2. 呼吸停止。如果患者意识停止，要迅速判断患者是否有呼吸，一般常用的方法为用手指置于患者鼻前感受是否有气流，侧头平视患者胸廓是否有起伏变化。

3. 心跳停止。心跳停止是心脏骤停发生的最为重要的一点，判断是否有心跳一般常用的方法为一手食指与中指并拢伸直，其余手指弯曲，置于患者气管正中部（相当于喉结的位

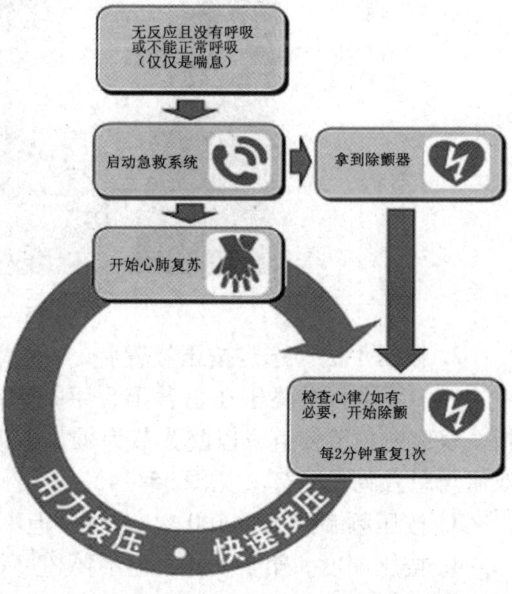

图35－2　2010版基本生命支持流

置)，旁开两指的凹陷处，判断时间6~10秒，用指腹感受是否有搏动。

（二）启动应急反应系统

发现患者无意识、无呼吸，就可判定心脏骤停。立即呼叫周围的人协助抢救并拨打“120”，取得自动体外除颤仪（AED）。拨打急救电话时一定要说明以下事项：地点、呼救电话、事件、人数、伤员情况、正在进行的急救措施。通话结束后，应保持电话畅通，方便救护人员与呼救者联系。

（三）检查脉搏

用食指和中指指尖先触摸到喉结部位，旁开2~3cm，在胸锁乳突肌内侧肌间沟内触摸颈动脉是否有搏动，5~10秒完成。如无搏动或10秒内未感觉搏动，则应开始心脏按压，不要因为反复确认脉搏而影响了心脏按压。

如有脉搏，只需人工呼吸，10~12次/分钟，每2分钟检查一次脉搏。

非医务人员可不执行此项。

（四）胸外按压

有效的按压能产生60~80mmHg的动脉压，从而保证心、脑、肾等重要脏器的血流供应。

按压前要确保患者处于复苏体位，使患者仰卧于硬质平面上，头、颈、躯干在同一水平，无扭曲。如患者在地上，施救者应跪在患者右侧，左膝位与患者肩部水平，双腿分开与肩同宽。

1. 按压部位。胸骨中下1/3交界处，即双乳头连线与胸骨中线的交界处（见图35-3）。

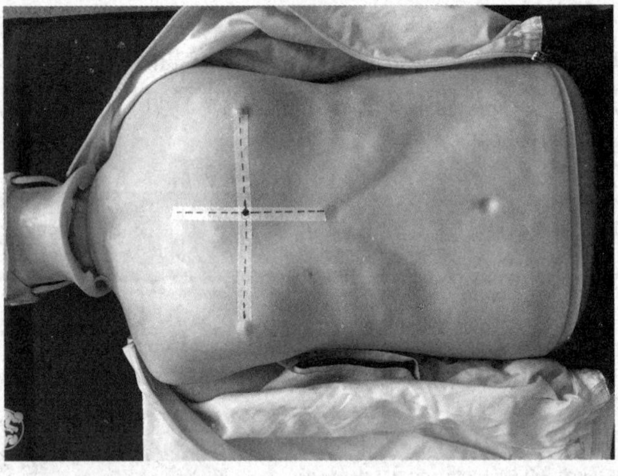

图35-3　按压部位

2. 按压手法。选定按压位置后，一手掌根在下，掌根横轴与胸骨长轴一致置于按压部位，另一手平行重叠压在手背上，手指翘起避免接触胸壁。也可采用两手手指交叉抬手指，双侧肘关节伸直，以髋关节为轴，借助上身的重力垂直向下按压，按压时上身前倾，双肩与患者胸骨平行（见图35-4）。

3. 按压频率。至少100次/分钟，但不要超过120次/分钟。

4. 按压深度。至少5cm，但不要超过6cm。

5. 按压/放松时间大致相等，要使胸廓充分回弹，放松时手掌不要离开胸壁，尽量减少按压的中断。当一位以上急救人员在场时，每2分钟急救人员应轮换按压，以免疲劳，

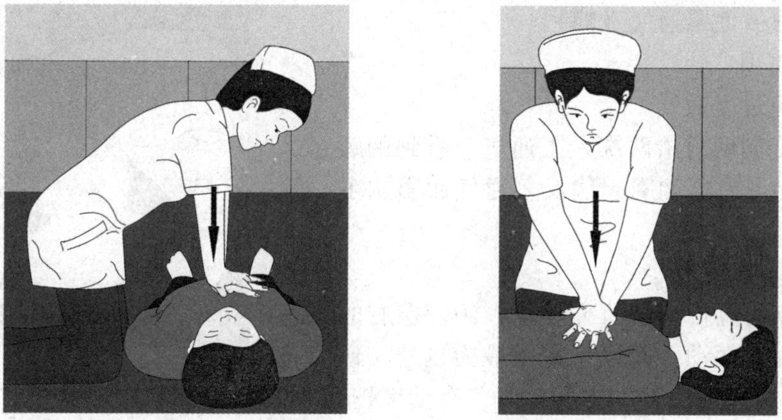

图 35 -4 按压手法

影响按压质量。轮换时应在 5 秒钟以内完成。

（五）开放气道

开放气道的目的是使气道通畅，首先要清除口腔内异物（如假牙、呕吐物等）。心脏骤停的患者意识丧失，常常因为舌后坠而阻塞气道（见图 35 -5），所以要使呼吸道畅通，关键是解除舌肌对呼吸道的堵塞。只有呼吸道通畅才能实施有效的人工呼吸。可以通过以下方法开放气道。

1. 仰额举颏法。此法简单、安全、易学、有效，被推荐常规使用。用一只手的手掌按压患者的前额，使头部后仰，另一手的食指和中指置于下颏骨骨性部分向上抬颏，使下颌尖、耳垂连线与地面垂直，达到开放气道的效果（见图 35 -6）。

2. 托下颌法。此法仅用于颈椎损伤患者，施救者在患者的头部，将双侧肘部支撑在患者所处的平面上，双手置于患者头部两侧并紧握下颌角，向上托起下颌，操作时要注意使患者头、颈、躯干在同一直线上（见图 35 -7）。

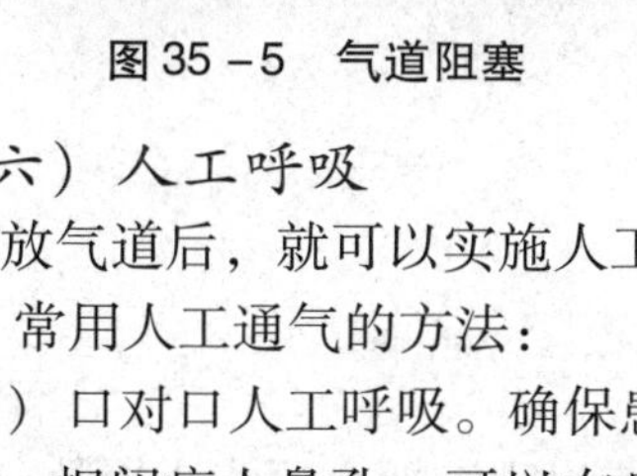

图 35 -5 气道阻塞

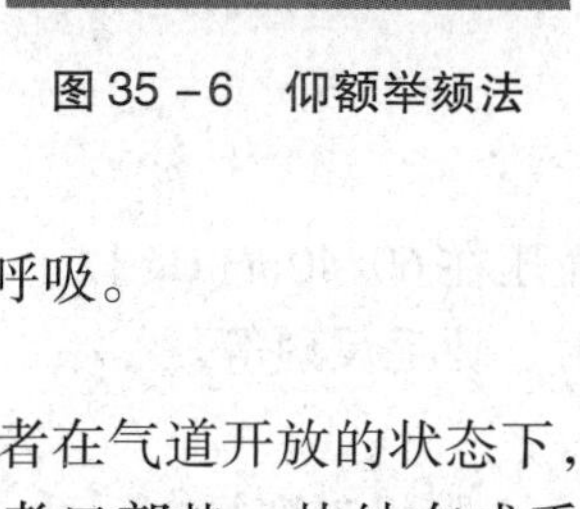

图 35 -6 仰额举颏法

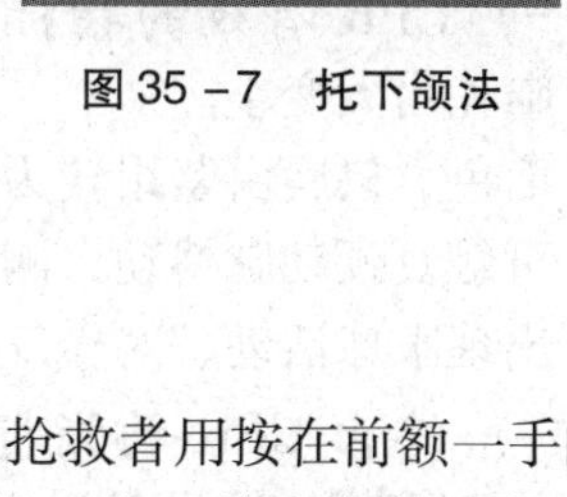

图 35 -7 托下颌法

（六）人工呼吸

开放气道后，就可以实施人工呼吸。

1. 常用人工通气的方法：

（1）口对口人工呼吸。确保患者在气道开放的状态下，抢救者用按在前额一手的拇指和食指，捏闭病人鼻孔，可以在患者口部垫一块纱布或手绢，张口将患者的口部完全包住，然后向患者嘴内吹气，吹气两次，每次 1 秒，可看到胸廓起伏（见图 35 -8），每次通气潮气量大致 500 ~ 600mL。两次通气后，立即行心脏按压。按压/通气比例为 30/2。

（2）口对鼻人工呼吸。对于张口困难、口腔严重损伤无法行口对口人工呼吸的可采用此法。

（3）球囊－面罩通气（略）。

2. 注意事项：

（1）避免过度通气。

（2）每个周期只给两次人工通气，看到胸廓起伏即可，不必为了追求胸廓起伏反复通气而影响了心脏按压。

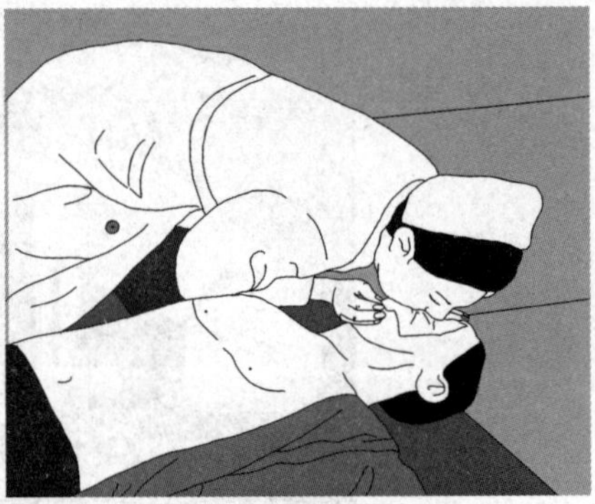

图 35－8　口对口人工呼吸

（七）电除颤

心跳骤停的流行病学研究显示，80% 左右的心跳骤停类型为心室颤动，而终止室颤最为迅速、最为有效的方法即为电除颤。越早进行除颤，存活率越高。

电除颤是一个专业性很强的技术，以往很难被公众掌握，有许多医务人员也知之甚少，很难做到早期电除颤。但自从有了自动体外除颤仪（AED）（见图 35－9），使早期除颤成为可能。在美国，一份研究结果显示，未经培训的六年级儿童能够在 27 秒内成功操作 AED。国内在机场、大型公共体育场所都在显著位置配备 AED。

AED 到达后，当患者仍无反应、无呼吸或只有喘息、无脉搏，可使用 AED 除颤。

操作很简单，只需打开 AED 电源开关，会有语音提示指导完成后续步骤。

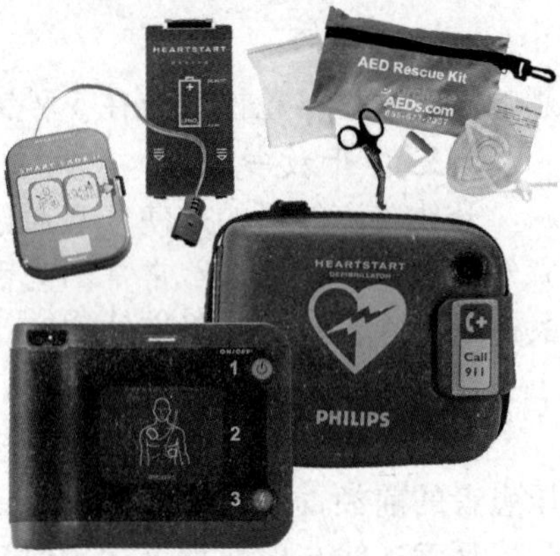

图 35－9　自动体外除颤仪（AED）

电击后不要立即检查脉搏或心律，立即继续 CPR，由胸外按压开始，5 个循环（5 个 30/2 的心脏按压和人工呼吸）或 CPR 2 分钟后再检查。

（八）评估

每 5 个循环（5 个 30/2 的心脏按压和人工呼吸）或 2 分钟检查评估一次，内容包括意识、呼吸及大动脉搏动等。如自主循环未恢复，则继续行 CPR，直到自主循环恢复或专业人员到达。

三、心肺复苏有效指标和终止抢救的标准

（一）CPR 有效的指标

1. 瞳孔由大变小。

2. 面色、口唇由紫绀转为红润。

3. 可触及颈动脉搏动，测血压在 60/40mmHg 以上。

4. 出现眼球活动、对光反射、睫毛反射等。

（二）终止 CPR 的指标

行心肺复苏达 30 分钟以上，心脏仍未恢复电活动，或出现脑死亡可终止抢救。

脑死亡的临床表现为：

1. 深度昏迷；

2. 自主呼吸停止；

3. 脑干的反射全部消失。

第三节　气道异物阻塞与海氏手法

急性气道异物阻塞是比较常见的一类导致窒息的急症，如不及时解除气道异物阻塞，数分钟内就可致人缺氧死亡。意外一旦发生，几乎没有机会送达医院急救，是常见的意外死因。

1974 年，美国外科医师 Heimlich 教授经过反复研究发明了一种急救方法——海氏手法。其机理是利用冲击腹部，产生向上的压力，使肺内残留气体快速形成气流进入气道冲出异物。由于该急救方法有效、简单易学，自 1975 年以来至少挽救了 10 万人的生命。Heimlich 教授本人也被《世界名人录》誉为“世界上挽救生命最多的人”。

一、气道异物阻塞的识别与 Heimlich 征象

患者突然出现不能说话、不能呼吸症状，口唇及面色青紫，双手抓住自己的喉部，或者表现为呼吸困难、微弱的咳嗽、吸气时可以听到患者喉部发出尖厉的噪声。遇到上述状况，应立刻询问患者是否被异物卡住，如果患者点头表示确定，立即采用 Heimlich 手法施救。

国际通用的食物或异物卡喉征象是双手抓住自己的喉部，不能讲话，也称 Heimlich 征象（见图 35－10）。切记，当你被异物卡喉时，切勿离开有人的场所，可用手势示意 Heimlich 征象，以示求救。

图 35－10　Heimlich 征象

二、操作方法

（一）对于清醒的患者

1. 施救者站在患者身后，用两手臂环绕患者的腰部（见图 35－11）；

图 35－11　清醒患者的海氏手法

2. 一手握拳，将拇指一侧紧贴在患者的胸廓下与脐上的腹部；

3. 另一手紧握拳头，快速向内、向上冲击腹部；

4. 反复冲击，直至异物被排出。

（二）对于昏迷的患者（见图35－12）

对于意识不清的患者，让患者平卧，施救者骑跨在患者髋部，一手掌根部放在患者的胸廓下与脐上的腹部，另一手压在手背上，快速向上冲击患者的腹部，反复冲击，直至异物被排出。

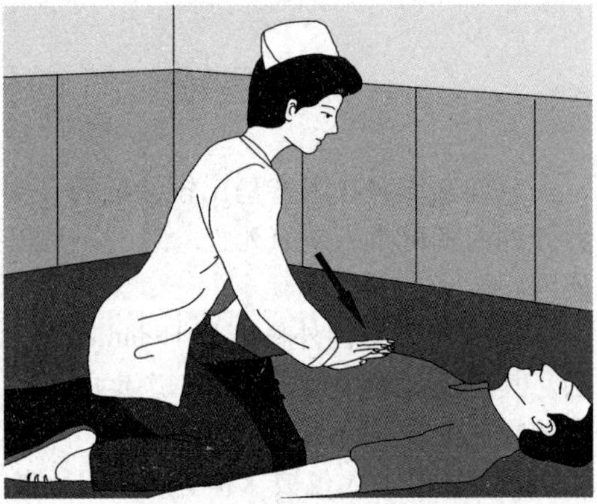

图35－12　昏迷患者的海氏手法

（三）对于肥胖患者或孕妇

对于过度肥胖患者或孕妇，无法环抱患者腰部，可采用以下方法：

1. 施救者站在患者身后，用两手臂放在患者腋下环绕患者的胸部；

2. 一手握拳，将拇指一侧紧贴在患者胸骨处；

3. 另一手紧握拳头，快速向内、向上冲击胸部；

4. 反复冲击，直至异物被排出。

（四）自救方法（见图35－13）

如果自己发生了异物卡喉的情况，周围又没有其他人，可采取自救。

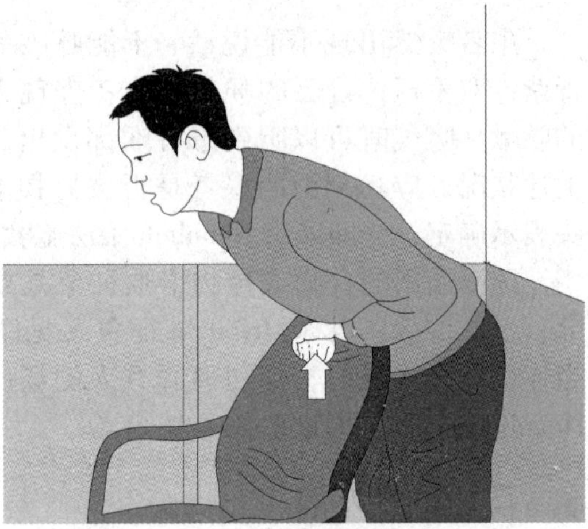

图35－13　自救的海氏手法

用自己的一手握拳，将拇指一侧紧贴在自己的胸廓下与脐上的腹部；另一手紧握拳头，快速向内、向上冲击腹部；反复冲击，直至异物被排出。或者快速将上腹部压在一个硬质物体上，如椅子背、桌沿等，反复冲击腹部，直至异物被排出。

（滑利民）

【思考题】

1. 评价人生命体征是否存在的指标有哪几个？并说说其正常值范围。
2. 简述心肺复苏基本步骤。
3. 发生气管异物时怎样应对？

第三十六章　创伤现场急救

第一节　创伤的院前急救

创伤是各种物理、化学、生物等致伤因素造成人体组织完整性损害或功能障碍。轻者体表损伤，引起疼痛或出血，重者功能障碍、致残，甚至死亡。

致伤因素有机械因素，如交通肇事、塌方、刀伤、枪伤等；物理因素，如烧伤、冻伤、电击、射线等；化学因素，如酸、碱、毒气等；生物因素，如毒蛇、昆虫等。

创伤的主要类型有闭合性损伤：体表无伤口，受伤处肿胀、青紫，可伴有骨折、内脏损伤。开放性损伤：体表有伤口，感染机会大，失血多，可致休克。多发伤：同一致伤因素，不同部位损伤。复合伤：不同致伤因素，多种损伤。

创伤现场急救的目的：挽救生命，减少伤残，减轻痛苦。急救的原则是先救命，后治伤。

准确评估和检伤是制定正确治疗决策的前提，要掌握创伤现场检伤顺序：（1）意识状况；（2）气道是否通畅、有无自主呼吸；（3）伤口情况，有无大出血；（4）检查伤者有无颅脑损伤；（5）检查伤者有无脊柱损伤；（6）检查有无胸、腹部脏器及骨盆损伤；（7）检查四肢有无骨折。

做好现场急救的分诊：A 危重伤：适用于有生命危险需立即救治的伤员，用红色标记。B 重伤：伤情并不立即危及生命，但又必须进行手术的伤员，可用黄色标记。C 轻伤：所有轻伤，用绿色标记。D 濒死伤：抢救费时而又困难，救治效果差，生存机会不大的危重伤员，用黑色标记。

创伤严重程度分类：危重伤：创伤严重，有生命危险，需紧急手术救命或治疗。重伤：生命体征稳定，伤后 12 小时内手术急救。轻伤：伤员意识清楚，无生命危险，现场无须特殊处理，手术可伤后 12 小时处理。

第二节　创伤基本生命支持

主要包括：通气、止血、包扎、固定和搬运。

一、通气

对有呼吸困难或呼吸停止的，应紧急开放气道，保证呼吸道通畅及进行呼吸支持，对心脏骤停者进行连续心脏按压。

二、止血

止血是创伤抢救最常用、最主要技术

1. 指压法。用手指压迫伤口近心端的动脉，阻断动脉血运。适用于头部和四肢的动脉出血（见图 36－1）。

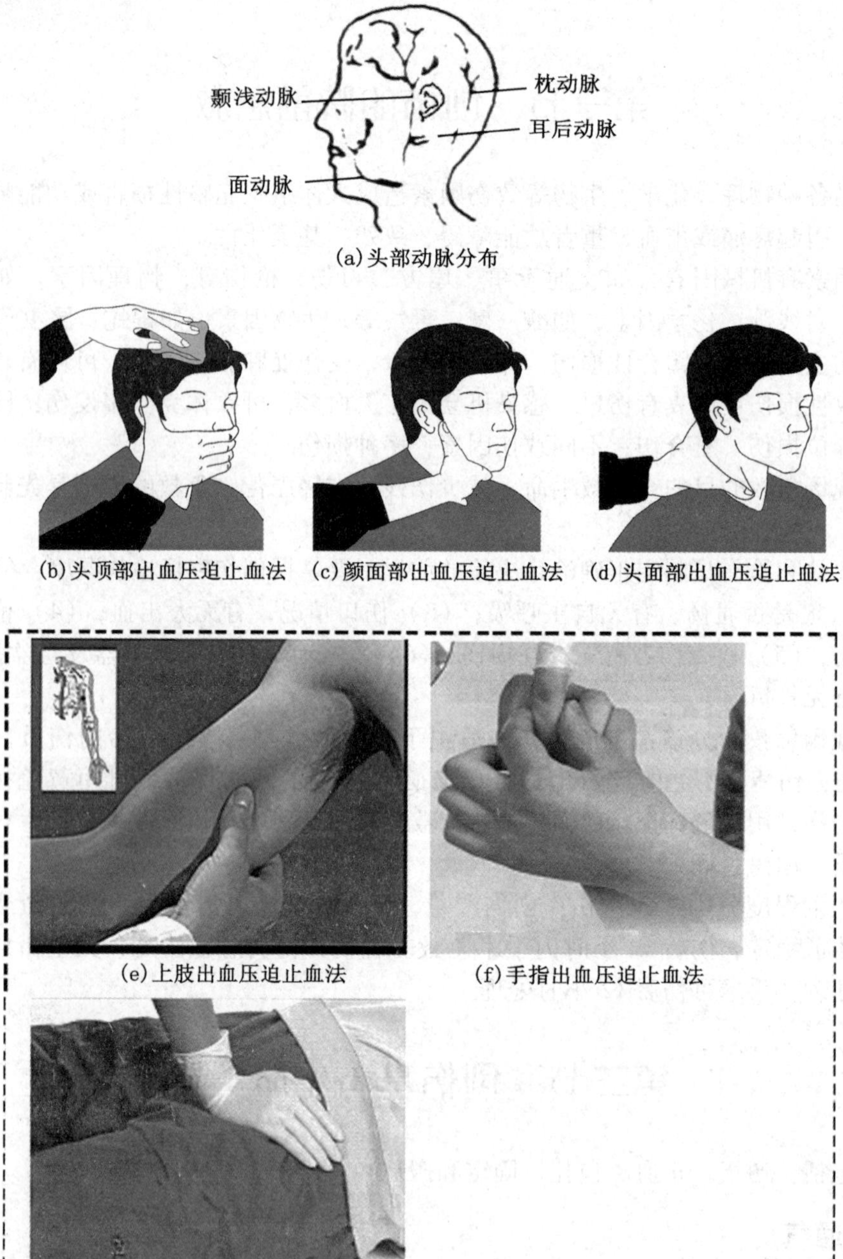

(a)头部动脉分布

(b)头顶部出血压迫止血法　(c)颜面部出血压迫止血法　(d)头面部出血压迫止血法

(e)上肢出血压迫止血法　(f)手指出血压迫止血法

(g)下肢出血压迫止血法

图 36－1　头面部及四肢出血指压法

2. 加压包扎止血法。适用于四肢、头颈、躯干等体表血管的出血。

直接压迫——最有效的止血方法：伤口无异物，敷料覆盖伤口，敷料超过伤口 3cm，血液浸透敷料不去除，另加一块，用手施加压力直接压迫并持续一段时间，用绷带、三角巾包扎（见图 36－2）。

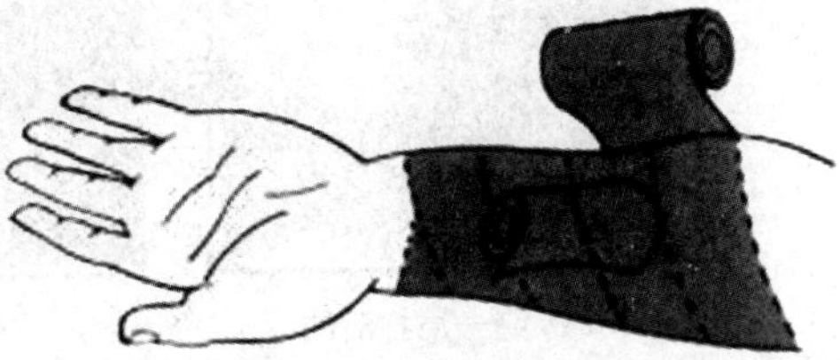

图 36－2　直接压迫止血法

间接加压包扎止血：伤口有异物，保留异物，在伤口边缘将异物固定，用绷带、三角巾加压包扎，骨折外露端的伤口、眼睛、内容物脱出、烧伤处不能加压（见图 36－3）。

3. 填塞止血法。适用于颈部、臂部或其他部位较大而深难于加压包扎的伤口，以及实质性脏器的广泛渗血等。方法：无菌纱布敷料填塞伤口，再加压包扎（见图 36－4）。

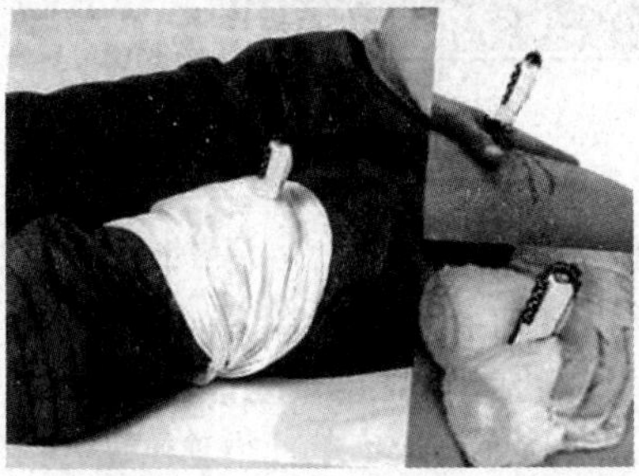

图 36－3　间接加压包扎止血法

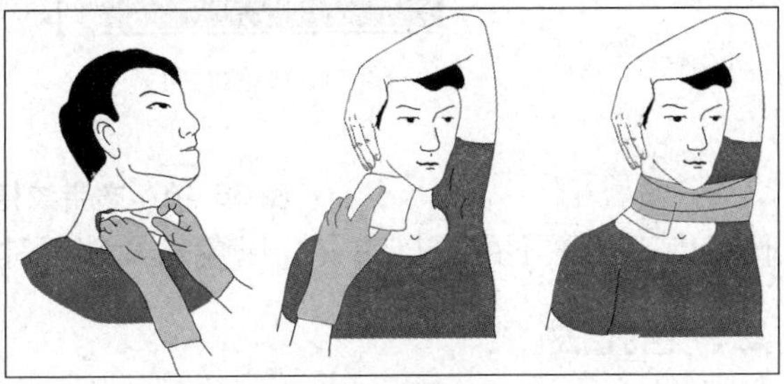

图 36－4　填塞止血法

4. 止血带法。适用于四肢大血管损伤或伤口大，出血量多，采用其他方法不能止血时使用（见图 36－5）。

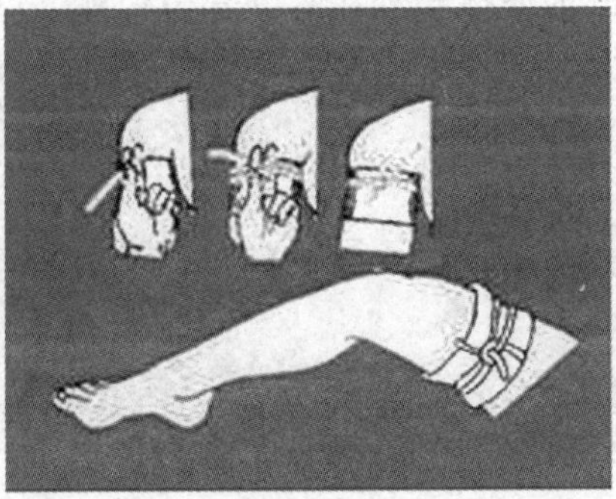

图 36－5　止血带法

部位：上臂上 1/3 处，大腿中上部。

要求：上止血带部位加衬垫，柔软平整。

松紧：适度。

切记：标记上止血带时间。

时间：40～50 分钟放松一次，每次 3～5 分钟。

禁忌：不要用铁丝、电线、绳索等代替止血带。

布带绞棒止血带制作方法如下，见图 36－6。

5. 钳夹止血法。如有可能在伤口内用止血钳夹住出血的大血管断端，连止血钳一起包

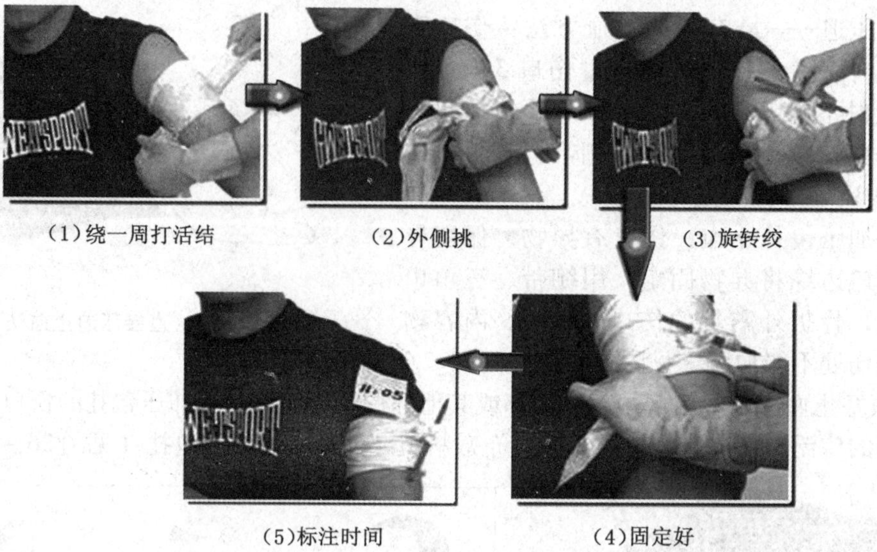

图 36－6　布带绞棒止血法

扎在伤口内，注意不可盲目钳夹，以免伤及邻近神经或正常血管，影响修复。

三、包扎法

包扎的要求：暴露伤口快，动作操作轻，包扎部位准，包扎效果牢。包扎的方法如下。

（一）绷带包扎

1. 环形法。多用于手腕部或肢体粗细相等的部位包扎，见图 36－7。

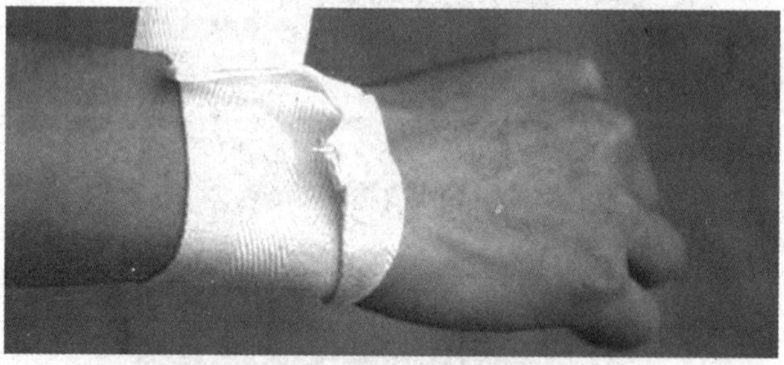

图 36－7　环形法包扎

2. 螺旋法。适用于肢体粗细不等的部位包扎，见图 36－8。

3. “8”字法。适用于关节部位的包扎，见图 36－9。

4. 回返法。适用于有顶端的部位包扎。如头部、手指或断肢伤口的包扎，详见图 36－10。

绷带的使用原则及注意事项：

（1）绷带的外侧面朝下。

（2）绷带的包扎方向由内至外，由下至上。

（3）以环形方法开始和结尾。

（4）每一圈遮盖前一圈绷带的 1/2 ~ 2/3。

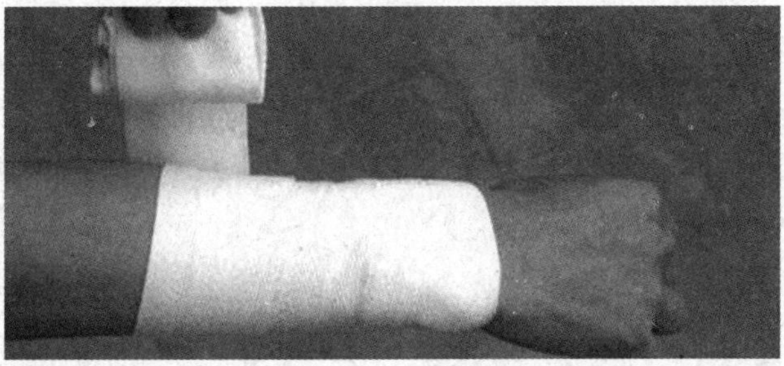

图 36－8　螺旋法包扎

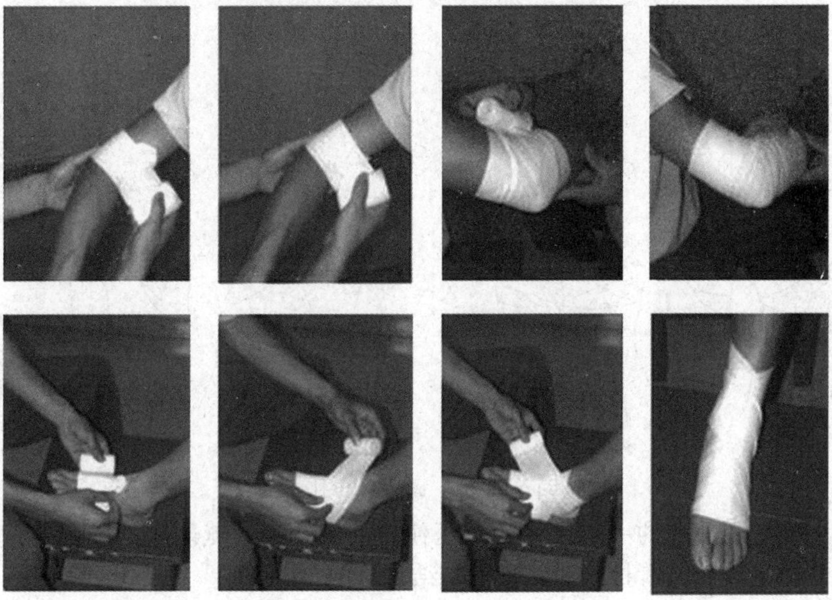

图 36－9　“8”字法包扎

（5）包扎不宜过紧或过松。

（6）包扎肢体是需暴露指、趾端，便于观察伤肢远端血液循环。

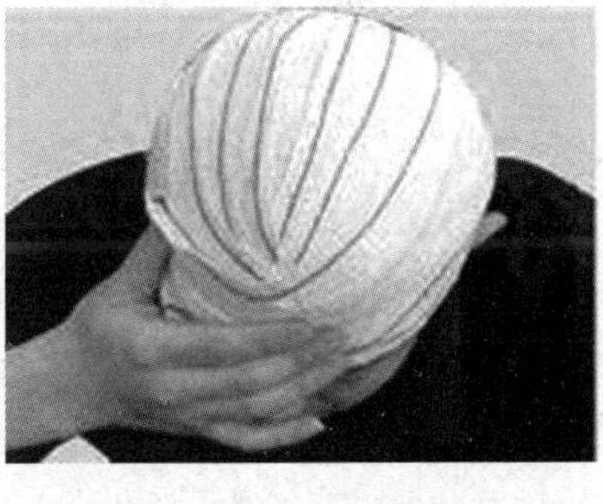

图 36－10　回返法包扎

（二）三角巾包扎法

三角巾是底边长 135cm，两斜边均为 85cm 的等腰直角三角形，顶角和一个底角分别系有一条带子，三角巾操作简单，使用方便，包扎面积大，不仅是较好的包扎材料，还可作为固定夹板、敷料和代替止血带使用，可对全身各部位进行止血和包扎，尤其是对肩部、胸部、臀部等不易包扎的部位，变得简单易行。

1. 头部包扎法。将三角巾底边的正中点放在前额弓上部，顶角拉到枕后，然后将底边经耳上向后扎紧压住顶角，在枕部交叉，再经耳上到前额部位扎紧打结，最后将顶角向上返折，嵌入底边或用别针固定，见图 36－11。

2. 前胸或背部包扎法。将三角巾的底边向下，围绕胸部于背后打结，将顶角绕过肩部，并将一连接的带子和底边的结相连，见图 36－12。

3. 单肩包扎法。由三角巾顶角和底边近中点处折叠成燕尾形。将燕尾三角巾的夹角朝

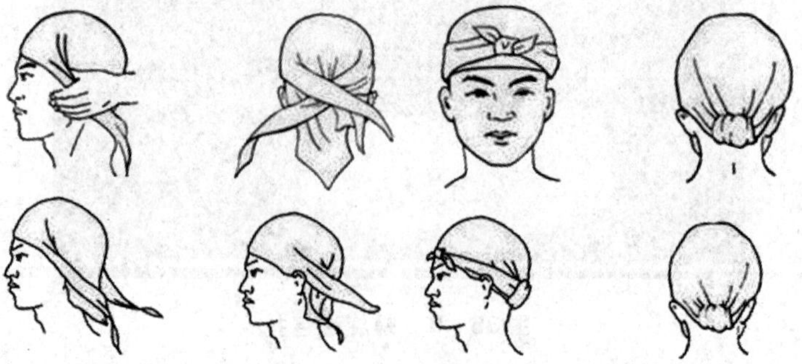

图 36－11　头部包扎法

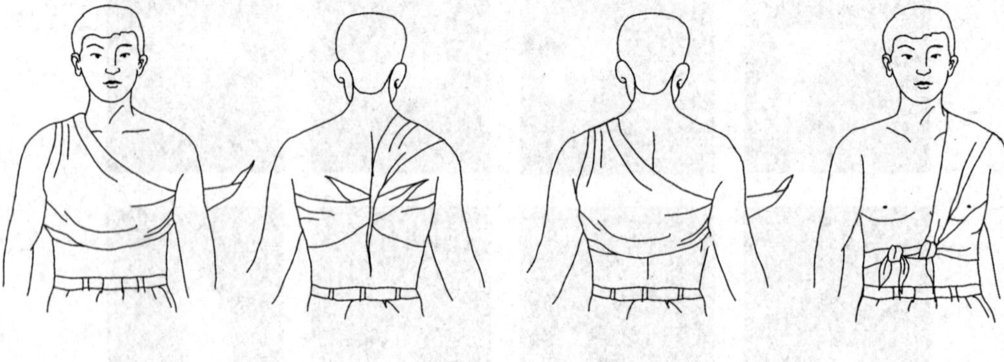

图 36－12　胸背部包扎法

上，放在伤侧肩上，向后的一角（稍大）压住向前的一角，燕尾底部包绕上臂上部打结，然后两燕尾角分别经胸、背拉到对侧腋下打结，见图 36－13。

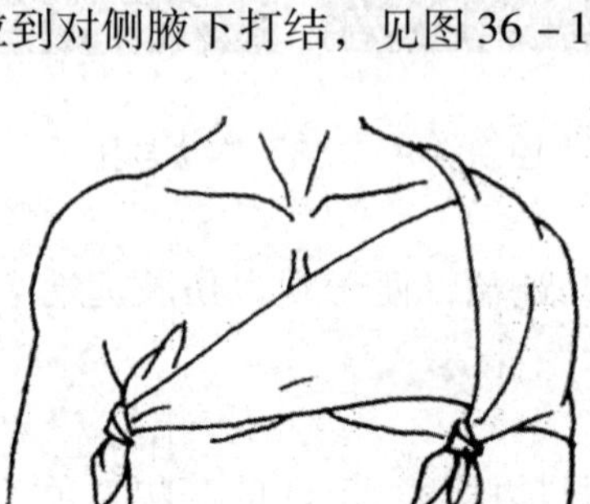

图 36－13　单肩包扎法

4. 上肢包扎法。将三角巾平铺于伤员前胸。顶角对住肘关节外侧，屈曲前臂，并将三角巾压在胸腹部。底边两头从颈部两侧绕向枕部，并打结，肘部顶角返折，用安全别针扣住，见图 36－14。

5. 手、足包扎法。将手或足放在三角巾上，顶角在前拉至手背或足背，然后底边缠绕打结固定，见图 36－15。

四、固定术

对骨折部位尽早进行临时固定，可以有效防止因骨折断端的移位而损伤血管、神经等

图 36－14 上肢包扎法

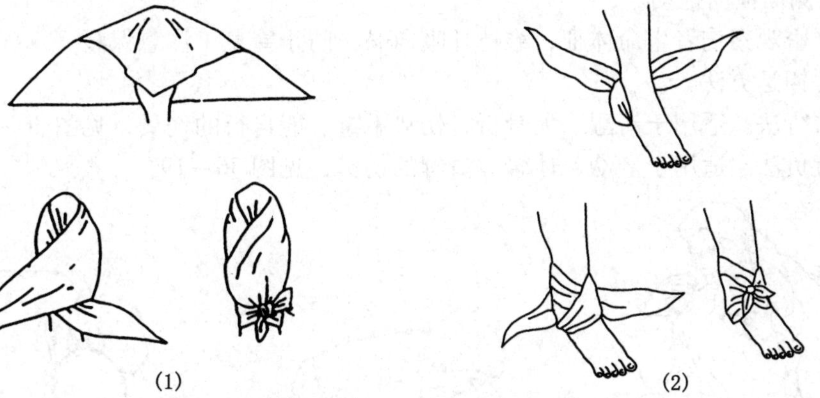

图 36－15 手、足包扎法

组织，减少伤员痛苦。

1. 固定原则：注意伤员全身情况，对外露的骨折端暂不应送回伤口，对畸形的伤部也不必复位，固定要牢靠，松紧要适度。

2. 固定目的：限制受伤部位的活动度，避免再伤，便于转运，减轻在搬运与运送中增加伤者的痛苦。

3. 固定材料：（1）夹板；（2）敷料；（3）颈托、颈围或器具；（4）就地取材，如木棒、树枝。

4. 固定方法。

夹板固定法：多用于上下肢骨折，见图 36－16。

自体固定法：适用于下肢骨折。

锁骨骨折固定，见图 36－17。

图 36－16 肱骨骨折固定法

五、搬运

1. 搬运的目的：及时、迅速、安全地将伤员搬离事故现场，避免伤情加重，并迅速送往医院进一步救治。

2. 急救人员应考虑的因素：伤者伤势，必须在原地检伤、包扎止血及简单固定后再搬运。

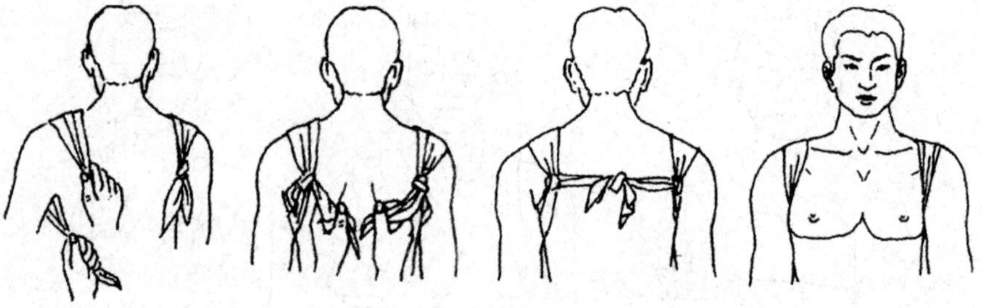

(1)　　(2)　　(3)　　(4)

图 36－17　锁骨骨折固定法

3. 转运伤员的注意事项。

（1）凡怀疑有脊柱、脊髓受伤者，搬运前先固定。搬动时将伤者身体以长轴方向拖动，不可从侧面横向拖动。

（2）严密观察伤者生命体征，维持呼吸通畅，防止窒息，注意保暖。

4. 徒手搬运方法。

（1）扶行法。适用于清醒、无骨折、伤势不重、能自行的伤员，见图 36－18。

（2）背负法。适用于老幼、体轻、清醒的伤员，见图 36－19。

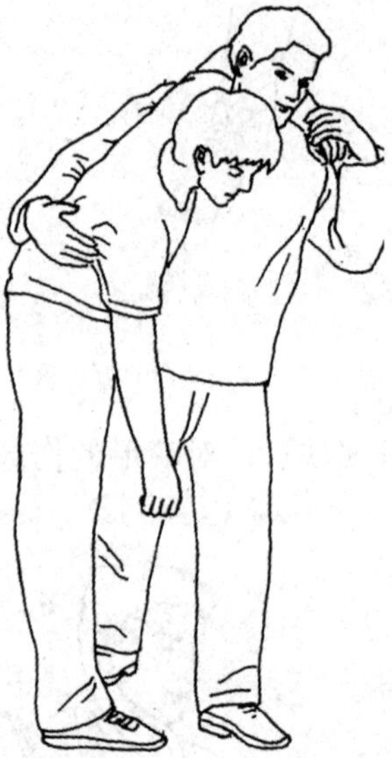

图 36－18　扶行法

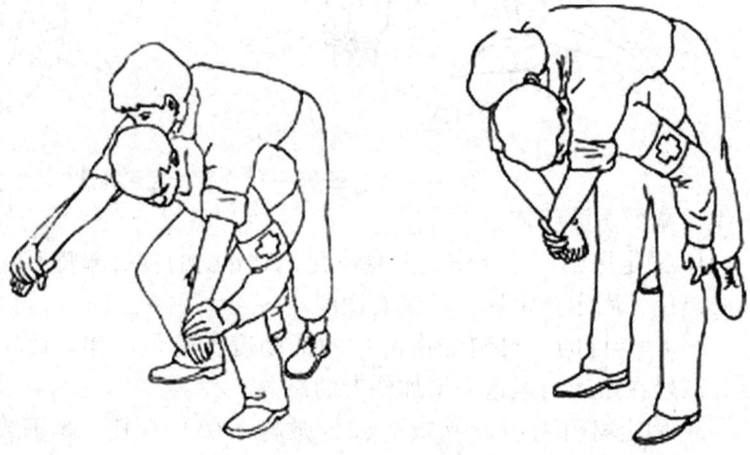

(1)　　(2)

图 36－19　背负法

（3）拖行法。适用于体重体型较大的伤员，不能移动，现场又非常危险需立即离开者，拖拉时不要弯曲或旋转伤员的颈部和背部，见图 36－20。

（4）轿扛式。适用于清醒伤员，见图 36－21。

（5）双人拉车式。适用于意识不清的伤员，见图 36－22。

5. 担架搬运法。担架搬运是最常用的搬运方法，它对于转送路途较远、病情较重的伤员比较合适。

（1）担架的种类。担架有帆布担架、铝合金担架以及带有轮子的担架等多种，最常用的是帆布担架。如无现成的帆布担架，可用木棒（竹竿）及 60cm 左右的横木各两根，扎成长方形框，然后用绳索缠绕在框上，构成较密的网即可。

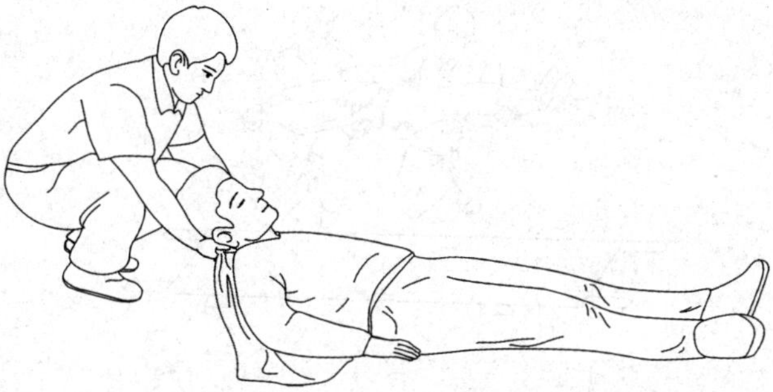

图 36－20　拖行法

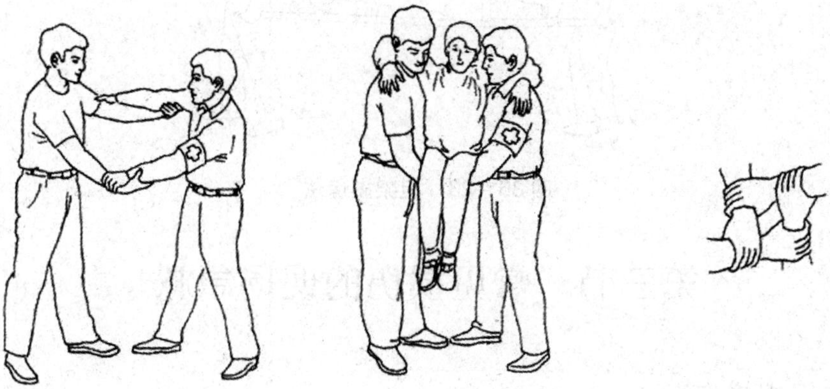

(1)　(2)　(3)

图 36－21　轿扛式

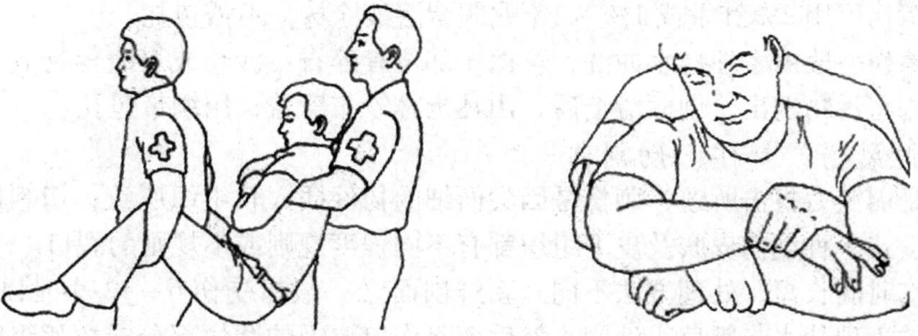

(1)　(2)

图 36－22　双人拉车式

（2）担架搬运的方法。由 2～4 人合成一组，将伤病员移上担架；伤病员头部在后，足跟向前，使得后面抬担架的人可以随时观察伤病员的变化；抬担架人的脚步、行动要一致，前面的人左足起步，后面的人右足起步，平稳前进；向高处抬时（如上台阶、上车），前面的人要放低，后面的人要抬高，以使伤病员保持在水平状态，向低处抬时，则相反，见图 36－23。

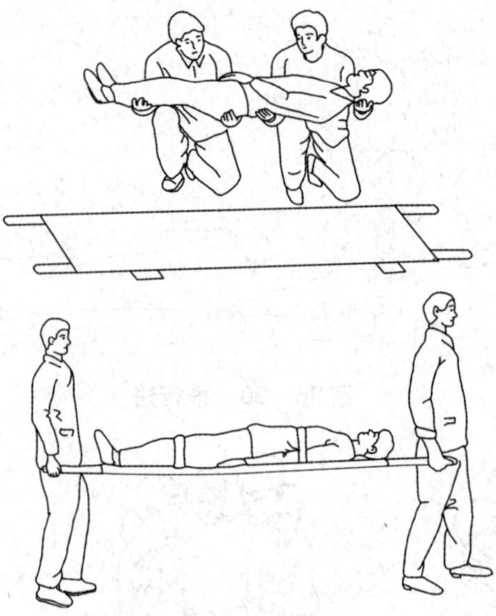

图 36－23　担架搬运法

第三节　常见损伤的现场急救

一、软组织损伤

(一) 擦伤

擦伤是由于皮肤受强力摩擦所致，皮肤组织被擦破出血，或有组织液渗出。伤口大都浅而脏，损伤面大小不一，且不规则。它是外伤中最轻也是最常见的一种。

小面积擦伤可用2%红汞或1%～2%龙胆紫溶液涂抹，不需包扎。

大面积擦伤一般用生理盐水冲洗，若擦伤部位有碎石、沙粒或煤渣等物嵌入皮肤，要用消毒的毛刷将污物洗出。创面清洁后，用凡士林纱布覆盖，用绷带包扎。

(二) 撕裂伤、刺伤、切割伤

撕裂伤是因钝力打击所致；刺伤是因尖而细的物件插入软组织所致；切割伤是锐利器具切割所致。这3种创伤皮肤及皮下组织都有不同程度规则或不规则的裂口。

根据受伤时间长短，处理方法不同。新鲜创面（一般指受伤6～12小时以内的伤口）应先用消毒的生理盐水与肥皂水洗刷，然后剪除伤口边缘的糜烂部分或坏死组织，去除异物，再止血、缝合。

如时间较长，疑有感染，清创后可暂用凡士林纱布充填，3日后检查，无感染时再行缝合。伤口深、污染重的伤员，必须到医院注射破伤风抗毒素。

如同时合并神经和肌腱损伤，应送医院。

若损伤较重，有大出血者，须先行止血后，再做上述处理。

(三) 挫伤

挫伤是钝力直接作用于身体某部位引起的闭合性损伤。

1. 症状。挫伤的常见部位是大腿与小腿，此外，头、面、腹部及睾丸挫伤也不少见，主要症状有以下几方面。(1) 疼痛。初轻后重，一般持续24小时。疼痛的程度因人而异，与淋巴、血液渗出的多少、局部神经损伤的情况及部位有密切关系。(2)肿胀。组织损伤后出血和组织液渗出，形成肿胀，皮肤及皮下出血可见淤点或淤斑，皮下组织的局限性出血形成血肿。(3)其他。睾丸和腹部挫伤可伴有休克，头部挫伤可伴有脑震荡等颅脑损伤表现。

2. 处理。肌肉、韧带或关节挫伤后，应局部制动；24 小时内冷敷和加压包扎，患肢抬高，止痛；48 小时后可开始理疗和按摩；肿胀基本消除后，可拆除固定，开始活动肢体。功能完全恢复后，方可逐步进行正常活动。睾丸挫伤后，应用三角带将阴囊托起，卧床休息，局部冷敷。伴有休克的严重挫伤，应先纠正休克。

二、颅脑损伤

外伤中，颅脑损伤占有相当比例，严重的颅脑损伤的死亡率高达 70% ~80%，应予以重视。

1. 损伤的种类和表现。

(1) 头皮损伤。包括头皮撕裂伤及头皮血肿。

(2) 颅盖骨折。轻者只有外板骨折或线状骨折，重者出现凹陷骨折。

(3) 颅底骨折。前颅凹骨折表现为鼻出血并混有脑脊液，合并嗅觉丧失、眼结合膜下出血及水肿，有“熊猫眼”症表现；中颅凹骨折时多引起耳出血，并混有脑脊液，同时可有一侧面神经麻痹及外展神经麻痹；后颅凹骨折症状多不明显。

(4) 脑震荡。为脑损伤中最轻的一种，是中枢神经系统暂时功能紊乱，无明显解剖病理改变。主要表现为一时性意识丧失，短则几秒，最多不超过 30 分钟，清醒后，短时间内反应迟钝，逆行性遗忘，有头痛、恶心、呕吐心悸、出汗等。

(5) 脑挫伤。脑组织受伤后，脑组织出血、水肿、蜕变、坏死。主要表现是持续性意识丧失及昏迷（可延续几小时至数日，甚至数周），以及受损脑组织的相应神经症状。

(6) 颅内血肿。可分为硬膜外、硬膜下和脑内血肿 3 种。损伤后，颅内出血，血液集聚而压迫脑组织，引起一系列病理变化。主要表现为伤后的再昏迷史，即伤后立即昏迷，中间清醒后，又再昏迷；患侧瞳孔散大，对侧肢体瘫痪；此外，还有头痛，反复呕吐，脉搏变缓，血压增高，呼吸变深等。

2. 现场抢救。现场抢救的目的是挽救生命，为后续医院的抢救和治疗创造条件。现场抢救应注意以下几点。

(1) 了解受伤经过及伤者意识障碍的变化情况，对颅脑损伤种类做出初步的估计。

(2) 全面了解伤者是否有复合伤。

(3) 防止误吸，保持呼吸道通畅。将患者侧卧或俯卧，以利口腔分泌物或呕吐物排出，如患者已深度昏迷，最好在口中放置呼吸道橡皮导管，或将舌拉出固定。

(4) 防止休克。

(5) 开放性损伤应予消毒包扎。

(6) 转运过程中，应注意生命体征（脉搏、血压、呼吸）及瞳孔的变化，以及意识障碍程度的变化，并扼要记录。

头部损伤的病人多有一时性意识丧失，清醒后如无临床症状，为安全起见，仍应继续观察 2 ~3 小时。如有严重头痛、呕吐或嗜睡等情况，应再送医院检查。

三、骨折及其固定

骨的完整性遭到破坏，称为骨折。根据骨断裂的性质，可分为完全性骨折、不完全性骨折和粉碎性骨折；根据骨折断端是否与外界相通，可分为闭合性骨折（骨折端不与外界相通）、开放性骨折（骨折锐端穿破皮肤，直接与外界相通）。开放性骨折容易感染，发生骨髓炎或败血症。

1. 骨折的原因。

（1）直接暴力：暴力直接作用于身体某部位而发生骨折，骨折大多发生在暴力接触的部位。直接暴力引起的骨折的特点是皮肤和其他软组织常有破裂，创口由外向内，骨折移位较少，软组织损伤较重。

（2）传达暴力：人体跌倒或运动中产生的骨折，大多由传达暴力引起。骨折部位多在暴力作用点以上，骨折移位较多，但软组织损伤较轻。若为开放性骨折，则创口大都由外向内。

（3）肌牵拉力：不协调的或急剧的肌肉收缩或牵拉，可造成股骨、鹰嘴突、髂前下棘的撕裂骨折，大都发生在运动中。骨折片移位较多，处理易，预后佳。

2. 骨折的表现。

（1）疼痛与压痛：骨折处均有疼痛。在移动躯体时，疼痛加剧；触诊时骨折处有局限性压痛。

（2）局部肿胀与淤斑：骨折后骨髓、骨膜及周围软组织内的血管破裂出血，导致局部肿胀。表浅部位的骨折由于血红蛋白的分解，1～2 日后，可出现皮下淤斑。

（3）功能障碍：骨折后由于肢体内部支架的断裂和疼痛，使肢体丧失部分或全部功能。

（4）畸形：骨折段移位后，局部出现形状改变。

（5）反常活动：在肢体没有关节的部位，骨折后出现不正常的活动。

（6）骨擦音：当骨折端互相摩擦时，可听到骨擦音。当然，如果是开放性骨折则一目了然。

对于骨折伤员，不仅要注意有无骨折的情况，还应注意有无其他脏器的损伤，以免延误伤情。当遇到出现休克状态的骨折伤员时，除骨折本身外，应考虑内出血、内脏破裂和颅脑损伤，并及时做相应处理。

3. 骨折固定。

发生骨折，要做临时固定后再转送医院，否则会造成更大的损伤，增加伤员的痛苦。发生骨折最多的部位是四肢。

（1）骨折固定的材料：① 夹板；② 敷料；③ 颈托、颈围或器具；④ 就地取材，如木棒、树枝。

（2）骨折固定方法：① 肢体骨折应将骨断端上、下两个关节都包括在固定范围内，亦即固定夹板的长度要超过骨折上、下两个关节的长度，这样才能达到限制断骨的活动目的。② 伤肢用两块夹板夹住才稳定。③ 夹板与伤肢，尤其是与骨突出的部位之间，要用棉花或毛巾等较软的材料衬垫，以免局部受到压迫。④ 根据伤肢长短，在夹板外用数根绳索（或绷带、手绢）扎紧。

（3）骨折固定的注意事项：① 松紧适宜，过松失去固定的作用，过紧会影响肢体的血运。② 固定四肢时一定要将手指或脚趾露在外面，以便观察血运情况。③ 对于开放性骨折，不要试图将骨断端送入伤口内，以免引起严重感染，可用消毒纱布或干净手绢覆盖伤处，临时包扎。

4. 常见骨折固定。

（1）锁骨骨折 用“8”字包扎法或双环包法固定（见图 36－17）。

（2）肱骨骨折固定。屈肘成直角，前臂用三角巾悬吊，注意不要托肘，以免骨折端错位加重。用两块或三块合适的夹板分别置于伤肢外侧、前面与后面。用窄带在折断处上下端各绕夹板二周，在外侧做结。

（3）前臂骨折固定。肘关节屈成直角，拇指朝上。前臂前后布置夹板，板长从肘到掌，用两条带子固定，一条在骨折处上端绕两圈做结，一条在手腕处做“8”字形捆扎，在背侧做结。再用三角巾托起前臂，见图 36－24。

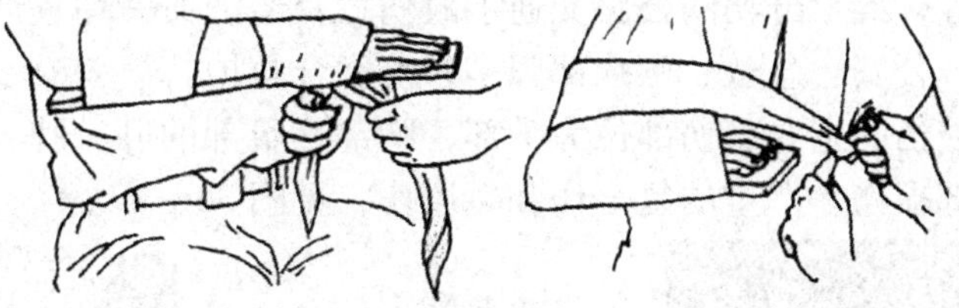
(1)　(2)

图 36－24　前臂骨折固定法

指骨骨折固定。把压舌板放在指的掌侧，然后用胶布固定，见图 36－25。

（4）股骨骨折固定。旁侧夹板固定，先用两手（一手握脚背，一手托脚跟）轻轻将脚向下拉，直到与健侧等长。腿外侧及内侧各放一块木板，外侧自腋下达足部，内侧自鼠蹊部达足部，大腿骨折处上下方、膝下、小腿，分别以布带结扎，做结于外侧固定，见图 36－26。

（5）小腿骨折。用侧夹板固定，夹板可以稍短，自大腿至足即可。

（6）脊椎骨折。

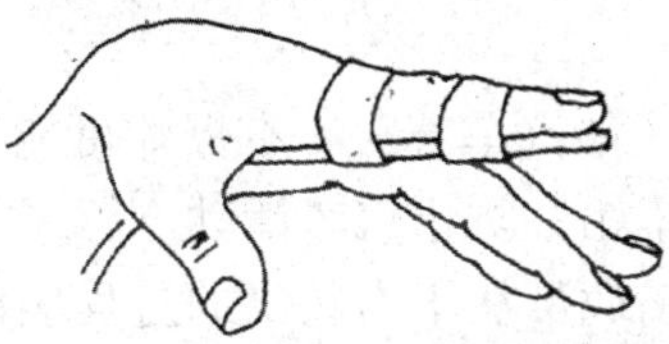

图 36－25　手指骨骨折固定法

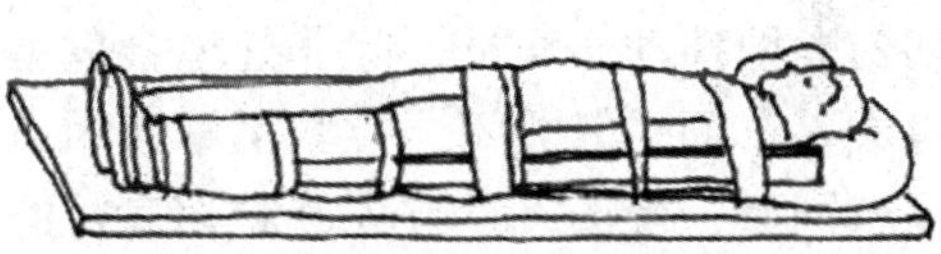

图 36－26　股骨骨折固定法

① 颈椎骨折。头部固定于伤后位置，不屈不伸不旋转，在头部及颈部两侧，用小软枕、沙袋、纸板或卷叠的衣服固定，使头部不能活动，见图 36－27。

② 胸腰椎骨折。绝对不能使伤员弯腰、屈背，以防脊髓受损伤。无论是胸椎骨折还是腰椎骨折，都应将病人固定在木板上，见图 36－28。

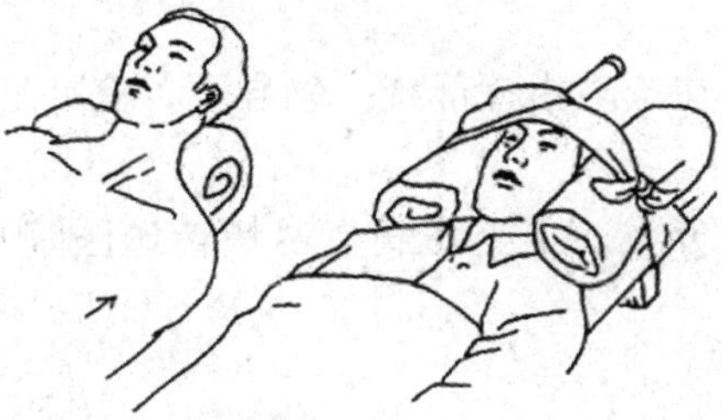

图 36－27　颈椎骨折固定法

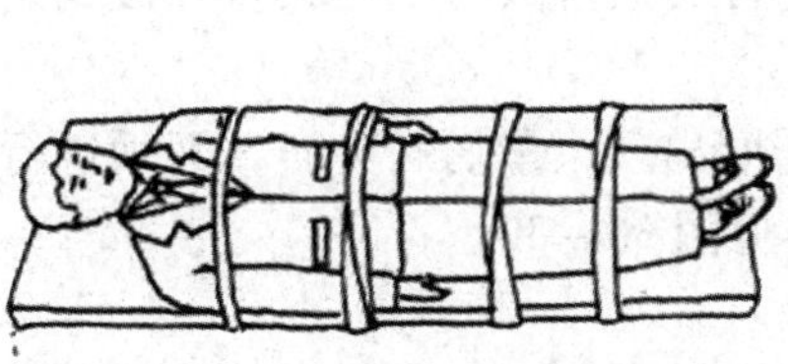

图 36－28　胸椎、腰椎骨折固定法

第四节　常见意外伤害的现场急救

一、交通事故

（一）概述

公路交通事故中以车祸最为常见，如行人、自行车被机动车撞伤，摩托车、汽车翻车及车内人员的损伤等，群死群伤的公路交通事故伤亡及经济损失均较严重，这种事故社会影响大，常需政府、公安、急救、医疗部门多系统联合救护。

公路交通事故损伤的主要受伤部位为头部，胸部，腹部的肝、脾，盆腔，四肢，其死亡的主要原因为头部损伤、严重的复合伤和碾压伤，见图36－29。

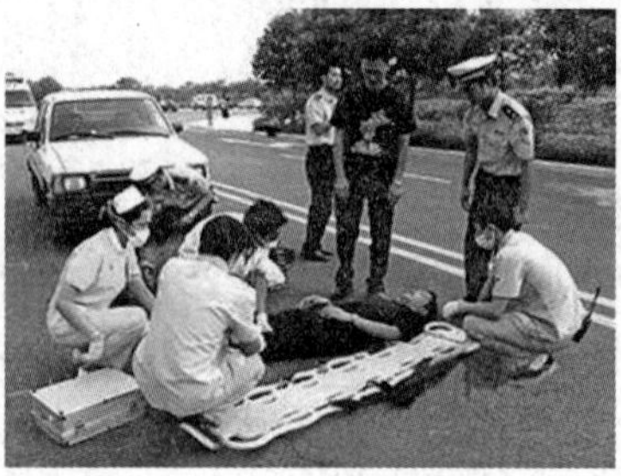

（1）

（2）

图36－29　公路交通事故

（二）现场急救的原则

1. 排除险情→紧急呼救→保护现场→转运伤病员。呼救拨打急救电话“120”（北京地区还有“999”）、“110”、“122”。

2. 切勿立即移动伤病员，除非处境会危害其生命（如汽车着火、有爆炸可能）。

3. 将失事车辆引擎关闭，拉紧手掣或用石头固定车轮，防止汽车滑动。

4. 呼救同时，现场人员首先查看伤病员的病情，伤病员从车内救出的过程应根据伤情区别进行，脊柱损伤伤病员不能拖、拽、抱，应使用颈托固定颈部或使用脊柱固定板，避免脊髓受损或损伤加重导致截瘫。

5. 实行先救命、后治伤的原则，呼吸心跳停止立即进行心肺复苏。

6. 对意识清醒的伤病员可询问其伤在何处，立刻检查伤处，进行相应处理。疑有骨折应做简单固定再行搬运。

7. 事故发生后应保护现场，以便给事故责任划分提供证据，并采用最快的方式向交通管理执法部门报告。

8. 恶性交通事故时，当大量外援到达后要在抢险指挥部统一领导下，有计划、有组织地抢救。

9. 瞬间出现大量伤病员时，必须进行伤情分类，Ⅰ类伤病员尽快转送医院及时抢救。伤情分类见图36－30。

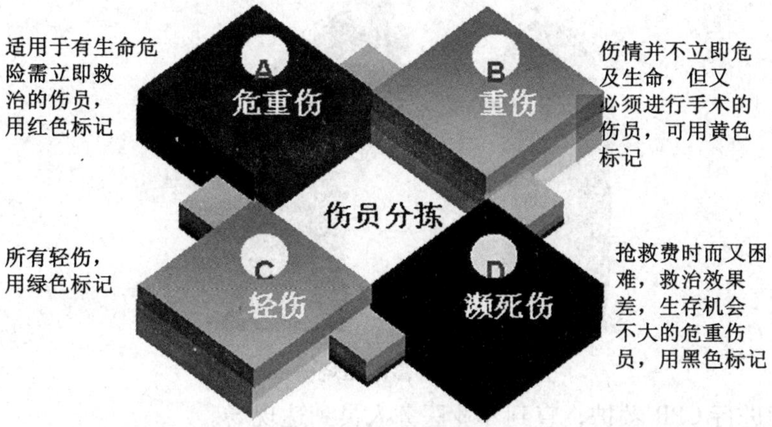

图 36－30　伤员分拣方法

二、触电

（一）概述

电流通过人体的方式不同，所造成的伤害也不同，电流通过一侧上肢到另一侧上肢或下肢时，恰好通过胸部，比电流通过一侧下肢到另一侧下肢危险性大。同样，电流通过躯干左侧比通过右侧危险性大。电对人体的伤害可概括为电流本身及电能转换为热和光效应所造成的伤害。

1. 电流伤（触电）。电流通过心脏引起严重的心律失常、心室纤颤，从而导致心脏无法排出血液，血循环中断，致心跳骤停。

2. 电烧伤。多见于高压（1000V 以上）电器设备，烧伤程度因电压及接触部位不同而不等，轻者仅为局部皮肤的损伤，严重者伤害面积大，可达肌肉、血管、神经、骨骼。

（二）症状

轻者有惊吓、发麻、心悸、头晕、乏力，一般可自行恢复。重者出现强直性肌肉收缩、昏迷、休克、心室纤颤，低压电流可引起心室纤颤至心跳骤停。高压电流主要伤害呼吸中枢，导致呼吸麻痹、呼吸停止。

局部烧伤：

1. 低电压所致的烧伤。常见于电流进入点与流出点，伤面小，直径在 0.5～2cm，呈椭圆形或圆形，焦黄或灰白色，干燥，边缘整齐，与健康皮肤分界清楚。一般不损伤内脏，致残率低。

2. 高电压所致的烧伤。常有一处进口和多处出口，伤面不大，但可伤达肌肉、神经、血管甚至骨骼，致残率高达 35%～60%，见图 36－31。

（三）现场急救原则

1. 迅速切断电源，或用木棍、竹竿等不导电物体将电线挑开。电源不明时，不要直接用手接触伤者，在确定伤者不带电时立即救护。

2. 在浴室或潮湿地方，救护人员要穿绝缘胶鞋，戴胶皮手套或站在干燥木板上保护好自身安全。

3. 心跳停止者，应行心脏除颤、心肺复苏。

4. 紧急呼救，启动 EMS 系统。

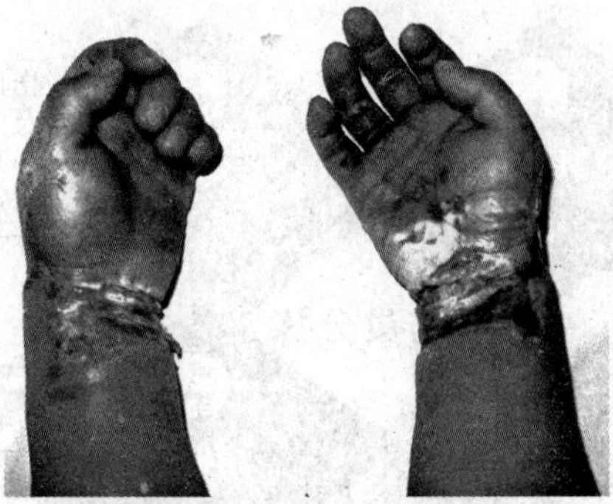

图 36－31　高电压烧伤

5. 现场持续进行 CPR 救护，直到专业医务人员到达现场。

6. 烧伤伤者局部应就地取材进行创面的简易包扎，再送医院抢救。

三、溺水

（一）概述

1. 溺水致死的原因。大量水、藻、草类、泥沙进入口鼻、气道和肺，阻塞呼吸道，而引起窒息。惊恐、寒冷使喉头痉挛，呼吸道梗阻而窒息。

2. 海水、淡水淹溺。

在淡水淹溺时，由于大量水分进入血液循环，血液被稀释，出现低钠、低氯、低蛋白血症及溶血。溶血结果使细胞内的钾大量进入血浆，引起高血钾，导致心室纤颤，心搏骤停，造成死亡。

海水为高渗，含 3.5% 氯化钠、大量钙盐和镁盐。含有高渗氯化钠的液体进入毛细血管，因渗透压的作用，致使血中水分大量进入肺泡腔，造成严重肺水肿，导致心力衰竭，生命丧失。

（二）现场急救原则

1. 水中救护。充分做好自我保护，要有能力将落水者救出，无能力不要贸然跳水救助，应立即高声呼救。

迅速接近落水者，从其后面靠近，不要被慌乱挣扎中的落水者抓住。从后面双手托起落水者的头部，两个人均采用仰泳姿势，将其带至安全地方。

有条件的采用可以漂浮的脊柱板救护落水者，有必要者进行口对口人工呼吸。

高声呼救，获得帮助，拨打急救电话。

2. 岸上救护。

（1）救上岸后，将伤员头偏向一侧，清除口、鼻腔内的异物，打开气道，保持呼吸道通畅。检查呼吸、脉搏。

对海水淹溺者，救护员立即取半跪姿势，将溺水者的腹部放在大腿上，使头部下垂，轻压其背部，或采用海氏腹部冲击法，给予控水。如果控水效果不佳，不要为此耽误时间，应在稍加控水后立即检查吸、脉搏，见图 36－32。

（2）如遇到呼吸停止、意识丧失者，迅速打开气道，口对口人工呼吸，胸部若无起伏，则按昏迷气道梗塞的方法救治。

（3）如呼吸、心跳骤停，立即行心肺复苏。

（4）不要轻易放弃抢救，特别是低体温情况下，应抢救更长时间，直到专业医务人员达到现场。

（5）现场救护有效，伤员恢复心跳、呼吸，可用干毛巾擦遍全身，自四肢、躯干向心脏方向摩擦，以促进血液循环。

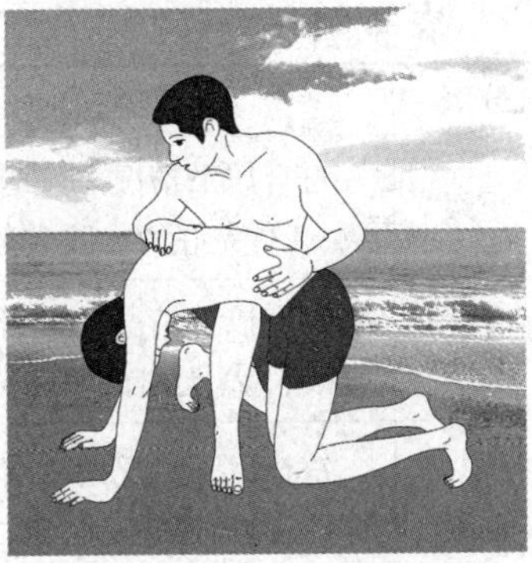

图 36－32　溺水者救助法

四、犬咬伤

（一）犬咬伤与狂犬病

犬咬伤后，除对局部疼痛、出血、肿胀进行及时处理外，还应重点防治狂犬病。

狂犬病是被感染狂犬病病毒的动物，常见的是狗、猫等咬伤、抓伤、舔舐伤口或黏膜而引起的急性传染病。

狂犬病病毒存在于这些动物的神经组织和唾液中，当人受到病犬咬伤后，病毒经伤口进入人体内引起发病。

狂犬病主要临床表现：狂犬病（rabies）潜伏期一般为 15～30 天，也有长达 1 年以上者。起病初期目觉头痛、乏力、呕吐，继之（1～2 天）出现狂躁、恐惧、吞咽困难、恐水。恐水是本病特有症状，数天后出现全身瘫痪、瞳孔散大，最后因呼吸及心跳停止而死亡。病死率几乎达 100%，见图 36－33。

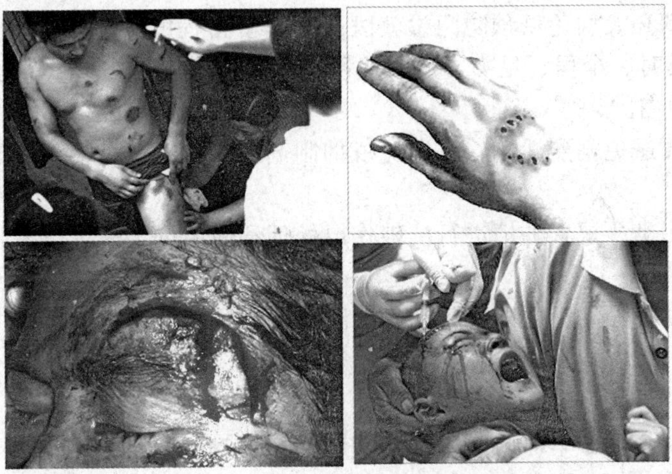

图 36－33　犬咬伤者处置法

（二）狂犬病暴露后分级及处理原则

为降低狂犬病的发病率，对狂犬病暴露人员，根据暴露性质和严重程度将狂犬病暴露分三级，并采取不同的处置原则（见表 36－1）。

表 36 -1　　狂犬病暴露分级及处置原则表

分级	与宿主动物的接触方式	暴露程度	处置原则
Ⅰ级	符合以下情况之一者：① 接触或喂养动物；② 完好的皮肤被舔。	无	确认病史可靠则不需处置
Ⅱ级	符合以下情况之一者：① 裸露的皮肤被轻咬；② 无出血的轻微抓伤或擦伤	轻度	立即处理伤口并接种狂犬病疫苗
Ⅲ级	符合以下情况之一者：① 单处或多处贯穿性皮肤咬伤或抓伤；② 破损皮肤被舔；③ 黏膜被动物体液污染	严重	立即处理伤口并注射狂犬病疫苗和狂犬病被动免疫制剂（动物源性抗血清或人源免疫球蛋白）

（三）犬咬伤现场处置原则

1. 被犬、猫等动物咬伤、抓伤后，凡不能确定伤人动物是健康动物的，都要采取积极措施。

2. 局部伤口的处理越早越好，要立即用肥皂水或清水彻底冲洗伤口至少 15 分钟，冲洗后用 2% ~3% 碘酒或 75% 的酒精涂擦伤口。

3. 只要未伤及大血管，局部伤口不缝合、不包扎、不涂软膏、不用粉剂，以利于伤口排毒。如伤及头面部、伤口大而深、伤及大血管需要缝合包扎时，应在不妨碍引流、保证充分冲洗和消毒的前提下，做抗血清处理后再缝合。

4. 立即就近到狂犬病免疫预防门诊就医，根据暴露程度和严重程度采取必要的措施。按照接种程序，及时、全程、足力、足量接种狂犬病疫苗。受伤严重的还需要注射抗狂犬病血清或免疫球蛋白。

5. 接种期间要避免剧烈活动，忌用免疫抑制剂药物，不宜进食酒、咖啡、浓茶和辛辣刺激性食物。

6. 伤口深、污染严重者酌情进行抗破伤风处理和使用抗生素等以控制狂犬病以外的感染。

7. 将伤人的动物隔离，立即带到动物医院诊断，并向动物防疫部门报告。

五、中暑

中暑是指人体在高温环境下，由于水和电解质丢失过多、散热功能衰竭引起的以中枢神经系统和心血管功能障碍为主要表现的热损伤疾病

中暑的各种环境：高温环境作业，温度高于 32℃、湿度大于 60%，通风不良的环境中长时间或强体力劳动，见图 36 –34。

（一）症状

1. 先兆中暑。在高温环境下出现大汗、口渴、无力头晕、眼花、耳鸣、恶心、胸闷、注意力不集中、四肢发麻。体温不超过 37.5℃。

2. 轻度中暑。上述症状加重，体温在 38℃以上，出现面色潮红或苍白、大汗、皮肤湿冷、脉搏细弱、心率快、血压下降等呼吸循环衰竭的症状及体征。

3. 重度中暑。

（1）中暑高热。体温在 40℃以上，头痛、不安、嗜睡甚至昏迷，面色潮红，无汗、皮肤干燥、血压下降、呼吸急促、心率快等。

图 36-34　易中暑环境

（2）中暑衰竭。体温在 38℃左右，面色苍白、皮肤湿冷、脉搏细弱、血压降低，呼吸快而浅，神志不清，意识淡漠或昏厥等。

（3）中暑痉挛。体温正常，重者血压下降、口渴、尿少、肌肉痉挛及疼痛等。

（4）日射病。体温可轻度升高，剧烈头疼、头晕、恶心呕吐、耳鸣、眼花、烦躁不安、意识障碍，严重者发生昏迷等。

（二）中暑现场急救

1. 迅速把伤病员移至阴凉通风处或有空调房间，平卧休息。

2. 轻者饮淡盐水或淡茶水，可服用藿香正气水、仁丹等。

3. 体温升高者，用凉水擦洗全身（除胸部），水的温度要逐步降低，再在头部、腋窝、大腿根部冰敷，以加快散热。

4. 严重中暑，经降温处理后，及早启动急救医疗服务系统（EMS），获得专业急救。

（三）预防措施

1. 在烈日下工作、行军应戴草帽或遮阳帽。

2. 高龄者、体弱者、产妇不宜在高温、高湿的室内逗留。

3. 高温作业人员应及时补充淡盐水及营养。

六、冻伤

即冷损伤，是低温作用于机体的局部或全身引起的损伤。

易感因素：慢性疾病，营养不良，饥饿、疲劳，年老、神志不清、痴呆、醉酒，休克和创伤等。

（一）症状

1. 局部冻伤，见图 36-35。

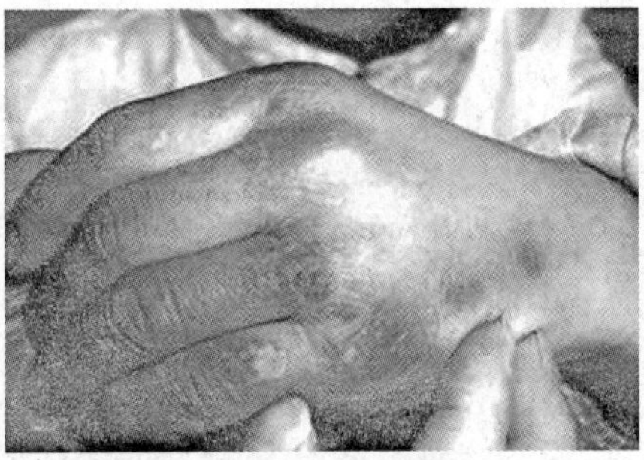

图 36-35　局部冻伤

（1）一度冻伤最轻，即常见的“冻疮”，受损在表皮层，受冻部位皮肤红肿充血，自觉热、痒、灼痛，症状在数日后消失，愈后除有表皮脱落外，不留瘢痕。

（2）二度冻伤伤及真皮浅层，伤后除红肿外，伴有水疱，疱内可为血性液，深部可出现水肿，剧痛，皮肤感觉迟钝。

（3）三度冻伤伤及皮肤全层，出现黑色或紫褐色，痛感觉丧失。伤后不易愈合，除遗有瘢痕外，可有长期感觉过敏或疼痛。

（4）四度冻伤伤及皮肤、皮下组织、肌肉甚至骨头，可出现坏死，感觉丧失，愈后可有瘢痕形成。

2. 全身冻伤。体温明显下降，全身肌肉僵硬，皮肤苍白水肿，呼吸心跳微弱甚至停止，危及生命。

（二）现场急救原则

1. 迅速将病人脱离寒冷环境，防止继续受冻。搬运时要小心、轻放，以免引起骨折。

2. 将患者移到暖和的地方（室温 20 ~ 25℃），除去潮湿衣服、鞋袜，采取全身保暖措施。立即用棉被、毛巾、毛毯让全身保温，抬高受损的肢体。

3. 尽早快速复温。

局部冻伤时，将冻肢浸泡于 42℃温水中，至冻伤区皮肤转红，尤其是指（趾）甲床潮红，组织变软为止。如果只有手脚冻伤时，将手脚浸泡于温水中（37 ~ 40℃）升温；若仅仅是手冻伤，可以把手放在自己的腋下升温。对于颜面、耳朵冻伤者，可用 42℃的温水浸湿毛巾，进行局部热敷。也可给予温热的饮料。

如果全身冻伤时，除了采取上述保暖措施外，可用毛巾或衣服等将热水袋包裹，放腋下及腹股沟，千万不要将热水袋直接放在皮肤上，防止烫伤。也可将病人浸入水温 34 ~ 35℃的浴盆中逐渐复温。5 ~ 10 分钟后提高水温到 42℃，待肛温升到 34℃，并有了规则的呼吸和心跳时，停止加温。

4. 当全身冻伤者或重度（深部）冻伤，出现脉搏、呼吸变慢，首先要保证呼吸道畅通，然后进行人工呼吸和心脏复苏术，但仍应抓紧复温；当伤者身体恢复温度后，速送去医院治疗。

5. 局部冻伤者，在复温后局部涂敷冻伤膏，可适当涂厚些，指（趾）间均需涂敷，面积小的一、二度冻伤，可不包扎，但注意保暖。面积大的用无菌敷料包扎，每日换药 1 ~ 2 次。

6. 局部冻伤还可采用民间方法，效果较好。如用酒精、辣椒水或冻土豆切片涂擦冻伤部位。

（李凤权）

【思考题】

1. 在交通事故现场处理伤员应该遵循的基本原则是什么？
2. 溺水现场急救的基本原则是什么？
3. 被狗咬伤怎样进行现场处理？

参考文献

[1]中华人民共和国卫生部. 健康66条[M]. 北京:人民卫生出版社,2008.

[2]国家卫生计生委. 中国公民健康素养:基本知识与技能(2015年)

[3]黄洁夫. 烟草危害与控制[M]. 北京:新华出版社,2012.

[4]胡忠良. 大学生健康教育[M]. 2版. 沈阳:东北大学出版社,2008.

[5]姚鑫. 大学生健康教育[M]. 北京:北京师范大学出版社,2008.

[6]宋钰. 健康教育与健康促进[M]. 沈阳:辽宁大学出版社,2009.

[7]中国营养学会. 中国居民膳食指南[M]. 拉萨:西藏人民出版社,2008.

[8]世界卫生组织. 减少有害使用酒精全球战略,2010.

[9]田本淳. 健康教育与健康促进实用方法[M]. 北京:北京大学医学出版社,2014.

[10]国家食品药品监督管理局药品安全监管司. 药品不良反应知识100问,北京,2011.

[11]国家食品药品监督管理局药品安全监管司. 抗菌药物合理使用100问,北京,2011.

[12]王临江. 生殖健康[M]. 北京:中国协和医科大学出版社,2005.

[13]李鲁,施榕. 社区预防医学[M]. 北京:人民卫生出版社,2008.

[14]王茂斌,王红静. 社区保健与康复[M]. 北京:人民卫生出版社,2008.

[15]陈克进. 婚姻家庭词典[M]. 北京:中国国际广播出版社,1989.

[16]周运清. 性与社会[M]. 武汉:武汉大学出版社,2005.

[17]陈继忠. 性病艾滋病防治指南[M]. 郑州:郑州大学出版社,2005.

[18]乐杰. 妇产科学[M]. 北京:人民卫生出版社,2008.

[19]彭聃龄. 普通心理学:修订版[M]. 北京:北京师范大学出版社,2010.

[20]戴维·迈尔斯. 心理学[M]. 黄希庭,等译. 7版. 北京:人民邮电出版社,2006.

[21]菲利普·津巴多,罗伯特·约翰逊,安·韦伯. 津巴多普通心理学[M]. 王佳艺,译. 5版. 北京:中国人民大学出版社,2010.

[22]MYERS D G. 社会心理学[M]. 侯玉波,乐国安,等译. 8版. 北京:人民邮电出版社,2009.

[23]聂衍刚,张卫,彭以松,等. 青少年自我意识的功能结构及测评的研究[J]. 心理科学,2007(2):411-414.

[24]冯晓杭,张向葵. 自我意识情绪:人类高级情绪[J]. 心理科学进展,2007(6):878-884.

[25]聂衍刚,丁莉. 青少年的自我意识及其与社会适应行为的关系[J]. 心理发展与教育,2009(2):47-54.

[26]丁莉. 青少年自我意识与社会适应行为的关系[D]. 广州:广州大学,2008.

[27]汪向东,王希林,马弘. 心理卫生评定量表手册[M]. 增订版. 北京:中国心理卫生杂志社,1999.

[28]苏媛媛. 5-6岁幼儿自我意识发展的特点研究[D]. 长春:东北师范大学,2013.

[29]程乐华,曾细花. 青少年学生自我意识发展的研究[J]. 心理发展与教育,2000(1):12-

18.
[30]唐海波,邝春霞.焦虑理论研究综述[J].中国临床心理学杂志,2009(2):176-177,199.
[31]李焰,王极盛.焦虑理论研究的回顾与展望[J].健康心理学杂志,1999(2):127-128.
[32]徐延卿,常彦梅.大学生的焦虑情绪与认知[J].石油教育,2007(4):49-51.
[33]常彦梅.大学生焦虑情绪及其影响因素研究[D].大庆:大庆石油学院,2008.
[34]黎伟.大学生焦虑水平及其影响因素研究[D].武汉:华中师范大学,2002.
[35]许又新.神经症[M].北京:人民卫生出版社,1993.
[36]郝伟,于欣.精神病学[M].7版.北京:人民卫生出版社,2013.
[37]辽宁省教育厅.大学生心理健康教育读本[M].沈阳:辽宁大学出版社,2013.
[38]李百珍.青少年心理卫生与心理咨询[M].北京:北京师范大学出版社,2002.
[39]郭念锋,虞积生,等.心理咨询师基础知识[M].北京:民族出版社,2005.
[40]中国心理卫生协会.心理咨询师:基础知识[M].北京:民族出版社,2009.
[41]中国心理卫生协会.心理咨询师:二级[M].北京:民族出版社,2009.
[42]中国心理卫生协会.心理咨询师:三级[M].北京:民族出版社,2009.
[43]MILLER R,PERLMAN D.亲密关系[M].王伟平,译.5版.北京:人民邮电出版社,2011.6
[44]丁艳华.母婴依恋关系的影响因素及其对幼儿期认知和行为发展作用的研究[D].上海:复旦大学,2012.
[45]琚晓燕,刘宣文,方晓义.青少年父母、同伴依恋与社会适应性的关系[J].心理发展与教育,2011(2):174-180.
[46]邱莎莎.成人依恋、亲密关系动机与大学生亲密关系质量的相关研究[D].西安:陕西师范大学,2010.
[47]杨吟秋.成人依恋风格和婚姻质量的关系[D].北京:首都师范大学,2007.
[48]崔小迪.亲子依恋与成人依恋的关系及发展研究[D].上海:华东师范大学,2013.
[49]刘永芳.青少年自我同一性的发展及其与依恋的关系[D].济南:山东师范大学,2005.
[50]宋海荣.青少年依恋、自尊及其二者关系的发展性研究[D].上海:华东师范大学,2004.
[51]姜凌云.依恋理论的人际关系说及其实用意义[D].南京:南京师范大学,2006.
[52]张咏梅.青少年依恋及与人际信任的关系研究[D].苏州:苏州大学,2006.
[53]汤芙蓉,张大均,刘衍玲.大学生成人依恋、社会支持与抑郁的关系[J].心理发展与教育,2009(3):95-100.
[54]左恩玲.大学生成人依恋、归因方式与人际信任的关系[D].长春:东北师范大学,2009.
[55]李新利,凌辉,刘静.大学生自我同一性与父母教养方式、依恋的关系[J].中国临床心理学杂志,2011(1):81-84.
[56]张连云,蒋俊梅,朱军.大学生心理健康教育研究[M].成都:西南财经大学出版社,2006.
[57]崔萌.大学生恋人的成人依恋、冲突解决行为与亲密关系满意度的关系[D].杭州:浙江理工大学,2014.
[58]胡萍.亲密关系中的感同身受[D].武汉:华中师范大学,2014.
[59]单志芳.大学生成人依恋、自我分化与亲密关系满意度的关系研究[D].长沙:湖南师范大学,2014.

[60]刘洁. 亲密关系建立与维持的影响因素研究[D]. 长春:吉林大学,2014.
[61]骆瑒. 运用成人依恋理论改善情侣亲密关系的探索性研究[D]. 上海:华东师范大学,2007.
[62]苏彦捷,高鹏. 亲密关系伴侣在冲突中的行为及其归因[J]. 北京大学学报(哲学社会科学版),2005(4):122-130.
[63]隗晶林,王希华. 成人亲密关系质量的影响因素研究综述[J]. 漳州师范学院学报(哲学社会科学版),2012(2):119-123,145.
[64]齐海静,蔡颖. 亲密关系综述[J]. 社会心理科学,2013(9):26-30.
[65]刘小青. 亲密关系满意感研究综述[J]. 创新,2008(5):136-138.
[66]RYCKMAN R M. 人格理论[M]. 高峰强,等译. 8 版. 西安:陕西师范大学出版社,2005.
[67]BURGER J M. 人格心理学[M]. 陈会昌,等译. 北京:轻工业出版社,2000.
[68]刘畅,伍新春,陈玲玲,等. 幼儿父母的原生家庭对其协同教养的影响:人际间变量及性别一致性的调节作用[J]. 华南师范大学学报(社会科学版),2013(6):74-80,162.
[69]黄华. 原生家庭对婚姻关系的影响:基于 Bowen 理论的探讨[J]. 经济与社会发展,2006(6):85-86,202.
[70]袁晓娇,方晓义. 原生家庭卷入与夫妻婚姻质量的关系[C]//中国心理学会. 心理学与创新能力提升:第十六届全国心理学学术会议论文集. 中国心理学会,2013.
[71]胡伟,陈海德,方晓义. 中国夫妻原生家庭三角化与婚姻满意度的主客体互倚模型[C]//中国心理学会. 心理学与创新能力提升:第十六届全国心理学学术会议论文集. 中国心理学会,2013.
[72]卢婧,曹莉莉. 混沌理论视角下原生家庭影响力探析[J]. 齐齐哈尔大学学报(哲学社会科学版),2011(1):71-74.
[73]李荣娣. 从鲍恩自我分化理论分析原生家庭对婚姻关系的影响[J]. 经营管理者,2014(34):218-219.
[74]赵郝锐,童辉杰. 原生家庭的代际影响[J]. 北方民族大学学报(哲学社会科学版),2015(3):126-129.
[75]杨阿丽,方晓义. 夫妻的原生家庭消极性与婚姻冲突的关系[C]//Intelligent Information Technology Application Association. Proceedings of the 2011 Second International Conference on Education and sports Education(ESE 2011 V3). Intelligent Information Technology Application Association,2011.
[76]柴莉颖. 大学生自我分化与家庭功能、社交焦虑的关系[D]. 石家庄:河北师范大学,2010.
[77]申雨凡,李诺,李丹,等. 萨提亚模式一致性研究评述[J]. 四川民族学院学报,2012(2):90-94.
[78]杨明娟. 萨提亚治疗模式简介[J]. 社会心理科学,2008(1):112-115.
[79]江雅琴,赵欣颖. 基于萨提亚家庭治疗的自我剖析[J]. 社会心理科学,2014(6):9-11,36.
[80]约翰·贝曼,卫丽莉. 萨提亚模式的昨天和今天[J]. 社会心理科学,2014(6):17-23.
[81]贺庆莉. 萨提亚家庭治疗模式的个案研究及其在中国本土化发展的价值探讨[D]. 西安:陕西师范大学,2010.

[82]郭章敬. 萨提亚家庭治疗模式及其应用:一个中国内地的个案研究[D]. 武汉:中南民族大学,2012.
[83]陈芳. 萨提亚家庭治疗模式评述[J]. 社会心理科学,2013(2):113-115,128.
[84]黄震宇. 萨提亚家庭治疗模式评述:基于"高自尊、表里一致、改变"角度的理解[J]. 湘潮(下半月),2013(1):76.
[85]吴丹. 萨提亚家庭治疗理论视角下的个案应用探索[D]. 北京:首都经济贸易大学,2014.
[86]陈岭. 萨提亚家庭治疗及其本土化探析[D]. 桂林:广西师范大学,2013.
[87]尹忠泽,高旨利. 基于成长取向的萨提亚治疗模式探析[J]. 长春师范大学学报,2014(5):25-28.
[88]农辉图,唐安洲,等. 耳鼻咽喉头颈外科学使用教程[M]. 2版. 北京:人民卫生出版社,2011.
[89]陆再英,钟南山,等. 内科学[M]. 7版. 北京:人民卫生出版社,2011.
[90]陈孝平. 外科学:7年制规划教材[M]. 北京:人民卫生出版社,2008.
[91]惠延年. 眼科学[M]. 6版. 北京:人民卫生出版社,2008.
[92]张学军. 皮肤性病学[M]. 7版. 北京:人民卫生出版社,2011.
[93]张志愿. 口腔科学[M]. 7版. 北京:人民卫生出版社,2011.
[94]董火林. 106例青年高血压病的临床分析[J]. 中原医刊,2005(22):15-16.
[95]刘慧英. 高校大学生猝死的原因与预防措施[J]. 中国现代医生,2013(30):140-146,149.
[96]吴江. 神经病学[M]. 北京:人民卫生出版社,2010.
[97]赵继宗. 年轻人脑出血多半是脑动静脉畸形[J]. 医药与保健,2011(12):16-17.
[98]邢淑敏,许航,等. 新编妇产科临床手册[M]. 北京:金盾出版社,1997.
[99]方美玉,林立辉,刘建伟. 虫媒传染病[M]. 北京:军事医学科学出版社,2005.
[100]农业部兽医局,中国动物疫病预防控制中心. 人畜共患传染病释义[M]. 北京:中国农业出版社,2009.
[101]中华人民共和国卫生健康委员会. 普通高等学校健康教育规范:GB/T 34858—2017[S]. 北京:中国标准出版社,2017.
[102]中华人民共和国教育部. 关于印发《普通高等学校健康教育指导纲要》的通知. http://www.moe.gov.cn/srcsite/A17/moe_943/moe_946/201707/t20170710_308998.html.
[103]姚树桥,杨艳杰. 医学心理学[M]. 7版. 北京:人民卫生出版社,2019.
[104]王云丽. 大学生应激心理障碍及对策[J]. 晋城职业技术学院学报,2009,2(4):40-42.
[105]中国健康教育中心. 新型冠状病毒肺炎心理健康指导手册[M]. 北京:人民卫生出版社,2020.
[106]中华预防医学会新型冠状病毒肺炎防控专家组. 新型冠状病毒肺炎流行病学特征的最新认识[J]. 中国病毒病杂志,2020,10(2):86-92.
[107]刘运喜,索继江,柴光军. 新型冠状病毒肺炎暴发与大流行的流行病学调查及应对策略[J]. 中华医院感染学杂志. 2020,30(17):2561-2565.
[108]杜明梅,索继江,闫中强. 新型冠状病毒感染流行期间大型综合性医院感染防控策略[J]. 中华医院感染学杂志. 2020,30(8):1131-1134.

[109]郭丽萍,王莹丽,朱瑞芳. 武汉地区新冠肺炎定点医院医院感染防控工作的实践策略[J]. 中华医院感染学杂志. 2020,30(8):1125 - 1130.

[110]伊赫亚,李川,王芃. 全球新型冠状病毒肺炎疫情与早期防控对策[J]. 预防医学,2020,32(4):325 - 329.

[111]刘懿卿,卢春明,孙素梅. 预防新型冠状病毒肺炎宣传手册[M]. 沈阳:辽宁科学技术出版社,2020.

[112]陈翔,胡志斌. 高等学校新型冠状病毒肺炎防控指南[M]. 北京:人民卫生出版社,2020.

[113]马军. 教育机构防控新型冠状病毒肺炎关键环节[J]. 中国学校卫生,2020,41(4):481 - 483.

[114]尹明,胡超,徐国纲. 冠状病毒肺炎的流行趋势[J]. 中华老年多器官疾病杂志,2020,19(3):187 - 190.

附 录

附录一 艾滋病防治条例

中华人民共和国国务院令

第 457 号

《艾滋病防治条例》已经 2006 年 1 月 18 日国务院第 122 次常务会议通过，现予公布，自 2006 年 3 月 1 日起施行。

总 理 温家宝

二〇〇六年一月二十九日

艾滋病防治条例

第一章 总 则

第一条 为了预防、控制艾滋病的发生与流行，保障人体健康和公共卫生，根据传染病防治法，制定本条例。

第二条 艾滋病防治工作坚持预防为主、防治结合的方针，建立政府组织领导、部门各负其责、全社会共同参与的机制，加强宣传教育，采取行为干预和关怀救助等措施，实行综合防治。

第三条 任何单位和个人不得歧视艾滋病病毒感染者、艾滋病病人及其家属。艾滋病病毒感染者、艾滋病病人及其家属享有的婚姻、就业、就医、入学等合法权益受法律保护。

第四条 县级以上人民政府统一领导艾滋病防治工作，建立健全艾滋病防治工作协调机制和工作责任制，对有关部门承担的艾滋病防治工作进行考核、监督。

县级以上人民政府有关部门按照职责分工负责艾滋病防治及其监督管理工作。

第五条 国务院卫生主管部门会同国务院其他有关部门制定国家艾滋病防治规划；县级以上地方人民政府依照本条例规定和国家艾滋病防治规划，制定并组织实施本行政区域的艾滋病防治行动计划。

第六条 国家鼓励和支持工会、共产主义青年团、妇女联合会、红十字会等团体协助各级人民政府开展艾滋病防治工作。

居民委员会和村民委员会应当协助地方各级人民政府和政府有关部门开展有关艾滋病防治的法律、法规、政策和知识的宣传教育，发展有关艾滋病防治的公益事业，做好艾滋病防治工作。

第七条　各级人民政府和政府有关部门应当采取措施，鼓励和支持有关组织和个人依照本条例规定以及国家艾滋病防治规划和艾滋病防治行动计划的要求，参与艾滋病防治工作，对艾滋病防治工作提供捐赠，对有易感染艾滋病病毒危险行为的人群进行行为干预，对艾滋病病毒感染者、艾滋病病人及其家属提供关怀和救助。

第八条　国家鼓励和支持开展与艾滋病预防、诊断、治疗等有关的科学研究，提高艾滋病防治的科学技术水平；鼓励和支持开展传统医药以及传统医药与现代医药相结合防治艾滋病的临床治疗与研究。

国家鼓励和支持开展艾滋病防治工作的国际合作与交流。

第九条　县级以上人民政府和政府有关部门对在艾滋病防治工作中做出显著成绩和贡献的单位和个人，给予表彰和奖励。

对因参与艾滋病防治工作或者因执行公务感染艾滋病病毒，以及因此致病、丧失劳动能力或者死亡的人员，按照有关规定给予补助、抚恤。

第二章　宣传教育

第十条　地方各级人民政府和政府有关部门应当组织开展艾滋病防治以及关怀和不歧视艾滋病病毒感染者、艾滋病病人及其家属的宣传教育，提倡健康文明的生活方式，营造良好的艾滋病防治的社会环境。

第十一条　地方各级人民政府和政府有关部门应当在车站、码头、机场、公园等公共场所以及旅客列车和从事旅客运输的船舶等公共交通工具显著位置，设置固定的艾滋病防治广告牌或者张贴艾滋病防治公益广告，组织发放艾滋病防治宣传材料。

第十二条　县级以上人民政府卫生主管部门应当加强艾滋病防治的宣传教育工作，对有关部门、组织和个人开展艾滋病防治的宣传教育工作提供技术支持。

医疗卫生机构应当组织工作人员学习有关艾滋病防治的法律、法规、政策和知识；医务人员在开展艾滋病、性病等相关疾病咨询、诊断和治疗过程中，应当对就诊者进行艾滋病防治的宣传教育。

第十三条　县级以上人民政府教育主管部门应当指导、督促高等院校、中等职业学校和普通中学将艾滋病防治知识纳入有关课程，开展有关课外教育活动。

高等院校、中等职业学校和普通中学应当组织学生学习艾滋病防治知识。

第十四条　县级以上人民政府人口和计划生育主管部门应当利用计划生育宣传和技术服务网络，组织开展艾滋病防治的宣传教育。

计划生育技术服务机构向育龄人群提供计划生育技术服务和生殖健康服务时，应当开展艾滋病防治的宣传教育。

第十五条　县级以上人民政府有关部门和从事劳务中介服务的机构，应当对进城务工人员加强艾滋病防治的宣传教育。

第十六条　出入境检验检疫机构应当在出入境口岸加强艾滋病防治的宣传教育工作，对出入境人员有针对性地提供艾滋病防治咨询和指导。

第十七条　国家鼓励和支持妇女联合会、红十字会开展艾滋病防治的宣传教育，将艾滋病防治的宣传教育纳入妇女儿童工作内容，提高妇女预防艾滋病的意识和能力，组织红十字会会员和红十字会志愿者开展艾滋病防治的宣传教育。

第十八条　地方各级人民政府和政府有关部门应当采取措施，鼓励和支持有关组织和个人对有易感染艾滋病病毒危险行为的人群开展艾滋病防治的咨询、指导和宣传教育。

第十九条　广播、电视、报刊、互联网等新闻媒体应当开展艾滋病防治的公益宣传。

第二十条　机关、团体、企业事业单位、个体经济组织应当组织本单位从业人员学习有关艾滋病防治的法律、法规、政策和知识，支持本单位从业人员参与艾滋病防治的宣传教育活动。

第二十一条　县级以上地方人民政府应当在医疗卫生机构开通艾滋病防治咨询服务电话，向公众提供艾滋病防治咨询服务和指导。

第三章　预防与控制

第二十二条　国家建立健全艾滋病监测网络。

国务院卫生主管部门制定国家艾滋病监测规划和方案。省、自治区、直辖市人民政府卫生主管部门根据国家艾滋病监测规划和方案，制定本行政区域的艾滋病监测计划和工作方案，组织开展艾滋病监测和专题调查，掌握艾滋病疫情变化情况和流行趋势。

疾病预防控制机构负责对艾滋病发生、流行以及影响其发生、流行的因素开展监测活动。

出入境检验检疫机构负责对出入境人员进行艾滋病监测，并将监测结果及时向卫生主管部门报告。

第二十三条　国家实行艾滋病自愿咨询和自愿检测制度。

县级以上地方人民政府卫生主管部门指定的医疗卫生机构，应当按照国务院卫生主管部门会同国务院其他有关部门制定的艾滋病自愿咨询和检测办法，为自愿接受艾滋病咨询、检测的人员免费提供咨询和初筛检测。

第二十四条　国务院卫生主管部门会同国务院其他有关部门根据预防、控制艾滋病的需要，可以规定应当进行艾滋病检测的情形。

第二十五条　省级以上人民政府卫生主管部门根据医疗卫生机构布局和艾滋病流行情况，按照国家有关规定确定承担艾滋病检测工作的实验室。

国家出入境检验检疫机构按照国务院卫生主管部门规定的标准和规范，确定承担出入境人员艾滋病检测工作的实验室。

第二十六条　县级以上地方人民政府和政府有关部门应当依照本条例规定，根据本行政区域艾滋病的流行情况，制定措施，鼓励和支持居民委员会、村民委员会以及其他有关组织和个人推广预防艾滋病的行为干预措施，帮助有易感染艾滋病病毒危险行为的人群改变行为。

有关组织和个人对有易感染艾滋病病毒危险行为的人群实施行为干预措施，应当符合本条例的规定以及国家艾滋病防治规划和艾滋病防治行动计划的要求。

第二十七条　县级以上人民政府应当建立艾滋病防治工作与禁毒工作的协调机制，组织有关部门落实针对吸毒人群的艾滋病防治措施。

省、自治区、直辖市人民政府卫生、公安和药品监督管理部门应当互相配合，根据本行政区域艾滋病流行和吸毒者的情况，积极稳妥地开展对吸毒成瘾者的药物维持治疗工作，并有计划地实施其他干预措施。

第二十八条　县级以上人民政府卫生、人口和计划生育、工商、药品监督管理、质量监督检验检疫、广播电影电视等部门应当组织推广使用安全套，建立和完善安全套供应网络。

第二十九条　省、自治区、直辖市人民政府确定的公共场所的经营者应当在公共场所内放置安全套或者设置安全套发售设施。

第三十条　公共场所的服务人员应当依照《公共场所卫生管理条例》的规定，定期进行相关健康检查，取得健康合格证明；经营者应当查验其健康合格证明，不得允许未取得健康合格证明的人员从事服务工作。

第三十一条　公安、司法行政机关对被依法逮捕、拘留和在监狱中执行刑罚以及被依法收容教育、强制戒毒和劳动教养的艾滋病病毒感染者和艾滋病病人，应当采取相应的防治措施，防止艾滋病传播。

对公安、司法行政机关依照前款规定采取的防治措施，县级以上地方人民政府应当给予经费保障，疾病预防控制机构应当予以技术指导和配合。

第三十二条　对卫生技术人员和在执行公务中可能感染艾滋病病毒的人员，县级以上人民政府卫生主管部门和其他有关部门应当组织开展艾滋病防治知识和专业技能的培训，有关单位应当采取有效的卫生防护措施和医疗保健措施。

第三十三条　医疗卫生机构和出入境检验检疫机构应当按照国务院卫生主管部门的规定，遵守标准防护原则，严格执行操作规程和消毒管理制度，防止发生艾滋病医院感染和医源性感染。

第三十四条　疾病预防控制机构应当按照属地管理的原则，对艾滋病病毒感染者和艾滋病病人进行医学随访。

第三十五条　血站、单采血浆站应当对采集的人体血液、血浆进行艾滋病检测；不得向医疗机构和血液制品生产单位供应未经艾滋病检测或者艾滋病检测阳性的人体血液、血浆。

血液制品生产单位应当在原料血浆投料生产前对每一份血浆进行艾滋病检测；未经艾滋病检测或者艾滋病检测阳性的血浆，不得作为原料血浆投料生产。

医疗机构应当对因应急用血而临时采集的血液进行艾滋病检测，对临床用血艾滋病检测结果进行核查；对未经艾滋病检测、核查或者艾滋病检测阳性的血液，不得采集或者使用。

第三十六条　采集或者使用人体组织、器官、细胞、骨髓等的，应当进行艾滋病检测；未经艾滋病检测或者艾滋病检测阳性的，不得采集或者使用。但是，用于艾滋病防治科研、教学的除外。

第三十七条　进口人体血液、血浆、组织、器官、细胞、骨髓等，应当经国务院卫生主管部门批准；进口人体血液制品，应当依照药品管理法的规定，经国务院药品监督管理部门批准，取得进口药品注册证书。

经国务院卫生主管部门批准进口的人体血液、血浆、组织、器官、细胞、骨髓等，应当依照国境卫生检疫法律、行政法规的有关规定，接受出入境检验检疫机构的检疫。未经检疫或者检疫不合格的，不得进口。

第三十八条　艾滋病病毒感染者和艾滋病病人应当履行下列义务：

（一）接受疾病预防控制机构或者出入境检验检疫机构的流行病学调查和指导；

（二）将感染或者发病的事实及时告知与其有性关系者；

（三）就医时，将感染或者发病的事实如实告知接诊医生；

（四）采取必要的防护措施，防止感染他人。

艾滋病病毒感染者和艾滋病病人不得以任何方式故意传播艾滋病。

第三十九条　疾病预防控制机构和出入境检验检疫机构进行艾滋病流行病学调查时，被调查单位和个人应当如实提供有关情况。

未经本人或者其监护人同意，任何单位或者个人不得公开艾滋病病毒感染者、艾滋病病人及其家属的姓名、住址、工作单位、肖像、病史资料以及其他可能推断出其具体身份的信息。

第四十条　县级以上人民政府卫生主管部门和出入境检验检疫机构可以封存有证据证明可能被艾滋病病毒污染的物品，并予以检验或者进行消毒。经检验，属于被艾滋病病毒污染的物品，应当进行卫生处理或者予以销毁；对未被艾滋病病毒污染的物品或者经消毒后可以使用的物品，应当及时解除封存。

第四章　治疗与救助

第四十一条　医疗机构应当为艾滋病病毒感染者和艾滋病病人提供艾滋病防治咨询、诊断和治疗服务。

医疗机构不得因就诊的病人是艾滋病病毒感染者或者艾滋病病人，推诿或者拒绝对其其他疾病进行治疗。

第四十二条　对确诊的艾滋病病毒感染者和艾滋病病人，医疗卫生机构的工作人员应当将其感染或者发病的事实告知本人；本人为无行为能力人或者限制行为能力人的，应当告知其监护人。

第四十三条　医疗卫生机构应当按照国务院卫生主管部门制定的预防艾滋病母婴传播技术指导方案的规定，对孕产妇提供艾滋病防治咨询和检测，对感染艾滋病病毒的孕产妇及其婴儿，提供预防艾滋病母婴传播的咨询、产前指导、阻断、治疗、产后访视、婴儿随访和检测等服务。

第四十四条　县级以上人民政府应当采取下列艾滋病防治关怀、救助措施：

（一）向农村艾滋病病人和城镇经济困难的艾滋病病人免费提供抗艾滋病病毒治疗药品；

（二）对农村和城镇经济困难的艾滋病病毒感染者、艾滋病病人适当减免抗机会性感染治疗药品的费用；

（三）向接受艾滋病咨询、检测的人员免费提供咨询和初筛检测；

（四）向感染艾滋病病毒的孕产妇免费提供预防艾滋病母婴传播的治疗和咨询。

第四十五条　生活困难的艾滋病病人遗留的孤儿和感染艾滋病病毒的未成年人接受义务教育的，应当免收杂费、书本费；接受学前教育和高中阶段教育的，应当减免学费等相关费用。

第四十六条　县级以上地方人民政府应当对生活困难并符合社会救助条件的艾滋病病毒感染者、艾滋病病人及其家属给予生活救助。

第四十七条 县级以上地方人民政府有关部门应当创造条件，扶持有劳动能力的艾滋病病毒感染者和艾滋病病人，从事力所能及的生产和工作。

第五章 保障措施

第四十八条 县级以上人民政府应当将艾滋病防治工作纳入国民经济和社会发展规划，加强和完善艾滋病预防、检测、控制、治疗和救助服务网络的建设，建立健全艾滋病防治专业队伍。

各级人民政府应当根据艾滋病防治工作需要，将艾滋病防治经费列入本级财政预算。

第四十九条 县级以上地方人民政府按照本级政府的职责，负责艾滋病预防、控制、监督工作所需经费。

国务院卫生主管部门会同国务院其他有关部门，根据艾滋病流行趋势，确定全国与艾滋病防治相关的宣传、培训、监测、检测、流行病学调查、医疗救治、应急处置以及监督检查等项目。中央财政对在艾滋病流行严重地区和贫困地区实施的艾滋病防治重大项目给予补助。

省、自治区、直辖市人民政府根据本行政区域的艾滋病防治工作需要和艾滋病流行趋势，确定与艾滋病防治相关的项目，并保障项目的实施经费。

第五十条 县级以上人民政府应当根据艾滋病防治工作需要和艾滋病流行趋势，储备抗艾滋病病毒治疗药品、检测试剂和其他物资。

第五十一条 地方各级人民政府应当制定扶持措施，对有关组织和个人开展艾滋病防治活动提供必要的资金支持和便利条件。有关组织和个人参与艾滋病防治公益事业，依法享受税收优惠。

第六章 法律责任

第五十二条 地方各级人民政府未依照本条例规定履行组织、领导、保障艾滋病防治工作职责，或者未采取艾滋病防治和救助措施的，由上级人民政府责令改正，通报批评；造成艾滋病传播、流行或者其他严重后果的，对负有责任的主管人员依法给予行政处分；构成犯罪的，依法追究刑事责任。

第五十三条 县级以上人民政府卫生主管部门违反本条例规定，有下列情形之一的，由本级人民政府或者上级人民政府卫生主管部门责令改正，通报批评；造成艾滋病传播、流行或者其他严重后果的，对负有责任的主管人员和其他直接责任人员依法给予行政处分；构成犯罪的，依法追究刑事责任：

（一）未履行艾滋病防治宣传教育职责的；

（二）对有证据证明可能被艾滋病病毒污染的物品，未采取控制措施的；

（三）其他有关失职、渎职行为。

出入境检验检疫机构有前款规定情形的，由其上级主管部门依照本条规定予以处罚。

第五十四条 县级以上人民政府有关部门未依照本条例规定履行宣传教育、预防控制职责的，由本级人民政府或者上级人民政府有关部门责令改正，通报批评；造成艾滋病传播、流行或者其他严重后果的，对负有责任的主管人员和其他直接责任人员依法给予行政处分；构成犯罪的，依法追究刑事责任。

第五十五条 医疗卫生机构未依照本条例规定履行职责，有下列情形之一的，由县级以上人民政府卫生主管部门责令限期改正，通报批评，给予警告；造成艾滋病传播、流行或者其他严重后果的，对负有责任的主管人员和其他直接责任人员依法给予降级、撤职、开除的处分，并可以依法吊销有关机构或者责任人员的执业许可证件；构成犯罪的，依法追究刑事责任：

（一）未履行艾滋病监测职责的；

（二）未按照规定免费提供咨询和初筛检测的；

（三）对临时应急采集的血液未进行艾滋病检测，对临床用血艾滋病检测结果未进行核查，或者将艾滋病检测阳性的血液用于临床的；

（四）未遵守标准防护原则，或者未执行操作规程和消毒管理制度，发生艾滋病医院感染或者医源性感染的；

（五）未采取有效的卫生防护措施和医疗保健措施的；

（六）推诿、拒绝治疗艾滋病病毒感染者或者艾滋病病人的其他疾病，或者对艾滋病病毒感染者、艾滋病病人未提供咨询、诊断和治疗服务的；

（七）未对艾滋病病毒感染者或者艾滋病病人进行医学随访的；

（八）未按照规定对感染艾滋病病毒的孕产妇及其婴儿提供预防艾滋病母婴传播技术指导的。

出入境检验检疫机构有前款第（一）项、第（四）项、第（五）项规定情形的，由其上级主管部门依照前款规定予以处罚。

第五十六条　医疗卫生机构违反本条例第三十九条第二款规定，公开艾滋病病毒感染者、艾滋病病人或者其家属的信息的，依照传染病防治法的规定予以处罚。

出入境检验检疫机构、计划生育技术服务机构或者其他单位、个人违反本条例第三十九条第二款规定，公开艾滋病病毒感染者、艾滋病病人或者其家属的信息的，由其上级主管部门责令改正，通报批评，给予警告，对负有责任的主管人员和其他直接责任人员依法给予处分；情节严重的，由原发证部门吊销有关机构或者责任人员的执业许可证件。

第五十七条　血站、单采血浆站违反本条例规定，有下列情形之一，构成犯罪的，依法追究刑事责任；尚不构成犯罪的，由县级以上人民政府卫生主管部门依照献血法和《血液制品管理条例》的规定予以处罚；造成艾滋病传播、流行或者其他严重后果的，对负有责任的主管人员和其他直接责任人员依法给予降级、撤职、开除的处分，并可以依法吊销血站、单采血浆站的执业许可证：

（一）对采集的人体血液、血浆未进行艾滋病检测，或者发现艾滋病检测阳性的人体血液、血浆仍然采集的；

（二）将未经艾滋病检测的人体血液、血浆，或者艾滋病检测阳性的人体血液、血浆供应给医疗机构和血液制品生产单位的。

第五十八条　违反本条例第三十六条规定采集或者使用人体组织、器官、细胞、骨髓等的，由县级人民政府卫生主管部门责令改正，通报批评，给予警告；情节严重的，责令停业整顿，有执业许可证件的，由原发证部门暂扣或者吊销其执业许可证件。

第五十九条　未经国务院卫生主管部门批准进口的人体血液、血浆、组织、器官、细胞、骨髓等，进口口岸出入境检验检疫机构应当禁止入境或者监督销毁。提供、使用未经出入境检验检疫机构检疫的进口人体血液、血浆、组织、器官、细胞、骨髓等的，由县级以上人民政府卫生主管部门没收违法物品以及违法所得，并处违法物品货值金额3倍以上

5倍以下的罚款；对负有责任的主管人员和其他直接责任人员由其所在单位或者上级主管部门依法给予处分。

未经国务院药品监督管理部门批准，进口血液制品的，依照药品管理法的规定予以处罚。

第六十条 血站、单采血浆站、医疗卫生机构和血液制品生产单位违反法律、行政法规的规定，造成他人感染艾滋病病毒的，应当依法承担民事赔偿责任。

第六十一条 公共场所的经营者未查验服务人员的健康合格证明或者允许未取得健康合格证明的人员从事服务工作，省、自治区、直辖市人民政府确定的公共场所的经营者未在公共场所内放置安全套或者设置安全套发售设施的，由县级以上人民政府卫生主管部门责令限期改正，给予警告，可以并处500元以上5000元以下的罚款；逾期不改正的，责令停业整顿；情节严重的，由原发证部门依法吊销其执业许可证件。

第六十二条 艾滋病病毒感染者或者艾滋病病人故意传播艾滋病的，依法承担民事赔偿责任；构成犯罪的，依法追究刑事责任。

第七章 附 则

第六十三条 本条例下列用语的含义：

艾滋病，是指人类免疫缺陷病毒（艾滋病病毒）引起的获得性免疫缺陷综合征。

对吸毒成瘾者的药物维持治疗，是指在批准开办戒毒治疗业务的医疗卫生机构中，选用合适的药物，对吸毒成瘾者进行维持治疗，以减轻对毒品的依赖，减少注射吸毒引起艾滋病病毒的感染和扩散，减少毒品成瘾引起的疾病、死亡和引发的犯罪。

标准防护原则，是指医务人员将所有病人的血液、其他体液以及被血液、其他体液污染的物品均视为具有传染性的病原物质，医务人员在接触这些物质时，必须采取防护措施。

有易感染艾滋病病毒危险行为的人群，是指有卖淫、嫖娼、多性伴、男性同性性行为、注射吸毒等危险行为的人群。

艾滋病监测，是指连续、系统地收集各类人群中艾滋病（或者艾滋病病毒感染）及其相关因素的分布资料，对这些资料综合分析，为有关部门制定预防控制策略和措施提供及时可靠的信息和依据，并对预防控制措施进行效果评价。

艾滋病检测，是指采用实验室方法对人体血液、其他体液、组织器官、血液衍生物等进行艾滋病病毒、艾滋病病毒抗体及相关免疫指标检测，包括监测、检验检疫、自愿咨询检测、临床诊断、血液及血液制品筛查工作中的艾滋病检测。

行为干预措施，是指能够有效减少艾滋病传播的各种措施，包括：针对经注射吸毒传播艾滋病的美沙酮维持治疗等措施；针对经性传播艾滋病的安全套推广使用措施，以及规范、方便的性病诊疗措施；针对母婴传播艾滋病的抗病毒药物预防和人工代乳品喂养等措施；早期发现感染者和有助于危险行为改变的自愿咨询检测措施；健康教育措施；提高个人规范意识以及减少危险行为的针对性同伴教育措施。

第六十四条 本条例自2006年3月1日起施行。1987年12月26日经国务院批准，1988年1月14日由卫生部、外交部、公安部、原国家教育委员会、国家旅游局、原中国民用航空局、国家外国专家局发布的《艾滋病监测管理的若干规定》同时废止。

附录二　健康素养 66 条（2015 年版）

2015 年 12 月 30 日，国家卫生计生委办公厅印发了《中国公民健康素养——基本知识与技能（2015 年版）》（以下简称《健康素养 66 条》（2015 年版）），提出了现阶段我国城乡居民应该具备的基本健康知识和理念、健康生活方式与行为、健康基本技能，是各级卫生计生部门、医疗卫生专业机构、社会机构、大众媒体等向公众进行健康教育和开展健康传播的重要依据。

2008 年，原卫生部首次发布了《中国公民健康素养——基本知识与技能（试行）》。与 2008 年相比，《健康素养 66 条》（2015 年版）重点增加了近几年凸显出来的健康问题：如精神卫生问题、慢性病防治问题、安全与急救问题、科学就医和合理用药问题等。此外，还增加了关爱妇女生殖健康，健康信息的获取、甄别与利用等知识。

此次修订工作是在国家卫生计生委领导下，由中国健康教育中心负责完成的。根据“总体框架保持不变，更新完善，查漏补缺”的原则，先后组织了近百名专家、历时一年多，经过专家论证、严格循证、广泛征求意见等工作环节，最终完成了修订工作。

《健康素养 66 条》（2015 年版）从基本知识和理念、健康生活方式与行为、基本健康技能三个方面界定了我国公民健康素养的基本内容，是评价我国公民健康素养水平的重要依据。

《健康素养 66 条》（2015 年版）发布后，国家卫生计生委将进一步推出《健康素养 66 条》（2015 年版）的释义，供各级卫生计生部门、医疗卫生专业机构、社会机构、大众媒体等向公众进行传播。各级卫生计生专业机构也将以此为依据，进行相关科普读物、视频、健康教育读本的开发和制作，充分利用现有传播技术和资源，通过多种途径向公众传播通俗易懂、科学实用的健康知识和技能，切实提高公众健康素养水平。

《中国公民健康素养——基本知识与技能（2015 年版）》

一、基本知识和理念

1. 健康不仅仅是没有疾病或虚弱，而是身体、心理和社会适应的完好状态。

2. 每个人都有维护自身和他人健康的责任，健康的生活方式能够维护和促进自身健康。

3. 环境与健康息息相关，保护环境，促进健康。

4. 无偿献血，助人利己。

5. 每个人都应当关爱、帮助、不歧视病残人员。

6. 定期进行健康体检。

7. 成年人的正常血压为收缩压≥90mmHg 且＜140 mmHg，舒张压≥60mmHg 且＜90 mmHg；腋下体温 36℃～37℃；平静呼吸 16～20 次/分；心率 60～100 次/分。

8. 接种疫苗是预防一些传染病最有效、最经济的措施，儿童出生后应当按照免疫程序接种疫苗。

9. 在流感流行季节前接种流感疫苗可减少患流感的机会或减轻患流感后的症状。

10. 艾滋病、乙肝和丙肝通过血液、性接触和母婴三种途径传播，日常生活和工作接触不会传播。

11. 肺结核主要通过病人咳嗽、打喷嚏、大声说话等产生的飞沫传播；出现咳嗽、咳痰 2 周以上，或痰中带血，应当及时检查是否得了肺结核。

12. 坚持规范治疗，大部分肺结核病人能够治愈，并能有效预防耐药结核的产生。

13. 在血吸虫病流行区，应当尽量避免接触疫水；接触疫水后，应当及时进行检查或接受预防性治疗。

14. 家养犬、猫应当接种兽用狂犬病疫苗；人被犬、猫抓伤、咬伤后，应当立即冲洗伤口，并尽快注射抗狂犬病免疫球蛋白（或血清）和人用狂犬病疫苗。

15. 蚊子、苍蝇、老鼠、蟑螂等会传播疾病。

16. 发现病死禽畜要报告，不加工、不食用病死禽畜，不食用野生动物。

17. 关注血压变化，控制高血压危险因素，高血压患者要学会自我健康管理。

18. 关注血糖变化，控制糖尿病危险因素，糖尿病患者应当加强自我健康管理。

19. 积极参加癌症筛查，及早发现癌症和癌前病变。

20. 每个人都可能出现抑郁和焦虑情绪，正确认识抑郁症和焦虑症。

21. 关爱老年人，预防老年人跌倒，识别老年期痴呆。

22. 选择安全、高效的避孕措施，减少人工流产，关爱妇女生殖健康。

23. 保健食品不是药品，正确选用保健食品。

24. 劳动者要了解工作岗位和工作环境中存在的危害因素，遵守操作规程，注意个人防护，避免职业伤害。

25. 从事有毒有害工种的劳动者享有职业保护的权利。

二、健康生活方式与行为

26. 健康生活方式主要包括合理膳食、适量运动、戒烟限酒、心理平衡四个方面。

27. 保持正常体重，避免超重与肥胖。

28. 膳食应当以谷类为主，多吃蔬菜、水果和薯类，注意荤素、粗细搭配。

29. 提倡每天食用奶类、豆类及其制品。

30. 膳食要清淡，要少油、少盐、少糖，食用合格碘盐。

31. 讲究饮水卫生，每天适量饮水。

32. 生、熟食品要分开存放和加工，生吃蔬菜水果要洗净，不吃变质、超过保质期的食品。

33. 成年人每日应当进行 6 ~ 10 千步当量的身体活动，动则有益，贵在坚持。

34. 吸烟和二手烟暴露会导致癌症、心血管疾病、呼吸系统疾病等多种疾病。

35. “低焦油卷烟”、“中草药卷烟”不能降低吸烟带来的危害。

36. 任何年龄戒烟均可获益，戒烟越早越好，戒烟门诊可提供专业戒烟服务。

37. 少饮酒，不酗酒。

38. 遵医嘱使用镇静催眠药和镇痛药等成瘾性药物，预防药物依赖。

39. 拒绝毒品。

40. 劳逸结合，每天保证 7 ~ 8 小时睡眠。

41. 重视和维护心理健康，遇到心理问题时应当主动寻求帮助。

42. 勤洗手、常洗澡、早晚刷牙、饭后漱口，不共用毛巾和洗漱用品。

43. 根据天气变化和空气质量，适时开窗通风，保持室内空气流通。

44. 不在公共场所吸烟、吐痰，咳嗽、打喷嚏时遮掩口鼻。

45. 农村使用卫生厕所，管理好人畜粪便。

46. 科学就医，及时就诊，遵医嘱治疗，理性对待诊疗结果。

47. 合理用药，能口服不肌注，能肌注不输液，在医生指导下使用抗生素。

48. 戴头盔、系安全带，不超速、不酒驾、不疲劳驾驶，减少道路交通伤害。

49. 加强看护和教育，避免儿童接近危险水域，预防溺水。

50. 冬季取暖注意通风，谨防煤气中毒。

51. 主动接受婚前和孕前保健，孕期应当至少接受 5 次产前检查并住院分娩。

52. 孩子出生后应当尽早开始母乳喂养，满 6 个月时合理添加辅食。

53. 通过亲子交流、玩耍促进儿童早期发展，发现心理行为发育问题要尽早干预。

54. 青少年处于身心发展的关键时期，要培养健康的行为生活方式，预防近视、超重与肥胖，避免网络成瘾和过早性行为。

三、基本技能

55. 关注健康信息，能够获取、理解、甄别、应用健康信息。

56. 能看懂食品、药品、保健品的标签和说明书。

57. 会识别常见的危险标识，如高压、易燃、易爆、剧毒、放射性、生物安全等，远离危险物。

58. 会测量脉搏和腋下体温。

59. 会正确使用安全套，减少感染艾滋病、性病的危险，防止意外怀孕。

60. 妥善存放和正确使用农药等有毒物品，谨防儿童接触。

61. 寻求紧急医疗救助时拨打 120，寻求健康咨询服务时拨打 12320。

62. 发生创伤出血量较多时，应当立即止血、包扎；对怀疑骨折的伤员不要轻易搬动。

63. 遇到呼吸、心跳骤停的伤病员，会进行心肺复苏。

64. 抢救触电者时，要首先切断电源，不要直接接触触电者。

65. 发生火灾时，用湿毛巾捂住口鼻、低姿逃生，拨打火警电话 119。

66. 发生地震时，选择正确避震方式，震后立即开展自救互救。

附录三 健康自测量表

（一）抑郁自评量表（SDS）

填表注意事项：下面有 20 条文字，请仔细阅读每一条，把意思弄明白，然后根据您最近一星期的实际情况在适当的方格里划“○”“✓”，每一条文字后有四个格，表示：A 没有或很少时间；B 小部分时间；C 相当多时间；D 绝大部分或全部时间。

1. 我觉得闷闷不乐，情绪低沉；

A	B	C	D

2. 我觉得一天之中早晨最好；

A	B	C	D

3. 我一阵振哭出来或觉得想哭；

A	B	C	D

4. 我晚上睡眠不好；

A	B	C	D

5. 我吃得跟平常一样多；

A	B	C	D

6. 我与异性亲密接触时和以往一样感觉愉快；

A	B	C	D

7. 我发觉我的体重在下降；

A	B	C	D

8. 我有便秘的苦恼；

A	B	C	D

9. 我心跳比平时快；

A	B	C	D

10. 我无缘无故地感到疲乏；

A	B	C	D

11. 我的头脑跟平常一样清楚；

A	B	C	D

12. 我觉得经常做的事情并没有困难；

A	B	C	D

13. 我觉得不安而平静不下来；

A	B	C	D

14. 我对将来抱有希望；

A	B	C	D

15. 我比平常容易生气激动；

A	B	C	D

16. 我觉得作出决定是容易的；

A	B	C	D

17. 我觉得自己是个有用的人，有人需要我；

A	B	C	D

18. 我的生活过得很有意思；

A	B	C	D

19. 我认为如果我死了别人会生活得好些；

A	B	C	D

20. 平常感兴趣的事我仍然照样感兴趣。

A	B	C	D

计分：正向计分题 A、B、C、D 按 1、2、3、4 分计；反向计分题按 4、3、2、1 分计分。反向计分题号：2、5、6、11、12、14、16、17、18、20。总分乘以 1.25 取整数，即得标准分，分值越小越好，分界值为 50 分。

（二）焦虑自评量表（SAS）

SAS 采用 4 级评分，主要评定症状出现的频度，其标准为："1" 表示没有或很少时间有；"2" 表示有时有；"3" 表示大部分时间有；"4" 表示绝大部分或全部时间都有。20 个条目中有 15 项是用负性词陈述的，按上述 1 ~ 4 顺序评分。其余 5 项（第 5，9，13，17，19）注＊号者，是用正性词陈述的，按 4 ~ 1 顺序反向计分。

序号	题　目	没有或很少时间有（1 分）	有时有（2 分）	大部分时间有（3 分）	绝大部分或全部时间都有（4 分）	评分
1	我觉得比平常容易紧张和着急					
2	我无缘无故地感到害怕					
3	我容易心里烦乱或觉得惊恐					
4	我觉得我可能将要发疯					
5	我觉得一切都很好，也不会发生什么不幸					
6	我手脚发抖打颤（手足颤抖）					

续表

序号	题 目	没有或很少时间有（1分）	有时有（2分）	大部分时间有（3分）	绝大部分或全部时间都有（4分）	评分
7	我因为头痛、颈痛和背痛而苦恼（躯体疼痛）					
8	我感觉容易衰弱和疲乏（乏力）					
9	我觉得心平气和，并且容易安静坐着					
10	我觉得心跳很快					
11	我因为一阵阵头晕而苦恼					
12	我有晕倒发作或觉得要晕倒似的					
13	我呼气吸气都感到很容易					
14	我手脚麻木和刺痛					
15	我因为胃痛和消化不良而苦恼					
16	我常常要小便					
17	我的手常常是干燥温暖的					
18	我脸红发热					
19	我容易入睡并且一夜睡得很好					
20	我做噩梦					

SAS的主要统计指标为总分。将20个项目的各个得分相加，即得分；用粗分乘以1.25以后取整数部分，就得到标准分，或者可以查表作相同的转换按照中国常模结果，SAS标准分的分界值为50分，其中50～59分为轻度焦虑，60～69分为中度焦虑，70分以上为重度焦虑。